Speth
Boller

Berufsfachliche Kompetenz Einzelhandel

¬ Betriebswirtschaft
¬ Steuerung und Kontrolle
¬ Gesamtwirtschaft

2. Ausbildungsjahr

Die Reihe im Überblick

... auch digital!

1. Ausbildungsjahr

Merkur-Nr. 0642

2. Ausbildungsjahr

Merkur-Nr. 0643

3. Ausbildungsjahr

Merkur-Nr. 0565

Speth | Rosenthal | Boller | Waltermann

Berufsfachliche Kompetenz Einzelhandel

Verkäufer/-innen und Kaufleute im Einzelhandel

In **jeweils** einem **Jahrgangsband** werden die Lernfelder der berufsfachlichen Schwerpunkte (Betriebswirtschaft, Steuerung und Kontrolle sowie Gesamtwirtschaft) **gebündelt.**

Die im Bildungsplan geforderten **Lerninhalte** werden **ausführlich** und **anschaulich** in **strukturierter Form** dargestellt.

- **einfache** Sprache, **übersichtliche** und **kompakte** Darstellung der Inhalte
- viele **Fälle** und **Situationen** aus der **Praxis**
- besonders hervorgehobene **Merksätze,** zahlreiche **Beispiele** und **Schaubilder**
- **Kompetenztrainings** mit zahlreichen Aufgaben: von einfachen Wiederholungsfragen bis hin zu komplexen Aufgaben

Zur Lösung der Übungsaufgaben stehen **vorstrukturierte Vorlagen im PDF-Format** zur Verfügung. Diese können Sie über die Mediathek des Verlages (www.merkur-verlag.de, Suche: z.B. „0643", Schaltfläche „Vorlagen") kostenlos herunterladen.

Merkur
Verlag Rinteln

Speth
Boller

Berufsfachliche Kompetenz Einzelhandel

¬ Betriebswirtschaft
¬ Steuerung und Kontrolle
¬ Gesamtwirtschaft

2. Ausbildungsjahr

Merkur
Verlag Rinteln

Wirtschaftswissenschaftliche Bücherei für Schule und Praxis
Begründet von Handelsschul-Direktor Dipl.-Hdl. Friedrich Hutkap †

Verfasser:

Dr. Hermann Speth, Dipl.-Hdl., Wangen im Allgäu

Dr. Eberhard Boller, Dipl.-Hdl., Siegen

DOWNLOAD

Um die **Bearbeitung der Übungsaufgaben** zu erleichtern und die Präsentation von Arbeitsergebnissen methodisch variieren zu können, stehen für die Schülerinnen, Schüler und Lehrkräfte für geeignete Aufgaben **digitale Vorlagen im PDF-Format** bereit. Die Vorlagen finden Sie unter **www.merkur-verlag.de,** Suche „0643“, Schaltfläche „Vorlagen“.

* * * * *

Coverbild (Kreis oben): © Syda-Productions - Fotolia.com
(Kreis Mitte): © Phovoir - www.colourbox.de

4. Auflage 2026

Gesamtherstellung:
MERKUR VERLAG RINTELN Hutkap GmbH & Co. KG, 31735 Rinteln

E-Mail: info@merkur-verlag.de
lehrer-service@merkur-verlag.de
Internet: www.merkur-verlag.de

Merkur-Nr. 0643-04
ISBN 978-3-8120-1225-6

Vorwort

Aufbauend auf dem Rahmenlehrplan für die **Ausbildungsberufe im Einzelhandel** (Verkäufer/Kaufleute im Einzelhandel) gilt in **Baden-Württemberg** ein **landesspezifischer Bildungsplan.**

Das vorliegende Schulbuch deckt die **berufsfachlichen Schwerpunkte Betriebswirtschaft, Steuerung und Kontrolle** sowie **Gesamtwirtschaft** für das **2. Ausbildungsjahr** ab (Lernfelder 6, 7, 12 und 13, Kompetenzbereich II) und berücksichtigt **alle Inhalte** des Bildungsplans.

Für Ihre Arbeit mit dem vorgelegten Schulbuch möchten wir auf Folgendes hinweisen:

- Die Lerninhalte werden **ausführlich** und **anschaulich** dargestellt. Die **Reihenfolge** der Inhalte ist streng am **Bildungsplan** ausgerichtet.
- Die Lerninhalte werden zu klar abgegrenzten Einheiten zusammengefasst, die sich in die Bereiche Stoffinformation, Zusammenfassung und Kompetenztraining aufgliedern. Die Texte werden in **einfacher Sprache, übersichtlich** und **kompakt** dargeboten. Diese Darstellung ermöglicht den Auszubildenden, sich auf die Lerninhalte zu konzentrieren.
- Fachwörter, Fachbegriffe und Fremdwörter werden grundsätzlich im Text oder in Fußnoten erklärt.
- Die Aufgabenstellungen im Rahmen der **Kompetenztrainings** reichen von einfachen Wiederholungsfragen bis hin zu komplexen Aufgaben, wie sie in der Prüfung verlangt werden. Der Lehrperson eröffnet sich damit ein weiter pädagogischer Spielraum.
- Viele Abbildungen, Schaubilder, Beispiele, Begriffsschemata und Gegenüberstellungen erhöhen die Anschaulichkeit und Einprägsamkeit der praxisbezogenen Lerninhalte.
- Besonders hervorgehobene **Merksätze** und **Zusammenfassungen** dienen den Lernenden als zusätzliche Vertiefung sowie zu problemlosen Wiederholungen im Schnelldurchlauf.
- Durch zahlreiche Verweise werden Lerninhalte, wo erforderlich, miteinander verbunden.
- Durch die übersichtliche Aufbereitung des Fachwissens wird die Lehrperson in die Lage versetzt, die Projektarbeit mit den Schülern auf einer gesicherten Wissensgrundlage aufzubauen.
- Ein ausführliches Stichwortverzeichnis hilft, Begriffe und Erläuterungen schnell aufzufinden.

Wir glauben, mit diesem Schulbuch die Voraussetzungen für eine erfolgreiche Unterrichtsgestaltung geschaffen zu haben, und hoffen auf eine gute Zusammenarbeit mit allen Benutzern.

Wir wünschen Ihnen einen guten Lehr- und Lernerfolg!

Die Verfasser

Inhaltsverzeichnis

Schwerpunkt Betriebswirtschaft

Lernfeld 6: Besondere Verkaufssituationen bewältigen

Lernfeld 7: Waren beschaffen, annehmen und lagern

Schwerpunkt Steuerung und Kontrolle

Lernfeld 12: Geschäftsprozesse bei der Beschaffung, Kalkulation und Lagerung der Ware erfolgsorientiert planen, kontrollieren und steuern

Lernfeld 13: Kennziffern im Verkauf analysieren und erfolgswirksame Geschäftsprozesse erfassen

Schwerpunkt Gesamtwirtschaft

Lernfeld 2: Wirtschaftliches Handeln in der Sozialen Marktwirtschaft analysieren

Schwerpunkt Betriebswirtschaft

Lernfeld 6: Besondere Verkaufssituationen bewältigen

1 Kundeneinwände, Kaufabschluss, Verabschiedung des Kunden

1.1 Behandlung von Kundeneinwänden

Kundeneinwand: eine **Chance** für den Verkäufer!

1.1.1 Gründe für Kundeneinwände

Stufen des Verkaufsgesprächs									
Kontakt-aufnahme	Bedarfs-ermittlung	Kunden-erwar-tungen	Vorlage der Waren	Verkaufs-argumen-tation	Preis-argumen-tation	Ergän-zungs- und Zusatz-angebote	**Behand-lung von Kunden-einwän-den**	Kauf-abschluss herbei-führen	Service-leistungen anbieten, Verab-schiedung

Kundeneinwände treten irgendwann im Laufe des Verkaufsgespräches auf. Sie sind normaler Bestandteil im Ablauf des Verkaufsgespräches. Sie zeigen, dass der Kunde an der Ware interessiert ist, ihm aber z. B. der Nutzen des Kaufs noch nicht deutlich ist.

Kundeneinwände zeigen dem Verkäufer auf, an welcher Stelle er seine Argumentation anzusetzen hat. Einwände stellen für den Verkäufer eine Chance dar, den Kunden von der Richtigkeit seines Kaufwunsches zu überzeugen.

Gründe für Kundeneinwände können sein:

- Kunde ist noch **nicht überzeugt** von der **Ware,** dem **Preis,** der **Leistungsfähigkeit des Geschäfts** und der **Argumentation des Verkäufers.**
- Kunde sucht einen **Vorwand,** um das Geschäft verlassen zu können.

Der Verkäufer sollte die Kundeneinwände **ernst nehmen** und versuchen, sie mit **neuen Argumenten** auszuräumen.

(1) Kundeneinwände gegenüber der Ware, dem Preis, dem Geschäft und dem Personal

Arten von Kundeneinwänden	Erläuterungen	Beispiele
Einwände gegen die Ware	z. B. ▪ Kunde wünscht weitere Informationen ▪ Einwände gegen Material, Herstellung, Verarbeitung ▪ Qualität und Frische der Ware ▪ Aussehen der Ware	▪ *„Welche Laufzeit hat der kabellose Staubsauger für die Reinigung im Haus?“* ▪ *„Die verwendeten Materialien sind nicht recycelbar.“* ▪ *„Bei der Herstellung wurden soziale Standards verletzt.“* ▪ *„Die Salate sehen nicht gerade frisch aus.“* ▪ *„Ihre Kleiderauswahl entspricht nicht dem neuesten Modetrend.“*

Arten von Kundeneinwänden	Erläuterungen	Beispiele
Einwände gegen den Preis	z. B. ■ Preis zu hoch für die Qualität ■ Preis im Vergleich zum Mitbewerber zu hoch	■ *„Der Preis des Mantels ist für diese Qualität zu hoch."* ■ *„Der Preis für diesen Wäschetrockner ist im Onlinehandel viel niedriger."*
Einwände gegen das Geschäft	z. B. ■ Umfang der Warenauswahl ■ mangelnde Serviceleistungen ■ Umfang des Sortiments	■ *„Ist das alles, was Sie an Blusen haben?"* ■ *„Früher hatten Sie eine großzügigere Umtauschregelung."* ■ *„Sie haben zu wenig Auswahl für unsere Altersstufe."*
Einwände gegen das Personal	z. B. ■ mangelnde Fachkompetenz ■ zu wenig Personal ■ mangelnde Freundlichkeit	■ *„Ich habe nicht den Eindruck, dass Sie mich fachkompetent beraten können."* ■ *„Ich warte hier schon zehn Minuten auf einen Verkäufer, der mich beraten kann."* ■ *„Sie könnten mir die Ware ruhig etwas freundlicher zeigen."*

(2) Kundeneinwände als Vorwand

Der Kunde möchte den Artikel **nicht kaufen** und sucht einen **Vorwand,** um das Geschäft verlassen zu können **(unechter Einwand).** Der Verkäufer sollte hierfür Verständnis zeigen, damit der Kunde bei diesem „Rückzug" aus dem Verkaufsgespräch keinen „Gesichtsverlust" erleidet. Auf diese Weise erleichtert er dem Kunden einen späteren Einkauf. Ein Hinweis wie z. B. „Kommen Sie gerne wieder" und eine nette Verabschiedung erhöht die Chance, dass der Kunde wiederkommt.

Beispiele:

- *„Ich will mich noch woanders umschauen."*
- *„Das muss ich mir noch einmal in Ruhe überlegen."*
- *„Ich komme morgen wieder, heute habe ich keine Zeit mehr."*
- *„Da muss ich meinen Mann/Frau fragen."*

1.1.2 Methoden der Behandlung von Kundeneinwänden

Es gibt unterschiedliche Methoden auf Kundeneinwände angemessen zu reagieren. Nachfolgend werden fünf gängige Einwandbehandlungsmethoden vorgestellt.

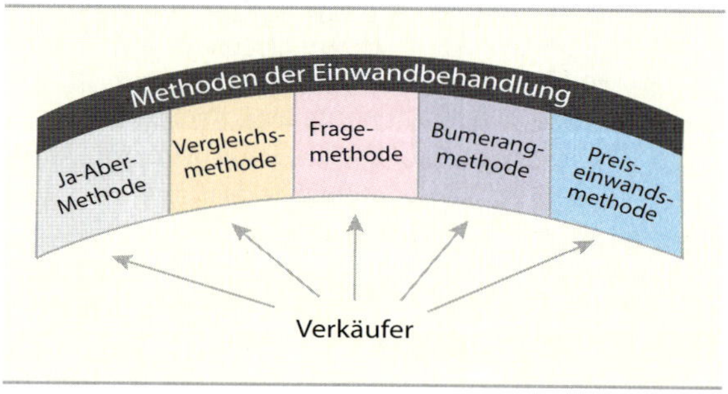

(1) Ja-Aber-Methode

Dem Kunden wird **zunächst zugestimmt** und damit gezeigt, dass der vorgebrachte Einwand ernst genommen wird. Danach wird dem Kunden mit einem **Gegenargument widersprochen.**

Beispiele:

Kunde: *„Die Jacke gibt es bei ebay zu einem viel günstigeren Preis!"*

Verkäufer: *„Natürlich bekommen Sie diese Jacke bei ebay zu einem anderen Preis. Sie sollten jedoch nicht übersehen, dass Sie sich hier bei uns vor Ort die Jacke direkt anschauen und anprobieren können. Außerdem erhalten Sie von mir noch wichtige Zusatzinformationen."*

Weitere mögliche Verkäuferformulierungen sind:

- *„Sie haben Recht, allerdings ..."*
- *„Genau. Dies gilt jedoch nur ..."*
- *„Bedenken Sie bitte, ..."*
- *„Dafür erhalten Sie jedoch ..."*
- *„Darf ich Sie (aber) darauf hinweisen, ..."*

Das „Aber", auch wenn es nicht als Wort ausgesprochen wird, wirkt belehrend, deshalb ist diese Methode vorsichtig anzuwenden.

(2) Vergleichsmethode

Der Verkäufer vergleicht die Ware mit einer Ware von einem anderen Hersteller, um so die Vorteile besonders herauszustellen und den Einwand des Kunden abzuschwächen.

Beispiel:

Kunde: *„Mir genügt eine einfache Sportsocke!"*

Verkäufer: *„Wenn Sie die Skisocken mit den normalen Sportsocken vergleichen, dann sehen Sie, dass diese speziell auf die Bedürfnisse in Skistiefeln abgestimmt sind. Der Schaft ist höher und die Polsterungen befinden sich an den richtigen Stellen."*

(3) Gegenfragemethode

Der Verkäufer antwortet auf den Einwand des Kunden mit einer Frage, um herauszufinden, welche Bedenken der Kunde konkret hat. Diese Einwandbehandlungsmethode ist dann sinnvoll, wenn der Kunde ungenaue Einwände hervorbringt (z.B. *„Das gefällt mir nicht!"*).

Beispiel 1:

Kunde: *„Das Fahrrad ist wohl nicht das Richtige für meinen Sohn."*

Verkäufer: *„Welche Bedenken haben Sie? Worin liegen Ihre Zweifel?"*

Beispiel 2:

Kunde: *„Schuhe aus Rauleder sind nicht gerade pflegeleicht."*

Verkäufer: *„Meinen Sie, dass Sie viel Arbeit mit dem Reinigen haben?"*

(4) Bumerangmethode (Umkehrmethode)

Der Kunde führt einen Nachteil an. Der Verkäufer versucht dem Kunden deutlich zu machen, dass der scheinbare Nachteil aus anderer Sicht für ihn eigentlich ein Vorteil ist.

Beispiele:

Kunde: *„Das Handy ist viel zu klein!"*

Verkäufer: *„Gerade das ist das Besondere an diesem Handy. Es braucht keinen unnötigen Platz. Sie können es sogar in der Hemdtasche tragen."*

Weitere mögliche Verkäuferformulierungen sind:

- *„Genau aus diesem Grund …"*
- *„Gerade deshalb …"*
- *„Dafür haben Sie …"*
- *„Deswegen ist …"*

(5) Preiseinwandsmethode

Der Verkäufer fragt den Kunden direkt, unter welchen Bedingungen er zum Kauf bereit wäre.

Beispiele:

- *„Unterbreiten Sie mir einen Vorschlag, unter welchen Bedingungen Sie diesen Artikel kaufen würden."*
- *„Was muss ich tun, damit …?"*

Wenn der Kunde behauptet, er habe die gleiche Ware woanders billiger ausgezeichnet gesehen, darf der Verkäufer keinesfalls erwidern, dass das unmöglich sei. Er soll vielmehr zuerst einmal nähere Angaben über das billigere Konkurrenzangebot erbitten und auf die dafür denkbaren Ursachen eingehen. So werden viele Waren in verschiedenen Größen hergestellt und die Preise sind dementsprechend gestaffelt. Qualitätsunterschiede können oft nicht ohne Weiteres am Äußeren erkannt werden usw. Der Verkäufer wird diese oder andere Gründe möglichst an Waren seines Geschäfts verdeutlichen.

Ist der Verkäufer befugt, den Kunden Preisnachlässe zu gewähren, sollte folgende Vorgehensweise eingehalten werden:

- Erst eine kleine Zugabe,
- dann eine kleine Serviceleistung und
- erst dann einen Preisnachlass gewähren.

Beachte:

Es gibt Kundeneinwände, die **nicht entkräftet** werden können. Dies ist z.B. der Fall, wenn

- der Kunde **bestimmte Vorstellungen** hinsichtlich Material, Farbe, Design u.Ä. hat, die das Geschäft nicht erfüllen kann.
- die Waren den Kunden in seinem **Wohlbefinden stören,** z.B. wenn die Bluse zu eng ist oder der Wanderschuh drückt.
- der Kunde ein Interesse an einem Kauf vorgibt, sich jedoch **nur informieren** möchte.

1.1.3 Vorgehensweise bei Kundeneinwänden

Bei der Beantwortung von Kundeneinwänden hat sich in der Praxis die nachfolgende Vorgehensweise bewährt **(Vier-Schritt-Methode):**

1. Schritt: Überprüfung

Echter Einwand: Ja!

2. Schritt:
Kunden ernst nehmen.
Genau prüfen, was den Kunden stört oder unsicher macht.

3. Schritt:
Einwand mit der passenden Einwandbehandlungsmethode beantworten/entkräften.

4. Schritt:
Gespräch fortsetzen.

Unechter Einwand: Ja!

- Kann nicht widerlegt werden.
- Eventuell Suche nach dem verborgenen Einwand.
- Verkäufer ermöglicht dem Kunden einen freundlichen Abgang.

Folgende Regeln sollte der Verkäufer bei der Behandlung von Kundeneinwänden beachten.

Ein Verkäufer sollte

- stets **ruhig, freundlich** und **sachlich** bleiben,
- dem Kunden aufmerksam **zuhören** und ihn **ausreden lassen,**
- **Verständnis** für den Einwand zeigen,
- die Meinung des Kunden **respektieren** und ihn nicht belehren,
- auf seine **Körpersprache achten** (Gestik und Mimik dürfen ihm nicht entgleiten),
- sich im Vorfeld bereits auf etwaige **Einwände vorbereiten.**

2 Merkur-Nr. 0643

1.1.4 Alternativangebote

(1) Alternativangebote[1] sollen den Kunden überzeugen

Fehlt eine nachgefragte Ware, sollte der Verkäufer nach einer **passenden Alternative** suchen.

Ein Alternativangebot sollte jedoch nur dann angeboten werden, wenn die Alternativware den **gleichen** oder einen **höheren Standard** aufweist wie die nachgefragte Ware.

Ware nicht vorhanden

↓

Alternativangebot nur bei gleichem oder höherem Standard bzw. bei Zusatznutzen

(2) Vorgehensweise beim Alternativangebot

Folgende Aussagen **leiten geschickt** auf die **eigene Ware** über:	▪ *„Wir haben uns für den Hersteller ‚Berghaus' entschieden, ..."* ▪ *„Wir führen die Artikel der Marke ‚Berghaus', ..."* ▪ *„Probieren Sie doch einmal das Modell der Marke ‚Berghaus', ..."* ▪ *„Der Artikel der Marke ‚Berghaus' hat für Sie den Vorteil, ..."* ▪ *„Der Hersteller ‚Berghaus' hat ein ganz neues Produkt entwickelt, ..."* ▪ *„Für Sie eignet sich das Modell der Marke ‚Berghaus', ..."* Nachdem die eigene Ware vorgestellt wurde, wird sie mit entsprechenden Argumenten als besser angeboten.
Ungeeignet sind **Aussagen** wie:	▪ *„Jacken der Marke ‚Schöffel' führen wir leider nicht."* ▪ *„Ich kann Ihnen nur die Jacke der Marke ‚Berghaus' anbieten."* ▪ *„Die Funktionsjacke der Marke ‚Berghaus' ist auch ganz gut."* Sie setzen das eigene Sortiment und damit das gesamte Geschäft herab. Um das eigene Sortiment und die entsprechenden Waren positiv herauszustellen, sollten Sie deren Vorteile beschreiben.

Steht **kein gleichwertiges Alternativangebot** zur Verfügung, sollte dies dem Kunden mit einem Bedauern mitgeteilt werden. Der Verkäufer sollte Verständnis dafür zeigen, dass der Kunde keinen Kauf tätigt und ihn freundlich verabschieden.

Ware nicht vorhanden

↓

Kein gleichartiges Alternativangebot vorhanden, daher kein Angebot an den Kunden. Verständnis zeigen, dass kein Kauf zustande kommt.

1 **Alternative.** Hier: Eine zweite, andere Möglichkeit.

Zusammenfassung

- **Gründe für Kundeneinwände** können sein:
  - Kunde ist **nicht überzeugt** von der **Ware,** dem **Preis,** der **Leistungsfähigkeit des Geschäfts** und der **Argumentation des Verkäufers.**
  - Kunde sucht einen **Vorwand,** um das Geschäft zu verlassen.
- In Verkäuferkreisen haben sich fünf **Einwandbehandlungsmethoden** durchgesetzt:
  - Ja-Aber-Methode
  - Vergleichsmethode
  - Gegenfragemethode
  - Bumerangmethode
  - Preiseinwandsmethode
- **Alternativangebote** sind Ausweichangebote, wenn ein nachgefragter Artikel in der verlangten Ausführung, Farbe, Form oder Ausstattung nicht vorrätig oder nicht im Angebot ist.
- Das Alternativangebot muss **geeignet sein,** das Einkaufsproblem des Kunden zu lösen.

Kompetenztraining

1

1. Die Stammkundin Frau Weber interessiert sich für eine Ware. (Setzen Sie hier eine Ware Ihrer eigenen Wahl ein!) Der Preis erscheint ihr jedoch zu hoch.

   Aufgabe:

   Entgegnen Sie mit der Ja-Aber-Methode! Nehmen Sie hierzu die nachfolgenden Formulierungshilfen zum Argumentationsaufbau!

(JA) Kunden Recht geben	(ABER) Gegenargument
– *„Ich stimme Ihnen zu, …“* – *„Im Großen und Ganzen haben Sie Recht, …“* – *„Sicherlich, das stimmt wohl, …“*	– *„(aber) beachten Sie bitte, …“* – *„allerdings …“* – *„es stellt sich jedoch die Frage, ob …“* – *„Sie sollten aber bedenken, …“*

2. Entscheiden Sie begründet, mit welcher Einwandbehandlungsmethode der Verkäufer auf den folgenden Einwand antwortet!

   K: *„Schwarze Pullover habe ich en masse!“*

   V: *„Welche weiteren Farben kämen noch infrage?“*

3. Ein Kunde weist im Verkaufsgespräch darauf hin, dass ein Mitbewerber die Ware zu einem günstigeren Preis verkauft.

   Aufgabe:

   Wie verhalten Sie sich? Begründen Sie Ihr Handeln!

4. Manche Einwände sind Scheineinwände.

   Aufgaben:

   4.1 Nennen Sie einen Grund, den ein Kunde für einen solchen Scheineinwand haben könnte!

   4.2 Zeigen Sie auf, wie Sie als geschulter Verkäufer reagieren sollten!

5. Entscheiden Sie jeweils, mit welcher Methode die Verkäuferin folgende Einwände der Kundin beantwortet! Begründen Sie Ihre Entscheidung!
   - 5.1 K: *„In Weiß habe ich schon genug Kleidungsstücke."*
     V: *„Welche weiteren Farben bevorzugen Sie noch?"*
   - 5.2 K: *„Dieser Jogginganzug fällt in Größe 38 wohl sehr groß aus."*
     V: *„Sie haben recht, gerade deshalb eignet er sich gut zum Joggen. Sie haben darin viel Bewegungsfreiheit."*
   - 5.3 K: *„Sind dafür 169,00 EUR nicht zu viel?"*
     V: *„Im Unterschied zu den preiswerteren Jogginganzügen ist dieser atmungsaktiver und eine hochwertige Markenware."*

6. **Kundin:** *„Bei Tchibo gibt es zurzeit auch Rucksäcke im Angebot und die kosten nur die Hälfte."*

Verkäufer: *„Sie haben recht, unser Preis erscheint auf den ersten Blick hoch. Beachten Sie jedoch, dass dieser Tragerucksack mit dem AIR ZONE-Tragesystem ausgestattet ist. Dadurch haben Sie eine optimale Ventilation am Rücken, keine Schneehaftung bei diversen Wintersportaktivitäten und einen sicheren elastischen Sitz."*

Kundin: *„Sie haben Recht, für meine Belange ist dieser Rucksack sicherlich besser. Gerade beim Skifahren macht dieses Tragesystem Sinn. Für ein Mehr an Komfort gebe ich dann wohl besser 30,00 EUR mehr aus, ansonsten ärgere ich mich spätestens auf der Piste."*

Aufgabe:

Analysieren und beurteilen Sie die Verkäuferaussage!

7. Ein Verkäufer soll einen Kundeneinwand nie als Kritik betrachten. Durch sein Verhalten kann er die Kaufstimmung auch bei einem Einwand positiv gestalten.

Aufgabe:

Erklären Sie an drei Beispielen, wie er das herbeiführen könnte!

2 In einem Möbelhaus mit Vorwahlsystem:

Ein etwas über 60-jähriger Kunde kommt in einem Einrichtungshaus zufällig an der Freizeitmöbelabteilung vorbei. Eigentlich spielt er schon seit geraumer Zeit mit dem Gedanken, neue Gartenmöbel zu kaufen. Er setzt sich in einen Stuhl der Serie GartaLux (siehe Produktinformation am Ende der Aufgaben) und probiert gerade die Verstellmöglichkeiten aus, als ein Verkäufer hinzukommt.

1 V: *„Guten Tag. Kann ich Ihnen helfen?"*
2 K: *„Nein, danke. Was kostet denn so ein Sessel?"*
3 V: *„Dieser hier liegt bei 129,00 EUR.*
4 *Die Auflagen sind in diesem Preis aber nicht inbegriffen."*
5 K: *„Das ist aber nicht gerade wenig. Bedenken Sie, wenn ich den Preis mal 4 nehme.*
6 *Ich brauche vier Stück."*
7 V: (Keine Reaktion des Verkäufers.)
8 K: *„Hält der Sessel auch was aus?"*
9 V: *„Ja, ich denke schon."*
10 K: *„Da muss ich auf jeden Fall mit meiner Frau vorbeikommen."*

Aufgaben:

1. Beurteilen Sie die Kontaktaufnahme durch den Verkäufer in Zeile 1!
2. Formulieren Sie in wörtlicher Rede zwei verschiedene Kontaktmöglichkeiten, die Sie in dieser Situation anwenden würden!
3. Beurteilen Sie die Preisnennung durch den Verkäufer in Zeile 3 und 4!
4. Erstellen Sie in wörtlicher Rede eine eigene Lösung für die Preisnennung!
5. Reagieren Sie in wörtlicher Rede auf den Preiseinwand (Zeile 5 und 6) nach zwei verschiedenen Methoden und benennen Sie die Methode, die Sie jeweils anwenden!

Produktinformation

GartaLux, die neue, wetterfeste Serie im klassischen Design

- leicht, robust, stabil und bequem
- pflegeleichte, epoxidbeschichtete Gartenmöbel in weiß und braun
- mehrfach verstellbar und platzsparend zusammenklappbar, garantiert rostfrei
- passende Auflagen aus der HKS-Kissenkollektion

3 JAHRE GARANTIE

Artikel	Sessel, niedrig
Preis/EUR	129,00
Farbe	weiß und braun

3 1. Begründen Sie, warum Alternativangebote notwendig sind!

2. Erklären Sie an einem Beispiel, warum ein Verkäufer seinem Kunden ein Alternativangebot unterbreitet, wenn das Einzelhandelsgeschäft den gewünschten Artikel nicht führt!

3. Erklären Sie an einem Beispiel, in welchem Fall der Verkäufer darauf verzichten sollte, dem Kunden ein Alternativangebot zu unterbreiten!

4. Prüfen Sie, ob die folgenden Formulierungen eines Verkäufers positiv oder negativ sind! Finden Sie gegebenenfalls eine treffendere Formulierung!

   4.1 *„Wein aus Franken haben wir nicht. Möchte Sie vielleicht etwas anderes?"*

   4.2 *„Darf ich Ihnen ersatzweise den Anorak einer anderen Marke anbieten?"*

   4.3 *„Diese Waschmaschine der Firma „Samtweich" ist qualitativ ebenso gut und etwas günstiger als die von Ihnen gewünschte Marke."*

   4.4 *„Diese Bohrmaschine hat gegenüber der von Ihnen gewünschten Marke den Vorteil, dass …"*

5. In dem Outdoor-Fachmarkt **Nature & More** kommt eine Kundin auf den Verkäufer zu und spricht ihn direkt an.

   Kundin: *„Hallo. Ich suche eine ‚Schöffeljacke'. Ich habe in einer Fachzeitschrift gelesen, dass es von Schöffel ultraleichte Funktionsjacken gibt."* (Artikel des Herstellers Schöffel werden bei Nature & More nicht geführt.)

   Verkäufer: *„Wir haben uns für den Hersteller ‚Berghaus' entschieden.* (Verkäufer legt eine ebenfalls ultraleichte Funktionsjacke des Herstellers Berghaus vor.) *Die Berghaus PACLITE SMOCK garantiert Ihnen neben einem besonders guten Wetterschutz auch einen optimalen Tragekomfort. Sie findet im kleinsten Rucksack Platz und wiegt weniger als 4 Tafeln Schokolade."*

   Kundin: *„Genau darauf kommt es mir bei meiner nächsten Sommertour an."*

   Aufgabe:

   Analysieren und beurteilen Sie die Verkäuferaussage!

1.2 Herbeiführen des Kaufabschlusses

Stufen des Verkaufsgesprächs									
Kontakt-aufnahme	Bedarfs-ermittlung	Kunden-erwar-tungen	Vorlage der Waren	Verkaufs-argumen-tation	Preis-argumen-tation	Ergän-zungs- und Zusatz-angebote	Behand-lung von Kunden-einwän-den	**Kauf-abschluss herbei-führen**	Service-leistungen anbieten, Verab-schiedung

1.2.1 Abschlusssignale des Kunden

Eine bevorstehende Kaufentscheidung löst beim Kunden ganz unterschiedliche Gefühle aus. Je nach Kaufmotiv geraten Kunden am Ende eines Verkaufsgespräches, dann wenn sie sich entscheiden sollen, unterschiedlich stark unter Druck.

Beispiele:

- *„Ob ich das wirklich brauche? Oft kommen mir zu Hause Zweifel, ob dieser Spontankauf wirklich richtig war."*
- *„Ob ich damit auf der Hochzeit wirklich gefalle?"*
- *„Diese Bohrmaschine ist wirklich gut, sie hat alle Funktionen, die ich brauche. Ob der Preis nicht doch zu hoch ist?"*
- *„Ob das jetzt endlich der richtige Schlafsack für mich ist?"*

Die Zweifel des Kunden, ob er sich für oder gegen den Kauf entscheiden soll, äußern sich in **sprachlichen** wie in **körpersprachlichen Kaufsignalen.**

Sprachliche Kaufsignale (verbale Kaufsignale)	**Körpersprachliche Kaufsignale** (nonverbale Kaufsignale)
Zum Beispiel: ■ Der Kunde äußert sich zustimmend zur Ware. *„Mit der Autorennbahn spielt mein Sohn sicher sehr gerne."* ■ Der Kunde wiederholt wichtige Argumente. *„Die Bahnelemente sind sehr stabil, die Bahn ist schnell auf- und abgebaut, die Bahn kann erweitert werden …"* ■ Der Kunde erkundigt sich nach Zahlungsweise, Rabatt, Zeitpunkt der Lieferung. *„Kann ich die Autorennbahn gleich mitnehmen und mit Karte bezahlen?"* ■ Der Kunde stellt Fragen zum Service. *„Reparieren Sie beschädigte Bahnen selber? Wie lange garantieren Sie die Lieferung von Bahnteilen und Autos?"*	Zum Beispiel: ■ Der Kunde nickt zustimmend. ■ Er nimmt die Ware mehrmals hintereinander in seine Hände und prüft sie eingehend. ■ Er wendet den Blick nicht mehr von der Ware ab. ■ Er tritt etwas zurück und begutachtet die Ware aus einigem Abstand. ■ Er hat eine gelockerte Haltung und macht humorvolle Bemerkungen. ■ Er führt die Ware noch einmal selbst vor. ■ Er greift unbewusst nach seinem Geldbeutel, der BankCard bzw. der Kreditkarte.

Wichtig ist in dieser Phase das **richtige Verhalten des Verkäufers.** Richtig ist nach wie vor ein sicheres und ruhiges Auftreten, so als sei die Kaufbereitschaft des Kunden eine ganz normale Angelegenheit. Falsch ist dagegen, wenn der Verkäufer entweder Unsicherheit oder freudige Erregung zeigt. Beide Verhaltensweisen wecken unter Umständen das Misstrauen des Kunden. Wichtig ist, dass der Verkäufer die Abschlusssignale überhaupt bemerkt und die günstige Gelegenheit, den Abschluss endgültig herbeizuführen, nutzt.

1.2.2 Abschlusstechniken

Alternativfragen	Kontrollfragen	Suggestivfragen	Zusammenfassung der Argumente	Empfehlung des Verkäufers	direkte Kaufaufforderung

(1) Alternativfragen

Der Verkäufer stellt mit zwei positiv formulierten Alternativen den Kunden vor die Wahl, sich für einen Produktvorteil bzw. einen Artikel zu entscheiden.

Beispiele:

- *„Genügt Ihnen die Normalpackung oder möchten Sie gleich die günstigere Familienpackung?"*
- *„Möchten Sie den Artikel gleich mitnehmen oder nutzen Sie unseren Lieferservice?"*
- *„Möchten Sie lieber die Stichsäge oder die Fuchsschwanzsäge?"*

(2) Kontrollfragen (Ja-Fragen)

Kontrollfragen sichern das Ergebnis des bisherigen Gesprächs. Der Verkäufer stellt dabei Fragen, die der Kunde mit großer Wahrscheinlichkeit mit *„Ja"* beantwortet. Mit der letzten Frage möchte er dann die Zustimmung des Kunden zum Kauf erreichen.

Beispiele:

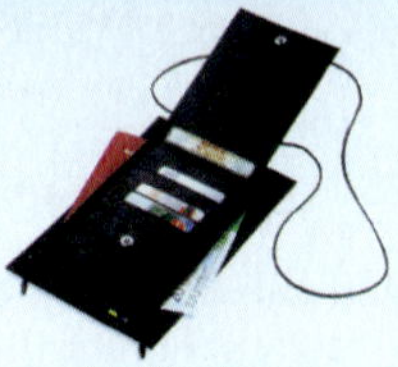

Verkäufer: *„Sie wünschen sich einen Brustbeutel mit verschiedenen Fächern für unterschiedliche Währungen, Karten und Ausweise?"*

Kunde: *„Ja."*

Verkäufer: *„Sie wollten den Brustbeutel aus hochwertigem Nylon?"*

Kunde: *„Ja."*

Verkäufer: *„Der Brustbeutel sollte auch unter der Hose getragen und am Gürtel befestigt werden können?"*

Kunde: *„Ja."*

Verkäufer: *„Dann ist das der richtige Brustbeutel für Sie."*

Kunde: *„Ja, den Brustbeutel nehme ich, der gefällt mir wirklich gut."*

(3) Suggestivfragen

Suggestivfragen legen dem Kunden eine positive Antwort in den Mund. Der Grundgedanke dabei ist, dass jede zustimmende Antwort die Kaufbereitschaft des Kunden erhöht und ihm die Kaufentscheidung erleichtert. Diese Technik ist nur einsetzbar, wenn der Verkäufer die Ansprüche des Kunden an die Ware genau kennt.

Beispiele:

- *„Sie möchten das neue Make-up doch sicher bereits heute Abend tragen?"*
- *„Sie wünschen doch bestimmt, dass wir Ihr Altgerät bei der Lieferung des neuen Gerätes mitnehmen und umweltgerecht entsorgen?"*

(4) Zusammenfassung der wichtigsten Argumente

Hierbei werden vom Verkäufer die wichtigsten Vorzüge, die der Kunde wünscht, noch einmal zusammengefasst. Das erzeugt eine „Ja-Stimmung".

Der Kunde soll erkennen: Wenn ich diesen Artikel kaufe, gehen meine Wünsche in Erfüllung. Am Ende des Verkaufsgespräches muss der Verkäufer zeigen, dass er aufmerksam zugehört und das Kundenproblem vollständig erfasst hat.

Beispiel:

„Diese Tasche ist sehr strapazierfähig und trotzdem leicht, sie hat ein separates Fach für Ihren Laptop und viele kleine Fächer für Schlüssel, Handy und Notizbuch. Sie hat einen gepolsterten, breiten Tragegurt und ist somit für Sie genau das Richtige."

(5) Empfehlung des Verkäufers mit Begründung

Unsichere Kunden neigen mitunter dazu, die Entscheidungsverantwortung für den Kauf auf den Verkäufer zu übertragen. In diesem Fall erwartet der Kunde vom Verkäufer, als dem Fachmann, einen objektiven Rat. Seine Empfehlung muss der Verkäufer in jedem Fall mit stichhaltigen Argumenten begründen.

Beispiel:

Kunde: *„Welche Heckenschere würden Sie an meiner Stelle kaufen?"*

Verkäufer: *„Ich empfehle Ihnen die Heckenschere Hs 8365 S. Sie hat 500 Watt, eine nutzbare Messerlänge von 650 mm und ist für Ihre Heckenart völlig ausreichend."*

(6) Direkte Kaufaufforderung

Sind alle Fragen geklärt und hat sich der Kunde im Grunde entschieden, kann diese Technik sehr schnell zum Kaufabschluss und zum Ende des Beratungsgesprächs führen.

Beispiele:

- *„Darf ich Ihnen die Wanderschuhe einpacken?"*
- *„Greifen Sie zu, solange der Aktionspreis noch gilt!"*

! Aber auch hier gilt: Vorsicht, den Kunden nicht unter Druck setzen!

1.2.3 Abschlussverstärker

Hat sich der Kunde für eine Ware entschieden, begleitet der Verkäufer ihn zur Kasse und kassiert entweder selbst den Kaufpreis oder übergibt an das Kassenpersonal. In dieser Situation kann der Verkäufer dem Kunden noch einmal das Gefühl geben, dass er richtig und gut überlegt entschieden hat.

Beispiele:

- *„An dieser Tasche werden Sie viel Freude haben, schwarz ist immer passend."*
- *„Mit diesem Computerspiel haben Sie sich richtig entschieden, Ihr Neffe wird damit viel Spaß haben."*

Außerdem besteht die Gelegenheit für

- Pflegetipps,
- Servicehinweise,
- Garantiehinweise,
- Ergänzungsangebote,
- die Wiederholung des wesentlichen Kaufarguments und
- die Qualität und Haltbarkeit.

Beispiele:

- *„Die passenden Batterien erhalten Sie an der Kasse."*
- *„Pflegen Sie diese Tasche mit unserem preiswerten Wildlederspray, es imprägniert und schützt das schöne Veloursleder."*
- *„Diesen Blazer können Sie wirklich zu jedem Anlass tragen."*

Zusammenfassung

- Kann sich der Käufer am Ende der Phase der Verkaufs- und Preisargumentation noch nicht zum Kauf entschließen, lässt er aber Kaufbereitschaft erkennen, so tritt das Verkaufsgespräch in die **Abschlussphase** ein.
- Die **Kaufbereitschaft** kann der Verkäufer an **sprachlichen (verbalen)** und **körpersprachlichen (nonverbalen) Kaufsignalen (Abschlusssignalen)** erkennen.
- Für die Abschlussphase haben sich folgende **Verkaufstechniken** herausgebildet:
  - Alternativfragen
  - Kontrollfragen
  - Suggestivfragen
  - Zusammenfassung wichtiger Argumente
  - Empfehlung des Verkäufers mit Begründung
  - direkte Kaufaufforderung
- **Abschlussverstärker** dienen dazu, die Kaufentscheidung des Kunden abzusichern.

Kompetenztraining

4

1. Erstellen Sie eine Übersicht mit verschiedenen Kaufsignalen! Unterscheiden Sie hierbei körpersprachliche und sprachliche Kaufsignale! DOWNLOAD
2. In einer Boutique für Damenoberbekleidung entwickelt sich zwischen einer ca. 25-jährigen Kundin und der Verkäuferin nach der Begrüßung folgendes Gespräch:

   K: *„Ich suche eine schicke Bluse für eine große Party."*

   V: *„Wozu soll sie denn passen?"*

   K: *„Zu einem schwarzen Lederrock."*

V: *„Schauen Sie mal, da habe ich etwas ganz Edles. Die müsste Ihnen passen, schlüpfen Sie doch mal rein."*

K: *„Gefällt mir ganz gut. Was kostet sie denn?"*

V: *„99,00 EUR."*

K: *„Ganz schön teuer."*

V: *„Das scheint tatsächlich recht teuer, aber fühlen Sie mal. Sie ist aus hochwertiger reiner Seide, sehr aufwendig gearbeitet."*

K: *„Ja schon, aber 100,00 EUR für einen Abend?"*

V: *„Das müssen Sie entscheiden."*

Aufgaben:

2.1 Beurteilen und begründen Sie die Preisnennung durch die Verkäuferin!

2.2 Erklären Sie, auf welchen Warennutzen bei dieser Kundin eingegangen werden sollte!

2.3 Unterbreiten Sie einen Vorschlag in wörtlicher Rede, wie in diesem Fall der Preis Erfolg versprechender genannt werden könnte!

2.4 Beurteilen Sie, wie die Verkäuferin mit dem Preiseinwand *„ganz schön teuer"* umgeht!

2.5 Unterbreiten Sie einen Vorschlag in wörtlicher Rede, wie Sie besser auf den Einwand *„aber 100,00 EUR für einen Abend"* reagieren können!

2.6 Angenommen, die Kundin ist noch unschlüssig. Erläutern Sie zwei Abschlussmöglichkeiten, mit denen Sie die Kundin evtl. zum Kauf führen können!

5 1. In einem Lederwarenfachgeschäft: Nach einem ausführlichen Beratungsgespräch kann sich eine Kundin nicht entscheiden.

K: *„Diese schwarze Handtasche gefällt mir sehr gut. Aber auch diese Modelle in dunkelbraun und in rot sind sehr schön."*

V: *„Ja, Sie haben recht, alle drei Handtaschen sind sehr schöne Modelle."*

K: *„Sie gefallen mir alle. Ich weiß nicht, welche ich nehmen soll."*

V: *„Da kann ich Ihnen auch nicht helfen. Sie müssen sich schon selber entscheiden."*

...

Aufgaben:

1.1 Beurteilen Sie das Verkäuferverhalten!

1.2 Beschreiben Sie zwei Methoden der Abschlusstechnik, die Sie in einer solchen Situation einsetzen könnten!

1.3 Beschreiben Sie, wie Sie der Kundin die Entscheidung erleichtern können!

1.4 Formulieren Sie in wörtlicher Rede ein personenbezogenes Verkaufsargument, um die Kundin endgültig von einer Handtasche zu überzeugen!

2. In der Abschlussphase eines Verkaufsgespräches ergibt sich Folgendes:

V: *„Sie möchten einen Rasierapparat, der als Netz- oder Batteriegerät verwendet werden kann?"*

K: *„Genau, so ein Apparat soll es sein!"*

V: *„Soll der Akku im Rasierapparat eingebaut sein?"*

K: *„Richtig!"*

V: *„Muss er klein und handlich sein?"*

K: *„Ja!"*

V: *„Dann erfüllt dieser Rasierapparat von Roth all Ihre Wünsche."*

K: *„Gut, den Apparat nehme ich."*

Aufgaben:

2.1 Nennen Sie die Fragetechnik (-art), die der Verkäufer angewandt hat!

2.2 Erläutern Sie eine weitere Abschlussmethode (-technik) und formulieren Sie in wörtlicher Rede ein Beispiel mit einem Artikel Ihrer Wahl!

6 Bei der Warenvorlage legt der Verkäufer dem Kunden eine Aktentasche vor. Daraufhin bringt der Kunde folgenden Einwand:

K: *„Diese Aktentasche ist ja aus Kunstleder!"*

V: *„Ja, sie braucht gegenüber Leder nicht gepflegt zu werden und ist wasserdicht."*

K: *„Was kostet diese Aktentasche?"*

V: *„78,00 EUR."*

K: *„Die ist ja 12,00 EUR teurer als bei der Konkurrenz."*

Aufgaben: DOWNLOAD

1. Nennen Sie die Methode, mit der der Verkäufer auf den Einwand des Kunden gegen die Ware reagiert!
2. Beschreiben Sie eine weitere Methode, wie Einwände gegen die Ware ausgeräumt werden können!
3. Formulieren Sie in wörtlicher Rede ein Beispiel mit einem Artikel Ihrer Wahl!
4. Wie würden Sie auf den Einwand gegen den Preis reagieren? Begründen Sie Ihr Handeln!
5. Der Verkäufer berät den Kunden ausführlich. Nennen Sie je zwei körpersprachliche und verbale Kaufsignale, an denen der Verkäufer die Bereitschaft zum Kauf erkennen kann!

1.3 Serviceleistungen an der Kasse[1]

Stufen des Verkaufsgesprächs									
Kontaktaufnahme	Bedarfsermittlung	Kundenerwartungen	Vorlage der Waren	Verkaufsargumentation	Preisargumentation	Ergänzungs- und Zusatzangebote	Behandlung von Kundeneinwänden	Kaufabschluss herbeiführen	**Serviceleistungen anbieten, Verabschiedung**

1.3.1 Bekräftigung der Kaufentscheidung

Es kommt häufig vor, dass der Kunde direkt nach dem Kaufabschluss seine Kaufentscheidung bereut („Kaufkater"). Diese Stimmung des Kunden muss der Verkäufer mit einem Gespräch, z. B. beim Gang zur Kasse, auffangen, indem er dem Kunden eine Bestätigung für seine Kaufentscheidung gibt.

1 Die Organisation der Kasse und die Arbeiten im Kassenbereich werden im 1. Ausbildungsjahr, Lernfeld 3, dargestellt.

Bestätigung des Verkäufers	Erläuterungen	Beispiele
Unterstützung des Kaufmotivs	Der Verkäufer bestätigt den Kunden mit Hinweis auf seinen Kaufwunsch, dass er mit dem erworbenen Kaufgegenstand genau die richtige Wahl getroffen hat.	*„Sie haben eine gute Entscheidung getroffen, das Kleid betont ihre gute Figur, sie können es zu vielen Anlässen tragen, der Stoff ist pflegeleicht…"*
Umtausch-möglichkeit	Der Verkäufer weist auf die Umtauschmöglichkeit hin, sodass ein eventueller Fehlkauf rückgängig gemacht werden kann.	*„Sollte das Geburtstagskind das Buch schon besitzen, können Sie es original verpackt selbstverständlich umtauschen."*
langlebige Qualität	Der Verkäufer bestätigt nochmals, dass der Kaufgegenstand in diesem Preissegment einen hohen Qualitätsstandard aufweist.	*„Diese Akku-Stichsäge ist universell einsetzbar, sie hat ein Metallgetriebegehäuse, einen Überlastungsschutz …"*
Kundendienst und Serviceleistungen	Der Verkäufer signalisiert dem Kunden, dass das Geschäft einen eigenen Reparaturdienst hat und während der Reparaturzeit Ausleihegeräte bereitstellt.	*„Sie stehen bei Problemen mit der Ware nicht allein, sondern Sie können auf unsere Unterstützung vertrauen."*
Gebrauch und Pflege der Ware	Der Verkäufer versichert dem Kunden, dass er ihn langfristig zufriedenstellen möchte und er jederzeit auf die Leistungsfähigkeit des Geschäfts vertrauen kann.	*„Sollte die Software bei der täglichen Arbeit Probleme bereiten oder sollen Funktionen erweitert werden, stehen unsere Spezialisten jederzeit zur Verfügung."*

1.3.2 Serviceleistungen beim und nach dem Zahlungsvorgang

(1) Zahlungserleichterungen ermöglichen

Der Einzelhandel bietet seinen Kunden, neben der **Barzahlung,** eine Vielzahl weiterer Zahlungsmöglichkeiten. Insbesondere die **elektronischen Zahlungsarten** (z. B. Girocard-Zahlung, die Zahlung mit Kredit-, Geld- oder Kundenkarte) sollen dem Kunden die Zahlung vereinfachen.

Vereinbart das Einzelhandelsgeschäft mit dem Kunden die **Zahlung gegen Rechnung,** so erhält dieser dadurch eine Zahlungsfrist eingeräumt. Bei langlebigen, höherwertigen Gebrauchsgütern (z. B. Haushaltsgeräte, Möbel, Unterhaltungselektronik) bieten die Einzelhandelsgeschäfte ihren Kunden in der Regel auch eine **Raten- oder Teilzahlung** an. Autos, Motorräder, Fotokopiergeräte kann der Kunde auch gegen eine einmalige Leasingsonderzahlung und monatlichen Ratenzahlungen **leasen.**[1]

1 Unter **Leasing** versteht man das Mieten (bzw. Pachten) von Anlagegegenständen. Die Behandlung der Leasingzahlung ist im Bildungsplan nicht vorgesehen.

(2) Verpacken der Ware

Beim Verpacken der Ware ist auf Folgendes zu achten:

- Im Rahmen einer **Mängelkontrolle** muss die Ware vor dem Verpacken noch einmal auf Mängel (z. B. hinsichtlich der Beschaffenheit, der Menge, der Unversehrtheit der Aufmachungsverpackung) überpüft werden.
- Die verkaufte Ware ist auf **Vollständigkeit zu prüfen** (z. B. Teile überprüfen beim Kauf eines 6-teiligen Bestecksets).
- Das **Packmaterial** ist nach Art und Größe der Ware passend auszuwählen (angemessene Tüten-, Tragetaschen- und Kartongröße, geeignete Tragegriffe usw.).
- Bei gesicherten Waren sind die **Sicherheitsetiketten zu entfernen,** Smart Labels und Smart Tags sind zu deaktivieren.
- Geschenke sind auf Wunsch mit **Geschenkpapier zu verpacken**. Das Preisetikett ist zuvor zu entfernen.
- Für **Kinder** sind **kleine Geschenke** bereitzuhalten.

(3) Waren zustellen

Bei unhandlichen bzw. schweren Waren oder größeren Warenmengen ist eine Hauszustellung anzubieten.

(4) Aufstellen, Montagearbeiten und Arbeiten für die Inbetriebnahme der gekauften Artikel durchführen

Serviceleistungen im Kassenbereich
■ Zahlungserleichterungen ■ Verpacken der Ware ■ Ware zustellen ■ Ware in Betrieb setzen

Müssen die gekauften Artikel eingebaut, aufgestellt oder eingestellt werden (z. B. Küchengeräte, Möbel, Fernseher, Lampen, Reifen), so übernehmen eigene Fachkräfte des Einzelhandelsgeschäfts oder ein beauftragtes Unternehmen diesen Service. Ob die Servicearbeiten kostenlos sind oder ob eine Kostenpauschale erhoben wird, muss mit dem Verkäufer bzw. dem Kassenpersonal vereinbart werden.

1.4 Verabschiedung des Kunden

Der Kunde soll sich während des gesamten Verkaufsgespräches wohl und angenommen fühlen. Das muss sich, nach der Übergabe des Kunden an das Kassenpersonal durch den Verkäufer, fortsetzen. Schließlich vermittelt die Verabschiedung dem Kunden einen letzten Eindruck vom Geschäft und ist deshalb mitentscheidend für die Erinnerung an das Geschäft.

Der Verkäufer bzw. das Kassenpersonal muss sich bei der Verabschiedung nochmals für den Kauf bedanken *(„Vielen Dank für Ihren Einkauf.“),* um bereits die Grundlage für den nächsten Kauf zu schaffen. Denn: Nach dem Kauf ist vor dem Kauf.

Ist der Kunde namentlich bekannt oder zahlt der Kunde mit „Karte“, verabschieden Sie ihn mit seinem Namen und wählen situationsbezogene Worte:

- *„... ein schönes Wochenende.“*
- *„... einen erholsamen Urlaub.“*
- *„... eine schöne Feier.“*
- *„... schöne Feiertage.“*
- *„... und denken Sie daran, unser Serviceangebot steht Ihnen immer zur Seite.“*

Zusammenfassung

- Auf dem Weg zur Kasse sollte der Verkäufer die **Kaufentscheidung des Kunden bekräftigen.**
- **Instrumente der Bekräftigung** sind:
  - Unterstützung des Kaufmotivs
  - Umtauschmöglichkeit
  - Hinweis auf Qualität
  - Gebrauch und Pflege der Ware
  - Kundendienst, Serviceleistungen
- Wichtige **Serviceleistungen** an der Kasse sind das Anbieten von
  - Zahlungserleichterungen
  - Verpacken der Ware
  - Zustellung der Ware
  - Montagearbeiten durchführen
- Freundliche **Verabschiedung des Kunden,** verbunden mit Blickkontakt.

Kompetenztraining

7

1. Ermitteln Sie, welche Serviceleistungen in Ihrem Ausbildungsbetrieb angeboten werden:
   1.1 Allgemeine Serviceleistungen,
   1.2 Serviceleistungen in Verbindung mit dem Kauf einer Ware,
   1.3 Serviceleistungen an der Kasse!
2. Nennen Sie drei Serviceleistungen, die letztlich über den Ladenpreis vom Kunden bezahlt werden müssen!
3. DOWNLOAD Serviceleistungen bringen Vorteile für den Kunden und für das Geschäft. Nennen Sie jeweils zwei!
4. DOWNLOAD Zeigen Sie an einem Beispiel aus Ihrer Branche, wie Sie Kunden auf Ihre Serviceleistungen aufmerksam machen können!
5. Kunden sind mit perfektem Service an den Fachhandel zu binden. Nennen Sie
   5.1 je drei allgemeine Serviceleistungen,
   5.2 Serviceleistungen in Verbindung mit der Ware!

6. Nennen Sie Kundendienstleistungen, die die Kunden beim Kauf folgender Waren erwarten!
   - 6.1 Hose,
   - 6.2 Gardinen,
   - 6.3 Waschmaschine,
   - 6.4 Teppichboden.

7. Beschreiben Sie, wie der Verkäufer zu reagieren hat, wenn kein Kauf zustande kommt!

8. Durch eine geeignete Verabschiedung möchten Sie erreichen, dass Ihr Geschäft beim Kunden in guter Erinnerung bleibt.

   Aufgabe:

   Formulieren Sie zwei Vorschläge in wörtlicher Rede!

9. 9.1 Begründen Sie, warum ein kundenorientiertes Verhalten an der Kasse besonders wichtig ist!

   9.2 Sie sind in einem Lebensmittelgeschäft an der Kasse eingesetzt. Notieren Sie vier kundenorientierte Verhaltensregeln!

10. Zwischen der Kundin und der Kassiererin entsteht folgender Dialog:

    Kundin: *„Ich habe mir dieses Kleid gegönnt!"*

    Kassiererin: *„Schön, das haben wir schon über zwanzig Mal verkauft. Das macht 149,90 EUR."*

    Kundin: *„Kann ich mit einem 200,00-EUR-Schein bezahlen?"*

    Kassiererin: *„Ja, aber ich muss zuerst prüfen, ob er nicht gefälscht ist."*

    Nach der Prüfung legt die Kassiererin das Geld in die Kasse und entnimmt das Wechselgeld.

    „Das sind dann 50,10 EUR zurück. Soll ich Ihnen eine Tüte geben?"

    Kundin: *„Ja, bitte. Auf Wiedersehen."*

    Aufgaben:

    10.1 Beurteilen Sie das Verhalten der Kassiererin an der Kasse! Nennen Sie gegebenenfalls ein Fehlverhalten der Kassiererin und unterbreiten Sie jeweils einen Verbesserungsvorschlag!

    10.2 Die Hauptkassiererin hat den Dialog verfolgt und möchte ihrer Kollegin ein Feedback zu ihrem Verhalten geben.

    10.2.1 Recherchieren Sie drei Regeln, die beim Geben von Feedbacks[1] zu beachten sind!

    10.2.2 Formulieren Sie das Feedback als Dialog zwischen der Hauptkassiererin und ihrer Kollegin!

11. Eine Kundin kauft einen Akku-Staubsauger.

    Aufgaben:

    11.1 Notieren Sie, wie Sie die Kundin in ihrer Kaufentscheidung bestätigen können. Formulieren Sie in wörtlicher Rede!

    11.2 Beschreiben Sie drei Aufgaben, die Sie erledigen müssen, bevor Sie der Kundin die Ware aushändigen!

    11.3 Drei Wochen später bringt die Kundin den Staubsauger wegen eines Motorschadens zurück. Notieren Sie, worauf Sie bei der Rückgabe achten müssen (drei Gesichtspunkte).

1 Auf die Feedback-Regeln wird im Anhang von Band 1 „Wichtige Vorgehensweise zum Erreichen einer Projektkompetenz" eingegangen.

8 Sie beobachten folgende Verkaufssituation zwischen dem Auszubildenden Max Thomas und einer Dame mittleren Alters.[1] Die Dame betritt das Geschäft und geht direkt auf Herrn Thomas zu.

Abschnitt		
1	Thomas	*„Guten Tag, kann ich etwas für Sie tun?"*
2	Kundin	*„Guten Tag. Ja, mein Neffe wünscht sich zum Geburtstag einen Rucksack."*
3	Thomas	(Er geht mit der Kunden zu den Rucksäcken). *„Ja, wie Sie sehen, haben wir eine große Auswahl an Rucksäcken."* (Er nimmt einen bunten Kinderrucksack aus dem Regal und zeigt ihn der Kundin.)
4	Kundin	*„Nein, nein, der ist zu kindlich, mein Neffe ist schon 17 Jahre."*
5	Thomas	*„Soll es dann ein Trekking-Rucksack sein?"*
6	Kundin	*„Das weiß ich auch nicht! Er möchte ihn so für jeden Tag, er ist viel mit dem Fahrrad unterwegs und übernachtet manchmal bei Freunden. Er muss auf jede Fall strapazierfähig sein."*
7	Thomas	*„Ach so. Ja dann ist der hier zu empfehlen. Er ist sehr leicht und es gibt ihn in drei Farben."*
8	Kundin	(Schaut auf das Etikett, Preis 19,90 EUR.) *„Haben Sie auch noch bessere Rucksäcke da? Der scheint mir doch etwas billig zu sein."*
9	Thomas	*„Ja, natürlich."* (Nimmt den Rucksack – siehe **Anlage 1** – und hält ihn hoch.) *„Hier, sehen Sie, das ist ein Tagesrucksack, er kostet 69,90 EUR und ist sehr hochwertig verarbeitet."*
10	Kundin	*„Ja, der gefällt mir schon besser. Aber ist der auch wirklich strapazierfähig und angenehm zu tragen?"*
11	Thomas	*„Ja sicher, er ist leicht, und, wie Sie hier sehen, hat er gepolsterte Trageriemen. Außerdem hat er die Airstripes-Rückenbelüftung."*
12	Kundin	*„Hm … ich bin jetzt doch etwas unsicher, ob das der richtige Rucksack für meinen Neffen ist."* (Sie schaut Herrn Thomas etwas fragend an und überlegt.)
13	Thomas	*„Ja, das ist wirklich schwierig."*
14	Kundin	*„Vielleicht frage ich doch nochmal nach! Danke und auf Wiedersehen."*
15	Thomas	*„Auf Wiedersehen."*

Am nächsten Tag möchten Sie dieses Verkaufsgespräch mit Thomas besprechen und bereiten sich darauf schriftlich mithilfe der Produktbeschreibung **(Anlage 1)** und des Beobachtungsbogens **(Anlage 2)** vor. Verbesserungsvorschläge notieren Sie gegebenenfalls in wörtlicher Rede.

1 Quelle: Prüfungsaufgabe Sommer 2015.

Anlage 1: Produktbeschreibung

Tagesrucksack NAVAJO 25

Beschreibung
- Elastikfixierung auf der Vorderseite für einen Helm
- Volumen: 25 l, Höhe ca. 50 cm
- Wertsachen-Innentasche
- kleine RV-Vortasche
- Bodenfach für Schuhe oder Schmutzwäsche
- Regenhülle (Material: 420D Ripstop-Nylon)
- Rund-RV für übersichtliches Packen
- Airstripes-Rückenbelüftung (Luftkanal im Rückenteil)
- zwei Netztaschen

Anlage 2

DOWNLOAD

Phase des Verkaufsgesprächs	Beurteilung	Verbesserungsvorschlag gegebenenfalls in wörtlicher Rede
Kontaktaufnahme (Abschnitt 1)		
Bedarfsermittlung (Abschnitte 3 und 5)		
Warenvorlage (Abschnitte 3 und 9)		
Verkaufsargumentation (Abschnitte 7 und 11)		
Einwandbehandlug (Abschnitt 9)		
Kaufabschluss (Abschnitt 13)		

2 Kundenverhalten

2.1 Unterschiedliches Verhalten der Kunden

Jeder Verkäufer weiß aus eigener Erfahrung, dass sich die Kunden in ihren Verhaltensweisen stark unterscheiden. Sie müssen jeweils individuell bedient werden. Beobachtungen und Erfahrungen haben jedoch gezeigt, dass es für bestimmtes Kundenverhalten allgemeine Regeln gibt, die es im Verkaufsgespräch zu beachten gilt.

Das Kundenverhalten lässt sich gliedern nach

- **Kundengruppen,** sind Kunden mit **ähnlichem Einkaufsverhalten.** Dadurch ist es möglich, die einzelnen Kundengruppen und deren Bedürfnisse besser zu verstehen, um anschließend das Verkaufsgespräch danach auszurichten, z. B. Kinder, Jugendliche, Senioren.
- **Kundentypen,** sind Kunden, die sich aufgrund **unterschiedlicher Merkmale ähneln.** Zu diesen Merkmalen zählen Interessen, Auftreten, Einkaufsverhalten. Weiß der Verkäufer zu welchem Kundentyp der zu beratende Kunde zählt, kann er seine Beratung auf dessen Interessen ausrichten, z. B. sachverständiger Kunde, arroganter Kunde.
- **Konsumtypen (Verbrauchstypen),** sind Kunden, die **bestimmte Eigenschaften** haben, die für das **Kaufverhalten charakteristisch** sind. Sie kaufen insbesondere Waren die sie kennen und mögen. Sie achten z. B. auf Nachhaltigkeit (Lebensmittel aus dem fairen Handel, regionale Waren), Genuss oder Bequemlichkeit, z. B. der umweltbewusste Konsumtyp, der Wellness-Konsumtyp.

Je mehr ein Verkäufer von seinem Kunden versteht, desto individueller kann er seine Beratung auf dessen Bedürfnisse ausrichten.

2.2 Kundengruppen

Wie verhält sich der Kunde beim Einkauf?

2.2.1 Stammkunden und Laufkunden

(1) Stammkunden

Kenntnisse über den Stammkunden	
unerlässliche	erwartete
Name und Titel (Beruf) Familienstand persönliche Eigenarten Anschrift u. a.	Bevorzugte Gesprächsthemen Freizeitbeschäftigungen besondere Abneigungen u. a.

Der Stammkunde erwartet, dass er bevorzugt bedient wird. Häufig möchte er nur von einem bestimmten Verkäufer bedient werden, dem er voll vertraut. Ein derartiges Vertrauen soll gerechtfertigt werden, indem die Kenntnisse über den Kunden, beispielsweise auch bezüglich seiner Eigenarten, genutzt werden. Damit die Kenntnisse behalten werden, sind Notizen nötig, die laufend ergänzt bzw. geändert werden müssen. Sie erleichtern nicht nur jedes Verkaufsgespräch mit dem Stammkunden, sondern ermöglichen darüber hinausgehende sinnvolle Aktionen. Jeder Verlust eines Stammkunden führt zu einer Umsatzeinbuße.

Beispiel:

Der Verkäufer reserviert bei einem Aktionsverkauf für einen Stammkunden einen Artikel, von dem er aufgrund seiner Notizen weiß, dass der Stammkunde am Kauf interessiert sein dürfte. Er benachrichtigt ihn telefonisch oder durch einen Werbebrief vor dem Aktionsverkauf.

(2) Laufkunde

Der Laufkunde, den der Verkäufer gut und freundlich bedient, wird häufig als Stammkunde gewonnen. Deshalb sollte es ein wichtiger Grundsatz des Verkäufers sein, **Stamm- und Laufkunden gleich zu bedienen.** Die Auszeichnung des Stammkunden besteht lediglich in der Ausschöpfung aller zusätzlichen Möglichkeiten (z. B. Namensnennung usw.), durch die der Laufkunde aber nicht zurückgesetzt wird.

2.2.2 Kinder und Jugendliche als Käufer

(1) Stufen der Geschäftsfähigkeit[1]

Geschäftsunfähigkeit (0- bis 6-Jährige)	Kinder unter 7 Jahren sind geschäftsunfähig. Sie dürfen nur Botengänge für die Eltern machen.
beschränkte Geschäftsfähigkeit (7- bis 17-Jährige)	Ein Kaufvertrag ist nur mit **Einwilligung** der Eltern unmittelbar rechtswirksam. Die Zustimmung der Eltern zu einem Kauf kann nachträglich erfolgen **(Genehmigung).** Bis zur Genehmigung ist der Kaufvertrag **schwebend unwirksam.** Wird die Genehmigung nicht erteilt, muss der Verkäufer die Ware (auch beschädigt) zurücknehmen. **Ausnahme:** Ein Kauf ist rechtswirksam, wenn er mit **eigenen Mitteln** (Taschengeld) bezahlt wird.
volle Geschäftsfähigkeit (18-Jährige)	Kaufverträge von Volljährigen sind rechtswirksam.

(2) Abgabeverbote

Es besteht ein Abgabeverbot für

- Getränke aus **Branntwein** (Rum, Whisky, Alcopops) an **Jugendliche unter 18 Jahren.**
- **andere alkoholhaltige Getränke** (z. B. Wein, Bier) an **Jugendliche unter 16 Jahren.**
- **Tabakwaren** an **Jugendliche unter 18 Jahren.**
- **Feuerwerkskörper der Gefahrengruppe II** an **Jugendliche unter 18 Jahren.**
- **Jugendgefährdende** Videos, DVDs, Zeitschriften, Computerspiele u. Ä. an Jugendliche unter 18 Jahren.

Beachte:

- Bei Kaufabschlüssen mit Jugendlichen – insbesondere bei höheren Kaufbeträgen – ist eine **Alterskontrolle unabdingbar** (z. B. durch Vorzeigen eines Personalausweises).
- Der Abschluss eines **Ratenkaufs mit Jugendlichen unter 18 Jahren** ist **verboten.**

1 Zu Einzelheiten siehe Band 1, Lernfeld 3.

(3) Charakterisierung des Kaufverhaltens

Für Kinder ist das nachfolgende **Kaufverhalten** typisch:

- Kinder wissen in der Regel genau, was sie wünschen, wenn sie in einem Geschäft sind. Sie sind sehr durchsetzungsfähig bei der Realisierung (Verwirklichung) ihrer Wünsche.
- Sie werden durch Freunde in Schule, Kita oder im Kreis von Gleichaltrigen bei Freizeitaktivitäten darüber informiert, was angesagt ist. Um an Ansehen in ihrer Altersgruppe zu gewinnen, folgen sie häufig den Ansichten dieser Gruppe (Peergroup-Verhalten[1]).
- Sie möchten die Waren anfassen und gegebenenfalls ausprobieren.
- Sie sind spontan in ihrem Kaufverhalten und oftmals durch Werbung und Medien geleitet.
- Sie haben ein hohes Markenbewusstsein und bevorzugen dabei Marken, die ihnen ein hohes Ansehen verschaffen.
- Sie achten wenig auf Qualität und Preise.
- Der Einfluss von Kindern auf das Kaufverhalten ihrer Eltern oder Großeltern wird häufig unterschätzt.

(4) Hinweise zum Verkaufsgespräch mit Kindern

Im Verkaufsgespräch mit Kindern sollte der Verkäufer die nachfolgenden Hinweise beachten:

Bedienungsregeln:

- **freundlich begrüßen** (dadurch kann das Vertrauen gestärkt werden)
- auf das **Sprachverhalten** einstellen
- darauf achten, dass die Kinder alles **gut verstehen**
- den Kindern Gelegenheit geben, **Fragen** zu stellen und **Wünsche** zu äußern
- **Ware anfassen** und gegebenenfalls **ausprobieren** lassen
- **Zeit für die Kaufentscheidung** geben
- eine offensichtlich falsche Kaufentscheidung abwenden **(kein Verkauf um jeden Preis!)**
- durch **Geduld und Verständnis** den jungen Kunden ein positives Einkaufserlebnis verschaffen

!

- Kinder sind genauso **gerecht und zuvorkommend** zu behandeln wie erwachsene Kunden.
- Wer junge Menschen heute gut bedient, schafft **Stammkunden von morgen.**

1 **Peergroup**: gleiche (Alters-)Gruppe

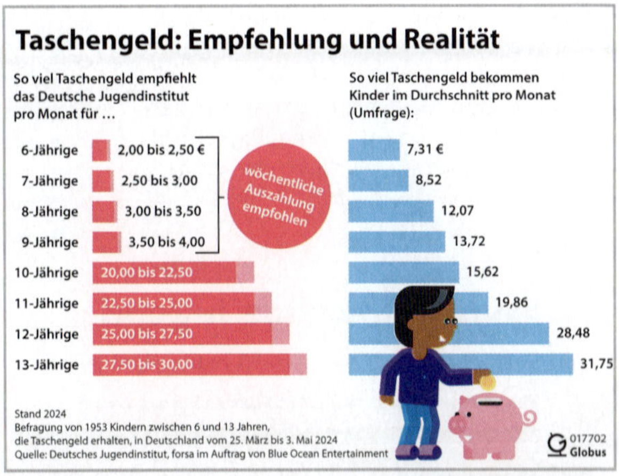

Ob für Süßigkeiten, Computerspiele oder Zeitschriften – Kinder dürfen in der Regel selbst entscheiden, wofür sie ihr Taschengeld ausgeben. Außerdem empfiehlt das Deutsche Jugendinstitut, dass Eltern das Taschengeld regelmäßig, unaufgefordert und unabhängig vom Verhalten ihrer Kinder auszahlen sollen. So lernen diese schon im jungen Alter verantwortungsvoll mit Geld umzugehen. Und wie viel Geld bekommen Kinder? Als Richtlinie gibt das Deutsche Jugendinstitut regelmäßig eine Empfehlung heraus. Diese Taschengeldtabelle zeigt, welcher Betrag für welches Alter angemessen ist. Kinder unter zehn Jahren sollten lieber kleinere Beträge und dafür wöchentlich Geld bekommen. Kinder zwischen 6 und 9 Jahren geben ihr Geld meist für Spielzeug und Spiele aus. Ebenfalls beliebt in dem Alter sind Süßigkeiten. Immerhin knapp ein Viertel des Geldes legen Kinder im Durchschnitt für größere Wünsche beiseite. Zusätzlich zum Taschengeld empfiehlt das Deutsche Jugendinstitut, dass Eltern ein Budget für Dinge wie Kleidung, Busfahrten oder Schulhefte einplanen sollten.

(5) Jugendliche als Käufer

Jugendliche zwischen 14 und 17 bzw. junge Erwachsene zwischen 18 und 21 sind eine Kundengruppe mit hoher Kaufkraft. Sie kaufen gerne in bekannten Geschäften (z. B. H&M, Zara) und kleinen Boutiquen, die sich auf Trendkleidung spezialisiert haben. Das nachfolgende Kaufverhalten ist für diese Kundengruppe typisch:

- Sie sind **spontan** in ihrem Kaufverhalten und oftmals durch **Werbung und Medien** geleitet.
- Die jugendlichen Käufer gelten als beeinflussbar durch **„Blogger"** in den sozialen Medien **(Influencer-Werbung)**.
- Sie haben ein **hohes Markenbewusstsein** und bevorzugen dabei Marken, die ihnen ein hohes Ansehen verschaffen. Sie achten darauf, dass der gekaufte Artikel einen exklusiven Labelaufdruck hat.
- Sie kaufen nur solche Waren, die dem **Urteil des Freundeskreises** standhalten (Peergroup-Verhalten).
- Sie suchen **Produktinnovationen** (Neuheiten) und sind bereit, hierfür viel Geld auszugeben.
- Oft werden Angebote zunächst im Internet recherchiert, bevor sie im stationären Handel „vor Ort" ausprobiert werden. Das **Einkaufserlebnis** zusammen mit Freunden und der **Unterhaltungswert** des Angebots sind für die Attraktivität von Bedeutung.
- Sie achten eher wenig auf Qualität und Preise.

Geschäfte, die von Jugendlichen aufgesucht werden, beschäftigen überwiegend junge Verkäuferinnen und Verkäufer, die den jeweiligen Modetrend genau kennen. Diese setzen beim Verkaufsgespräch überwiegend auf die Wirkung der Ware.

Beispiele:

Stichworte ihrer Argumentation sind:
- neuester Modetrend
- geile Farben
- stärkt die Individualität
- derzeit gefragteste Marke
- ein absolutes Muss für Ihr Image

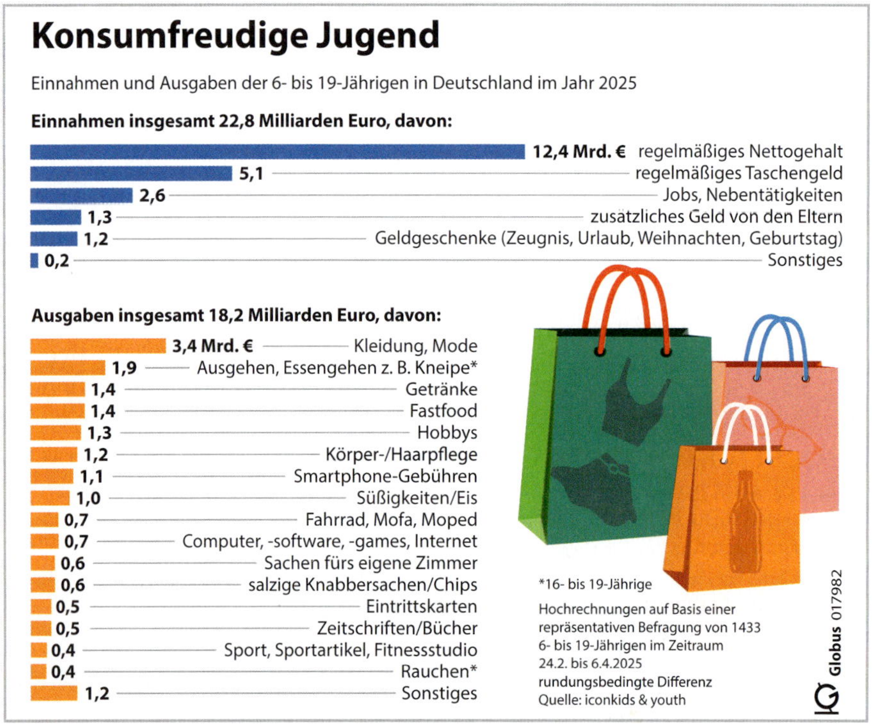

18,2 Mrd. EUR werden die 6- bis 19-Jährigen in Deutschland im Jahr 2025 vermutlich ausgeben. Den größten Teil davon geben sie für Bekleidung (3,4 Mrd. EUR) sowie fürs Ausgehen (1,9 Mrd. EUR) aus. Das geht aus einer Hochrechnung des Münchner Meinungsforschungsinstituts iconkids & youth hervor. Für die Studie wurden von Februar bis April 2025 rund 1 400 6- bis 19-Jährige befragt. Die Kinder und Jugendlichen finanzieren ihre Ausgaben vor allem durch regelmäßiges Nettogehalt und Taschengeld. Zusammen mit Geldgeschenken, Einnahmen aus Jobs und Nebentätigkeiten oder auch kleineren Finanzspritzen der Eltern nehmen sie rund 22,8 Mrd. EUR im Jahr 2025 ein. Damit liegen die Einnahmen deutlich über den Ausgaben. Einige von ihnen werden demnach sparen.

2.2.3 Senioren als Käufer

(1) Bedeutung der Senioren als Kunden

Deutschland ist eine alternde Gesellschaft. Die Lebenserwartung nimmt zu. Dies und die niedrige Geburtenrate führen dazu, dass in Zukunft immer mehr Ältere (65 Jahre und älter) den 20- bis 64-Jährigen gegenüberstehen werden. Allerdings wird diese Entwicklung durch jugendliche Migranten teilweise ausgeglichen.

Trotzdem bedeutet diese Entwicklung der Gesellschaft, dass die Senioren für den Einzelhandel eine immer wichtiger werdende Kundengruppe darstellen. Vor allem auch deshalb, weil diese Gruppe zum Teil über eine gute Kaufkraft verfügt und konsumfreudig ist.

Der Einzelhandel muss sich hinsichtlich der Werbung, der Sortimentsgestaltung, der Verkaufsraumgestaltung und des Verkäuferverhaltens auf diese Kundengruppe einstellen.

(2) Charakterisierung des Kaufverhaltens

Die Gruppe der Senioren wird von sehr **unterschiedlichen Persönlichkeiten** geprägt. Zunächst einmal sind die jüngeren, aktiven Senioren von den älteren zu unterscheiden, die mehr Unterstützung erwarten. Darüber hinaus spielen das Einkommen, der Bildungsstand, die Hobbys, die sozialen Kontakte eine große Rolle beim Kaufverhalten.

Es gibt aber (mit Vorbehalt) einige **Gemeinsamkeiten,** die berücksichtigt werden sollten:

- In der Regel sind sie gut auf den Kauf vorbereitet und wissen genau, was sie kaufen möchten. Bei neuen Produkten sind sie hingegen unsicher und folgen daher oftmals dem Rat des Verkäufers.
- Sie kaufen nur kleine Warenmengen und bevorzugen auch kleinere Packungsgrößen.
- Viele Senioren möchten **auf gar keinen Fall als „alt" betrachtet werden,** weil sie sich noch jung fühlen. Die körperliche und geistige Fitness hat einen großen Einfluss auf ihr Kaufverhalten.

- Diese Käufer erwarten eine **fachliche Beratung,** die erkennen lässt, dass ihre Erfahrung und ihre Ansprüche als Konsument ernst genommen werden.
- Wenn die Leistung und die Qualität stimmen, sind sie **bereit, einen angemessenen Preis zu bezahlen.**
- Oft sind diese Personengruppen sehr **markentreu** und bleiben dem Geschäft und dem Verkäufer sehr verbunden, der sie gut beraten hat.

(3) Verkaufsgespräch mit Senioren

Bei Verkaufsgesprächen mit Senioren sollte der Verkäufer auf Folgendes achten:

Bedienungsregeln:

- **zuvorkommend** verhalten
- ausführlich und geduldig beraten, um eine **Hilfestellung bei der Kaufentscheidung** zu geben
- **Verständnis** für die Argumente der Senioren zeigen
- **sensibel** (feinfühlig) mit vorgefassten Meinungen zur Ware umgehen
- Wünsche nach **Haltbarkeit, solider Ausführung, Sicherheit** und **Bequemlichkeit** berücksichtigen

Die Mehrheit der Senioren verzichtet nur ungern auf lieb gewordene Gewohnheiten. Trotzdem sollten die Senioren auf **neue Waren** hingewiesen werden, die für sie – gegenüber den bisher bevorzugten Artikeln – viele Vorteile aufweisen.

Beispiele:

- Geräte, die einfacher zu bedienen sind
- Waren, die eine längere Haltbarkeit aufweisen
- verpackte Waren, die leichter zu öffnen sind

Viele Senioren möchten bei ihrem lokalen Einkauf gern **namentlich** angesprochen werden. Sie rechnen häufig damit, dass der Verkäufer neben dem eigentlichen Verkaufsgespräch noch Zeit für ein **kurzes persönliches Gespräch** findet.

Das **Anbieten von Serviceleistungen** ist bei dieser Kundengruppe von hoher Bedeutung.

Besonders wichtige **Serviceangebote** für Senioren sind:

- telefonische Bestellannahme
- Ins-Haus-Lieferservice (z. B. von Lebensmitteln)
- Lieferung, Aufbau, Anschluss und Reparatur von elektrischen Geräten, Möbeln usw.
- großzügige Umtauschmöglichkeiten
- Bereitstellen von Waren in kleinen Verpackungseinheiten
- Hilfe beim Einpacken an der Kasse

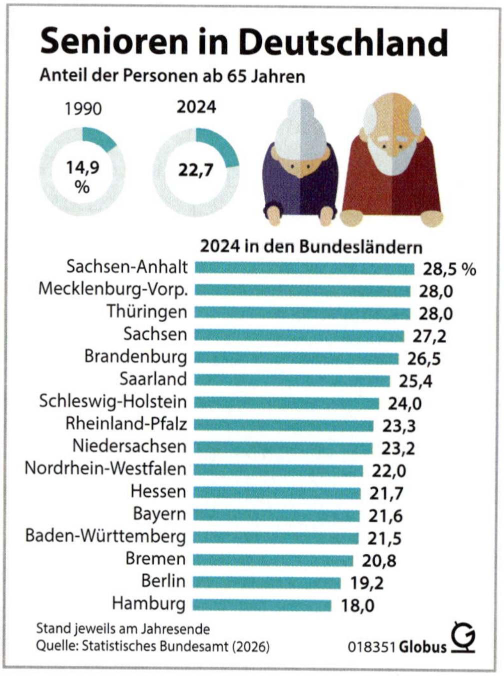

2.3 Kundentypen

Nach welchen persönlichen Eigenarten lassen sich die Kunden unterscheiden?

2.3.1 Sachverständiger Kunde

Erkennungsmerkmale

- Hat einen klaren Kaufwunsch, den er sachlich gut beschreiben kann.
- Prüft die Ware sorgfältig und beurteilt sie kritisch.
- Argumentiert mit Fachbegriffen.
- Kann das Preis-Leistungs-Verhältnis beurteilen.

Bedienungsregeln

- Der Verkäufer soll im Gespräch mit einem sachverständigen Kunden Fachausdrücke bzw. die übliche Fachsprache verwenden und weitgehend die Ware für sich selbst sprechen lassen.
- Der sachverständige Kunde schätzt eine gute Beratung bei für ihn vollkommen neuartigen Waren, weil er weiß, wie wichtig es ist, beispielsweise Gebrauchsanweisungen oder Behandlungsvorschriften gewissenhaft zu beachten.
- Der sachverständige Kunde wünscht eine große Auswahl. Ist die verlangte Ware nicht vorrätig, zieht der Kunde die rasche Neubeschaffung einem Ersatzangebot vor.
- Der Verkäufer sollte den Sachverstand des Kunden anerkennen, indem er z. B. an passender Stelle eine geeignete Bemerkung macht. (Beispiel: *„Sie wissen das ja viel besser als ich.“*) Das fördert die Kauflust des Kunden.

2.3.2 Misstrauischer Kunde

Erkennungsmerkmale

- Bezweifelt vieles an der Ware
- Beim Auswählen der Ware sehr vorsichtig
- Preisunterschiede will er genau erklärt haben
- Glaubt, der Verkäufer möchte ihn übervorteilen
- Trifft seine Entscheidungen sehr langsam

Bedienungsregeln

- Wichtig ist, dass die Kritik vom Verkäufer ernst genommen wird. Das Vertrauen gewinnt der Verkäufer nur durch eine peinlich genaue Beratung und durch große Offenheit.
- Der Verkäufer benötigt gerade bei diesem Kunden sehr gute Warenkenntnisse, um auch Kleinigkeiten genau erklären zu können.
- Widerspruch ist zu vermeiden. Die Verbesserung falscher Ansichten des Kunden ist nur dann ratsam, wenn es nötig ist und das Richtige bewiesen werden kann. Der misstrauische Kunde soll die Ware unbedingt durch eigene Handhabung selbst prüfen können.
- Der Verkäufer muss alle Möglichkeiten ausschöpfen, das Misstrauen des Kunden zu beseitigen (z. B. Hinweise auf Umtauschrecht, Qualitätsmarke, Garantiezeiten). Ansonsten bleibt der Kunde unzugänglich und ein Erfolg versprechender Abschluss des Verkaufsgesprächs ist unwahrscheinlich.

2.3.3 Überheblicher (rechthaberischer) Kunde

Erkennungsmerkmale

- Besitzt ein übersteigertes Geltungsbedürfnis
- Steht gern im Mittelpunkt
- Ist von seinen Warenkenntnissen fest überzeugt
- Hat immer recht und weiß alles besser
- Ist gegenüber dem Verkäufer unhöflich, ungerecht, beleidigend

Bedienungsregeln

- Erziehungsversuch ist zwecklos. Er endet hin und wieder damit, dass der Kunde auf den Kauf verzichtet. Das ist aber niemals Ziel eines Verkaufsgesprächs.
- Der Verkäufer sollte dem Geltungsbedürfnis eines derartigen Kunden durch scheinbare Anerkennung *(„Ihr Sachverständnis ist verblüffend.“); („Was halten Sie von...?“)* entgegenkommen.
- Dem Kunden gegenüber ist kluge Zurückhaltung und Höflichkeit angebracht. Wichtig ist die Titelnennung. Vermittelt der Verkäufer dem überheblichen Kunden das Gefühl, dass sein übersteigertes Geltungsbedürnis befriedigt wird, verhält er sich umgänglich.
- Dem Kunden sind nur hochwertige Waren vorzulegen und dabei ist die Exklusivität der Ware herauszustellen.

2.3.4 Unentschlossener Kunde

Erkennungsmerkmale

- Wirkt unschlüssig und hilflos
- Wendet sich zögerlich an den Verkäufer
- Vorstellung über die gewünschte Ware ist unbestimmt
- Nimmt die Ware gern in die Hand, sieht sie jedoch unschlüssig an
- Dem Kauf geht ein langes Überlegen und Abwägen voraus

Bedienungsregeln

- Der Verkäufer muss dem unentschlossenen Kunden ausreichend Zeit zum Überlegen lassen und ihn mit Geduld führen und beeinflussen.
- Die Warenauswahl soll möglichst von Anfang an klein gehalten werden.

- Der unentschlossene Kunde benötigt die Unterstützung des Verkäufers mehr als ein anderer Kunde. Er wünscht sogar, dass ihm der Verkäufer die Entscheidungen weitgehend abnimmt. Eine kennzeichnende Frage wie *„Wozu würden Sie mir raten?“* soll verantwortungsbewusst und entsprechend überlegt beantwortet werden. Dabei sollen vor allem die Kaufgründe des Kunden berücksichtigt werden. Falsch wäre es, auf die Rat suchende Frage des Kunden zu antworten: *„Das ist Geschmackssache!“*
- Guten Kunden kann eine Auswahlsendung, ein zugesicherter Umtausch oder ein Kauf auf Probe[1] angeboten werden.
- Der unentschlossene Kunde darf keinesfalls zum Kauf überredet oder bedrängt werden.

2.3.5 Gesprächiger Kunde

Erkennungsmerkmale

- Sein Mitteilungsbedürfnis ist groß
- Spricht gern über alle möglichen Dinge
- Berichtet über persönliche Angelegenheiten, aktuelle Probleme oder Klatsch

Bedienungsregeln

- Der Verkäufer soll Interesse zeigen und aufmerksam zuhören. Das fördert die Kauflust des gesprächigen Kunden.
- Damit der Redefluss aber nicht zusätzlich gesteigert wird und vom eigentlichen Verkaufsgespräch allzu sehr abgeschweift wird, soll der Verkäufer selbst wenig dazu sagen.
- Der Verkäufer soll immer bestrebt sein, dass die Plauderei nicht allzu lange dauert und schließlich auf den Einkauf zurückkommt. Geeignete Bemerkung: *„Das ist sehr interessant; vielleicht können Sie mir später einmal ausführlicher darüber berichten.“*

1 **Kauf auf Probe** ist ein Kauf mit Rückgaberecht innerhalb einer vereinbarten Frist, falls der Gegenstand nicht den Erwartungen des Käufers entspricht. Siehe auch S. 100.

2.3.6 Sparsamer Kunde

Erkennungsmerkmale

- Interessiert sich sehr für den Preis
- Prüft genau die Qualität des billigsten Angebots
- Verlangt oft einen Preisnachlass
- Achtet auf den Gebrauchswert der Ware
- Trennt sich nur widerwillig von seinem Geld

Bedienungsregeln

- Diesem Kunden sollen vor allem Waren gezeigt werden, die aus irgendeinem Grunde (z. B. wegen einer leichten Beschädigung) preisermäßigt angeboten werden.
- Ebenso eignen sich gerade für diesen Kunden Restposten und Einzelteile, wobei die unverminderte Qualität bei stark herabgesetztem Preis betont werden soll.

2.3.7 Smartshopper (preisorientierter Kunde)

Erkennungsmerkmale

- Ist markenorientiert
- Sucht als Schnäppchenjäger günstige Angebote
- Ist äußerst selbstbewusst, reagiert auf jede Preisänderung
- Hat einen guten Marktüberblick und nutzt Sonderverkäufe

Bedienungsregeln

- Dem Kunden sind Kaufanreize wie Rabatte, Sonderangebote oder Bonusaktionen anzubieten.
- Nicht auf Feilschen einlassen. Nur den Preis anbieten, der der Geschäftspolitik des Unternehmens entspricht. Grundsatz: Die angebotene reguläre Ware ist ihren Preis wert.

2.4 Konsumtypen[1]

Welche Gewohnheiten zeigt der Kunde beim Einkauf?

(1) Gesundheits- und umweltbewusster Konsumtyp („Lohas")

Immer mehr Verbraucher wollen **gesund** und **ökologisch korrekt** leben. Diese Verbraucher sind zum einen um ihre eigene Gesundheit bemüht und zum anderen achten sie darauf, dass durch ihr Handeln und Konsumieren zukünftige Generationen keinen Schaden nehmen. Diesen Konsumtyp bezeichnet man als **„Lohas"** (**L**ifestyle **o**f **H**ealth **a**nd **S**ustainability).[2]

Dieser Konsumtyp, der das **Bewusstsein für Gesundheit und Umwelt** in den Vordergrund stellt, möchte Lebensmittel und Gebrauchsgüter kaufen, die

- die **Gesundheit, Fitness** und **Energie** stärken,
- **unbelastet, schadstofffrei** und **umweltfreundlich** sind. Sie trauen dabei Öko-Siegeln und Marken. Darüber hinaus versuchen sie, Informationen über die Herkunft der Waren zu bekommen (z.B. bei Textilien über das Herkunftsland, das Einhalten von Sozialstandards, die Überprüfung der Stoffe auf gesundheitliche Unbedenklichkeit; bei Eiern den Namen des Geflügelhofs und die Form der Hühnerhaltung; bei Gemüse, ob es aus einem biologisch kontrollierten Anbau stammt).
- bei ihrer Nutzung nur **wenig Energie** verbrauchen und nur solche Materialien enthalten, die **umweltgerecht entsorgt** werden können. Dies gilt insbesondere für Haushaltsgeräte.

Die gesundheits- und umweltbewussten Kunden sind in aller Regel bereit, für die von ihnen bevorzugten Produkte einen **höheren Preis zu zahlen.**

(2) Wellnessorientierter Konsumtyp

Wellness ist ein Lebensstil, der **Wohlbefinden, Gesundheit, Fitness** und **Ernährung** in den Mittelpunkt stellt. An diesen Zielen richtet der wellnessorientierte Konsumtyp sein Kaufverhalten aus.

Die Industrie und der Einzelhandel haben hierauf reagiert und bieten Wellness-Lebensmittel, Wellness-Tees, Wellness-Reisen, Wellness-Duschbäder u.Ä. an. Der Wellness-Zusatz ermöglicht es dem Einzelhandel, diese Produkte von herkömmlichen Produkten abzugrenzen und mit einem Preisaufschlag zu versehen.

1 Den Ausführungen in diesem Kapitel liegt folgende Quelle zugrunde: Britta Mertens, Jana Sazepin, Carsten Rennhak: Stirbt die Mitte, Stuttgart 2008, S. 58ff. Mitunter wird auch der Smartshopper zu den Konsumtypen hinzugezählt.

2 **Lifestyle**: Lebensstil, health: Gesundheit, sustainability: Nachhaltigkeit.

Wellness-Kunden zeichnen sich aus durch eine

- hohe **Selbstverantwortung,**
- einen **aktiven Lebensstil,**
- den Bezug auf den **eigenen Körper** und
- den Drang nach **Selbstverwirklichung.**

Beispiel:

Das Angebot an Functional Food in den Supermarktregalen wird immer größer.

Functional Food umfasst in der Regel künstlich angereicherte Lebensmittel, die zusätzlich zu den natürlichen Nähr- und Geschmacksstoffen durch Substanzen (z.B. Vitamine, Mineralien) mit gesundheitsfördernder Wirkung angereichert werden.

Sie haben eine **hohe Ausgabenbereitschaft,** sofern die Produkte und Dienstleistungen ihren kritischen Erwartungen entsprechen. Der Konsument möchte sich schließlich etwas „Besseres" leisten und sich verwöhnen lassen.

(3) Bequemlichkeitsorientierter Konsumtyp (Convenience[1]-Konsumtyp)

Der bequemlichkeitsorientierte Konsumtyp möchte sich den Alltag so **angenehm wie möglich** gestalten und zudem **mehr Freizeit gewinnen.** Durch dieses Streben nach Bequemlichkeit **(Convenience)** kauft er z.B. Fertiggerichte, Tiefkühlkost, Heimservice, pflegeleichte Textilien oder einfach zu bedienende technische Geräte, die die Arbeit erleichtern.

Typischer Convenience-Konsumtyp sind junge Singles, junge Paare ohne Kinder, Berufstätige sowie ältere alleinstehende Menschen.

Zusammenfassung

- Kundengruppen sind durch ein **ähnliches Einkaufsverhalten** gekennzeichnet.
- Kundengruppen können **untergliedert** werden:
  - nach der **Bindung an ein Geschäft**: Stammkunden, Laufkunden,
  - nach dem **Alter**: Kinder, Jugendliche, junge Erwachsene, Senioren.
- **Kundentypen** ähneln sich aufgrund unterschiedlicher Merkmale **(Persönlichkeitsmerkmale).**
- **Wichtige Kundentypen** sind der
  - sachverständige Kunde,
  - misstrauische Kunde,
  - überhebliche Kunde,
  - unentschlossene Kunde,
  - gesprächige Kunde,
  - sparsame Kunde,
  - Smartshopper.
- **Konsumtypen** weisen bestimmte Eigenschaften auf, die für das Einkaufsverhalten charakteristisch sind.
- **Wichtige Konsumtypen** sind:
  - gesundheits- und umweltbewusster Konsumtyp („Lohas"),
  - wellnessorientierter Konsumtyp,
  - bequemlichkeitsorientierter Konsumtyp (Convenience-Konsumtyp).

1 **Convenience**: Bequemlichkeit.

Kompetenztraining

9

1. Begründen Sie, warum ein Verkäufer bereits bei der Kontaktaufnahme darauf achten sollte, zu welcher Kundengruppe, zu welchem Kundentyp bzw. zu welchem Konsumtyp ein Kunde gehören kann!
2. Erklären Sie den Begriff Kundengruppe!
3. Ein Verkäufer bedient ältere Kunden.

   Aufgaben:

   3.1 Nennen Sie zwei Gründe, warum der „Seniorenmarkt“ für den Einzelhandel immer wichtiger wird!

   3.2 Nennen Sie drei Gründe, welche bei der Bedienung dieser Kundengruppe besonders zu beachten sind!

   3.3 Für viele der über 50-jährigen Kunden gilt: *„Sie haben viel Erfahrung und einen hohen Anspruch.“* Erläutern Sie anhand dieser Aussage das Kaufverhalten von Senioren an einem Beispiel aus Ihrer Branche!

   3.4 Nehmen Sie an, Sie führen ein Verkaufsgespräch mit einer älteren Dame, die Sie als Stammkundin kennen und von der Sie wissen, dass sie über ein gutes Renteneinkommen verfügen kann.

   3.4.1 Beschreiben Sie, worauf Sie bei der Warenauswahl achten würden! (Wählen Sie eine Ware aus Ihrer Branche.)

   3.4.2 Formulieren Sie in wörtlicher Rede eine Argumentationskette (Merkmal, Vorteil, Nutzen), die zu dem Anspruch dieser Kundengruppe passt!

   3.5 Unterbreiten Sie zwei Vorschläge, worauf bei einer seniorenfreundlichen Ladengestaltung zu achten ist!

   3.6 Sie bedienen eine ca. 70-jährige Kundin. Formulieren Sie jeweils drei Verkaufsargumente für die folgenden Artikel: Kochtopf, Wintermantel, Handcreme!
4. Beim Verkauf an Jugendliche sind gesetzliche Vorgaben zu beachten. Erläutern Sie drei dieser Vorgaben!
5. Nennen Sie vier Grundregeln, die der Verkäufer beachten soll, wenn ein Kind einen Besorgungskauf tätigt!

10

1. Erläutern Sie, was man unter dem Begriff Kundentyp versteht!
2. 2.1 Erklären Sie, woran Sie erkennen können, dass Ihr Kunde fachkundig ist!

   2.2 Beschreiben Sie, wie Sie einen fachkundigen Kunden betreuen/beraten!
3. Unentschlossene Kunden können zu Stammkunden werden. Erklären Sie diese richtige Aussage!
4. Begründen Sie, warum man mit „überheblichen Kunden“ Umsatz machen kann!
5. Beschreiben Sie, woran Sie erkennen, dass Ihr Kunde misstrauisch ist!
6. Charakterisieren Sie in Stichworten den Kundentyp des Smartshoppers!
7. Notieren Sie, welchen Kundentyp die folgenden Äußerungen erkennen lassen!

   7.1 *„Können Sie mir garantieren, dass ich mit dieser preiswerten Stichsäge Metall sägen kann? Da geht doch sicher das Sägeblatt zu Bruch.“*

   7.2 *„Zeigen Sie mit bitte die neueste Waschmaschine. Aber verschonen Sie mich mit Billiggeräten. Ich möchte die qualitativ hochwertigste Maschine.“*

7.3 *„Wissen Sie, vor zehn Jahren habe ich mein erstes Motorrad gekauft. Da muss ich Ihnen die erste Ausfahrt mit meiner damaligen Freundin und jetzigen Frau erzählen…"*

7.4 *„Bitte zeigen Sie mir die neueste Rolex-Uhr. Im Internet wird das Modell zum Sonderpreis von 940,00 EUR angeboten. Sie können den Preis sicher noch um 50,00 EUR unterbieten."*

8. Erläutern Sie, was man unter dem Begriff Konsumtyp versteht!

9. Charakterisieren Sie in Stichworten den Konsumtyp „Lohas"!

10. 10.1 Beschreiben Sie, welche Entwicklung Sie aus dem Altersaufbau der Bevölkerung in Deutschland erkennen!

    10.2 Nennen Sie zwei Auswirkungen dieser Entwicklung auf den Einzelhandel!

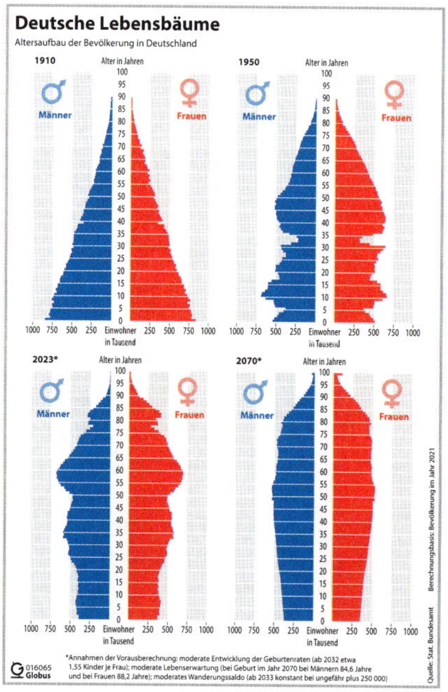

3 Spezielle Verkaufssituationen

3.1 Verkaufen bei Hochbetrieb

(1) Organisatorische Vorbereitungen

Der Einzelhandel kann im Gegensatz zu manch anderem Dienstleistungsbetrieb (z. B. Steuerberater, Versicherungsvertreter, Friseur, Masseur) seine Kunden nicht zu bestimmten Terminen bestellen, um Wartezeiten zu vermeiden. Deshalb lässt sich ein Kundengedränge nicht immer vermeiden.

Ein Lebensmittelgeschäft stellt z. B. folgende Zeiten mit Hochbetrieb fest:

- täglich zwischen 17:00 und 19:30 Uhr,
- samstags zwischen 11:30 und 13:30 Uhr,
- bei Sonderaktionen,
- bei Brückentagen und vor Feiertagen.

Um den Kunden lange Wartezeiten zu ersparen, kann der Einzelhandelsbetrieb z.B. folgende **organisatorische Vorbereitungen** treffen:

- Zusätzliches Personal beschäftigen.
- Den Anteil der Vollbedienung zugunsten von mehr Vorwahlmöglichkeiten und Selbstbedienung abbauen.
- Bereitstellen weiterer Kassen.
- Rechtzeitiges Auffüllen der Regale mit Ware.
- Genügend Verpackungsmaterial bereitstellen.
- Wenn möglich, Ware vorher verkaufsfertig machen (vorwiegen, verpacken).

(2) Verhalten des Verkäufers

richtige Reihenfolge der Kunden einhalten	■ Die Kunden sollen **in der Reihenfolge** bedient werden, in der sie den Verkaufsraum betreten haben bzw. an den Verkaufstisch herangetreten sind. ■ Wenn der Verkäufer die Übersicht verloren hat, soll er in geeigneter Weise fragen, wer an der Reihe ist, aber auf keinen Fall einfach wahllos den nächstbesten Kunden drannehmen. (Verkäufer: *„Bitte wer ist jetzt der Reihe nach der Nächste, den ich bedienen darf?"*)
Ausnahmen von der Bedienung in der richtigen Reihenfolge	■ **Bevorrechtigt bedient** werden nur sehr alte Personen, werdende Mütter und Mütter in Begleitung von Kleinstkindern. Falls es nötig erscheint, wird sich der Verkäufer an die Kunden, die zurückstehen sollen, wenden und um Erlaubnis bitten. ■ Ein **Kunde, der es eilig hat,** darf nur dann vorzeitig bedient werden, wenn es die bevorrechtigten Kunden erlauben und sein Wunsch schnell erfüllbar ist.
Bedienung von Kindern	Ein Kind als Kunde darf **nicht übersehen** werden und der Verkäufer darf keinesfalls zulassen, dass es von Kunden zurückgedrängt wird. 

(3) Mehrfachbedienung

Unterbricht ein **neu hinzukommender Kunde** ein Verkaufsgespräch mit einer **Bitte um Auskunft,** antwortet der Verkäufer, ohne dass er dafür die Genehmigung des Kunden, den er gerade bedient, einholen muss. Wartet dagegen ein zweiter Kunde, gibt es für den Verkäufer **zwei Möglichkeiten**:

- Er bittet seinen Kunden, dass er mit dem **gleichzeitigen Bedienen eines zweiten Kunden** einverstanden ist. (Verkäufer: *„Erlauben Sie bitte, dass ich mich inzwischen einmal kurz um den wartenden Kunden bemühe?“*)
  - Lehnt der bevorrechtigte Kunde die gleichzeitige Bedienung eines zweiten Kunden ab, darf er nicht betont schnell oder gar verärgert weiterbedient werden.
  - Hat der bevorrechtigte Kunde die gleichzeitige Bedienung eines zweiten Kunden erlaubt, ist eine Mehrfachbedienung möglich.

- Der Verkäufer bittet seinen **Kunden um etwas Geduld.** In diesem Fall soll der zweite Kunde in geeigneter Weise „beschäftigt“ werden (z. B. Übergabe von Prospekten, Kunde soll die CDs schon einmal anhören, Kundin soll das Kleid in der Zwischenzeit anprobieren). Später soll dem Kunden für sein Verständnis gedankt werden.

Hinweis:

- Der Verkäufer bewahrt bei einem Kundengedränge seine Ruhe und **berät/bedient konzentriert und korrekt.** Der Kunde darf sich nicht zu einem schnelleren Entschluss gedrängt fühlen.
- Der Verkäufer führt mit dem Kunden oder mit Kollegen **keine langatmigen Gespräche.**
- Der Verkäufer **unterbricht einen gesprächigen Kunden freundlich** und bietet ihm an, das interessante Gespräch zu einem anderen Zeitpunkt fortzuführen.
- Der Verkäufer lässt seine Kunden **nicht unnötig lange warten.**

3.2 Verkaufen kurz vor Ladenschluss

(1) Ursachen für den Kauf kurz vor Ladenschluss

Gleichgültig zu welchem Zeitpunkt ein Einzelhandelsgeschäft schließt, es wird immer Kunden geben, die erst kurz vor Ladenschluss einkaufen. Hierzu zählen insbesondere:

- Berufstätige, die nach der Arbeit von Geschäft zu Geschäft eilen und dabei gelegentlich in Zeitnot geraten.
- Kunden, die aufgehalten wurden.
- Kunden, die etwas vergessen haben, was sie am Abend dringend benötigen.
- Kunden, die aus reiner Nachlässigkeit immer erst kurz vor Geschäftsschluss einkaufen.

(2) Verhalten des Verkäufers

Grundsätzlich gilt:	■ Der Verkäufer soll dem Spätkunden freundlich und dienstbereit gegenübertreten. Er darf keinen Unwillen zeigen. ■ Es gehört zum Berufsalltag eines Verkäufers, gelegentlich Spätkunden auch nach Ladenschluss zu bedienen.
Verkaufsgespräch hat längere Zeit vor Ladenschluss begonnen	Erfordert ein Verkaufsgespräch, das bereits längere Zeit vor Ladenschluss begonnen wurde, noch Zeit über den Ladenschluss hinaus, wird das Verkaufsgespräch selbstverständlich fortgesetzt.
ein Stammkunde kommt grundsätzlich immer erst kurz vor Ladenschluss	■ Der Kunde darf bei einer günstigen Gelegenheit durchaus auf die für beide Seiten günstigeren Verkaufszeiten aufmerksam gemacht werden. ■ Gegenüber einem Kunden, der regelmäßig zu spät kommt, verhält sich der Verkäufer durchaus richtig, wenn er das Verkaufsgespräch abbricht *(„Bitte haben Sie Verständnis, wir schließen jetzt. Ich bediene Sie gerne morgen wieder. Unser Geschäft ist morgen von 08:00 bis 19:00 Uhr geöffnet.“)* Diese Maßnahme darf jedoch nur ausnahmsweise und nicht ohne Genehmigung der Verkaufsaufsicht erfolgen.

3.3 Verkauf an Kunden in Begleitung

(1) Gründe für eine Begleitung

Häufig kommt ein Kunde in Begleitung. Dafür gibt es unterschiedliche Gründe:

- Kunden gehen gerne in Begleitung des Ehepartners, eines Freundes, einer Freundin zum Einkaufen. Gemeinsamer Einkauf erhöht die Freude.
- Kunden nehmen bei einem Kauf, der viel Sachverstand erfordert, gerne einen fachkundigen Begleiter mit, der sie unabhängig vom Verkäufer berät. Damit soll ein Fehlkauf möglichst vermieden werden.
- Wird ein langlebiges Gut für die Familie eingekauft, entscheidet häufig die ganze Familie über den Kauf.
- Kinderbekleidung, Spielsachen u. Ä. werden von einem Elternteil gerne zusammen mit dem Kind eingekauft.

(2) Rolle des Begleiters und das Verhalten des Verkäufers gegenüber dem Begleiter

■ Interessierter Begleiter (Shopping-Partner)

In der Regel nimmt ein interessierter Begleiter Einfluss auf die Kaufentscheidung. Dem Verkäufer fällt damit die schwierige Rolle zu, den Begleiter in das Verkaufsgespräch einzubinden, und gleichzeitig den Kaufwunsch des Kunden zu unterstützen.

Beispiel:

Die Freundinnen Julia und Saskia unternehmen an ihrem freien Tag einen Einkaufsbummel. Julia möchte sich gerne das Armband kaufen, das sie im Schaufenster des Juweliers Walz gesehen hat. Ihre Freundin Saskia soll das Armband „begutachten“.

Sind Kunde und Begleiter unterschiedlicher Meinung, muss der Verkäufer zwischen den beiden vermitteln. Er macht auf Gemeinsamkeiten aufmerksam und legt gegebenenfalls ein Alternativangebot vor, das beiden Interessen gerecht wird.

Fachkundiger Begleiter

Der Kunde bringt häufig einen Berater mit, wenn er selbst nicht über die nötigen Fachkenntnisse verfügt. Sachverständnis verrät sich vor allem durch Fachausdrücke. Es wäre falsch, wenn der Verkäufer das Verkaufsgespräch fast ausschließlich mit der fachkundigen Begleitperson führte. Der Kunde könnte sich übergangen fühlen und aus Protest seine Kaufabsicht aufgeben.

Beispiel:

Frank muss in seinem Einfamilienhaus immer wieder kleinere Reparaturen vornehmen. Er entschließt sich daher zum Kauf einer Akkubohrmaschine. Um das richtige Modell zu kaufen, nimmt er seinen Freund Johann, einen begeisterten Hobbyhandwerker, als Berater mit.

Der Verkäufer sollte sowohl den Kunden als auch dessen Berater in das Verkaufsgespräch einbeziehen, indem er die Ware weitgehend durch die sachverständige Begleitperson erläutern und empfehlen lässt, um schließlich den Kunden entscheiden zu lassen.

Unbeteiligte Begleitperson

Eine **erwachsene Begleitperson,** die offensichtlich unbeteiligt bleiben will und nur auf den Kunden wartet, soll der Verkäufer freundlich beachten, indem er eine Sitzgelegenheit, Getränke anbietet, auf Zeitschriften aufmerksam macht u. Ä.

Beispiel:

Tante Jutta möchte sich für ihre Wohnung einen neuen Schuhschrank kaufen. Sie bittet ihren 20-jährigen Enkel Valentin, sie zum Möbelhaus zu fahren, um den Schuhschrank gleich mitnehmen zu können. Im Möbelhaus verfolgt Valentin desinteressiert das Verkaufsgespräch.

Handelt es sich bei der **Begleitperson** um ein **Kind,** muss der Verkäufer darauf achten, dass das Kind beschäftigt ist. Schenkt der Verkäufer dem Kind nicht die erwartete Aufmerksamkeit, kann dessen unruhiges Verhalten dazu beitragen, dass das Verkaufsgespräch durch die Eltern abgebrochen wird. Kinderecken müssen beaufsichtigt werden, denn erst dann ist ein entspanntes Einkaufen der Eltern gesichert.

Begleiter ist ein Familienmitglied

Ist der Einfluss des Familienmitglieds auf den Kunden **positiv,** sollte dies der Verkäufer als Unterstützung für die Kaufentscheidung nutzen.

Sind die Ratschläge des Familienmitglieds **fachlich unrichtig,** sollte der Verkäufer die falschen Aussagen vorsichtig korrigieren, ohne die Begleitperson bloßzustellen.

Beispiel:

Mutter und Tochter kaufen gemeinsam ein. Die Tochter will eine modische Jeans in grellen Farben kaufen. Die Mutter legt Wert auf einen Stoff, der waschbar ist, sich leicht bügeln lässt, haltbar ist usw.

Um zwischen Mutter und Tochter zu vermitteln, könnte der Verkäufer folgende Argumente anführen:

- *„Farben regen die Fantasie an und beleben den tristen Alltag."*
- *„Lesen Sie bitte die Pflegeanleitung. Der Stoff ist fast knitterfrei und kann bei 40 °C in der Waschmaschine gewaschen werden."*
- *„Die Jeans trägt sich angenehm, was an der ausgezeichneten Stoffqualität liegt."*

Die Tochter wird dem Verkäufer für seine Vermittlung dankbar sein. Unter Umständen muss der Verkäufer aber auch dem Familienmitglied (der Mutter) beistehen und seinen Einfluss geltend machen.

Bei erregten Auseinandersetzungen zwischen Jung und Alt darf sich der Verkäufer nicht einmischen.

3.4 Geschenkkauf

Viele Kunden sind beim Einkauf von Geschenken noch ratlos. Sie schieben den Einkauf bis zuletzt hinaus und wissen nur, dass sie „irgendetwas" schenken wollen. Für den Verkäufer empfiehlt sich hier folgende **Vorgehensweise:**

(1) Bedarfsermittlung

Der Verkäufer muss zunächst in Erfahrung bringen, wer der Beschenkte ist, welche Wünsche, Neigungen und Hobbys er hat. Hierfür ist besonders die **direkte Bedarfsermittlung** geeignet.

- *„Für wen ist das Geschenk bestimmt?"*
- *„Wie alt ist die Person?"*
- *„Würden Sie mir bitte die Hobbys des Geschenkempfängers verraten?"*
- *„Hat der Geschenkempfänger einen Wunsch geäußert?"*
- *„Zu welchem Anlass suchen Sie das Geschenk?"*
- ...

(2) Anspruch des Käufers an das Geschenk

Im zweiten Schritt sollte der Verkäufer versuchen zu erfahren, welchen Zweck das Geschenk erfüllen soll. Hierfür ist besonders die **indirekte Bedarfsermittlung** geeignet.

- *„Soll das Geschenk eine Überraschung sein?"*
- *„Suchen Sie ein Geschenk, das genutzt werden soll?"*
- *„Suchen Sie ein ungewöhnliches Geschenk?"*
- *„Sollte es sich bei dem Geschenk um einen Markenartikel handeln?"*
- ...

(3) Geschenkvorlage

Nach einer erfolgreichen Bedarfs- und Anspruchsermittlung legt der Verkäufer geeignete Artikel vor. Gefällt dem Kunden ein Artikel, sollte der Verkäufer ihn in der Kaufentscheidung bestärken.

Ist der Kunde unsicher, kann ihm ein **Umtauschrecht**[1] zugesichert werden. Dadurch wird die Kaufentscheidung des Kunden erleichtert.

Kann sich der Kunde nicht zu einem Kauf entscheiden, sollte ihm angeboten werden, einen **Geschenkgutschein** zu kaufen. Der Empfänger hat dann die Möglichkeit, eine Ware nach seinem Wunsch und Geschmack auszusuchen.

Eine weitere Möglichkeit ist, dem Kunden eine **Auswahlsendung** anzubieten. Der Geschenkempfänger kann sich dann die Ware aussuchen, die seinem Wunsch entspricht. Die restliche Ware wird vom Kunden anschließend in das Geschäft zurückgebracht.

(4) Geschenkverpackung

Nach der Kaufentscheidung sollte der Verkäufer dem Kunden anbieten, die Ware als Geschenk zu verpacken. In die Auswahl der Geschenkverpackung ist der Kunde mit einzubeziehen. Vor dem Verpacken ist das Preisetikett zu entfernen. Um einen eventuellen Umtausch reibungslos abwickeln zu können, wird der Kunde gebeten, den Kassenzettel sorgfältig aufzubewahren, da er bei einem Umtausch erforderlich ist. Auf Wunsch des Kunden wird die Zustellung des Geschenks übernommen.

1 Zum Begriff Umtausch siehe S. 71f.

3.5 Besorgungskauf

Ein **Besorgungskauf** liegt vor, wenn ein **Kunde** im **Auftrag einer anderen Person** eine Ware kauft.

(1) Auftrag enthält genaue Anweisungen

Gibt der Auftraggeber dem Kunden klare Anweisungen, muss der Verkäufer die entsprechende Ware lediglich aushändigen. Allerdings sollte der Verkäufer die Chance ergreifen und über den Kunden z. B. nützliche Tipps zum Gebrauch der Ware, Prospekte, Warenproben, Muster, Ergänzungsprodukte, Sonderangebote an den Auftraggeber weiterleiten.

Beispiel:

Gustav Kist kauft im Auftrag seines Geschäftspartners Eugen Blockmann den Rasenmäher AX 30 zum Prospektpreis von 199,00 EUR. Gustav Kist übergibt seinem Geschäftspartner den Rasenmäher am nächsten Tag im Geschäft.

Zur Rechtssituation:

- Ist der **Kunde geschäftsfähig,** kommt der **Kaufvertrag** zwischen dem **Kunden** und dem **Einzelhändler** zustande.
- Übernimmt ein Kind, das noch **geschäftsunfähig** ist, die Besorgung, kommt der **Kaufvertrag** zwischen dem **Auftraggeber** und dem **Einzelhändler** zustande.

(2) Auftrag enthält ungenaue Anweisungen

Die Situation ist schwieriger, wenn die Kaufanweisung ungenau ist. In diesem Fall muss der Verkäufer gemeinsam mit dem Kunden, nach der möglicherweise „richtigen" Ware suchen. Insoweit ist diese Form des Besorgungskaufs dem Geschenkkauf sehr ähnlich.

Beispiel:

Frau Maier gibt ihrer Nachbarin den Auftrag, wenn sie wieder in das Modehaus Klein GmbH kommt, ihr eine bunte Sommerbluse mitzubringen. Frau Maier sucht eine entsprechende Bluse aus, ist aber unsicher, ob sie ihrer Nachbarin gefällt.

Beim Kaufabschluss muss der Verkäufer dem Käufer die Sicherheit geben, die Ware umtauschen bzw. zurückgeben zu können, sofern diese dem Auftraggeber nicht zusagt. Dazu muss er den Kunden bitten, den Kassenbon aufzubewahren, damit ein eventueller Umtausch unproblematisch ist.

Zusammenfassung

- Der Einzelhandel kann seine Kunden nicht zu bestimmten Terminen bestellen, deshalb kommt es bei verschiedenen Anlässen (z. B. bei einem Aktionsverkauf, bei Sonderveranstaltungen, über Mittag, kurz vor Ladenschluss, vor Festtagen) zu einem **Kundenandrang.**
- Der Einzelhandelsbetrieb bereitet sich durch **organisatorische Vorbereitungen** (z. B. Bereitstellen von mehr Personal, Bereitstellen weiterer Kassen, Personalaustausch zwischen verschiedenen Abteilungen) auf einen Kundenandrang vor.
- Das **Verhalten der Verkäufer während des Hochbetriebs** ist durch folgendes Vorgehen gekennzeichnet:
  - Bedienung in der **richtigen Reihenfolge,** wobei Ausnahmen (z. B. werdende Mütter, sehr alte Menschen) nach Rücksprache mit dem bevorrechtigten Kunden zulässig sind.
  - Der Verkäufer **bedient mehrere Kunden** mit deren Einverständnis (Mehrfachbedienung).

- Es gibt vielerlei Gründe, warum Kunden **kurz vor Ladenschluss** einkaufen. Der Verkäufer bedient den Spätkunden freundlich und zeigt Verständnis.
  - Eine **zielstrebige Beratung** führt häufig zu einem schnellen Kaufabschluss des Spätkunden. Die Preishöhe der Ware wird dabei vom Kunden weniger beachtet.
  - Bereits **begonnene Verkaufsgespräche** werden **nach Ladenschluss fortgesetzt.**
- Kauft ein Kunde mit einer **Begleitperson** ein, so ist es wichtig, die Rolle der Begleitperson richtig einzuschätzen.
  - Bei einem **einflussreichen Begleiter** muss der Verkäufer diesen in das Verkaufsgespräch einbinden.
  - Der **fachkundige Berater** wird in die Verkaufsgespräche einbezogen und sein positiver Einfluss auf den Kunden genutzt.
  - Die **unbeteiligte (passive) Begleitperson** wird freundlich behandelt und es wird ihr ein angenehmer Aufenthalt im Laden ermöglicht.
  - Ist der Begleiter ein **Familienmitglied** sollte der Verkäufer im Verkaufsgespräch zurückhaltend auf dessen Argumente eingehen.
- **Geschenkverkäufe** sind, sofern der Geschenkkäufer keine Geschenkidee hat, **anspruchsvolle Beratungsverkäufe.**
  - Der Verkäufer muss sich, um einen Geschenkartikel vorschlagen zu können, vom Kunden **Informationen über den Empfänger** des Geschenks einholen (z. B. Alter, Hobbys, Gewohnheiten, Geschmack, Anlass für das Geschenk).
  - Der Geschenkverkauf bietet **zahlreiche Verkaufschancen** und eignet sich dazu, **Stammkunden** zu **gewinnen.**
  - Die Kaufentscheidung des Kunden wird erleichtert, wenn der Einzelhändler einen **Geschenkservice** anbietet (z. B. Umtauschrecht einräumt, Geschenkgutschein anbietet, Ware verpackt, Ware zustellt).
- Ein **Besorgungskauf** liegt vor, wenn ein Kunde im Auftrag eines Dritten handelt.

Kompetenztraining

11 1. Sie sind als Auszubildender in einem Fachgeschäft beschäftigt.

Aufgaben:

1.1 Beurteilen Sie folgende Aussagen von Kollegen und machen Sie jeweils einen Verbesserungsvorschlag:

1.1.1 *„Wir schließen in 10 Minuten. In dieser kurzen Zeit kann ich Ihnen keinen Fernseher mehr zeigen."*

1.1.2 *„Sie kommen schon allein zurecht?"*

1.1.3 *„Sie sehen doch, dass ich alle Hände voll zu tun habe."*

1.1.4 *„Bitte sagen Sie mir, ob Sie den Artikel kaufen wollen. Sie sehen doch, es warten noch zwei Kunden, die auch bedient werden wollen."*

1.2 In der Elektroabteilung kommt es beim Kauf einer Kaffeemaschine zwischen einem Ehepaar zu Meinungsverschiedenheiten.

Nennen zwei Verhaltensregeln, wie Sie diese Situation meistern!

1.3 Trotz großer Anstrengungen der Geschäfte und des Verkaufspersonals entsteht kurz vor Ladenschluss, vor Sonn- und Feiertagen oder auch bei Sonderveranstaltungen immer wieder verstärkter Kundenandrang.

Nennen Sie zwei Möglichkeiten eines Verkäufers, ein Verkaufsgespräch zu beschleunigen, ohne dass der Kunde sich abgefertigt fühlt!

1.4 Ein Kunde ruft bei Ihnen in der Spielwarenabteilung an. Sie nehmen das Telefon ab. Er verlangt nach einem Kollegen, der gerade einen Kunden berät.
Wie reagieren Sie? (Begründung!)

1.5 Eine Kundin bringt nach Ladenschluss noch mehrere Waren zur Kasse. Bevor sie die Ware auf den Kassentisch legt, fragt sie: *„Kann ich die Ware bei Ihnen noch bezahlen? Es ist schon nach Ladenschluss."* Formulieren Sie in wörtlicher Rede eine Antwort auf die Frage der Kundin!

2. Nennen Sie drei organisatorische Maßnahmen, die ein Einzelhändler ergreifen kann, um den Kunden lange Wartezeiten zu ersparen!

3. Während eines Verkaufsgesprächs haben weitere Kunden die Abteilung betreten.

Aufgaben:

3.1 Ihre Kollegen sind beschäftigt. Beschreiben Sie, wie Sie verhindern können, dass wartende Kunden ungeduldig werden!

3.2 Formulieren Sie in wörtlicher Rede einen entsprechenden Hinweis an eine wartende Kundin!

3.3 Sie beraten gerade einen Kunden, der sich für einen Anzug interessiert. Ein weiterer Kunde wartet bereits ungeduldig. Erklären Sie, wie Sie kundengerecht reagieren!

4. Beschreiben Sie, wie Sie sich verhalten, wenn sich ein Verkaufsgespräch über die Ladenschlusszeit hinaus erstreckt und Sie pünktlich zum Bus gehen müssen!

5. Sie bedienen einen Kunden, der ein Haushaltsgerät kaufen möchte. Der Kunde hat eine Begleitperson mitgebracht.

Aufgaben:

5.1 Erklären Sie, woran Sie erkennen können, welchen Einfluss die Begleitperson auf Ihren Kunden ausübt!

5.2 Beschreiben Sie, wie Sie sich bei der Beratung verhalten, wenn die Begleitperson Fachkenntnisse besitzt!

5.3 Beschreiben Sie, wie Sie sich verhalten, wenn die Begleitperson vom Kauf des Artikels abrät, dem Kunden der Artikel jedoch gefällt!

6. Aufgrund von Werbemaßnahmen rechnet Ihr Betrieb am Wochenende mit starkem Kundenandrang.

Aufgabe:

Nennen Sie drei verschiedene Maßnahmen, welche bei Hochbetrieb besonders wichtig sind!

12

1. In einem Spielwarengeschäft spricht Sie eine ältere Dame an und äußert folgenden Kaufwunsch: *„Ich suche für meinen 14-jährigen Enkel ein Geburtstagsgeschenk. Es darf schon etwas Besonderes sein."*

Aufgaben:

1.1 Formulieren Sie in wörtlicher Rede zwei Fragen zur Bedarfsermittlung!

1.2 Formulieren Sie zwei Gesichtspunkte, warum ist es für den Verkäufer wichtig ist, die Kaufmotive des Kunden zu kennen!

1.3 Leiten Sie aus der Aussage der Kundin zwei mögliche Kaufmotive ab!

1.4 Die Kundin entscheidet sich für zwei ferngesteuerte Autos, weiß aber noch nicht, ob ihrem Enkel eines gefallen wird. Finden Sie eine Lösung!

1.5 Notieren Sie zwei Gesichtspunkte, die Sie beim Verpacken eines Geschenkes beachten sollten!

1.6 Nennen Sie drei Gründe, warum ein Einzelhändler die Geschenkverpackung als Serviceleistung anbietet!

1.7 Notieren Sie vier Gesichtspunkte, die bei der Bedienung von Senioren besonders zu beachten sind!

2. Der Kunde, Rolf Groß, äußert folgenden Kaufwunsch: *„Ich suche ein Geschenk."*

Aufgaben:

2.1 Nennen Sie einen Artikel aus Ihrer Branche als Geschenkvorschlag! Formulieren Sie zu dem von Ihnen genannten Artikel in wörtlicher Rede

2.1.1 eine warenbezogene Frage,

2.1.2 eine personenbezogene Frage,

2.1.3 eine bedarfsbezogene Frage!

2.2 Rolf Groß kann sich nicht entscheiden, denn ihm gefällt ein anderer Artikel ebenfalls sehr gut. Ihre Antwort lautet: *„Sie können gerne beide Artikel zur Auswahl mitnehmen!"*

2.2.1 Erklären Sie, worauf Sie achten müssen, wenn Sie Rolf Groß eine Auswahl mitgeben!

2.2.2 Notieren Sie drei Vorschläge, welche Arten des Kundendienstes Sie stattdessen Rolf Groß anbieten könnten!

3. 3.1 Erläutern Sie den Besorgungskauf an einem Beispiel!

3.2 Erklären Sie, zwischen welchen Personen der Kaufvertrag beim Besorgungskauf abgeschlossen wird, wenn der Kunde geschäftsfähig ist!

3.3 Beschreiben Sie den Fall, in welchem der Besorgungskauf ähnlich dem Geschenkkauf ist!

13 Sachverhalt:

Eine Frau betritt ein Haushaltswaren- und Geschenkartikelgeschäft.

V: *„Guten Tag, wie kann ich Ihnen helfen?"*
K: *„Tja, das weiß ich selbst noch nicht.*
Ich suche ein Geschenk für eine Freundin."
V: *„Da finden wir bestimmt etwas Schönes!*
Soll es eher etwas Dekoratives oder etwas Praktisches für den Haushalt sein?"
K: *„Das kommt darauf an. Haben Sie eine Idee?"*
V: *„Wie wär's denn mit einer schönen Vase?"*
K: *„Ach nein, die hat sie im Überfluss."*
V: *„... oder einer Tischdecke?"*
K: *„Ich weiß nicht so recht."*

Aufgaben:

1. 1.1 Beurteilen Sie die Äußerung der Verkäuferin in Zeile 4!

1.2 Notieren Sie, mit welcher Art der Frage die Verkäuferin den Bedarf einzugrenzen versucht! (Zeile 5)

1.3 Beurteilen Sie den Verlauf der Bedarfsermittlung! (Zeile 5–9)

1.4 Formulieren Sie zwei bedarfsermittelnde Fragen in wörtlicher Rede!

2. Schließlich hat die Verkäuferin herausgefunden, dass die Freundin der Kundin eine Liebhaberin von Kaffee in allen Varianten ist. Sie bietet der Kundin einen kleinen, aber sehr effektiven Aufschäumer für Milch an. Er ist durch den Batteriebetrieb netzunabhängig und somit auch für den Campingurlaub ideal.

K: *„Das hört sich gut an. Aber schäumt die Milch auch wirklich auf? Ich habe schon verschiedene Aufschäumer getestet und war mit keinem richtig zufrieden."*

Beschreiben Sie zwei Möglichkeiten, wie Sie in dieser Situation reagieren würden!

3. Nennen Sie zwei Serviceleistungen, die beim Geschenkkauf sinnvoll sind!
4. Die Verkäuferin möchte als Zusatzangebot zwei passende Cappuccinotassen anbieten. Zu welchem Zeitpunkt des Verkaufsgesprächs sollte dieses Zusatzangebot hier gemacht werden? Begründen Sie Ihre Entscheidung!
5. Während des Beratungsgesprächs kommt ein Pärchen herein und stellt sich wartend neben die Verkäuferin.

   Geben Sie zwei Möglichkeiten an, wie die Verkäuferin reagieren könnte!
6. Die Kundin Carolin Fritz legt an der Kasse eine Espressomaschine im Wert von 699,00 EUR vor. Sie überreicht den nachfolgend abgebildeten Geschenkgutschein in Höhe von 250,00 EUR sowie einen Coupon aus einer Werbeaktion.

Berechnen Sie, welchen Betrag Carolin Fritz noch zu zahlen hat!

3.6 Finanzierungskauf (Ratenkauf)

(1) Begriff Ratenkauf

Ist es dem Kunden nicht möglich, den Wareneinkauf in einer Summe zu begleichen, kann der Verkäufer mit ihm vereinbaren, den Kaufpreis in gleichbleibenden **Teilbeträgen** (Raten) zu bezahlen.

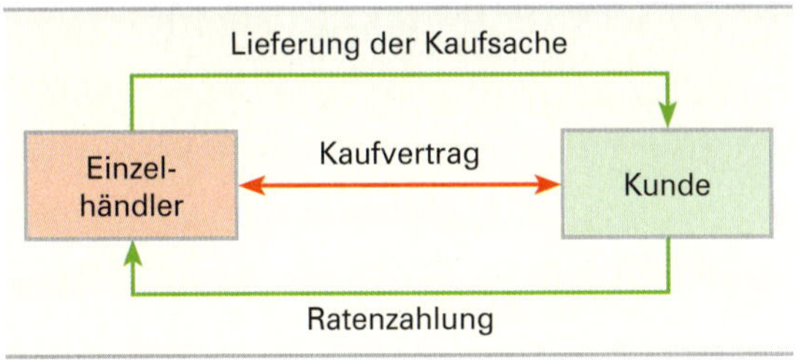

Meist wird als Sicherheit **Eigentumsvorbehalt**[1] vereinbart. In diesem Fall geht das Eigentum an der Sache erst mit der Zahlung der letzten Rate auf den Kunden über.

1 Beim **Eigentumsvorbehalt** wird im Kaufvertrag vereinbart, dass mit der Übergabe der Ware der Käufer zunächst nur Besitzer, nicht aber Eigentümer werden soll.

Bei einer höheren Kaufsumme (z. B. ab 3000,00 EUR) wird vom Einzelhandelsbetrieb in der Regel eine **„Schufaauskunft“**[1] eingeholt. Sie enthält Informationen über die **Bonität**[2] des Kunden.

Die volle Kaufsumme erhält der Einzelhandelsbetrieb erst mit der letzten Ratenzahlung. Dies stellt für den Einzelhändler einen erheblichen Nachteil dar.

> Beim **Ratenkauf** vereinbaren **Einzelhandelsbetrieb** und **Kunde,** dass der Kunde die **Kaufsache erhält** und anschließend den **Kaufpreis** in mehreren, meist gleich hohen **Raten bezahlt.**

(2) Form und Inhalt eines Ratenkaufs

Ratenkaufverträge bedürfen der **Schriftform**. Der Vertrag muss zwingend folgende Angaben enthalten:

- **Barzahlungspreis,**
- **Gesamtbetrag** aller vom Darlehensnehmer zu entrichtenden Teilzahlungen, einschließlich der Zinsen und sonstiger Kosten,
- **Betrag, Zahl** und **Fälligkeit** der Teilzahlungsraten,
- **Zinssatz** und alle **sonstigen Kosten,**
- **effektiver Zinssatz,**
- **Kosten einer Versicherung** zur Abdeckung des Teilzahlungsrisikos (Restschuldversicherung),
- zu bestellende **Sicherheiten** (z. B. Eigentumsvorbehalt),
- Unterschrift von Käufer und Verkäufer unter dem Ratenkaufvertrag,
- schriftliche Information über das Widerrufsrecht mit Unterschrift des Käufers.

(3) Berechnung des effektiven Jahreszinses

Der effektive Jahreszins gibt an, welchen Zinssatz der Einzelhändler zugrunde gelegt hat, wenn alle Kosten (z. B. Zinsen pro Monat, Restschuldversicherung[3]) eingerechnet sind. Erst mithilfe des effektiven Zinssatzes lassen sich die verschiedenen Kreditangebote vergleichen.

Beispiel:

Die Kreditkosten sowie die Restschuldversicherung belaufen sich auf insgesamt 619,75 EUR. Der Bruttoverkaufspreis beträgt 4998,00 EUR.

Aufgabe:

Berechnen Sie den effektiven Zinssatz!

Lösung:

4998,00 EUR ≙ 100 %
619,75 EUR ≙ x %

$$x = \frac{619{,}75 \cdot 100}{4998} = \underline{\underline{12{,}4\,\%}}$$

Ergebnis: Der effektive Jahreszins beträgt 12,4 %.

1 **Schufa:** die Schutzgemeinschaft für allgemeine Kreditsicherung.

2 **Bonität:** Ruf einer Person oder Firma im Hinblick auf ihre Zahlungsfähigkeit und -willigkeit.

3 Bei der **Restschuldversicherung** übernimmt die Versicherungsgesellschaft die noch zu zahlenden Beträge, falls der Kunde z. B. erkrankt, den Arbeitsplatz verliert oder stirbt und seine Verpflichtungen nicht mehr erfüllen kann.

(4) Widerrufs- bzw. Rückgaberecht des Kunden

Dem Kunden steht beim Ratenkauf ein **Widerrufsrecht** zu, das er innerhalb von **14 Tagen** nach Aushändigung des schriftlichen Kaufvertrags wahrnehmen kann. Der Widerruf muss **keine Begründung** enthalten.

Zur Fristwahrung genügt die rechtzeitige Absendung. Der Kunde muss die Absendung des Widerrufs beweisen (z.B. durch Einschreiben mit Rückschein). Notwendige Voraussetzung für die kurze Widerrufsfrist von 14 Tagen ist die **Belehrung des Kunden** durch den Einzelhändler über die Möglichkeit des Widerrufs **bei Vertragsabschluss.** Die Belehrung über das Widerrufsrecht ist **vom Kunden gesondert zu unterschreiben.**

Beispiel einer Widerrufsbelehrung:

Widerrufsrecht[1]

Sie haben das Recht, binnen vierzehn Tagen ohne Angabe von Gründen diesen Vertrag zu widerrufen. Die Widerrufsfrist beträgt vierzehn Tage ab dem Tag, an dem Sie oder ein von Ihnen benannter Dritter die Waren in Besitz genommen haben bzw. hat.

Um Ihr Widerrufsrecht auszuüben, müssen Sie uns (Mustermann GmbH, Musterstraße 1, 12345 Musterstadt, Tel.: 01231 2345; Fax: 01231 2345, E-Mail-Adresse: max@mustermann.de) mittels einer eindeutigen Erklärung (z.B. Brief, Telefax oder E-Mail) über Ihren Entschluss informieren, diesen Vertrag zu widerrufen. Nutzen Sie unser Muster-Widerrufsformular auf www.mustermannsshop.de, so werden wir Ihnen unverzüglich per E-Mail eine Bestätigung über den Eingang Ihres Widerrufs übermitteln.

Zur Wahrung der Widerrufsfrist reicht es aus, dass Sie die Mitteilung über die Ausübung des Widerrufsrechts vor Ablauf der Widerrufsfrist absenden.

Folgen des Widerrufs

Wenn Sie diesen Vertrag widerrufen, haben wir Ihnen alle Zahlungen, die wir von Ihnen erhalten haben, einschließlich der Lieferkosten der Standardlieferung, spätestens binnen vierzehn Tagen ab dem Tag zurückzuzahlen, an dem die Mitteilung über Ihren Widerruf dieses Vertrags bei uns eingegangen ist. Für diese Rückzahlung verwenden wir dasselbe Zahlungsmittel, das Sie eingesetzt haben, es sei denn, mit Ihnen wurde ausdrücklich etwas anderes vereinbart. In keinem Fall werden Ihnen wegen dieser Rückzahlung Entgelte berechnet.

Wir können die Rückzahlung verweigern, bis wir die Waren wieder zurückerhalten haben oder bis Sie den Nachweis erbracht haben, dass Sie die Waren zurückgesandt haben. Sie müssen die Waren unverzüglich und in jedem Fall spätestens binnen vierzehn Tagen ab dem Tag, an dem Sie uns über den Widerruf dieses Vertrags unterrichten, an uns zurücksenden oder übergeben. Die Frist ist gewahrt, wenn Sie die Waren vor Ablauf der Frist von vierzehn Tagen absenden.

Sie tragen die unmittelbaren Kosten der Rücksendung der Waren.

Für einen etwaigen Wertverlust der Waren müssen Sie nur aufkommen, wenn dieser Wertverlust auf einen zur Prüfung der Beschaffenheit, Eigenschaften und Funktionsweise der Waren nicht notwendigen Umgang zurückzuführen ist.

Anstelle des Widerrufsrechts kann durch den Einzelhändler ein **uneingeschränktes Rückgaberecht** eingeräumt werden. Das Rückgaberecht kann innerhalb der Widerrufsfrist von 14 Tagen ausgeübt werden. Beim **Kauf von Waren** beginnt die Widerrufsfrist, wenn der Kunde die **Ware erhalten** hat, bei **Dienstleistungen** bereits mit **Vertragsabschluss.**

1 Vgl. www.haendlerbund.de; 19.04.2021.

(5) Rechtsfolgen eines wirksamen Widerrufs

Im Fall eines rechtswirksamen Widerrufs sind die beiderseits **empfangenen Leistungen zurückzugewähren** und gegebenenfalls die **Nutzungen** (z. B. Zinsen) herauszugeben. Wird das Rückgaberecht in Anspruch genommen, ist der Kunde zur Rücksendung der Ware verpflichtet. Die **Kosten** der Rücksendung trägt der **Verbraucher,** vorausgesetzt, der Unternehmer hat ihn hierüber **vorab unterrichtet.**

§ 357 II BGB

Für den Unternehmer besteht grundsätzlich auch die Möglichkeit, die Kosten der Rücksendung freiwillig zu übernehmen.

Zusammenfassung

Der **Ratenkauf** ist ein Kaufvertrag zwischen dem Einzelhändler und seinem Kunden, bei dem der Kunde die Kaufsache erhält und die vereinbarte Kaufsumme während einer vorher bestimmten Laufzeit in Raten getilgt werden muss.

- Zum Schutz des Verbrauchers ist der **Inhalt** des Teilzahlungskaufs **gesetzlich festgelegt.**
- Dem Verbraucher steht ein **Widerrufs-** oder **Rückgaberecht** innerhalb von 14 Tagen zu.

Kompetenztraining

14

1. 1.1 Erläutern Sie den Begriff Ratenkauf!

   1.2 Paul Sacher kauft einen LCD-Fernseher zum Preis von 2490,00 EUR und vereinbart Ratenzahlung.

   Aufgaben:

   1.2.1 Notieren Sie die Angaben, die der Ratenkaufvertrag mindestens enthalten muss!

   1.2.2 Zu Hause angekommen, überlegt sich Paul Sacher, dass der Kaufpreis überhöht ist. Erklären Sie, ob Paul Sacher den Ratenkaufvertrag rückgängig machen kann!

2. Einer Kundin gefällt eine Küchenmaschine zum Preis von 1480,00 EUR. Sie entscheidet sich für einen Ratenkaufvertrag. Der Kaufvertrag wird mündlich abgeschlossen. Die Verkäuferin weist die Kundin ausdrücklich darauf hin, dass ein Rücktritt nicht infrage kommt.

   Aufgaben:

   2.1 Fünf Tage nach Vertragsabschluss kommen der Kundin Bedenken. Sie will vom Kaufvertrag zurücktreten. Die Verkäuferin lehnt ab. Die Küchenmaschine ist noch unbenutzt.

   Erklären Sie die Rechtslage!

   2.2 Begründen Sie, ob die Rechtslage anders wäre, wenn der Kaufvertrag schriftlich abgeschlossen worden wäre!

3. David Heine hat am 20. Juni eine Stereoanlage im Wert von 5400,00 EUR gegen Ratenzahlung gekauft. Der Ratenvertrag wurde von ihm unterschrieben. Am 10. Juli, nach Zahlung der 2. Rate, erklärt er ohne Angabe von Gründen den Widerruf des Kaufvertrags. Der Verkäufer weigert sich den Widerruf anzuerkennen, da die 14-Tage-Frist bereits abgelaufen sei.

   Aufgabe:

   Begründen Sie, ob der Verkäufer im Recht ist!

4 Reklamationen (Beschwerden)

4.1 Gründe von Reklamationen

Reklamationen drücken die **Unzufriedenheit des Kunden** mit der **Ware,** der **Dienstleistung** oder dem **Verkaufspersonal** eines Einzelhandelsbetriebs aus. Der Kunde ist verärgert, dass seine Erwartungen nicht erfüllt worden sind. Die Unzufriedenheit kann viele Ursachen haben, z. B.:

- die gelieferte Ware ist mangelhaft,
- die Kundendienstleistung ist schlecht,
- der Kunde hat aufgrund schlechter Beratung eine falsche Kaufentscheidung getroffen.

Eine **Reklamation** liegt vor, wenn der Kunde seine Unzufriedenheit über die Leistungen des Einzelhandelsbetriebs äußert.

4.2 Bearbeiten einer Reklamation

Der Verkäufer weiß aus Erfahrung, dass ein unzufriedener Kunde viele andere Kunden negativ beeinflussen kann. Jeder Verkäufer muss deshalb berechtigte Reklamationen ernst nehmen. Am schlimmsten ist die Situation, in der sich ein Kunde ärgert und sich sagen muss: *„Das merke ich mir!"*

Für die Bearbeitung einer Reklamation ist folgende Vorgehensweise geeignet:

Vorgehen	Erläuterungen
dem Kunden positiv gegenübertreten und Verständnis zeigen	■ Dem Kunden freundlich gegenübertreten und sagen: *„Es tut mir leid, dass Sie verärgert sind."* Das Anliegen des Kunden ernst nehmen und nicht „kleinreden". ■ Den Kunden möglichst „aus dem Verkehr ziehen" und dessen Reklamation in einem ruhigen Bereich des Verkaufsraums vortragen lassen.

Rechtssituation klären	■ Die Angaben des Kunden überprüfen:
	  ■ Die vorgelegte Ware auf die vorgebrachten Mängel untersuchen.
	  ■ Die Kaufdaten anhand des Kassenbelegs überprüfen.
	  ■ Bei den betroffenen Kollegen nachfragen, ob dem Kunden beim Kauf besondere Rechte zugesichert wurden.
	■ Dem Kunden das Gefühl geben, dass die Reklamation vertrauenswürdig und kundenorientiert bearbeitet wird.

Lösung anbieten	■ Ist die Reklamation berechtigt, muss dem Kunden (entsprechend den Gewährleistungsrechten) eine Lösung angeboten werden. ■ Muss die Geschäftsleitung über die Reklamation entscheiden, hat der Verkäufer mit dem Kunden einen verbindlichen Termin zu vereinbaren, zu dem er sich melden wird.

Vorgehen	Erläuterungen
Reklamation sofort abschließen	■ Ist eine einvernehmliche Lösung vereinbart, muss sie sofort ausgeführt werden. ■ Der Abschluss der Reklamation (z. B. Reparaturannahme, Auszahlung des Kaufpreises) ist schriftlich festzuhalten. ■ Nach der Verabschiedung des Kunden ist die fehlerhafte Ware zu entsorgen, aus dem Warenwirtschaftssystem herauszunehmen, eventuell an den Lieferer zurückzusenden, ...

4.3 Reklamation wegen mangelhafter Lieferung beim Verbrauchsgüterkauf[1]

Nicht immer ist die gelieferte Ware einwandfrei.

- Eine **mangelhafte Lieferung** liegt vor, wenn der Verkäufer dem Käufer die im Kaufvertrag vereinbarte Lieferung mit **Mängeln** behaftet übergibt und übereignet.
- Es handelt sich um eine **Pflichtverletzung des Lieferers.**

Eine **Pflichtverletzung** liegt vor, wenn der Mangel der Ware **behoben werden kann.** Kann der **Mangel nicht behoben werden**, liegt **Unmöglichkeit** vor. In diesem Fall entfällt die Pflicht zur Lieferung einer mangelfreien Ware.

Beispiel:

Die vereinbarte Leistung einer Schlagbohrmaschine beträgt 3200 U/min. Die tatsächliche Leistung beträgt jedoch nur 3000 U/min.

4.3.1 Arten von Mängeln

(1) Erkennbarkeit der Mängel

Mängelarten	Erläuterungen	Beispiele
offene Mängel	Sie sind bei gewissenhafter Prüfung der Kaufsache sofort entdeckbar.	■ Brot ist schimmlig ■ Spiegel hat einen Sprung
versteckte Mängel	Sie sind bei der Übergabe der Waren trotz gewissenhafter Prüfung zunächst nicht entdeckbar. Sie werden erst später, z. B. während ihres Gebrauchs oder ihrer Verarbeitung, erkennbar.	■ Regenmantel ist nicht wasserdicht ■ Konserven sind verdorben ■ fehlende Seiten in einem Buch
arglistig[2] verschwiegene Mängel	Es sind versteckte Mängel, die der Verkäufer dem Käufer absichtlich verschweigt.	Beim Pkw-Verkauf wird ein Unfall verschwiegen.

1 Beim **Verbrauchsgüterkauf** verkauft ein Unternehmer (z. B. Einzelhändler) Waren an einen Verbraucher (z. B. privater Kunde). Siehe auch S. 103. Zur mangelhaften Lieferung beim **zweiseitigen Handelskauf** siehe „5 Störungen bei der Warenbeschaffung durch den Lieferer" auf Seite 113 ff.

2 **Arglistig** handelt, wer wahre Tatsachen unterdrückt (der Verkäufer kennt z. B. den erheblichen Mangel der Kaufsache bereits bei Übergabe der Kaufsache an den Käufer) oder falsche Tatsachen „vorspiegelt" (der Verkäufer erklärt z. B. wahrheitswidrig, dass das verkaufte Auto für 100 km Fahrstrecke auch bei Höchstgeschwindigkeit höchstens 6,0 Liter Treibstoff verbraucht).

(2) Sachmängel

Ein **Sachmangel** liegt vor, wenn die Sache nicht den **subjektiven oder objektiven Anforderungen** entspricht.

Checkliste: mangelhafte Lieferung

Subjektive[1] Anforderungen an die Ware (individuelle Vereinbarungen)

- Hat die Ware die vertraglich vereinbarte Beschaffenheit?
- Eignet sich die Ware für die vertraglich vereinbarte Verwendung?
- Wird die Ware mit dem vereinbarten Zubehör und den vereinbarten Anleitungen übergeben?

Objektive[2] Anforderungen an die Ware (allgemeine Erwartungen)

- Eignet sich die Ware für die gewöhnliche Verwendung?
- Erfüllt die Ware die Erwartungen, die durch öffentliche Äußerungen (z. B. durch Werbung) geweckt wurden?
- Entspricht die Beschaffenheit der Ware einer zuvor zugesendeten Probe bzw. eines Musters?
- Wird die Ware mit dem notwendigen Zubehör einschließlich der Montage- oder Installationsanleitung übergeben?

Wird eine andere Ware geliefert als bestellt (sogenanntes **Aliud**), liegt ebenfalls ein Sachmangel vor. Auch eine **unsachgemäß durchgeführte Montage** stellt einen Sachmangel dar.

Beispiele:

- Im Kaufvertrag ist vereinbart, dass die maximale Leistung des Staubsaugers 900 Watt hat. Die tatsächliche Leistung beträgt jedoch nur maximale 800 Watt.
  ✗ **subjektiver Mangel,** die Sache hat nicht die vereinbarte Beschaffenheit
- Das E-Bike hat eine defekte Steuerungselektronik und liefert daher am Berg nicht die erforderliche Unterstützung.
  ✗ **objektiver Mangel,** die Sache eignet sich nicht zur gewöhnlichen Verwendung
- Der Energieverbrauch eines Kühlschranks wird in der Werbung als extrem niedrig beschrieben, obwohl er nur geringfügig unter dem durchschnittlichen Energieverbrauch von vergleichbaren Kühlschränken liegt.
  ✗ **objektiver Mangel,** die Sache entspricht nicht den öffentlichen Äußerungen, die in der Werbung abgegeben wurden
- Kevin Huber kauft eine Küche und übernimmt die Aufstellung der Küche selbst. Aufgrund einer missverständlichen Montageanleitung misslingt der Einbau der Dunstabzugshaube.
  ✗ Mangel ist bedingt durch eine **fehlerhafte Montageanleitung**
- Karola Pardi bestellt für ihre Party 80 Dosen eines Energydrinks, geliefert werden 80 Dosen Karottensaft.
  ✗ **Falschlieferung** (Aliud)

1 **Subjektiv:** Hier von individuellen Interessen bestimmt.

2 **Objektiv:** Hier sachlich bestimmt.

4.3.2 Abgrenzung von Gewährleistung und Garantie

(1) Gewährleistung und Beweislast

Gewährleistung

Die Gewährleistung bedeutet, dass der Einzelhandelsbetrieb dafür einsteht, dass die Sache **frei von Sach- und Rechtsmängeln** ist. Deshalb ist der Einzelhandelsbetrieb verpflichtet, für alle Mängel zu haften, welche schon zum Zeitpunkt des Verkaufs bestanden haben – auch für Mängel, die erst später bemerkbar werden.

Beim Verbrauchsgüterkauf beginnt die **Haftung für den Verbraucher** (Käufer), wenn er die **Ware erhalten** hat **(Zeitpunkt des Gefahrübergangs)**. Der Einzelhandelsbetrieb hat somit für den Verlust der Ware bzw. alle Mängel bis zur Übergabe an den Käufer einzustehen. Eine **Beschaffungsvereinbarung** *„gekauft wie gesehen"* ist nicht zulässig.

Beweislast

Ist der **Verkäufer und der Käufer Unternehmer (zweiseitiger Handelskauf), trägt der Käufer die Beweislast für Sachmängel.** Er muss beweisen, dass der Mangel bei **Übergabe der Ware (Gefahrübergang)** vorhanden war. Eine Übergabe ist erfolgt, wenn der Verkäufer die Ware z. B. dem Spediteur übergeben hat.

Ist der Käufer ein **Verbraucher (Verbrauchsgüterkauf)**[1] und der Verkäufer ein Unternehmer gilt eine **Beweislastumkehr.** Zeigt sich innerhalb von **12 Monaten ab dem Gefahrübergang** ein Mangel, wird vermutet, dass die Ware bereits zum Zeitpunkt der Übergabe mangelhaft war. Beim Verbrauchsgüterkauf tritt der Gefahrübergang erst ein, wenn der **Verbraucher die Ware erhalten** hat.[1]

Der **Verbraucher** muss lediglich beweisen, dass

- der Mangel innerhalb eines Jahres ab Gefahrübergang aufgetreten ist und
- der Mangel nicht auf normalem Verschleiß beruht.

Beispiel:

Bei einem im Juli erworbenen Dachfenster tritt im Oktober bei Regen Wasser ein. Es zeigt sich, dass sich Dichtungen im Rahmen großflächig ablösen. Hier spricht die Vermutung für eine von Anfang an fehlerhafte Qualität der Dichtungen bzw. ihrer Verklebung.

Der **Einzelhandelsbetrieb** kann die **gesetzliche Vermutung widerlegen,** wenn er nachweisen kann, dass der Mangel durch unsachgemäße Behandlung verursacht wurde.

(2) Garantieerklärung

Bei einer Garantie übernimmt der Einzelhandelsbetrieb unabhängig davon, ob beim Gefahrübergang ein Mangel besteht oder nicht besteht, die Gewähr für die **zugesicherte Beschaffenheit** der Ware **(Beschaffenheitsgarantie)** oder dafür, dass die Ware für eine **bestimmte Dauer** eine **bestimmte Beschaffenheit behält (Haltbarkeitsgarantie)**. Tritt ein Mangel in der **Garantiezeit** auf, dann kann der Käufer – neben dem kaufrechtlichen Gewährleistungsrecht – seine **Garantierechte** zu den in der Garantieerklärung und in der betreffenden Werbung angegebenen Bedingungen gegenüber dem Einzelhandelsbetrieb geltend machen.

---

1 Hat der Käufer die Ware erhalten **(Gefahrübergang)**, geht die **Gefahr des zufälligen Untergangs** (Zerstörung oder Beschädigung) **auf den Käufer über.**

Die Garantie ist eine **freiwillige Leistung** des Verkäufers bzw. Herstellers. Die gesetzlichen Gewährleistungsrechte bleiben bestehen, sodass der Käufer wählen kann, ob er Garantie oder Gewährleistung in Anspruch nimmt.

- **Garantien** sind **freiwillige Zusatzleistungen** des Einzelhandelsbetriebs bzw. des Herstellers. Bei einem Mangel kann üblicherweise Reparatur oder Umtausch gefordert werden.
- Die **Gewährleistungsrechte** sind die **gesetzlichen Rechte** des Kunden bei einer mangelhaften Lieferung des Verkäufers.

4.3.3 Gewährleistungsrechte und Rückabwicklung

Bei den Gewährleistungsrechten unterscheidet man:

Rechte ohne Fristsetzung

- Nacherfüllung (Mängelbeseitigung oder Ersatzlieferung
- Schadenersatz

Rechte nach einer angemessenen Nachfrist

- Rücktritt vom Vertrag
- Minderung
- Schadenersatz

Die Rechte des Käufers beim Verbrauchsgüterkauf und beim zweiseitigen Handelskauf sind grundsätzlich die gleichen. Sie werden im Lernfeld 7, Kapitel 5.2.1, S. 113ff. dargestellt. Allerdings gelten für den Verbraucher beim Verbrauchsgüterkauf Sonderregelungen. Sie erleichtern für den Verbraucher die Vorgaben, die für Kaufleute gelten.

Zusammenfassung

- Eine **Reklamation** liegt vor, wenn der Kunde seine Unzufriedenheit über die Leistungen des Einzelhandelsbetriebs äußert.
- **Gründe der Reklamation** sind z. B. schlechte Beratung, mangelhafte Lieferung.
- Zur Vorgehensweise bei der **Bearbeitung von Reklamationen** siehe Tabelle S. 63f.
- Eine **mangelhafte Lieferung** liegt vor, wenn die im Kaufvertrag vereinbarte Lieferung zum Zeitpunkt der Übergabe mit einem Mangel behaftet ist.
- Nach **Erkennbarkeit der Mängel** unterscheidet man in: offene Mängel, versteckte Mängel und arglistig verschwiegene Mängel.
- Ein **Sachmangel** liegt vor, wenn die Sache nicht den **subjektiven** oder **objektiven Anforderungen** oder den **Montageanforderungen** entspricht.
  - Ein **subjektiver Mangel** liegt z. B. vor, wenn die Sache nicht die **vereinbarte Beschaffenheit** hat.
  - Ein **objektiver Mangel** liegt z. B. vor, wenn sich die Sache nicht zur **gewöhnlichen Verwendung** eignet (siehe auch Beispiele S. 65).
- Die **Gewährleistung** ist der gesetzliche Anspruch des Verbrauchers gegenüber dem Einzelhandelsbetrieb (Verkäufer), wenn eine Ware fehlerhaft ist.
- Die **Beweislast** bei einer mangelhaften Lieferung ist bei einem **zweiseitigen Handelskauf** und einem **Verbrauchsgüterkauf** gesetzlich unterschiedlich geregelt (siehe S. 66).
- Bei einer **Garantie** übernimmt der Einzelhandelsbetrieb bzw. der Hersteller (neben den Gewährleistungsrechten) die Garantie für die zugesicherte Beschaffenheit der Sache oder dafür, dass die Sache für eine bestimmte Dauer eine bestimmte Beschaffenheit behält.
- Ansprüche aus der Garantie kann der Kunde **neben seinen Gewährleistungsrechten** geltend machen.

Kompetenztraining

15 1. Sie hören folgendes Gespräch:

Kundin: *„Vor einer Woche habe ich diese Halbschuhe bei Ihnen gekauft. Als ich sie das erste Mal längere Zeit getragen habe, bekam ich eine schmerzende Druckstelle oberhalb der großen Zehe."*

Verkäufer: *„Das tut mir leid, aber ich kann Schuhe nicht auf Probe[1] verkaufen. Außerdem stellt diese Firma tausende von Schuhen her. Wenn sie keine gute Passform hätten, wäre diese Firma schon lange pleite."*

Aufgaben:

1.1 Begründen Sie, ob sich die Kundin durch diese Verkäuferreaktion verstanden fühlt!

1.2 Formulieren Sie in wörtlicher Rede eine Verkäuferantwort, die der Kundin zeigt, dass der Verkäufer versucht, sie zu verstehen!

1.3 Beschreiben Sie drei Verhaltensregeln, die ein Verkäufer bei Kundenreklamationen berücksichtigen sollte!

2. Nennen Sie die Mangelart, die in den folgenden Fällen vorliegt!

2.1 Bei der Warenkontrolle wurde festgestellt, dass anstatt T-Shirts aus Baumwolle solche aus Seide geliefert wurden.

2.2 Anstatt 10 iPads wurden nur 8 geliefert.

2.3 Bei der Montage von Regalen durch das Möbelhaus wurden die Regalflächen deutlich zerkratzt.

2.4 Die eingekauften Jeans wurden vom Hersteller als farbecht beworben. Beim ersten Waschen der Jeans werden Verfärbungen festgestellt.

3. Ein Kunde kauft im Mitnahmemarkt eines Möbelhauses eine Vitrine. Die beigefügte Montageanleitung enthält für die Montage der Schubladen einen Fehler. Der Kunde erkennt bei der Montage den Fehler und montiert fehlerfrei. Nach drei Wochen sieht er in einem anderen Möbelgeschäft eine Vitrine, die ihm noch besser gefällt und auch weniger kostet. Gegenüber dem Lieferer der ersten Vitrine will er den Sachmangel wegen der fehlerhaften Montageanleitung geltend machen und vom Vertrag zurücktreten. Der Verkäufer weigert sich, den Rücktritt zu akzeptieren.

Aufgabe:

Beurteilen Sie das Verhalten des Verkäufers!

4. Das Autohaus Peter Falke e.K. verkauft an den Privatmann Norbert Speidel einen fünf Jahre alten Kleinwagen. Zwei Wochen nach dem Kauf tritt erheblicher Ölverlust an der Servolenkung auf. Herr Speidel möchte die Reparaturkosten vom Autohaus ersetzt haben. Das Autohaus lehnt die Kostenübernahme mit der Begründung ab, der Ölverlust sei erst nach Abschluss des Kaufvertrags aufgetreten.

Aufgabe:

Entscheiden Sie, wer die Beweislast für den aufgetretenen Mangel zu tragen hat! Begründen Sie Ihre Meinung mithilfe des Gesetzestextes!

5. Viele Hersteller verpflichten sich gegenüber ihren Kunden zu Garantieleistungen.

Aufgaben:

5.1 Nennen Sie die Rechtswirkungen, welche mit einer Garantieleistung verbunden sein können!

---

1 Siehe die Ausführungen auf S. 100.

5.2 Notieren Sie, aus welchen Motiven heraus ein Hersteller Garantieleistungen übernimmt!

5.3 Nennen Sie das wichtigste Unterscheidungsmerkmal zwischen Garantie und Gewährleistung!

6. Die Peter Schwabe OHG hat dem Privatmann Hans Fetzer beim Kauf eines neuen Computers eine Garantieerklärung mit folgendem Wortlaut ausgehändigt: „Die Peter Schwabe OHG übernimmt für den gekauften Rechner ein Jahr Garantie." Elf Monate nach Erwerb des Computers versagt die Festplatte ihren Dienst. Es kann nicht mehr festgestellt werden, ob dies auf einen bereits bei Gefahrübergang vorliegenden Materialfehler des Gerätes oder auf unsachgemäße Behandlung durch Hans Fetzer zurückzuführen ist.

   Aufgabe:

   Prüfen Sie, ob Hans Fetzer Rechte gegenüber der Peter Schwabe OHG aus der Garantie hat!

7. Die Geschäftsleitung eines Fachgeschäfts für Lederwaren möchte die Vorgehensweise bei Reklamationen vereinheitlichen. Erstellen Sie eine entsprechende Arbeitsanweisung!

5 Produkthaftung

(1) Begriffe

Die **Produkthaftung** umfasst die **Haftung des Herstellers für Folgeschäden,** die durch die **Nutzung seiner Produkte** an anderen Sachen oder Personen entstehen.

Beispiel:

Ein Bügeleisen wird beim ordnungsgemäßen Gebrauch zu heiß, entzündet das zu bügelnde Tischtuch und verursacht dadurch einen Zimmerbrand. Der Käufer kann beim Verkäufer das Bügeleisen reklamieren und z. B. Ersatzlieferung verlangen.

Der Zimmerbrand ist ein Folgeschaden. Dafür haftet der Käufer nur, wenn ihn ein Verschulden trifft. Nach dem Produkthaftungsgesetz kann der Käufer, sofern ein Produktfehler vorliegt und der Zimmerbrand darauf zurückzuführen ist, vom Hersteller Schadensersatz verlangen.

- **Produkt** im Sinne des Produkthaftungsgesetzes [ProdHaftG] ist **jede bewegliche Sache** sowie **Elektrizität.**
- **Produkthaftung** bedeutet, dass der Hersteller den Schaden ersetzen muss, der durch einen Produktfehler entstanden ist.

Das Produkthaftungsgesetz erfasst **Massenprodukte** (z. B. Kraftfahrzeuge, elektrische Geräte, Möbel, Computerprogramme) und **Einzelprodukte** (z. B. Elektromotor als Bauteil einer Maschine).

(2) Fehlerbegriff

Ein Produkt hat einen **Fehler,** wenn es **nicht die Sicherheit bietet,** die erwartet werden kann.

Wichtige **Fehlerarten** sind:

Fehlerarten	Erläuterungen	Beispiele
Konstruktions-fehler	Sie entstehen bei der Planung eines Produkts und können ganze Serien betreffen.	Bei einem Automodell ist das Gas-pedal so konstruiert, dass es hängen bleiben kann und damit die Brems-wirkung beeinträchtigt.
Fabrikations-fehler	Sie treten bei der Herstellung eines Erzeugnisses auf.	Die Verschraubungen bei einem elektrischen Rasenmäher sind nicht genügend fest angezogen, sodass sich die Abdeckung des Motors lösen kann.
Betriebsanlei-tungsfehler	Die Gebrauchsanweisung ist man-gelhaft, die Bedienungsanleitung ist ungenügend oder vor gefahrbringen-den Eigenschaften eines Produkts wird unzureichend gewarnt.	In der Bedienungsanleitung fehlt der Hinweis, dass die Verwendung des Holzschutzmittels in Innenräumen zu Gesundheitsschäden führen kann.
Überwachungs-fehler	Sie entstehen, wenn ein zunächst unproblematisches Produkt vom Her-steller nur unzureichend überwacht wird und dadurch ein Fehler, der nach längerem Gebrauch des Produkts ein-tritt, übersehen wird.	Nach Gebrauch eines Smartphones gerät der Akku in Brand.

Beachte:

Für den **Fehler,** den **Schaden** und den **Zusammenhang zwischen Fehler und Schaden** trägt der **Geschädigte die Beweislast.**

(3) Haftung des Herstellers

Wird durch den Fehler eines Produkts jemand getötet, sein Körper oder seine Gesundheit verletzt oder eine Sache beschädigt, ist der **Hersteller** oder der jeweilige Lieferer verpflichtet, dem Geschädigten den daraus entstehenden Schaden zu ersetzen. Die Produkthaftung ist **verschuldensunabhängig** (Prinzip der **Gefährdungshaftung**).

Der **Ersatzanspruch verjährt in drei Jahren** von dem Zeitpunkt an, in dem der Geschädigte von dem Schaden, dem Fehler und von der Person des Ersatzpflichtigen Kenntnis erlangt hat oder hätte erlangen müssen. Der **Ersatzanspruch erlischt zehn Jahre** nach dem Zeitpunkt, in dem der Hersteller das Produkt, das den Schaden verursacht hat, in den Verkehr gebracht hat.

Beachte:

Die Ersatzpflicht des Herstellers darf im Voraus weder ausgeschlossen noch beschränkt werden. Eine solche Vereinbarung ist nichtig.

6 Kulanz und Umtausch

Bei **fehlerfreier Ware** ist der Einzelhandelsbetrieb nur dann zur Rücknahme der Ware verpflichtet, wenn er dem Kunden dieses **Recht ausdrücklich zugesichert** hat **(Umtauschrecht).** Nimmt der Einzelhandelsbetrieb die Ware **ohne rechtliche Verpflichtung** zurück, liegt **Kulanz** vor.

(1) Kulanz

Kulanz ist eine **Leistung** des Einzelhandelsbetrieb, **ohne** dass hierzu eine **rechtliche Verpflichtung** besteht.

Sie ist vor allem angebracht bei kleineren Reklamationen, die Stammkunden vorbringen. In der Regel ist ein einmaliger Verlust für den Einzelhandelsbetrieb eher hinzunehmen als der Verlust des Kunden.

Beispiel:

Übernahme von Reparaturkosten, obwohl die Garantiezeit abgelaufen ist.

(2) Umtausch

Gründe für einen Umtausch

Vom Kunden wird nicht selten der Wunsch an den Einzelhandelsbetrieb herangetragen, **mangelfreie Ware** umtauschen zu können. Die **Gründe für einen Umtauschwunsch** können vielfältig sein:

- Ware gefällt nicht mehr.
- Ware ist schon vorhanden (z. B. die Ware ist als Geschenk gekauft).
- Ware passt nicht (z. B. Größe, Farbe, Form, Umgebung).

Bestimmte Waren sind **vom Umtausch ausgeschlossen,** etwa offene Lebensmittel, Schnittwaren (z. B. Stoffe, Schnittblumen), hygienische Artikel (z. B. Wäsche, kosmetische Artikel), preisreduzierte Waren aus Sonderverkaufsveranstaltungen. Handelt es sich um eine vom Umtausch ausgeschlossene Ware, muss der Verkäufer den Umtausch freundlich aber bestimmt ablehnen.

Beispiel:

„Wir sind immer sehr großzügig und wollen unsere Kunden stets zufriedenstellen. Aus hygienischen Gründen können wir jedoch, im Interesse anderer Kunden, offene Lebensmittel nicht umtauschen. Bitte haben Sie hierfür Verständnis."

Rechtliche Situation beim Umtausch

Beim Umtausch sind aus rechtlicher Sicht **zwei Formen** zu unterscheiden:

- Beim Kauf wurde **kein Umtausch vereinbart.**

  In diesem Fall besteht für den Einzelhandelsbetrieb **keine rechtliche Verpflichtung** mangelfreie Ware umzutauschen. Kommt der Einzelhandelsbetrieb seinem Kunden entgegen und tauscht die Ware um, obwohl er rechtlich hierzu nicht verpflichtet ist, so tut er dies aus **Kulanz** und das bedeutet **Service.**

- Beim Kaufabschluss wurde dem Kunden ein **Umtauschrecht eingeräumt.**

  Wird dem Kunden ein **Umtauschrecht zugesichert,** erwirbt dieser einen **Rechtsanspruch auf Rückgabe der Ware** innerhalb einer bestimmten Frist. Es ist sinnvoll, dass der Verkäufer die **Umtauschfrist auf dem Kassenzettel vermerkt.** Ein gesetzliches Umtauschrecht gibt es jedoch nicht.

- **Umtauschvoraussetzungen**

Die Voraussetzungen für einen zugesicherten Warenumtausch sind von Einzelhandelsbetrieb zu Einzelhandelsbetrieb verschieden. Die wichtigsten Umtauschvoraussetzungen sind:

- Die Ware muss unbeschädigt, nicht getragen, nicht benutzt und fehlerfrei sein,
- der Umtausch muss innerhalb der vereinbarten Umtauschfrist stattfinden,
- der Kassenbon oder -zettel ist vorzulegen.

Zusammenfassung

- Die **Produkthaftung** deckt **Folgeschäden** ab, die durch den Ver- bzw. Gebrauch eines Produkts an anderen Sachen oder Personen entstehen.
- **Produkt** im Sinne des ProdHaftG ist **jede bewegliche Sache** sowie **Elektrizität.**
- **Fehlerhaft** ist ein Produkt nach dem ProdHaftG dann, wenn es nicht die Sicherheit bietet, die vom Kunden erwartet werden kann.
- Die **Haftung des Herstellers** ist unabhängig von einem Verschulden (Prinzip der **Gefährdungshaftung**) und umfasst sowohl **Sachschäden** als auch **Personenschäden.**
- Wichtige **Fehlerarten** sind: Konstruktionsfehler, Fabrikationsfehler, Instruktionsfehler, Überwachungsfehler.
- Für den Fehler, den Schaden und den ursächlichen Zusammenhang zwischen Fehler und Schaden trägt der **Geschädigte die Beweislast.**
- Der Anspruch **verjährt in drei Jahren,** nachdem der Geschädigte von Fehler, Schaden und Ersatzpflichtigen Kenntnis erlangt hat und **zehn Jahre** nach dem Zeitpunkt, zu dem das **Produkt in den Verkehr gebracht** worden ist.
- **Kulanz** bedeutet eine Leistung des Einzelhandelsbetriebs, ohne dass eine rechtliche Verpflichtung besteht.
- Ein **Umtauschrecht** hat der Kunde nur dann, wenn das Umtauschrecht beim Kaufabschluss vereinbart wurde.
- Vom **Umtausch ausgeschlossen** sind insbesondere hygienische Artikel, offene Lebensmittel, Schnittwaren, preisreduzierte Waren.

Kompetenztraining

16 1. 1.1 Erläutern Sie die Zielsetzung des Produkthaftungsgesetzes!

1.2 Doris Kühne hat eine Haushaltsleiter aus Leichtmetall gekauft. Bei der Benutzung der Leiter bricht eine Sprosse ab. Doris Kühne stürzt und bricht sich die rechte Hand. Aufgrund des Unfalls hat Doris Kühne Kosten und Verdienstausfälle in Höhe von 2800,00 EUR. Der Farbeimer, den Doris Kühne in der Hand hatte, kippt um und ergießt sich auf Schrank und Teppich. Dadurch entsteht ein Sachschaden in Höhe von 1500,00 EUR.

Aufgaben:

1.2.1 Begründen Sie, wer für die Schäden haftet!

1.2.2 Prüfen Sie, wer die Beweislast trägt!

1.3 Erklären Sie, ob der Hersteller der Ware die Haftung ausschließen bzw. einschränken kann!

1.4 Beschreiben Sie, wann der Anspruch auf Schadensersatz gegenüber dem Hersteller erlischt!

1.5 Wer Produkte herstellt oder vertreibt, unterliegt Haftungspflichten.

Aufgabe:

Erläutern Sie die Unterschiede zwischen der Gewährleistungspflicht für mangelhafte Waren und der Produkthaftung! (Zwei Unterschiede!)

2. 2.1 Erklären Sie, welchen Nachweis der Geschädigte erbringen muss, wenn ihm ein Schaden nach dem Produkthaftungsgesetz entstanden ist!

   2.2 Erklären Sie, welchen Nachweis der Geschädigte nicht erbringen muss!

3. Nennen Sie zwei Fehlerarten und bilden Sie hierzu jeweils ein Beispiel!

4. In der Modeabteilung will eine Kundin fehlerfreie Ware umtauschen.

   Aufgaben:

   4.1 Zählen Sie zwei Gründe auf, die in diesem Fall zum Umtausch führen können!

   4.2 Nennen Sie zwei Verhaltensregeln, die der Verkäufer bei der Bearbeitung eines Umtauschwunsches beachten sollte!

   4.3 Eine Stammkundin kommt auf Sie zu und sagt verärgert:

   „Diesen Staubsauger habe ich vorgestern bei Ihnen gekauft. Beim Auspacken stellte ich fest, dass am Gehäuse der Lack stark zerkratzt ist."

   Formulieren Sie in wörtlicher Rede, wie Sie auf die verärgerte Stammkundin reagieren!

5. Kunde: *„Die Ware, die Sie mir verkauft haben, möchte ich gerne umtauschen. Das ist das Schlechteste, was ich je gekauft habe."*

   Aufgaben:

   5.1 Beschreiben Sie, wie Sie sich als Verkäufer in diesem Fall verhalten sollen!

   5.2 Angenommen, es handelt sich um eine berechtigte Reklamation. Dieser Artikel ist allerdings nicht mehr vorrätig und kann auch nicht mehr nachbestellt werden. Beschreiben Sie zwei Möglichkeiten, um den Kunden zufriedenzustellen!

6. Max Wölfle bringt ein vor 2 Tagen gekauftes, originalverpacktes Radfahrertrikot zurück, weil ihm das Design nicht mehr gefällt. Er legt den Kassenbon vor und bittet den Verkäufer um Rückerstattug des Kaufpreises.

   Aufgabe:

   Begründen Sie, ob der Verkäufer verpflichtet ist, den Kaufpreis zurückzuzahlen!

Fahrrad Durach

Rheinlandstr. 11,
73312 Geislingen/Steige

15.06.20..

	EUR
Radtrikot „Sport" Gr. 54, Art. 171921	65,20
Bar erhalten	**70,00**
zurück	4,80

Inklusive: 19 % Umsatzsteuer
Danke für Ihren Einkauf

17

1. Eine ältere Dame möchte bei einem Verkäufer ein Puzzle umtauschen, das sie für ihren Enkel zum Geburtstag gekauft hatte. Statt eines Puzzles hätte der Junge lieber eine Lok für seine Eisenbahn. Deshalb möchte die Kundin das Puzzle zurückgeben.

   Aufgaben:

   1.1 Nennen Sie zwei Möglichkeiten, die der Verkäufer der Kundin anbieten kann!

   1.2 Beschreiben Sie die Vorgehensweise des Verkäufers bei einem Umtausch!

2. Stellen Sie zwei Möglichkeiten vor, wie ein Verkäufer im Verkaufsgespräch einem späteren Umtauschwunsch des Kunden entgegenwirken kann!

3. Mit der Abwicklung eines Umtausches fallen für die Mitarbeiter zusätzliche Arbeiten an.

   Aufgaben:

   3.1 Zählen Sie zwei solcher Tätigkeiten auf!

   3.2 Nennen Sie drei Gründe, weshalb ein Umtausch aus der Sicht eines Einzelhandelsbetriebs trotz des damit verbundenen Aufwandes als sinnvoll anzusehen ist!

4. Viele Kunden kaufen immer im gleichen Bekleidungsgeschäft ein, weil es bei Reklamationen kulant ist.

   Aufgaben:

   4.1 Erklären Sie den Begriff Kulanz!

   4.2 Unterscheiden Sie zwischen Kulanz und Umtausch!

   4.3 Beschreiben Sie drei Verhaltensregeln, die Sie bei Reklamationen beachten sollten!

5. *„Umtausch ist Werbung"* steht auf einem Plakat im Aufenthaltsraum der Mitarbeiter eines Kaufhauses.

   Aufgaben:

   5.1 Was halten Sie von dieser Aussage? Begründen Sie Ihre Antwort!

   5.2 Erklären Sie, was in diesem Zusammenhang Umtausch aus Kulanz bedeutet!

7 Ladendiebstahl[1]

(1) Begriff Ladendiebstahl

Ladendiebstähle werden wie folgt eingeteilt:

- Ein **Diebstahl** liegt vor, wenn jemand in einem Ladengeschäft rechtswidrig Ware wegnimmt, um sich diese Ware oder den entsprechenden Geldbetrag unberechtigt anzueignen.
- Ein **Betrug** liegt vor, wenn das Vermögen eines anderen durch Vorspiegelung falscher oder durch Unterdrückung wahrer Tatsachen beschädigt wird (z. B. das Tauschen von Preisetiketten), um einen niedrigeren Preis zu erhalten.
- Eine **Unterschlagung** liegt vor, wenn sich der Unterschlagende rechtswidrig eine Sache verschafft, die sich schon in seinem Besitz befindet (z. B. ein Verkäufer entwendet eine Ware aus seiner Abteilung).

Gründe für den Ladendiebstahl[2] sind vor allem:

- Gier nach materiellen Gütern,
- Beschaffungskriminalität,
- Mutprobe/Leichtsinn,
- Nervenkitzel,
- Gelegenheit.

(2) Welche Waren werden gerne gestohlen

Am beliebtesten bei Dieben sind teure und leicht verstaubare Produkte oder prestigeträchtige Markenartikel. Als solche „Diebstahlrenner" gelten z. B. Parfüm, Kosmetik, Spirituosen, Rasierklingen und Tabakwaren. Der Textilhandel klagt in erster Linie über entwendete hochwertige Markenbekleidung, Accessoires, Lederjacken oder Taschen, im Elektrohandel sind es Multimedia/Tonträger/Konsolenspiele, Smartphones und Zubehör sowie Speichermedien.[3]

Beispiele für die Vorgehensweise von Ladendieben:

Das Preisetikett einer Ware wird entfernt und gegen ein anderes – günstigeres – Etikett ausgetauscht (Umetikettieren).

Der Täter kauft ein Produkt, bezahlt es und verlässt das Geschäft. Meist am gleichen Tag kommt er ohne Ware in das Geschäft zurück, nimmt ein identisches Produkt aus dem Regal und tauscht es an der Kasse gegen Bargeld um – gegen Vorlage des Belegs, der vom vorherigen Kauf noch vorhanden ist.

1 Das Kapitel lehnt sich an die Broschüre „Ladendiebstahl, ein Ratgeber zur wirksamen Abwehr", herausgegeben vom Deutschen Industrie- und Handelskammertag (DIHK), an.

2 Diebstähle durch Kunden machen etwa 52 %, durch Mitarbeiter 22 %, durch Servicepersonal und Lieferanten ca. 9 % aus. Die restlichen ca. 17 % erklären sich durch andere Schwachstellen in der Organisation, so z. B. nicht erfasste Preisänderungen, natürlicher Schwund, Buchungs- oder Rechnungsfehler.

3 Vgl. www.ehi.org/de/pressemitteilungen/weniger-einfacher-mehr-schwerer-ladendiebstahl; 27.06.2017, EHI Retail Institute.

(3) Verhaltensweisen der Ladendiebe

Ladendiebe kommen aus allen Gruppen der Gesellschaft. Es stehlen Kinder, Jugendliche, Hausfrauen, Arbeitslose, Rechtsanwälte, Rentner, Polizisten, Ärzte. Wegen dieser unterschiedlichen Tätergruppen macht es keinen Sinn, Ladendiebe aufgrund ihres Äußeren erkennen zu wollen. Stattdessen ist es wichtig, auf Verhaltensweisen zu achten, die typisch sind für Ladendiebe.

Folgende Verhaltensweisen sind typisch:

- Blicke sind nicht auf die Ware gerichtet, sondern schweifen unruhig umher, um eine „günstige Gelegenheit" für den Diebstahl abzuwarten.
- Das Hantieren mit Taschen, Rucksack oder Tragetaschen sowie der eigenen Kleidung in engem Kontakt mit der Ware. Dabei wird in die Runde geschaut, um die Lage zu „prüfen".
- Der Kunde nimmt einen vollkommen falschen Artikel in die Hand (z. B. er beschäftigt sich bei der Kleidung mit falschen Größen). Dadurch soll Zeit gewonnen werden, bis der günstigste Moment da ist, etwas anderes verschwinden zu lassen.
- Bewusstes Meiden (aus dem Weg gehen) von Beratungs- und Verkaufsmitarbeitern, um in Ruhe vorgehen zu können.
- Ware dicht an den Körper oder in die Nähe von Taschen nehmen, um den Weg gering zu halten, wenn der Artikel eingesteckt werden soll.
- „In Deckung gehen" hinter Warenträgern, Säulen, Raumteilern oder „Abtauchen", um aus dem Blickfeld der Verkäufer zu verschwinden.

- Rasches Aufsuchen von Anprobekabinen mit einer größeren Anzahl von Kleidung, sodass die Verkäufer nicht erkennen können, wie viele Teile mitgenommen wurden.
- Längeres Hantieren mit der Ware (das Entfernen von Sicherungen dauert stets eine gewisse Zeit).
- Bewusstes Ablenken oder Abziehen von Verkäufern, um einer anderen Person Freiraum zu schaffen. Vor allem dann erkennbar, wenn die Personen vorher als Paar oder Gruppe erschienen sind und sich erst im Geschäft trennen.
- Hochhalten von Ware (z. B. Tischdecken, Bettwäsche, Kleidungsstücke), um eine andere Person den Blicken von Beobachtern zu entziehen.

(4) Verhalten des Verkäufers beim Stellen eines Ladendiebs

Einschreiten zum richtigen Zeitpunkt	Erst wenn der Ladendiebstahl zweifelsfrei feststeht (z. B. nach Verlassen der Kasse, der Abteilung, des Geschäfts), sollte eingeschritten werden. Davor hat der Kunde ja immer noch die Chance, die Ware zu bezahlen.
ruhig eine Entscheidung treffen	■ Der Verkäufer kann sich für folgende Vorgehensweisen entscheiden: Mitarbeiter oder Detektiv einbeziehen, Polizei rufen, den Täter ansprechen (z. B. *„Bitte kommen Sie in unser Büro. Es gibt eine Unstimmigkeit zu klären."*)

	■ Niemals sollte der Ladendieb vor der Kundschaft bloßgestellt werden. Die Praxis zeigt, dass die überwiegende Anzahl der Ladendiebe dieser Aufforderung Folge leistet. Folgt er dieser Aufforderung nicht und ist die Identität nicht bekannt, darf der Dieb festgehalten werden (z. B. Festhalten des Täters am Handgelenk, Wegdrängen vom Ausgang, Einsperren im Büro, bis die Polizei eintrifft).
Beweise vor Zeugen sichern	Auf dem Weg zum Büro sollte darauf geachtet werden, dass der Ladendieb die Ware unterwegs nicht ablegt oder wegwirft. Das Gespräch mit einem überführten Ladendieb sollte möglichst nur im Beisein eines Zeugen geführt werden. Durchsuchungen (ohne Einverständnis des Täters) sollten unterlassen werden. Das ist Aufgabe der Polizei.
Anzeige erstatten und Hausverbot erteilen	Jeder Ladendiebstahl sollte angezeigt, d. h. der Polizei gemeldet werden. Diese Anzeige ist wichtig, denn nur so wird der Ladendieb aktenkundig. Für eine befristete Zeit sollte dem Ladendieb Hausverbot erteilt werden.
Behandlung von Kindern	Im Falle eines minderjährigen Ladendiebs sollten die Eltern und gegebenenfalls die Polizei benachrichtigt werden.

(5) Maßnahmen zur Vermeidung von Ladendiebstählen

Vorbeugung (Prävention) ist die beste Strategie – am besten, es kommt gar nicht erst zum Ladendiebstahl.

■ Personelle, organisatorische und technische Maßnahmen

Personelle Maßnahmen	Organisatorische Maßnahmen	Technische Maßnahmen
z. B. ■ Mitarbeiter schulen, dass sie – aufmerksam sind, – nicht zu viel Ware auf einmal vorlegen, – nicht zulassen, dass die Kunden Taschen und Waren in den Verkaufsraum mitnehmen, – Ware erst einpacken, wenn der Kunde sie bezahlt hat, – Absprachen über die Kundenüberwachung treffen, – die Vorgaben über das Verhalten bei Ladendiebstählen einhalten, ■ Anzahl der Mitarbeiter erhöhen, ■ Detektive und uniformierte Wachleute („Doormen") anstellen.	z. B. ■ Verkaufsräume übersichtlich gestalten (Ladendieben die „Deckung" nehmen). ■ Besonders diebstahlgefährdete Ware für Verkäufer einsehbar platzieren. ■ Anprobekabinen sollten sich an einer gut einsehbaren Stelle befinden und durch Verkäufer „aktiv" betreut werden. ■ Warenträger (Regale, Tische, Präsentationsblöcke, Gondeln) nicht zu hoch mit Ware bestücken. ■ Lockere Möblierung erhöht die Übersichtlichkeit des Verkaufsraums. ■ Spiegel für schwer einsehbare Bereiche anbringen. ■ Kostenlose Schließfächer für die Taschen der Kunden anbieten.	z. B. ■ Mechanische Sicherung – Drahtseile, abschließbare Bügel für wertvolle Artikel. – Abschließbare Schränke/Vitrinen (für Uhren, Schmuck, Kameras, Porzellanfiguren). ■ Elektronische Artikelsicherung (EAS) – Radio-Frequenz-Technik (Schwerpunkt: Leder- und Textilbereich). – Elektromagnetische Technik (Schwerpunkt: EDV, Tonträger, Videos, Bücher, Schuhe). – Akustische Technik (Schwerpunkt: Bekleidungsbereich). – Elektronische Leinensicherung. – Video-Überwachung.

Psychologische Maßnahmen[1]

Wirksame Mittel, um Ladendiebe durch psychologische Maßnahmen zu verunsichern und abzuschrecken, sind beispielsweise:

freundliche Begrüßung	Eine freundliche Begrüßung signalisiert dem Kunden, dass er ein gern gesehener Gast ist. Ein Ladendieb möchte nicht registriert werden, seine Hemmschwelle steigt.
Blickkontakt zum Kunden	Häufiger Blickkontakt hilft dem Verkäufer zu erkennen, wo jemand Hilfe benötigt. Ladendiebe registrieren diese Blicke und fühlen sich beobachtet.
Kundennähe des Verkäufers	Für Kunden ist das ein freundliches Angebot *(„Wenn Sie Hilfe benötigen, ich bin in Ihrer Nähe“)*, für Ladendiebe klingt das wie eine Warnung *(„Ich achte auf dich“)*.
Maßnahmen zur Warensicherung	Zusammen mit Beobachtungseinrichtungen (z. B. Spiegel, Video) erhöhen alle Maßnahmen zur Warensicherung die Hemmschwelle von Ladendieben. Sie müssen mehr tun, um ihr Ziel zu erreichen.
Hinweisschilder auf Warensicherung/ Videoüberwachung	Sie erhöhen die Hemmschwelle bei Ladendieben. Auch die Ankündigung von Konsequenzen (Folgen) spielen für Ladendiebe eine Rolle.
Hausdurchsagen	Das Sicherheitspersonal wird durch eine Durchsage in eine bestimmte Abteilung gerufen, in der verdächtige Personen beobachtet wurden (z. B. *„Der Hausdetektiv bitte in die EDV-Abteilung!“*). Der vermutliche Ladendieb wird dies auf sich beziehen und sich entdeckt fühlen.
Auslobung einer Fangprämie (Ergreifungsprämie)	Sie ist zulässig, wenn das Geschäft durch Hinweisschilder auf die Fangprämie hinweist. Dies kann z. B. durch folgenden Text geschehen: *„Für die Entdeckung oder für Hinweise, die zur Ergreifung des Täters führen, erhalten Sie eine Belohnung von 25,00 EUR brutto.“*

Zusammenfassung

- Die **Ladendiebstähle** werden eingeteilt in **Diebstahl, Betrug** und **Unterschlagung** (siehe S. 75).
- Ladendiebe kommen aus **allen Bevölkerungsschichten.**
- Wichtige **Verhaltensweisen des Verkäufers** beim Stellen eines Ladendiebs sind:
  - Erst einschreiten, wenn der Ladendiebstahl einwandfrei feststeht.
  - Entscheiden, ob ein Mitarbeiter/Detektiv einbezogen, der Täter angesprochen oder die Polizei gerufen wird.
  - Beweise vor Zeugen sichern.
  - Anzeige erstatten und Hausverbot erteilen.
  - Bei Kindern sind die Eltern und gegebenenfalls die Polizei zu rufen.
- Um **Ladendiebstähle zu vermeiden,** können personelle, organisatorische, technische und psychologische Maßnahmen eingesetzt werden.

1 **Psychologie:** Seelenkunde.

Kompetenztraining

18 Eine kleine Modeboutique verzichtet auf die elektronischen Artikelsicherungssysteme, da diese sehr kostenaufwendig sind. Die Inhaberin setzt deshalb vor allem auf die Wachsamkeit des Personals und auf die Abschreckung von Ladendieben.

Aufgaben:

1. Wie machen sich Ladendiebe häufig verdächtig? Beschreiben Sie drei Verdachtsmomente!
2. Aufgrund des bloßen Verdachts darf kein Kunde beschuldigt werden. Beschreiben Sie, wie Sie sich einem vermeintlichen Dieb gegenüber verhalten würden!
3. Sie sind absolut sicher, dass ein Ladendiebstahl vorliegt, weil Sie das Wegstecken der Ware beobachtet haben und der Kunde den Kassenbereich verlässt. Beschreiben Sie, wie Sie sich richtig verhalten!
4. Gemäß eines BGH-Urteils ist eine Fangprämie nur zulässig, wenn das Geschäft durch Hinweisschilder auf die Ergreifungsprämie aufmerksam macht. Entwerfen Sie skizzenhaft ein Plakat zur Abschreckung von potenziellen Ladendieben!
5. Zeigen Sie jeweils anhand eines Beispiels auf, wie Ladendiebstähle eingeteilt werden!
6. Beschreiben Sie kurz drei Methoden von Ladendieben!
7. Eine Kundin nimmt aus dem Vorwahl-Regal ein teures Parfüm, schaut sich um und steckt das Parfüm in ihre offene Umhängetasche. Eine Verkäuferin hat dies gesehen und spricht die Kundin an: *„Hallo Sie, jetzt habe ich Sie auf frischer Tat ertappt, Sie haben gerade ein Parfüm geklaut. Kommen Sie bitte mit ins Büro."*

   7.1 Beurteilen Sie das Verhalten der Verkäuferin!

   7.2 Beschreiben Sie, wie sich die Verkäuferin im geschilderten Fall richtig verhalten sollte!

Lernfeld 7: Waren beschaffen, annehmen und lagern

1 Einkaufskooperation

Um wettbewerbsfähig zu sein, schließen sich kleine und mittelgroße Einzelhandelsbetriebe zusammen. Sie kooperieren[1]. Der Zusammenschluss kann zwischen **mehreren Einzelhandelsbetrieben (horizontale Kooperation)** oder zwischen **Einzelhandel und Großhandel (vertikale Kooperation)** erfolgen.

1.1 Kooperation zwischen Einzelhandelsbetrieben

Mehrere Einzelhandelsbetriebe schließen sich zusammen, um die Beschaffung und andere Leistungen **gemeinschaftlich** wahrzunehmen. Hierzu zählen insbesondere

- Einkaufsgenossenschaften
- Einkaufsverbände
- Shop in Shop

Es handelt sich hierbei um einen Zusammenschluss auf gleicher Wirtschaftsstufe **(horizontale Kooperation).**

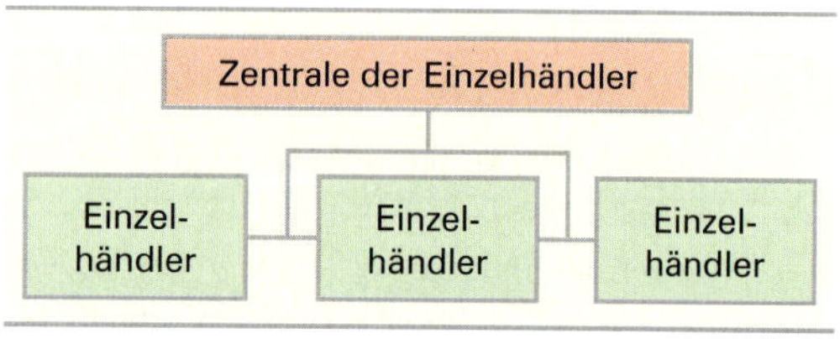

(1) Einkaufsgenossenschaften

Genossenschaften sind Personenvereinigungen (Gesellschaften) mit nicht festgelegter Mitgliederzahl, die durch gemeinschaftlichen Geschäftsbetrieb und durch gemeinsames Verfolgen bestimmter wirtschaftlicher Ziele die wirtschaftliche Existenz ihrer Mitglieder fördern wollen [§ 1 GenG].

Bei der Einkaufsgenossenschaft sind mehrere Einzelhändler (**Genossen**) an einer **Genossenschaft** beteiligt. Sie übernehmen **Geschäftsanteile** und entscheiden in der Generalversammlung über die grundsätzlichen Aufgaben der Genossenschaft.

Beispiele:

Edeka, REWE (im Lebensmittelbereich); Hadeka, Reintextil (im Textilbereich); Esüdro (Bereich Drogerien); Ariston, Garant (Bereich Schuhe), Vedes (Spielwaren).

Mit der Genossenschaft treten die **Einzelhandelsbetriebe gemeinsam am Markt** auf, etwa um günstige Einkaufsbedingungen zu erlangen oder betriebliche Abläufe besser durchführen zu können.

Ziel der Einzelhandelsbetriebe ist, möglichst viele Leistungen von der Genossenschaft zu beziehen, um ihren **eigenen Gewinn** zu erhöhen.

1 Das Wort **kooperieren** stammt aus dem Lateinischen und heißt zusammenarbeiten. Die **Kooperation** ist die Zusammenarbeit. **Kooperationsformen** sind Möglichkeiten (Arten) der Zusammenarbeit.

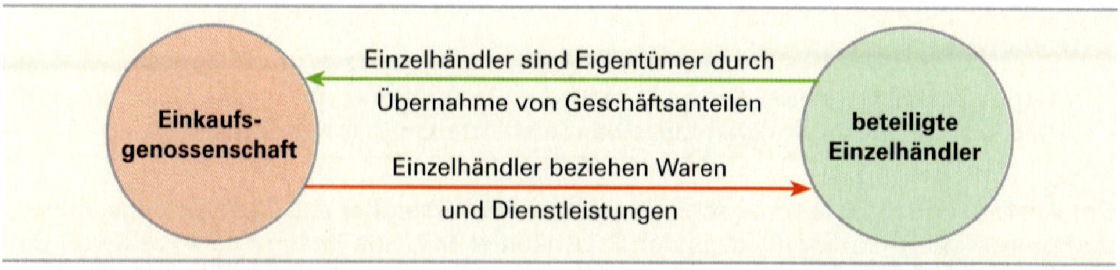

Die beteiligten Einzelhandelsbetriebe behalten ihre **rechtliche und wirtschaftliche Selbstständigkeit.**

- Bei der Genossenschaft sind die **Eigentümer (Einzelhandelsbetriebe)** gleichzeitig **ihre Kunden.**
- **Grundgedanke der Genossenschaft:** Gemeinsam sind Ziele besser zu erreichen als im Alleingang!

Die **Betreuung** durch die Genossenschaft umfasst z. B.:

- Beschaffung und Bereitstellung eines umfangreichen Warensortiments
- gemeinschaftliche Werbung
- Betriebsberatung
- Schaffung von Ausbildungs- und Fortbildungseinrichtungen
- Einrichtungsberatung
- Gewährung von Finanzierungshilfen

(2) Einkaufsverbände

Die Einkaufsverbände verfolgen die gleichen Ziele wie die Einkaufsgenossenschaften. Sie sind jedoch in einer anderen Rechtsform organisiert (z. B. GmbH, AG).

Beispiele:

- Musterring GmbH & Co. KG
- Intersport GmbH
- Garantschuhe GmbH

1.2 Kooperation zwischen Einzelhandelsbetrieben und Großhandelsbetrieben

Bei dieser Kooperation handelt es sich um einen Zusammenschluss auf verschiedenen Handelsstufen **(vertikale Kooperation).** Kleine und mittelgroße Einzelhandelsbetriebe schließen sich mit Großhandelsbetrieben zusammen. Hierzu zählen insbesondere

- Handelsketten
- Rackjobber

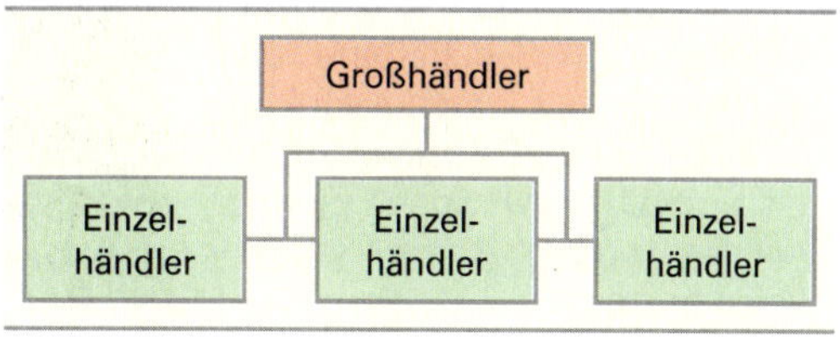

(1) Handelskette (freiwillige Kette)

In **Handelsketten** arbeiten **ein oder mehrere Großhändler** mit vielen **rechtlich** und **wirtschaftlich selbstständigen Einzelhandelsbetrieben** (der Kette) zusammen.

Der Anstoß für den Zusammenschluss geht vom **Großhändler** aus. Die Leistungsfähigkeit der Kette ergibt sich daraus, dass der Großhändler nur eine bestimmte Anzahl von Einzelhändlern beliefert. Dies geschieht in der Weise, dass der Großhändler sein gesamtes Absatzgebiet in Bereiche aufteilt und innerhalb jedes Teilgebiets nur einen einzigen Einzelhändler beliefert. Innerhalb dieses Gebiets besitzt der Einzelhändler dann das Alleinverkaufsrecht. Er genießt **Gebietsschutz.**

Aufgaben und **Ziele** der freiwilligen Ketten **entsprechen weitestgehend** denen der **Einkaufsgenossenschaften** und **Einkaufsverbände.**

Beispiele:

SPAR, A & O, VIVO (im Lebensmittelhandel); Lekkerland (im Süßwarenhandel); BACKRING (im Bäckereibedarfshandel); RINGFOTO (im Fotohandel); Euronics (Radio- und Fernsehbedarf).

SPAR

RINGFOTO
Europas größter Fotoverbund

BACKRING NORD

Teilweise übernehmen die angeschlossenen Einzelhändler den Namen der Kette, z. B. Expert, Sport 2000.

(2) Rackjobber

Beim **Rackjobber** stellt ein **Einzelhandelsbetrieb** dem Großhändler Regale zur Verfügung (z. B. durch Mietvertrag).

Der Rackjobber füllt die Ware selbstständig auf, zeichnet sie aus, nimmt unverkaufte Ware zurück und rechnet in bestimmten Zeitabschnitten mit dem Einzelhandelsbetrieb ab.

Mit dem Rackjobber-System kann der Einzelhandelsbetrieb sein Sortiment risikolos um attraktive Artikel erweitern und gleichzeitig Aufgaben der Beschaffung und Warenpflege auf den Rackjobber abwälzen. Der Einzelhandelsbetrieb erhält zusätzliche Einnahmen, ohne ein Warenrisiko eingehen zu müssen.

Nachteilig für den Einzelhandelsbetrieb ist, dass er keinen Einfluss auf die Sortimentsgestaltung und die Präsentation der Ware hat und für die Vertragsdauer an den Rackjobber gebunden ist.

Beispiel:

Der Non-Food-Bereich des Lebensmitteleinzelhandels (z. B. Schreibwaren, Batterien, Spielwaren, Kurzwaren) wird häufig über das Rackjobber-System abgewickelt.

Zusammenfassung

- Unter betrieblichen **Kooperationsformen** versteht man die Möglichkeiten der Zusammenarbeit.
- Bei **Kooperationen zwischen Einzelhandelsbetrieben** verpflichten sich wirtschaftlich und rechtlich selbstständig bleibende Einzelhandelsbetriebe der **gleichen Handelsstufe** zur Zusammenarbeit.

  Beispiele: Einkaufsgenossenschaft, Einkaufsverband.
- **Einkaufsgenossenschaften** des Einzelhandels sind Zusammenschlüsse der Einzelhandelsbetriebe in der Rechtsform der Genossenschaft mit dem Ziel gemeinsam einzukaufen.
- Bei **Kooperationen zwischen Einzelhandelsbetrieben und Großhandelsbetrieben** verpflichten sich wirtschaftlich und rechtlich selbstständig bleibende Einzelhandelsbetriebe **aufeinander folgender Handelsstufen** zur Zusammenarbeit.

  Beispiele: Handelsketten, Rackjobber.
- **Freiwillige Ketten** sind kooperative Zusammenschlüsse von Großhandels- und Einzelhandelsbetrieben zu einer Arbeitsgemeinschaft (Kette), wobei die Einzelhandelsbetriebe rechtlich selbstständig bleiben.
- Beim **Rackjobber-System** stellt der Einzelhandelsbetrieb einem Verkäufer (z. B. Großhändler, Hersteller) Verkaufsraum oder Regalfläche gegen Entgelt zur Verfügung. Der Rackjobber bietet die Ware in der Regel auf eigene Rechnung an.

Kompetenztraining

19 1. Die Inhaberin der Fahrradhandlung Erika Winner e. Kfr. ist mit dem Geschäftsgang nicht ganz zufrieden. Ihre Kunden signalisierten ihr schon seit längerer Zeit, dass die Konkurrenz zunehmend günstigere Preise und/oder Konditionen gewährt.

Da Erika Winner sehr knapp kalkuliert, kann sie ihre Konditionen kaum noch verbessern. Sie denkt deswegen daran, sich mit anderen Fahrradhandlungen der Region zusammenzuschließen, um durch größere Einkaufsmengen zu günstigeren Beschaffungskonditionen zu kommen. Über die Art der Einkaufskooperationen ist sich Erika Winner noch nicht im Klaren. Sie will hierüber mit ihren Mitbewerbern sprechen.

Aufgaben:

DOWNLOAD

1.1 Erläutern Sie, mit welchen Aufgaben die Einkaufskooperation betraut werden könnte!

1.2 Beschreiben Sie die beiden Einkaufskooperationen „Freiwillige Kette“ und „Einkaufsgenossenschaft“!

1.3 Erklären Sie, worin sich die beiden Einkaufskooperationen unterscheiden. Nennen Sie zwei Unterscheidungsmerkmale!

1.4 Erläutern Sie zwei Vorteile, die eine Einkaufskooperation der Einzelhändlerin bieten kann!

1.5 Erika Winner e. Kfr. ist Mitglied einer Erfa-Gruppe. Recherchieren und erklären Sie diesen Begriff!

2. Erika Winner möchte in ihrer Fahrradhandlung das Angebot um Fahrradzubehör erweitern. Als Möglichkeit, diese Verkaufsidee durchzuführen, wird ihr von einem Berater das Rackjobber-System vorgeschlagen.

DOWNLOAD

Aufgaben:

2.1 Erklären Sie das Rackjobber-System!

2.2 Nennen Sie jeweils zwei Vorteile und Nachteile des Rackjobber-Systems!

3. Zahlreiche Einzelhandelsunternehmen sind nur im Verbund mit anderen wettbewerbsfähig. Eine Möglichkeit der Zusammenarbeit ist die Kooperation.

Aufgaben:

3.1 Erläutern Sie den Begriff Kooperation!

3.2 Zeigen Sie an drei Beispielen, welche Vorteile sich auf solchen Kooperationen für den Einzelhandelsbetrieb ergeben können!

3.3 Beschreiben Sie, wie sich solche Kooperationen auf den Verbraucher auswirken könnten!

Erläutern Sie zwei Gesichtspunkte!

DOWNLOAD

4.

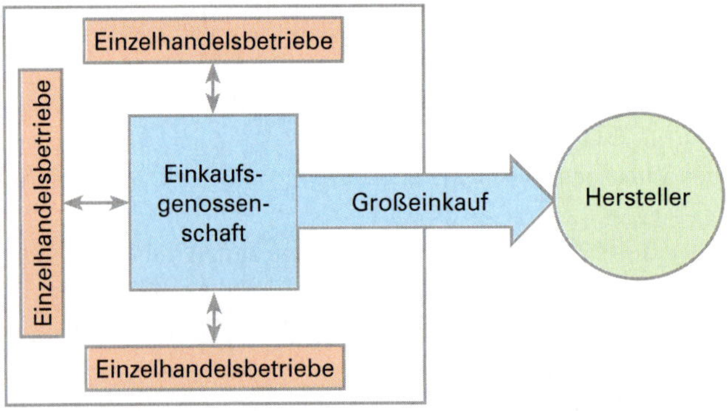

Aufgabe:

Beschreiben Sie die Aussage des abgebildeten Schaubilds!

5. Mehrere Einzelhandelsbetriebe, die wirtschaftlich und rechtlich selbstständig bleiben, vereinbaren mit einem Großhändler eine Zusammenarbeit. Notieren Sie die Ziffer, wie man einen solchen Zusammenschluss bezeichnet!

5.1 Einkaufsgenossenschaft
5.2 Freiwillige Kette
5.3 Einkaufsverband
5.4 Einkaufszentrum
5.5 Kommissionsgeschäft

6. Erklären Sie die Begriffe horizontale und vertikale Kooperation!

2 Anbahnung von Kaufverträgen

2.1 Anfrage

(1) Begriff Anfrage

Durch die **Anfrage** wird der Verkäufer zur **Abgabe** eines **verbindlichen Angebots** aufgefordert.

Der **Käufer** ist durch seine Anfrage **rechtlich nicht gebunden.** Er kann deshalb gleichzeitig bei mehreren möglichen Verkäufern anfragen.

(2) Inhalt der Anfrage

Arten	Inhalt
allgemeine Anfrage	■ Hier wird der Anbieter unter allgemeiner Schilderung des Problems gebeten, z. B. die aus seiner Sicht geeignetsten Waren und Qualitäten anzubieten. ■ Allgemeine Anfragen sind dann sinnvoll, wenn neue Waren beschafft werden sollen, mit denen der Anfragende noch keine Erfahrung hat.
bestimmte Anfrage	Sie beziehen sich auf eine bestimmte Ware bzw. auf eine bestimmte Dienstleistung.

2.2 Angebot

2.2.1 Begriff Angebot

Das **Angebot** ist eine **verbindliche Willenserklärung des Verkäufers,** die an eine **bestimmte Person – nicht an die Allgemeinheit** – gerichtet ist.

Inserate in Zeitungen, Zeitschriften, Schaufensterauslagen, Verkaufsprospekte, Wurfsendungen, Plakate sowie das Aufstellen von Waren in Selbstbedienungsläden sind an die Allgemeinheit gerichtet, somit **nicht bestimmt.** Sie sind deshalb keine „Verkaufsangebote", sondern Aufforderungen an den möglichen Käufer, seinerseits einen **Antrag** zu machen, eine Bestellung aufzugeben.

Wenn nach Sachlage nur ein Angebot an die Allgemeinheit möglich ist und der Anbieter mit **jedem,** der auf das Angebot eingeht, abschließen will, liegt ein Angebot vor.

Beispiele für Angebote an die Allgemeinheit:

Aufstellen eines Automaten, Angebote öffentlicher Verkehrsmittel. Mit dem Geldeinwurf in den Automaten, mit dem Lösen der Fahrkarte, Einsteigen in das Verkehrsmittel wird das Angebot angenommen.

Beispiel: Anfrage

Aufbau einer Anfrage

Absender

Möblix Import Export GmbH

Ihr Zeichen:	
Ihre Nachricht vom:	
Unser Zeichen:	ku
Unsere Nachricht vom:	
Name:	Eva Kuhn
Telefon:	+49 (0)30 4471156-25
Fax:	+49 (0)30 4471156-01
E-Mail:	eva.kuhn@moeblix.de
Datum:	20. .-11-06

Möblix GmbH · Schönhauser Allee 187 · 10119 Berlin

Empfänger

Heinrich KG
Urbanstr. 4
73728 Esslingen

Betreff

Anfrage Nr. 563/58397 – e-desk 203

Grund der Anfrage/ gewünschte Ware

Sehr geehrte Damen und Herren,

als Fachgeschäft von Büromöbeln sind wir ständig bemüht, unsere Produktpalette zu erweitern. Ihren elektronisch verstellbaren Schreibtisch „e-desk 203" würden wir gerne in unser Verkaufsprogramm aufnehmen.

Voraussichtliche Bestellmenge

Senden Sie uns bitte ein ausführliches Angebot über 50 Stück dieser Schreibtische in der Massivholz-Ausführung, Holzart Buche, zu.

Grußformel

Mit freundlichen Grüßen

Möblix GmbH

i.A. Eva Kuhn

Eva Kuhn
Einkauf

Geschäftsräume	Tel.: +49(0)30 4471156-0	Deutsche Bank Berlin	Registergericht
Schönhauser Allee 187	Fax: +49(0)30 4471156-1	IBAN DE36 1007 0000 0000 7305 83	Berlin HRB 48397
10119 Berlin		BIC DEUTDEBBXXX	USt-IdNr. DE812123852

2.2.2 Bindung an das Angebot

§ 145 BGB

Gibt ein Anbieter ein **Angebot ohne Einschränkung** ab, ist er an dieses **Angebot rechtlich gebunden.**

Dauer der Bindungsfrist	Erläuterungen	Beispiele	
Angebot unter Anwesenden ■ **mündlich** ■ **telefonisch**	Die Angebote müssen sofort, d.h. solange das Gespräch dauert, angenommen werden.	Verlässt z.B. ein Kunde einen Laden, weil er sich noch nicht zum Kauf der angebotenen Waren entschließen kann und deshalb weitere Geschäfte aufsucht, muss er mit dem Verkauf der ihm angebotenen Ware an einen anderen Kunden rechnen.	§ 147 I BGB
Angebot unter Abwesenden[1]	Die Bindungsfrist für den Anbieter besteht, solange er unter regelmäßigen Umständen mit dem Eingang der Antwort (z.B. Bestellung) rechnen kann. Dabei muss das Angebot mindestens mit dem gleich schnellen Nachrichtenmittel angenommen werden wie es abgegeben wurde.	Ein Angebot per E-Mail erfordert z.B. mindestens eine Annahme (Bestellung) auf gleichem Weg. Ein Briefangebot erfordert mindestens eine Annahme (Bestellung) durch einen Brief.	§ 147 II BGB
befristetes Angebot	Die Annahme bei einem befristeten Angebot kann nur **innerhalb der gesetzten Frist erfolgen.** Die Bestellung muss dem Anbieter bis zur gesetzten Frist zugegangen sein.	Das vorliegende Angebot ist gültig bis zum 28. Juli 20..	§ 148 BGB

Beachte:

Der Anbieter kann die Bindung an das Angebot durch **Freizeichnungsklauseln** einschränken.[2]

Beispiel:

Das vorliegende Angebot ist unverbindlich. Zwischenverkauf vorbehalten.

Die **Bindung des Lieferers** an sein Angebot **erlischt,**

- wenn die **Bestellung** des Einzelhändlers beim Lieferer **zu spät** eintrifft. § 146 BGB
- wenn der Empfänger das erhaltene Angebot **ablehnt.** § 146 BGB
- wenn der Anbieter sein Angebot **rechtzeitig widerruft.** § 130 I, S. 2 BGB
  Der Widerruf muss spätestens zusammen mit dem Angebot beim Empfänger eingehen.
- bei vom Angebot **abweichender Bestellung.** § 150 BGB

1 Die **Annahmefrist** setzt sich zusammen aus der Zeit für die **Übermittlung** des Angebots, einer angemessenen **Überlegungs-** und **Bearbeitungszeit** beim Empfänger und der Zeit für die **Übermittlung der Antwort** an den Anbieter.

2 Angebote, bei denen sich eine Freizeichnungsklausel auf das ganze Angebot bezieht (z.B. unverbindlich, freibleibend), sind rechtlich **keine Anträge,** sondern Aufforderungen zur Abgabe eines Antrags (z.B. Bestellung).

2.2.3 Inhalt des Angebots

2.2.3.1 Art, Güte, Beschaffenheit und Menge der Ware

Art der Ware	Genaue Bezeichnung der Ware wie z. B. „Fujitsu Gaming PC – Esprimo P910-L", „TV Lowboard Bird schwarz, Eiche 2-teilig 140 x 45 cm", „Geschirrspül-Tabs Claro Öko Classic".
Güte der Ware	■ **Qualitätsangabe** Es sind Angaben zu machen in Bezug auf – die **Haltbarkeit** (z. B. bei Lebensmitteln), – den **Geschmack** (z. B. Wein, Schokolade), – die **äußere Form** (z. B. Möbel, Smartphone, Autos), – die **Leistungsfähigkeit** (z. B. Kassenautomat), – die **Nutzungsdauer** (z. B. Software, Autos), – die **Belastungsfähigkeit** (z. B. Zerbrechlichkeit von Glas oder Kunststoff) usw. ■ **Umweltverträglichkeit** Eine Prüfung der Umweltverträglichkeit ist erforderlich, denn durch die Verschärfung der Gesetze, die dem Schutz der Umwelt dienen, wurde die Haftung der Unternehmen ständig erhöht.
Beschaffenheit der Ware	■ **Gattungswaren**[1] sind Waren, die nur der **Art nach bestimmt** sind (z. B. Mehl einer bestimmten Type, serienmäßig hergestellte Autos eines bestimmten Typs, Eier einer bestimmten Handelsklasse). Im Kaufvertrag müssen keine ausdrücklichen Regelungen hinsichtlich der Güte und Beschaffenheit getroffen werden, weil das Gesetz hier bestimmt, dass bei fehlender Vereinbarung Waren mittlerer Art und Güte zu liefern sind. (§ 243 I BGB) ■ Bei **Speziessachen**[1] wird eine genau bestimmte Sache geschuldet (z. B. **dieses** Ölgemälde, **das** Springpferd „Rex", **dieser** Modellmantel).
Menge der Ware	In der Regel wird die Menge in handelsüblichen Maßeinheiten angegeben (z. B. Hoodie-Sweatjacken in Stück, Olivenöl in Litern, Bio-Baumwollstoffe in Metern).

2.2.3.2 Preis der Ware

Der Preis der Ware muss **unbedingt** im Angebot angegeben und zum Vertragsabschluss **unverändert** angenommen werden. Mögliche **Preisstellungen** sind z. B.:

(1) Nettopreis

Beim Nettopreis sind keinerlei Preisabzüge mehr möglich. Der Anbieter hat knapp kalkuliert, d. h. mögliche Abzüge bereits vorweggenommen. Die Formulierung lautet z. B. „Zahlbar netto Kasse" oder „Zahlbar ohne jeden Abzug".

(2) Bruttopreis

Beim Bruttopreis lässt der Anbieter noch Preisabzüge zu, die allerdings an bestimmte Bedingungen geknüpft sind. Mögliche Abzüge sind:

1 Vgl. hierzu S. 101.

(3) Rabatt

Der Rabatt ist ein Preisnachlass. Zu unterscheiden sind folgende Rabattarten:

Mengenrabatt	Er wird bei Abnahme größerer Mengen gewährt. Steigt der Rabattsatz mit zunehmenden Abnahmemengen an, spricht man von „Staffelrabatt".
Personalrabatt	Er wird den Mitarbeitern des Einzelhandelsbetriebs eingeräumt.
Wiederverkäuferrabatt	Er wird solchen Kunden einräumt, die die Ware weiterverkaufen oder -verarbeiten.
Naturalrabatt	Der Kunde erhält eine (unberechnete) Dreingabe oder Draufgabe. ▪ **Dreingabe:** Es wird weniger berechnet als geliefert wurde (z. B. 10 Packungen bestellt, 10 Packungen geliefert, 8 Packungen berechnet). ▪ **Draufgabe:** Es wird eine bestimmte Menge zusätzlich unentgeltlich geliefert (z. B. 10 Packungen bestellt, 12 Packungen geliefert, 10 Packungen berechnet).

(4) Bonus

Ein Bonus ist ein Preisnachlass, der **nachträglich** gewährt wird.

Beispiel:

Ein Großhändler gewährt einem Einzelhandelsbetrieb einen Bonus von 5 %, wenn dieser im Jahr für mindestens 30 000,00 EUR bei ihm einkauft und 5,5 % bei einem Einkauf von 40 000,00 EUR oder mehr. Kauft der Einzelhandelsbetrieb z. B. für 35 000,00 EUR im Jahr ein, erhält er nachträglich einen Preisnachlass von 1 750,00 EUR.

2.2.3.3 Zahlungsbedingungen

(1) Skonto

§ 271 I BGB

Skonto ist ein Preisnachlass, der dann gewährt wird, wenn der Schuldner innerhalb einer bestimmten Frist bezahlt.

Beispiel:

„3 % Skonto bei Zahlung innerhalb von 10 Tagen, 30 Tage netto ab Rechnungsdatum". Zweck: Anreiz für den Kunden, früher zu zahlen, d. h. in diesem Fall am 10. anstatt am 30. Tag.

(2) Zahlungsfristen

§ 271 I BGB

Ist im Angebot der **Zahlungszeitpunkt nicht bestimmt,** muss der **Käufer sofort nach Übergabe der Ware bezahlen.**

Es können jedoch auch Zahlungsbedingungen vereinbart werden, die von der gesetzlichen Regelung abweichen:

- **Teilweise oder vollständige Zahlung vor der Lieferung.** Die Zahlungsbedingungen können z. B. lauten: „Nur gegen Vorauskasse", „Nur gegen Vorauszahlung", „Anzahlung $^1/_3$ des Kaufpreises bei Bestellung, $^1/_3$ bei Lieferung, $^1/_3$ drei Monate nach Erhalt der Ware".
- **Zahlung nach der Lieferung.** In diesem Fall erhält der Käufer ein **Zahlungsziel.** Die Klauseln können z. B. lauten: *„Zahlbar innerhalb 4 Wochen nach Rechnungsdatum", „Zahlbar innerhalb 8 Tagen nach Rechnungsdatum mit 2 % Skonto".*

2.2.3.4 Lieferungsbedingungen

(1) Beförderungsaufwendungen

§ 269 BGB

Ist im Angebot nichts anderes festgelegt und wird das Angebot unverändert angenommen, hat der **Käufer** grundsätzlich die **Beförderungsaufwendungen** (z. B. Frachten, Porti) **zu bezahlen.**

Warenschulden sind **gesetzlich im Zweifel**[1] **Holschulden.** Das bedeutet: Der Verkäufer kann im Angebot andere Regelungen vorschlagen.

Im Kaufvertrag sind z. B. folgende andere Regelungen denkbar:

Verkäufer	Rollgeld I	Versandstation	Hauptlauf	Empfangsstation	Rollgeld II	Käufer
1	2	3	4	5	6	7
Übergabekosten	Rollgeld Hausfracht	Verladekosten	Fracht	Entladekosten	Rollgeld Hausfracht	Abnahmekosten

Lieferung:

Lieferung	Verkäufer zahlt	Käufer zahlt	
ab Werk, ab Lager, ab Fabrik	1	2 – 7	gesetzliche Regelung beim Platzkauf
unfrei, ab hier, ab Bahnhof	1 – 2	3 – 7	gesetzliche Regelung beim Versendungskauf
frei Waggon	1 – 3	4 – 7	
frachtfrei, frei dort, frei Bahnhof	1 – 4	5 – 7	
frei Haus, frei Lager	1 – 6	7	

Erläuterung: **Rollgeld** sind die Beförderungskosten vom **Lieferer bis zum Versandbahnhof** bzw. vom **Bestimmungsbahnhof bis zum Käufer.**

1 **Im Zweifel** bedeutet, dass es sich um eine **Auslegungsregel** handelt, die dann nicht gilt, wenn z. B. durch vertragliche Vereinbarungen etwas anderes bestimmt ist.

(2) Verpackungsaufwendungen

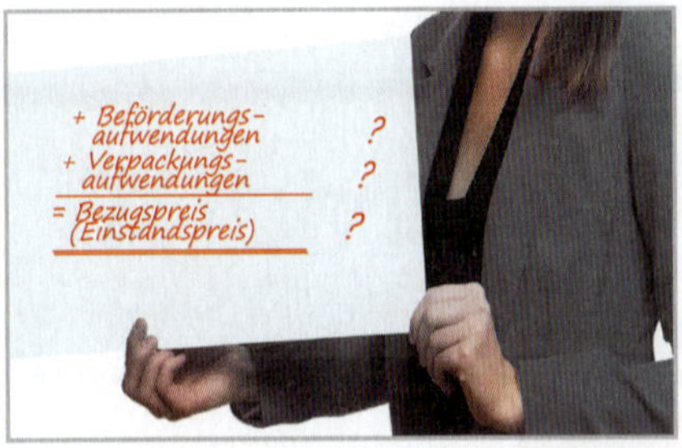

Ist im Angebot nichts anderes gesagt und wird das Angebot unverändert angenommen, trägt der **Käufer** die **Aufwendungen** für die **Versandverpackung.**

Im Geschäftsleben sind nähere Vereinbarungen über die Frage, wer die Aufwendungen für die Verpackung tragen soll, zweckmäßig. In einem Angebot könnten sich z. B. folgende Angaben finden:

- „32,00 EUR je Verkaufspackung", d. h., die Verpackung wird nicht getrennt berechnet.
- „Leihpackung! Bei Rücksendung erhalten Sie $^2/_3$ des berechneten Werts gutgeschrieben." In diesem Fall trägt der Käufer einen Teil des Verpackungsaufwands.
- „Die Verpackungskosten gehen zulasten des Käufers".
- „Brutto für netto", abgekürzt „bfn" (z. B. auf Farbdosen), d. h., der Kunde zahlt das Verpackungsgewicht (Tara) wie das Inhaltsgewicht (Nettogewicht).

2.2.3.5 Leistungsort und Gerichtsstand

(1) Begriff Leistungsort

Bei einem Angebot muss feststehen, **wo** der Schuldner seine geschuldete Leistung zu erbringen hat.

Der **Leistungsort** ist der Ort, an dem der Anbieter (Schuldner) seine Leistung zu erbringen hat. Das BGB bezeichnet den Leistungsort auch als **Erfüllungsort.**[1]

(2) Arten von Leistungsorten

Arten	Erläuterungen	Beispiele
gesetzlicher Leistungsort	Da es mit dem Abschluss des Kaufvertrags **zwei Schuldner** gibt (Verkäufer → Warenschuldner; Käufer → Geldschuldner), gibt es auch **zwei gesetzliche Leistungsorte.** Der gesetzliche Leistungsort für den **Verkäufer** und den **Käufer** ist der **Ort ihrer gewerblichen Niederlassung**.	Hat der Hersteller sein Werk in Kaiserslautern und der Einzelhändler sein Geschäft in Koblenz, so ist der gesetzliche Leistungsort für den Hersteller Kaiserslautern, der gesetzliche Leistungsort für den Einzelhändler Koblenz. § 269 BGB
vertraglicher Leistungsort	Käufer und Verkäufer haben die Möglichkeit, den Leistungsort vertraglich zu regeln.	Die Möbelfabrik Kaiser KG in Mainz und das Möbelhaus Raimann GmbH in Neustadt vereinbaren Mainz als Leistungsort für beide Vertragsparteien.

1 Aus Vereinfachungsgründen wird nicht zwischen Erfüllungsort und Leistungsort unterschieden.

Beispiel: Angebot

Aufbau eines Angebots

Heinrich KG ← **Absender**

Büromöbel und Zubehör

Ihr Zeichen:	ku
Ihre Nachricht:	20..-11-06
Unser Zeichen:	SC
Unsere Nachricht:	
Name:	Julia Schulze
Telefon:	+49 (0)711 62745-12
Telefax:	+49 (0)711 62745-22
E-Mail:	schulze@heinrich-kg.de
Datum:	20..-11-08

Heinrich KG · Urbanstr. 4 · 73728 Esslingen

Empfänger →
Fachgeschäft für Büromöbel
Möblix GmbH
Schönhauser Allee 187
10119 Berlin

Betreff →
Schreibtisch e-desk 203

Bezug auf Anfrage →
Angebot Nr. 20../472943 zu Ihrer Anfrage Nr. 563/58397

Sehr geehrte Frau Kuhn,

Angebot von Menge und Preis →
wir freuen uns über Ihr Interesse an unseren Produkten. Den Schreibtisch „e-desk 203" in der Ausführung Buche-Massiv können wir Ihnen bei einer **Abnahme von 50 Stück** zu

370,00 EUR pro Stück zzgl. 19 % MwSt.

anbieten.

Lieferungs- und Zahlungsbedingungen, Klärung von Rechtsfragen →
Die Lieferung erfolgt frei Lager innerhalb von 10 Tagen nach Auftragseingang.
Unsere Zahlungsbedingungen: 2 % Skonto bei Zahlung innerhalb von 14 Tagen, 30 Tage Ziel.

Erfüllungsort und Gerichtsstand für beide Teile ist Esslingen. Die Ware bleibt bis zur vollständigen Bezahlung unser Eigentum.

Gesprächsangebot →
Für weitere Beratung stehen wir Ihnen gern zur Verfügung.

Grußformel →
Mit freundlichen Grüßen

Heinrich KG

i. A. *Julia Schulze*

Julia Schulze
Verkauf

Heinrich KG
Geschäftsführung: Gerda Heinrich
Amtsgericht Esslingen: HRA 1101
St-Nr.: 27/430/0027
USt-ID Nummer: DE 68 609 3911

Bankverbindungen:
Kreissparkasse Esslingen
IBAN: DE07 6115 0020 1120 2399 08
BIC:ESSLDE66XXX

Postbank Esslingen
IBAN: DE26 6001 0070 0753 8396 01
BIC:PBNKDEFF200

(3) Bedeutung des Leistungsorts

Gefahrübergang für die Ware

Warenschulden sind **gesetzlich im Zweifel Holschulden** (siehe auch S. 90). Wenn nichts anderes vereinbart ist, „reisen" die Waren auf **Gefahr und Kosten des Käufers.**

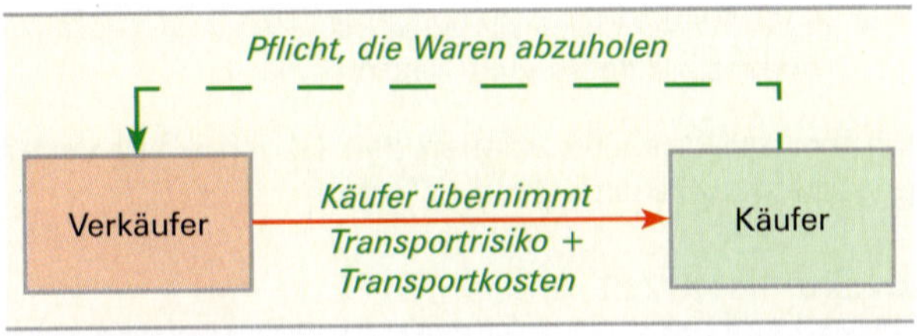

§ 446 BGB

Der **Käufer** trägt beim gesetzlichen Leistungsort mit der **Übergabe** der **Kaufsache** das **Transportrisiko** (Gefahr des zufälligen Untergangs oder der zufälligen Verschlechterung der Ware auf dem Weg vom Verkäufer zum Käufer) und die **Transportkosten.**

Beachte:

- Werden die Waren **mit dem unternehmenseigenen Fahrzeug des Verkäufers transportiert,** hat der Verkäufer erst erfüllt, wenn die Ware dem Käufer übergeben worden ist.
- Beim **Versendungskauf**[1] erfolgt die Gefahrübergabe mit der Auslieferung der Ware an den Spediteur oder Frachtführer[2].

Gefahrübergang bei der Zahlung

§ 270 BGB

Der Käufer hat den Kaufvertrag erfüllt, wenn der Überweisungsbetrag am **Zahlungstermin** auf dem **Konto des Verkäufers** gutgeschrieben ist. **Geldschulden** sind **Schickschulden.**

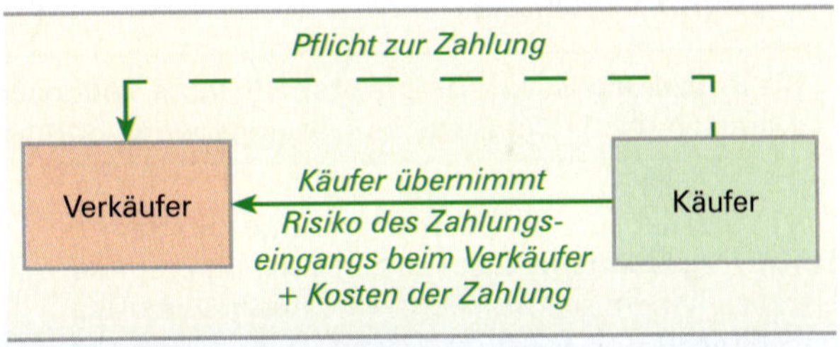

Beispiel:

Wurde als Zahlungstermin „spätestens 10. Juni 20.." vereinbart, hat der Käufer fristgemäß bezahlt, wenn der Überweisungsbetrag am 10. Juni 20.. auf dem Konto des Verkäufers gutgeschrieben ist.

Festlegung des Gerichtsstandes

Der Leistungsort legt bei einer Auseinandersetzung zwischen Verkäufer und Käufer den Gerichtsstand fest. Der **gesetzliche Gerichtsstand** ist immer beim **Geschäftssitz (Wohnsitz) des Schuldners.**

1 Zum Begriff siehe S. 102.

2 **Frachtführer** ist ein selbstständiger Kaufmann, der gewerbsmäßig die Beförderung von Gütern übernimmt (z. B. Deutsche Bahn AG, Deutsche Post AG, Binnen- und Seeschifffahrtsunternehmen, Luftverkehrsgesellschaften, Güterverkehrsunternehmen, die die Güter mit Kraftfahrzeugen befördern).

Dies bedeutet, dass

- der **Käufer** (wenn er klagen will) den Verkäufer bei dem Gericht verklagen muss, das für den **Leistungsort des Verkäufers** zuständig ist.
- der **Verkäufer** (wenn er klagen will) den Käufer bei dem **Gericht** verklagen muss, das für den **Leistungsort des Käufers** zuständig ist.

Käufer und Verkäufer können den Gerichtstand **vertraglich vereinbaren** und damit den gesetzlichen Gerichtsstand abändern.

2.2.3.6 Lieferzeit

Wird die Lieferzeit im Angebot vom Lieferer nicht bestimmt, gilt die gesetzliche Regelung.

§ 271 I BGB

gesetzliche Regelung	Ist im Angebot die Leistungszeit nicht bestimmt, muss der **Verkäufer** auf Verlangen des **Käufers sofort liefern.**
vertragliche Regelung	Der Verkäufer kann im Angebot **andere Regelungen** vorschlagen: ■ Lieferung innerhalb eines **bestimmten Zeitraums** (z. B. Lieferung innerhalb von 10 Tagen). ■ Lieferung zu einem **bestimmten Termin** (z. B. Lieferung bis Ende Mai). ■ Lieferung zu einem **genau bestimmten Termin** (z. B. Lieferung am 30. April 20 .. fix). Es handelt sich hier um einen **Fixkauf.**[1]

2.2.4 Bestellung

(1) Begriff Bestellung

Die **Bestellung** ist eine **empfangsbedürftige Willenserklärung des Käufers,** bestimmte Waren zu den in der Bestellung **angegebenen Bedingungen** zu kaufen.

Gesetzlich ist für die Bestellung **keine bestimmte Form vorgeschrieben.** Um ein „Beweismittel" in der Hand zu haben und möglichen Irrtümern vorzubeugen, sollten vor allem mündliche und fernmündliche Bestellungen schriftlich wiederholt werden.

(2) Rechtliche Bindung an die Bestellung

Grundsatz	■ Der Käufer ist rechtlich an seine Bestellung gebunden. Diese Bindung tritt mit Zugang der Bestellung beim Verkäufer ein. ■ Mit der Bestellung aufgrund eines vorausgegangenen Angebots verpflichtet sich der Käufer, alle im Angebot enthaltenen Vertragsbedingungen einzuhalten.
Widerruf	Der Widerruf einer Bestellung muss vor, spätestens gleichzeitig mit der Bestellung beim Verkäufer eingehen.

1 Ein **Fixkauf** liegt dann vor, wenn mit der genauen Einhaltung bzw. Nichteinhaltung des vereinbarten Liefertermins das Geschäft steht oder fällt. Siehe auch S. 102.

Beispiel: Bestellung

Möblix Import Export **GmbH**

Möblix GmbH · Schönhauser Allee 187 · 10119 Berlin
Heinrich KG
Urbanstr. 4
73728 Esslingen

Ihr Zeichen: sc
Ihre Nachricht vom: 20..-11-08
Unser Zeichen: ku
Unsere Nachricht vom:

Name: Eva Kuhn
Telefon: +49 (0)30 4471156-25
Fax: +49 (0)30 4471156-01
E-Mail: eva.kuhn@moeblix.de

Datum: 20..-11-12

Bestellung Nr. 176/1775 – e-desk 203 zu Ihrem Angebot Nr. 20../472943

Sehr geehrte Frau Schulze,

hiermit bestellen wir bei Ihnen 50 Schreibtische „e-desk 203" in der Ausführung Buche-Massiv zu 370,00 EUR netto pro Stück.

Die Lieferung erfolgt frei Lager innerhalb von 10 Tagen und bei einer Zahlung innerhalb von 14 Tagen erhalten wir 2 % Skonto.

Mit freundlichen Grüßen

Möblix GmbH

i.A. Eva Kuhn

Eva Kuhn
Einkauf

Geschäftsräume
Schönhauser Allee 187
10119 Berlin

Tel.: +49(0)30 4471156-0
Fax: +49(0)30 4471156-1

Deutsche Bank Berlin
IBAN DE36 1007 0000 0000 7305 83
BIC DEUTDEBBXXX

Registergericht
Berlin HRB 48397
USt-IdNr. DE812123852

(3) Eingang unbestellter Ware

Lieferung von Unternehmen (z. B. Lieferer) an Unternehmer (z. B. Einzelhandelsbetrieb)

Erhält der Einzelhandelsbetrieb unbestellte Ware, stellt die Lieferung **rechtlich** ein **verbindliches Angebot** des zusendenden Verkäufers an den Einzelhandelsbetrieb dar.

Kaufvertrag kommt zustande, ...	▪ wenn der Einzelhandelsbetrieb den Kaufpreis zahlt oder die unbestellte Ware verbraucht, bearbeitet oder in Gebrauch nimmt; ▪ durch **Bestätigung** der Bestellung durch den Einzelhandelsbetrieb.
Kaufvertrag kommt nicht zustande, ...	▪ wenn der Einzelhandelsbetrieb und der zusendende Lieferer **nicht in ständiger Geschäftsbeziehung** stehen und der Einzelhandelsbetrieb nichts unternimmt (schweigt er). Der Einzelhandelsbetrieb hat jedoch die Pflicht, die Ware mit der bei ihm üblichen Sorgfalt auf Kosten des Absenders aufzubewahren. ▪ Stehen der Einzelhandelsbetrieb und der zusendende Verkäufer **in ständiger Geschäftsbeziehung**, muss der Käufer die **unbestellte Warenzusendung ablehnen** und die **Ware auf Kosten des Absenders aufbewahren.** ▪ **Schweigen** bedeutet, dass ein **Kaufvertrag zustande kommt.**

Lieferung von Unternehmen (z. B. Einzelhandelsbetrieb) an Verbraucher

Liefert ein Einzelhandelsbetrieb einem Verbraucher unbestellt eine Ware, stellt dies **kein Angebot** dar. Der Einzelhandelsbetrieb hat keinen Anspruch gegen den Verbraucher, wenn dieser schweigt, die Ware entsorgt oder benutzt. Der Einzelhandelsbetrieb kann weder den Kaufpreis verlangen noch die Ware zurückfordern.

Es handelt sich um einen Verstoß gegen das „Gesetz gegen den unlauteren Wettbewerb".

Zusammenfassung

- Durch **Anfragen** werden Angebote eingeholt.
- Der Anfragende ist durch seine Anfrage **rechtlich nicht gebunden.**
- Für die Anfrage besteht **kein gesetzlicher Formzwang.** Bei komplizierten Gütern sollen die Anfragen zur Vermeidung von Fehlern möglichst **schriftlich** erfolgen.
- Das **Angebot** ist eine verbindliche Willenserklärung des Verkäufers an eine bestimmte Person.
- Der Anbieter ist **rechtlich** an sein Angebot **gebunden.** Die rechtliche Bindung an das Angebot **kann eingeschränkt werden.**

- Der **Inhalt eines Angebots** sollte alle Einzelheiten festlegen, sodass der Käufer nur noch zuzustimmen braucht. Wichtige Inhalte des Angebots sind:

Art, Güte, Beschaffenheit und Menge der Ware	Preis der Ware	Lieferungs- und Zahlungsbedingungen	Leistungsort und Gerichtsstand	Lieferzeit der Ware

- Der **Leistungsort** ist der Ort, an dem die geschuldete **Leistung zu erbringen** ist.
- Der **gesetzliche Leistungsort** gilt nur, wenn kein Leistungsort vereinbart ist. Er liegt grundsätzlich beim Wohnsitz bzw. Niederlassungsort des **Schuldners.**
- Der Leistungsort hat folgende **Bedeutung:**

Am Leistungsort befreit sich der Verkäufer von seiner Leistungspflicht	Der Leistungsort bestimmt den Gefahrübergang (Ausnahme: Geldschulden)	Ab Leistungsort trägt der Kunde die Transportkosten und das Transportrisiko (Ausnahme: Geldschulden)	Der Leistungsort bestimmt den Gerichtsstand

- Die **Bestellung** ist eine **empfangsbedürftige Willenserklärung des Käufers,** bestimmte Waren zu den in der Bestellung **angegebenen Bedingungen** (z. B. Preisen, Qualitäten, Mengen, Zahlungsbedingungen) zu kaufen.
- Der Besteller ist an seine Bestellung **grundsätzlich rechtlich gebunden.**

Kompetenztraining

20

1. Erklären Sie die wirtschaftliche Notwendigkeit der Anfrage!
2. Prüfen Sie, ob die Anfrage eine rechtliche Bindung zur Folge hat!
3. Erläutern Sie, unter welchen Bedingungen Sie eine Anfrage schriftlich abfassen würden!
4. Erklären Sie an einem Beispiel, was die rechtliche Bindung an ein Angebot bedeutet!
5. Der Inhaber eines Bekleidungsfachgeschäfts informiert sich auf der Modemesse über Neuheiten und Modetrends für die Sommersaison. Er führt mit mehreren Herstellern Einkaufsgespräche über Kleiderlieferungen, wobei ihm ein günstiges Angebot unterbreitet wird.

   Aufgaben:

   5.1 Stellen Sie fest, wie lange der Hersteller an das mündliche Angebot gebunden ist!

   5.2 Nennen Sie vier wesentliche Bestandteile, die ein vollständiges schriftliches Angebot beinhaltet!

   5.3 Nennen Sie zwei Gründe, die für die Kaufentscheidung des Geschäftsinhabers von Bedeutung sind!

   5.4 Bei welchen Gütern wird der Einkaufspreis der wichtigste Entscheidungsgrund bei der Beschaffung sein? Begründen Sie Ihre Antwort!

6. Das Angebot eines Möbelherstellers an ein Möbelhaus lautet: „Beim Kauf von 25 Schränken der Reihe T 10 erhalten Sie einen Schrank ohne Berechnung."

   Aufgabe:

   Beschreiben Sie, um welchen Rabatt es sich hierbei handelt!

7. Begründen Sie, in welchem der folgenden Fälle ein Angebot vorliegt!

   7.1 Ein Kaufhaus lässt seinen Mode-Frühjahrskatalog von der Post an alle Haushalte seines Einzugsgebiets verteilen.

   7.2 Eine Verkäuferin bietet einer Kundin in der Textilabteilung einen Wintermantel an.

   7.3 Ein Winzer bietet einem Weinhändler telefonisch einen Weißwein zu günstigen Konditionen an.

   7.4 Für den Sonn- und Feiertagsverkauf stellt ein Einzelhändler einen Automaten mit Süßigkeiten auf.

   7.5 Ein Discountgeschäft lässt über die örtliche Tageszeitung Handzettel mit aktuellen Sonderangeboten an alle Haushalte ihres Einzugsgebiets verteilen.

8. Erläutern Sie die Bedeutung des gesetzlichen Leistungsorts für den Warenschuldner!

21

1. Josef Meyer e. K., Elektrogroßhandlung in Freiburg, unterbreitet dem Elektrofachgeschäft Franz Bührer e. K. in Emmendingen am 2. Mai ein schriftliches Angebot über

   Wechselschalter Typ FI 4/1,5/b zum Preis von 4,45 EUR/Stück und
   Serienschalter Typ FI 6/1,5/c zum Preis von 6,12 EUR/Stück

   bei Abnahme von jeweils mindestens 80 Stück.

   Aufgaben:

   1.1 Nennen Sie das Datum, bis zu dem Josef Meyer e. K. an dieses Angebot gebunden ist und begründen Sie!

   1.2 Nennen Sie Zusätze, durch die die Bindung an ein solches Angebot

   1.2.1 eingeschränkt (zwei Beispiele),

   1.2.2 ganz ausgeschlossen werden (zwei Beispiele) könnte!

   1.3 Franz Bührer e. K. bestellt am 10. Mai 60 Stück Wechselschalter zu 3,45 EUR/Stück und 80 Stück Serienschalter zu 5,12 EUR/Stück. Begründen Sie, ob Josef Meyer e. K. liefern muss!

2. Im Angebot steht: „Lieferung frachtfrei".

   Aufgaben:

   2.1 Erläutern Sie diesen Begriff!

   2.2 Erläutern Sie, wer die Beförderungskosten übernehmen müsste, wenn vertraglich nichts vereinbart worden wäre!

3. Im Angebot wurde außerdem festgehalten: „Zahlungsziel 30 Tage, bei Zahlung innerhalb von 8 Tagen 2 % Skonto ... Bei Abnahme von 80 Stück gewähren wir 5 % Rabatt."

   Aufgaben:

   3.1 Erklären Sie den Unterschied zwischen Rabatt und Skonto!

   3.2 Erklären Sie den Unterschied zwischen Rabatt und Bonus!

   3.3 Begründen Sie, warum ein Verkäufer Skonti gewährt!

4. Begründen Sie, warum bei Gattungswaren die Güte und Beschaffenheit der Waren nicht ausdrücklich vereinbart werden müssen!

5. Betrachten Sie die nachfolgende Skizze:

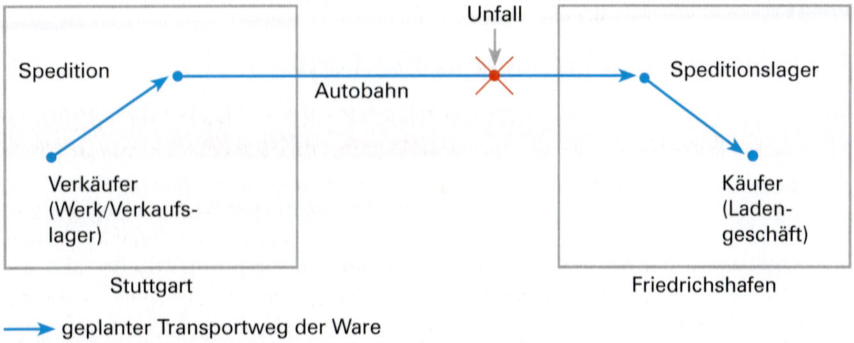

Aufgaben:

Begründen Sie, in welchen Fällen der Käufer den Kaufpreis für die auf dem Transport durch den Unfall vernichtete oder beschädigte Ware zahlen oder nochmals liefern muss, wenn

5.1 über den Leistungsort keine Vereinbarungen getroffen wurden,

5.2 der vereinbarte Leistungsort Friedrichshafen ist!

6. Der Baumarkt Franz Weis e. Kfm. bezieht seine gesamten Holzlieferungen über die Bahn. Für die Sendung Holztüren fallen folgende Kosten an:

Verladekosten	85,00 EUR
Rollgeld für die Anfuhr zum Versandbahnhof	110,00 EUR
Hausfracht für die Zufuhr zum Baumarkt	45,00 EUR
Entladekosten	70,00 EUR
Fracht	410,00 EUR
Abnahmekosten	35,00 EUR

Aufgabe:

Ordnen Sie die Kosten, die der Baumarkt zu tragen hat, den folgenden Lieferungsbedingungen zu!

6.1 ab Werk	6.3 frei Waggon	6.5 ab hier	6.7 frei Haus
6.2 unfrei	6.4 frei dort	6.6 frachtfrei	

7. Der Supermarkt Georg Groß & Co. OHG, Basler Str. 102, 79100 Freiburg, fragt am 2. Januar 20.. (Zeichen ht-gr) bei den Vereinigte Lebensmittelimporteure GmbH, Allendorfer Str. 50, 60433 Frankfurt (Main) an, ob sie in der Lage sind, bis zum 20. Januar 20.. folgende Artikel zu liefern:

200 Stück 500-g-Dosen Ananas
400 Stück 250-g-Dosen Artischocken,
300 Stück 100-g-Dosen Thunfisch,
180 Stück 200-g-Dosen Formosa-Spargel und
200 Stück 250-g-Dosen Bambussprossen.

Die Georg Groß & Co. OHG bittet um sofortiges Angebot.

Aufgabe:

Schreiben Sie die Anfrage!

DOWNLOAD

8. Begründen Sie, warum der Besteller an seine Bestellung rechtlich gebunden ist!

9. Erläutern Sie den Begriff Bestellung!

10. Erklären Sie, unter welchen Bedingungen ein Kaufvertrag bereits mit der Bestellung zustande kommt!

3 Abschluss eines Kaufvertrags

3.1 Zustandekommen eines Kaufvertrags

Beachte:

Begriff und Zustandekommen des Kaufvertrags wurden bereits im Band 1, Lernfeld 3, behandelt. Im Folgenden wird daher lediglich der Begriff Kaufvertrag wiederholt.

Stimmen die beiden Willenserklärungen **Antrag** (z. B. Angebot) und **Annahme** (z. B. Bestellung) überein, kommt ein Kaufvertrag zustande.

Ein **Kaufvertrag** kommt durch **zwei inhaltlich übereinstimmende Willenserklärungen** von mindestens **zwei Personen** zustande. §§ 145 ff. BGB

§ 433 BGB Durch den Abschluss des Kaufvertrags ist ein Schuldverhältnis entstanden, das zu gegenseitigen Leistungen verpflichtet. Man bezeichnet das Schuldverhältnis als **Verpflichtungsgeschäft**. Dem Verpflichtungsgeschäft muss anschließend das **Erfüllungsgeschäft** folgen.

3.2 Arten des Kaufvertrags

(1) Kaufvertragsarten nach der Bestimmung des Kaufgegenstands

Kaufvertragsart	Erläuterungen	Beispiele
§ 454 BGB **Kauf auf Probe**	■ Bei diesem Kauf überlässt der Verkäufer dem Käufer die gekauften Waren für eine bestimmte Zeit, damit dieser die Waren genauer **ansehen, prüfen** und **erproben** kann. ■ Der Käufer hat das Recht, die Ware an den Verkäufer zurückzugeben, wenn diese nicht seinen Erwartungen entspricht **(Kauf mit Rückgaberecht).**	Ein Kunde kauft in einem Medienhaus einen Fernseher. Wenn er ihm nicht gefällt, kann der Kunde ihn zurückgeben, ohne dass ihm daraus irgendwelche Verpflichtungen entstehen.
Kauf zur Probe	Bei diesem Kauf handelt es sich um einen **endgültigen Kauf,** der meistens über **kleinere Mengen** erfolgt, und bei dem der Käufer dem Verkäufer unverbindlich **weitere Bestellungen in Aussicht stellt,** wenn die gelieferten Erzeugnisse seinen Erwartungen entsprechen.	Ein Weingroßhändler bestellt bei einer Winzergenossenschaft 100 Flaschen Wein mit der Bemerkung, dass er weitere Bestellungen über den Wein erteilen werde, wenn sich dieser gut verkaufen lässt. Der Weingroßhändler ist nicht zu späteren Kaufvertragsabschlüssen verpflichtet.

Kaufvertragsart	Erläuterungen	Beispiele
Kauf nach Probe	■ Dem Kaufvertrag wird eine Probe zugrunde gelegt und vereinbart, dass eine vertragsgemäße Lieferung den Eigenschaften der Probe entsprechen muss. ■ Es handelt sich um einen **endgültigen Kauf,** bei dem **die Eigenschaften der Probe als zugesichert** gelten.	Kauf von Kaffee, Tee, Stoffen, Tapeten u. Ä.
Stückkauf	Hier ist eine **individuell bestimmte** Sache vom Verkäufer zu liefern. Sie ist einmalig und kann **nicht ersetzt** werden.	Kauf eines bestimmten Grundstücks oder einer bestimmten Vase aus der Römerzeit.
Gattungskauf	Es handelt sich um den Kauf **gleichartiger** Waren. Sie sind **ersetzbar** durch andere nach Maß, Gewicht und Zahl bestimmte Sachen.	Serienkühlschrank, Bücher, Mehl Typ 405, Möbel, Wäsche.
Spezifikationskauf	Hier wird über eine **genau festgelegte Gesamtmenge** einer Ware (Gattungsware) ein Kaufvertrag abgeschlossen, wobei bestimmte Merkmale der Kaufsache wie z. B. Maße, Qualität, Farbe vom Käufer erst (innerhalb einer festgesetzten Frist) **bei Abruf spezifiziert** festgelegt werden.	Kauf von 20 Eisenträgern durch eine Eisenhandlung mit dem Vorbehalt, die genauen Längen und Profile später (bei Bedarf) zu bestimmen.

§ 243 BGB

(2) Kaufvertrag nach den Lieferbedingungen

Kaufvertragsart	Erläuterungen	Beispiele
Sofortkauf	Der Käufer erhält die Ware **sofort** nach Abschluss des Kaufvertrags.	Einkauf eines Buchs in einer Buchhandlung: nach Bezahlung packt der Käufer das Buch ein.
Terminkauf	Ein Terminkauf liegt vor, wenn zu einem **bestimmten Termin** oder **innerhalb einer vereinbarten Lieferfrist** geliefert werden muss.	Terminkäufe werden u. a. durch folgende Klauseln vereinbart: ■ „Lieferung am 2. Dezember 20..“; ■ „Lieferung 5 Wochen nach Auftragseingang“; ■ „Lieferung 3 Wochen nach Erhalt der Auftragsbestätigung“.

	Kaufvertragsart	Erläuterungen	Beispiele
§ 376 BGB	**Fixkauf**	▪ Ein Fixkauf liegt nur dann vor, wenn mit der **genauen Einhaltung** bzw. **Nichteinhaltung des vereinbarten Liefertermins** das **Geschäft steht oder fällt.** ▪ Die Einhaltung der vereinbarten Leistungszeit muss ein so wesentlicher Bestandteil des Kaufvertrages sein, dass eine nachträgliche Leistung nicht mehr als Erfüllung des Vertrages angesehen werden kann.	Nachstehende Klauseln in einem Kaufvertrag weisen auf ein bestehendes Fixgeschäft hin: ▪ „Die Ware ist genau am 10. März 20.. zu liefern"; ▪ „Lieferung bis 10. März 20.. präzise"; ▪ „60 Weihnachtsbäume, lieferbar fix per 20. Dezember 20.."; ▪ „Prompte Lieferung am 19. Februar 20..".
	Kauf auf Abruf	Bei diesem Kauf hat der Käufer das Recht und die Pflicht, binnen einer vereinbarten Frist den **Zeitpunkt der Lieferung** als Ganzes oder in Teilmengen zu bestimmen.	Bestellung von 500 Kleidern durch ein Modehaus, Abruf in Teilmengen von je 100 Kleidern bei jeweiligem Bedarf.
§ 447 BGB	**Versendungskauf**	▪ Der Verkäufer sendet die Ware auf Wunsch des Kunden an einen **anderen Ort als den Leistungsort.** ▪ Der Käufer trägt mit der Übergabe der Ware an den Spediteur die Beförderungskosten sowie das Risiko für den Untergang.	Auf Wunsch von Rechtsanwalt Sterk liefert das Medienhaus einen PC in dessen Kanzlei. (Rechtlich ist der Leistungsort für die Lieferung des PC der Geschäftssitz des Medienhauses).
§§ 312 c–g BGB	**Fernabsatzvertrag**[1]	Ist ein Vertrag über die **Lieferung von Waren** oder über die **Erbringung von Dienstleistungen** zwischen einem **Unternehmer** und einem **Verbraucher** unter **ausschließlicher Verwendung von Fernkommunikationsmitteln** im Rahmen eines für den Fernabsatz organisierten **Vertriebs- und Dienstleistungssystems.**	Kauf von Waren und Dienstleistungen im Internet (Onlinegeschäft).

(3) Kaufvertragsarten nach dem Zeitpunkt der Zahlung

Kaufvertragsart	Erläuterungen	Beispiel
Barkauf	Der Vertragsabschluss und die Erfüllung des Vertrags fallen zeitlich zusammen.	Kauf von Lebensmitteln in einem Supermarkt und Zahlung an der Kasse.
Anzahlung	Der Verkäufer verlangt eine Anzahlung vom Käufer, bevor er die Ware liefert bzw. beim Hersteller bestellt.	Der Verkäufer verlangt 20 % Anzahlung auf den Kaufpreis beim Kauf einer Einbauküche.

1 Dieser Vertrag wird im 3. Ausbildungsjahr behandelt.

Kaufvertragsart	Erläuterungen	Beispiel
Vorauszahlung	Die Zahlung des Kaufpreises erfolgt vor der Lieferung.	Kauf einer Eintrittskarte für ein Rockkonzert bei einem Online-Ticketservice.
Ratenkauf	Im Kaufvertrag wird vereinbart, den Kaufpreis in Teilbeträgen zu bezahlen. Vielfach wird eine Anzahlung verlangt.	Kauf eines Autos bei 20 % Anzahlung und 36 gleich hohe Raten.
Finanzierungskauf	Der Kaufpreis wird über einen Konsumentenkredit (kurzfristiges Darlehen) bei einer Bank finanziert und vom Käufer in Raten zurückbezahlt.	Der Kaufpreis für ein Auto kann vom Käufer nicht sofort bezahlt werden. Das Autohaus vermittelt einen Kreditvertrag bei einer Bank.
Kommissionskauf[1]	■ Er liegt vor, wenn ein Einzelhändler im Auftrag eines Lieferers im **eigenen Namen** Waren **gegen Provision** verkauft. ■ Der **Lieferer** bleibt bis zum Verkauf **Eigentümer** der Ware.	Verkauf von Zeitungen am Kiosk; Verkauf von Waren aus einem Regal, das ein Lieferer betreut (Rackjobber[2]).

§ 474 I BGB

(4) Unterscheidung nach der rechtlichen Stellung der Vertragspartner

Kaufvertragsart	Erläuterungen	Beispiel
bürgerlicher Kauf	■ Er liegt vor, wenn **beide Vertragspartner** als **Privatleute** handeln. ■ Es gelten ausschließlich die Bestimmungen des Bürgerlichen Gesetzbuches [BGB].	Der Auszubildende Peter kauft seinem Freund Hans dessen Moped ab.
zweiseitiger Handelskauf	■ Er liegt vor, wenn **beide Vertragspartner** als **Kaufleute** handeln. ■ Für den zweiseitigen Handelskauf gelten ausschließlich die Bestimmungen des Handelsgesetzbuches [HGB].	Ein Lebensmittelgroßhändler verkauft Lebensmittel an ein Einzelhandelsgeschäft.
Verbrauchsgüterkauf[3]	Er liegt vor, wenn ein **Verbraucher** von einem **Unternehmer** eine **bewegliche Sache** kauft.	Ein Privatmann kauft einen Pkw bei einem Autohaus.

§ 474 I BGB

1 **Kommission:** im eigenen Namen für fremde Rechnung.

2 Vgl. S. 82.

3 **Verbraucher** ist jede natürliche Person (jeder Mensch), wenn sie ein Rechtsgeschäft zu einem Zweck abschließt, der weder ihrer gewerblichen noch ihrer selbstständigen beruflichen Tätigkeit zugerechnet werden kann.
Unternehmer ist eine natürliche oder juristische Person (z. B. GmbH, AG), die beim Abschluss eines Rechtsgeschäfts (z. B. Kaufvertrag) in Ausübung ihrer gewerblichen oder selbstständigen beruflichen Tätigkeit handelt.

Zusammenfassung

Kompetenztraining

22

1. Die Lehmann GmbH macht Bruno Bernhard unter dem 24. April 20.. ein vollständiges Verkaufsangebot über ein Gartenhäuschen zum Preis von 3100,00 EUR. Unter Bezugnahme auf das Angebot bestellt Bruno Bernhard unter dem 28. Mai 20.. zum Preis von 3100,00 EUR. Die Lehmann GmbH nimmt die Bestellung von Bruno Bernhard vom 28. Mai 20.. am 2. Juli 20.. an.

   Aufgabe:

   Beschreiben Sie, wie im vorliegenden Fall ein Kaufvertrag zustande kommt!

2. Entscheiden Sie, welche Arten von Kaufverträgen in folgenden Fällen vorliegen! Beachten Sie bei Ihrer Antwort, dass mehrere Kriterien (Einteilungsgesichtspunkte) infrage kommen können!

   2.1 Die Auszubildende Brigitte kauft am 12. März ein gebrauchtes Moped von ihrer Freundin Anne.

   2.2 Der Elektroeinzelhändler Kunze e. K. kauft von seinem Angestellten Stamp eine Briefmarkensammlung, die er weiter ausbauen möchte, zum Preis von 2400,00 EUR.

   2.3 Der Geschäftsführer der Ehrler GmbH kauft am 31. Januar eine gebrauchte Verpackungsmaschine von der sich in Liquidation (Auflösung) befindlichen Industriebau-AG.

   2.4 Die Inhaberin der Nähseidenfabrik Mohrbach GmbH, leidenschaftliche Reiterin, kauft am 15. März vom Inhaber des Modefachgeschäfts „Flott e.Kfm." das Rennpferd „Napoleon".

   2.5 Am 1. Februar kauft die Lebensmittelkette Back GmbH beim gleichen Lieferer 200 dt des gleichen Mehls mit der Vereinbarung, sich bei Bedarf entsprechende Teilmengen anliefern zu lassen.

   2.6 Der Kaufpreis soll in monatlichen Raten von 320,00 EUR abgezahlt werden.

   2.7 Der Vertreter legt dem Einzelhändler ein Muster mit Kleiderstoffen vor. Der Einzelhändler bestellt auf der Grundlage dieser Muster. Die Lieferung soll innerhalb von drei Monaten erfolgen. Der Kaufpreis ist 30 Tage nach Eintreffen der Lieferung fällig.

   2.8 Ein Einzelhändler bestellt für den Herbst Wanderbekleidung. Wegen geringer Lagermöglichkeiten fordert er die Kleidungsstücke nach Bedarf an. Er behält sich das Recht vor, Farbe und Ausstattung jeweils drei Wochen vor dem Liefertermin festzulegen.

2.9 Ein Medienhaus überlässt einem Kunden ein Fernsehgerät 14 Tage zur unverbindlichen Ansicht. Danach kann der Kunde entscheiden, ob er das Gerät kauft oder nicht.

2.10 Ein Spielwarengeschäft bestellt eine kleine Auswahl an Spielen für unterwegs, um zu überprüfen, ob seine Kunden auf diesen Trend ansprechen.

2.11 Am 15. Juni vereinbart die Lebensmittelkette Back GmbH mit Biechler & Co. KG Folgendes: Kauf von 50 dt Mehl, Abnahme nach Bedarf bis Ende des Jahres, wobei die Mehltypen bei Abruf näher bestimmt werden.

2.12 Zur Eröffnung des Hotels Europa am 1. Juni soll die Gärtnerei Blum & Co. KG Blumen liefern. Vereinbart wurde prompte Lieferung am 31. Mai vormittags.

2.13 Der Einkäufer eines Baumarktes schließt mit einem Lieferer folgende Kaufverträge ab:
- 200 Bohrmaschinen. Auslieferung nach Abruf.
- 1800 Wandfliesen, Gesamtpreis 38800,00 EUR. Farben und Fliesengröße werden innerhalb der festgelegten Drei-Monats-Frist bestimmt.
- 50 Badematten entsprechend dem vom Werk zugesandten Muster.
- 10 Lampen mit einem 10-tägigen Rückgaberecht.
- Kauf eines speziell angefertigten Dekorationsmaterials.

2.14 Der Einzelhändler kann die Ware, wenn er sie nach einer vereinbarten Zeit nicht verkauft hat, an den Lieferer zurückgeben.

3. Unterscheiden Sie die Begriffe Terminkauf und Fixkauf und bilden Sie jeweils ein eigenes Beispiel! DOWNLOAD

4. 4.1 Ein Lieferer stellt dem Einzelhändler eine Palette Kekse mit einer neuen Geschmacksrichtung zur Verfügung und bittet ihn, sie an seine Kunden zu verkaufen.
   Bestimmen Sie, welche Kaufvertragsart hier vorliegt!

   4.2 Nennen Sie einen Grund, warum der Einzelhändler auf dieses Angebot eingehen könnte!

23 1. Ist in den folgenden Fällen ein Kaufvertrag zustande gekommen? Begründen Sie jeweils Ihre Entscheidung!

1.1 Der Kunde sieht eine Ware im Schaufenster zum Preis von 8,50 EUR. Er betritt das Geschäft und erklärt: „Ich nehme die Ware zu dem Preis, zu dem die Ware im Schaufenster ausgezeichnet ist." Der tatsächliche Auszeichnungspreis im Geschäft ist 85,00 EUR.

1.2 Wir erhalten ein verbindliches Angebot zum Preis von 70,00 EUR. Wir bestellen am gleichen Tag zum Preis von 65,00 EUR. Der Lieferant schickt einen Tag später die Ware.

1.3 Wir erhalten am 15. Februar 20.. ein verbindliches schriftliches Angebot zum Preis von 180,00 EUR. Wir bestellen am 28. März 20.. schriftlich zum Preis von 180,00 EUR.

2. Wer ist nach Abschluss des Kaufvertrages Eigentümer, wer Besitzer? Begründen Sie jeweils Ihre Meinung!

2.1 Hans kauft heute von Ulrich dessen gebrauchtes Moped. Hans zahlt den vereinbarten Kaufpreis sofort. Ulrich verspricht, das Moped nächste Woche bei Hans persönlich abzuliefern.

2.2 Egon verleiht seinen Taschenrechner an Gustav. Gustav verkauft den Rechner an Karl. Er erzählt Karl, dass er den Rechner zum Geburtstag geschenkt bekommen habe.
Karl nimmt den Rechner sofort mit und verspricht Gustav, dass er den Kaufpreis nächste Woche zahlen werde.

3. Sie sind im Elektrogeschäft der zuständige Verkäufer. Der 17-jährige Philipp will von seiner ersten Ausbildungsvergütung einen Fernseher zum Preis von 598,00 EUR kaufen. Am Tag des Eingangs der Ausbildungsvergütung auf seinem Girokonto hebt er das Geld ab. Er will im Elektrogeschäft den Fernseher sofort bar bezahlen.

Aufgabe:

Treffen Sie im vorliegenden Fall eine Entscheidung! Begründen Sie Ihre Vorgehensweise, indem Sie die Rechtslage erläutern!

4. Im Wochenprospekt eines Möbelhauses wurde ein Bücherregal ab Montag zum Preis von 28,50 EUR angeboten. Bereits am Mittwochabend war der ganze Posten ausverkauft.

Aufgaben:

4.1 Nennen Sie zwei Vorschläge, die das Möbelhaus den nicht zum Zuge gekommenen Kunden unterbreiten könnte!

4.2 Erörtern Sie, ob ein Kunde darauf bestehen kann, am Donnerstag das angebotene Bücherregal im Möbelhaus zu kaufen!

4.3 Prüfen Sie, ob das Möbelhaus aufgrund des Wochenprospekts liefern muss!

4 Warenannahme

4.1 Äußere Warenprüfung (Annahme der Warensendung)

Bei Anlieferung der Ware müssen die gelieferten Packstücke sofort im Beisein des Frachtführers (d. h. des Fahrers, der die Ware ausliefert) auf wichtige Merkmale überprüft werden. Erst dann wird der Empfang quittiert.

Das ist wichtig, um festzustellen, ob die angelieferte Ware überhaupt bestellt wurde, in der richtigen Menge adressatengerecht geliefert wurde und die Verpackung keine Transportschäden aufweist.

Im Fall einer mangelhaften Lieferung oder einer Unstimmigkeit der Daten muss dies unverzüglich reklamiert werden.

Vor dem Wegfahren des Fahrers wird in Anwesenheit des Fahrers die **Sendung** überprüft.

Checkliste: äußere Warenprüfung

- Stimmt die Lieferadresse mit der Empfängeradresse überein?
- Stimmt die Lieferung mit der eigenen Bestellung überein (Lieferberechtigung)?
- Entspricht die Menge der Packstücke den Angaben auf den Begleitpapieren?
- Weist die Verpackung oder die Ware selbst äußerlich erkennbare Schäden auf?

Wurde die Ware nicht ordnungsgemäß angeliefert, können z. B. folgende Tatbestände festgestellt werden:

- Es fehlt Ware.
- Es ist nicht die bestellte Ware.
- Die Verpackung ist beschädigt, sodass ein Verdacht auf Beschädigung des Inhalts besteht.

Über die nicht ordnungsgemäße Lieferung muss noch in Gegenwart des Fahrers ein **Schadensprotokoll** erstellt werden (eine Tatbestandsaufnahme). Darin werden die Mängel erfasst. Das Protokoll wird vom Fahrer unterschrieben und dem Lieferer als Schadensmeldung zugestellt.

Damit wird sichergestellt, dass z. B. fehlende Ware nachgeliefert werden muss. Durch die Dokumentation der Mängel können später festgestellte Warenmängel, die aufgrund eines Transportschadens aufgetreten sind, erfolgreich gerügt werden.

Ist von vornherein erkennbar, dass die Ware beschädigt oder unvollständig ist, ist die **Annahme zu verweigern** bzw. **unter Vorbehalt zu stellen**.

Beispiel: Schadensprotokall

DASBADSTUDIO GmbH

Schadensprotokoll

Wareneingang: **Lieferer:**

GLASDESIGN ANTONIO AG | Am Seegraben | 01139 Dresden

Fehlermeldung

Ware	**Artikel-Nr.**	**gelieferte Anzahl**	**fehlerhafte Anzahl**	**Beanstandung**
Duschglas Drehtür	7041020	5	1	1 Drehtür fehlt
Spiegel	7050010	8	1	Bruch
Einbaukörper	7050811	4	1	Kratzer

erstellt: Barth Unterschrift Frachtführer: Datum: 20.10.20..

geprüft: Grube L. Mayer

In der Regel benötigt der Fahrer eine **Empfangsbestätigung** für seinen Auftraggeber. Dies erfolgt durch die datierte Unterschrift des Empfängers auf dem Warenbegleitpapier (z. B. Lieferschein) oder dem Scannerdisplay des Fahrers. Mit der Empfangsbestätigung wird **nicht** bestätigt, dass der Sendungsinhalt mangelfrei ist.

Die ordnungsgemäße Lieferung wird bestätigt.

Beispiel: Lieferschein mit Empfangsbestätigung

GLASDESIGN Antonio AG

Glasdesign Antonio AG, Am Seegraben, 01139 Dresden

DASBADSTUDIO GmbH
Frauenstraße 10
80469 München

Lieferschein Nr. 3011

Kundennummer:	Bestellung Nr.:	Bestelldatum:	Auftragsbestätigung:	Lieferdatum:
40100	20178	06.10.20..	10.10.20..	20.10.20..

Artikel-Nr.	**Warenbezeichnung**	**Menge**	**Preis/Einheit**
7041020	Duschglas Drehtür 115 x 90 x 200 cm	6	25 540,00
7050010	Spiegel mit polierter Platte 108 x 75 cm	8	561,60
7050811	Einbaukörper für Waschtisch	4	183,50
Versand	**Wir bestätigen die ordnungsgemäße Lieferung:**	**Name:**	
Lkw	20.10.20..	Lehmann	

4.2 Innere Warenprüfung (inhaltliche Kontrolle)

Vor dem Einlagern wird die **Ware geprüft.**

Die Prüfung der Ware muss **unverzüglich** erfolgen. Gegebenenfalls ist gegenüber dem Lieferer **unverzüglich**[1] zu rügen. Damit ist sichergestellt, dass der Empfänger der Ware (z. B. der Einzelhandelsbetrieb) seine **Rechte aus der Sachmängelhaftung** geltend machen kann.

Checkliste: innere Warenprüfung (Wareneingangskontrolle)

- Wurde die richtige Ware (Art und Güte) geliefert?
- Wurde die richtige Menge geliefert?
- Sind Mängel erkennbar?
- Sind die Mängel nachvollziehbar dokumentiert worden?
- Wurden die Mängel der Einkaufsabteilung gemeldet, sodass weitere Maßnahmen (z. B. Mängelrüge) ergriffen werden können?

Ist die **Ware mangelfrei,** wird sie (im rechtlichen Sinne) angenommen. Mit der **Annahme** der Ware erklärt der Käufer die vertragsgemäße **Erfüllung des Kaufvertrags.**

4.3 Erfassung des Wareneingangs

4.3.1 Lagerbuchhaltung

Die mangelfreie Ware, wird in das Lager aufgenommen und dort eingeordnet. Der Warenzugang wird von der Lagerbuchhaltung erfasst.

Die Lagerbuchhaltung erfasst zunächst alle Wareneingänge in einem **Wareneingangsbuch,** das im Rahmen des Warenwirtschaftssystems elektronisch geführt wird.

Wareneingangsbuch

Monat .... Seite ....

Lfd. Nr.	Liefertag	Name und Ort des Lieferers	Warenart	Rechnungsbetrag (einschl. Vorsteuer)	Warenwert (ohne Vorsteuer)	Nebenkosten: Verpackung, Fracht (ohne Vorsteuer)	Vorsteuer		Abzüge: Skonto, Nachlässe, Rücksendungen	Rechnung bezahlt	
							lt. Rechnung	Berichtigung		EUR	am
1	2	3	4	5	6	7	8		9	10	

1 **Unverzüglich:** Ohne schuldhafte Verzögerung; zum nächstmöglichen Zeitpunkt.

4.3.2 Etikettierung

Die gesetzlich vorgeschriebenen Mindestangaben zur Warenauszeichnung werden in der Regel aus innerbetrieblichen Gründen durch weitere (teils verschlüsselte) Informationen ergänzt.

Vorgeschriebene Mindestangaben

+

- ☑ das Eingangsdatum (z. B. 19. 06. 20 . .)
- ☑ die Lieferernummer (z. B. 48051)
- ☑ die Artikelnummer (z. B. 14/4907)
- ☑ der verschlüsselte Einkaufspreis (z. B. 4.87,10)
- ☑ die Größe (z. B. Kleidergröße 42)

Die Verschlüsselung von Informationen bezeichnet man als **Codierung**. Im Einzelhandel werden zur Warenauszeichnung insbesondere das GTIN-Code-Etikett und das OCR-Schrift-Etikett verwendet.

(1) GTIN-Code (Global Trade Item Number)

Die Artikelidentnummer (GTIN) löst den EAN-Code (Europäische Artikel-Nummer) schrittweise ab. Es handelt sich um eine einheitliche und weltweit überschneidungsfreie Artikelnummer, die in Form eines **Strichcodes (Barcodes)** abgebildet und vom Hersteller auf die Warenverpackung aufgedruckt wird. Der GTIN-13-Code ist wie folgt aufgebaut:[1]

4 046800 111047

1. bis 2. Stelle:	3. bis 7. Stelle:	8. bis 12. Stelle:	13. Stelle:
Länderkennzeichen, z. B. 40–44 stehen für Deutschland	Betriebsnummer des Herstellers. Sie wird vergeben von der GS1 Germany GmbH in Köln.	Interne Artikelnummer, sie wird vom Hersteller vergeben und klassifiziert den Artikel.	Prüfziffer, sie garantiert die Richtigkeit der GTIN.

Vorteile des GTIN-Codes:

- Die Etikettierung der einzelnen Artikel entfällt.
- Die Preisgestaltung kann zentral vorgenommen werden.
- Die Erfassung der Daten erfolgt schnell, kostengünstig (Hersteller zeichnet die Ware aus) und fehlerfrei (ohne Tippfehler).
- Der Kunde erhält einen informativen Kassenbon.

1 Zu Einzelheiten siehe im intenet: www.gs1-germany.de.

Den **Ablauf des Warenverkaufs unter Einsatz des GTIN-Codes** zeigt das folgende Schema:

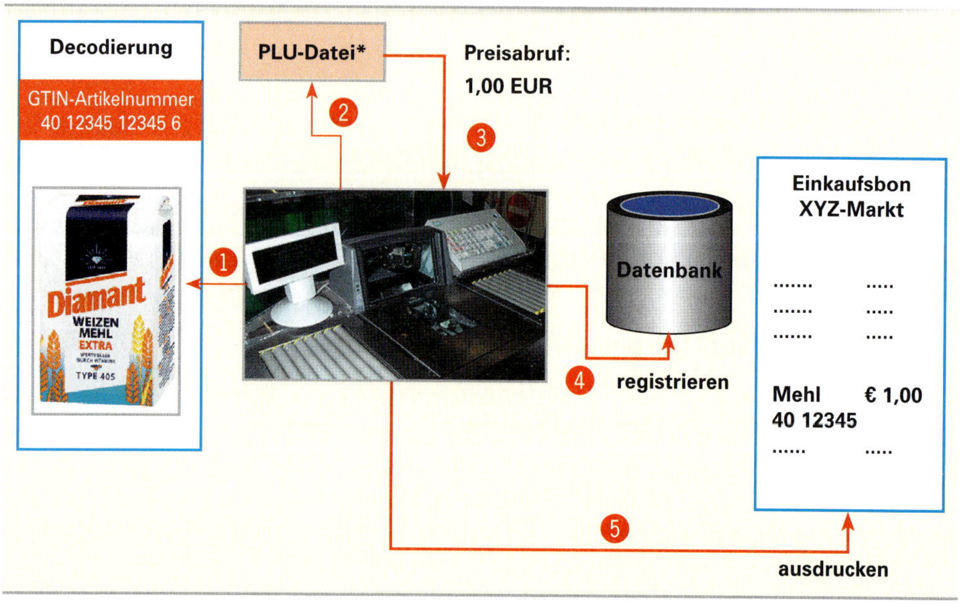

Quelle: in Anlehnung an: www.gs1-germany.de/e4/e38/e42/e1865/index_print_ger.html.

(2) OCR-Schrift

In vielen Branchen (z. B. Möbel, Textil, Teppiche) wird zur Etikettierung ein **betriebseigenes Identnummernsystem** mit der OCR-Schrift[1] verwendet. Informationen, die für den Kunden wichtig sind (z. B. Größe, Preis, Materialzusammensetzung, Qualität), sind in Normalschrift gedruckt, sodass sie von diesen gelesen werden können. Daneben ist das Etikett mit einer verschlüsselten maschinenlesbaren Identnummer versehen, die alle Daten eines Artikels enthält.

Diese zusätzlichen Daten sind im EDV-System des Einzelhandelsunternehmens gespeichert und können nach Bedarf abgerufen werden (PLU-Verfahren). In Einzelhandelsunternehmen werden OCR-Schrift-Etiketten mit einer Lesepistole erfasst.

Die **Vorteile** bei Verwendung von **OCR-Schrift-Etiketten** bestehen darin, dass

- eine Vielzahl von Daten auf dem Etikett gespeichert werden können,
- die Aussagekraft des Etiketts durch die artikelspezifischen Daten erhöht wird und
- der Kunde einen aussagekräftigen Kassenbon erhält.

Wichtige **Nachteile** sind, dass

- jeder Artikel einzeln ausgezeichnet werden muss und
- bei jeder Preisänderung das Etikett neu erstellt bzw. abgeändert werden muss.

1 **OCR (Optical Character Recognition)**: optische Zeichenerkennung (OZE), Texterkennung.

(3) Elektronische Auszeichnung am Regal

Die elektronische Regalauszeichnung **(Electronic Shelf Labeling [ESL])** ersetzt die Einzelpreisauszeichnung. Eine Kundeninformation erfolgt hier nur noch am Regal. Die Preise für die Artikel im Regal können vom Datenspeichergerät per Funk jederzeit herauf- oder herabgesetzt werden.

Vorteile der elektronischen Regalauszeichnung

- Schnelle Reaktion auf Preisänderungen (z. B. vom Hersteller oder vom Mitbewerber) möglich.
- Preise können ohne viel Aufwand kurzzeitig geändert werden (z. B. bei Sonderangeboten).
- Zeitersparnis durch die zentral gesteuerte Preisauszeichnung.
- Einsparung von Personalaufwendungen, da das Verkaufspersonal den Austausch von Preisetiketten nicht mehr händisch durchführen muss.
- Einsparung von Materialkosten aufgrund des Wegfalls von Papieretiketten.

Die elektronischen Preisschilder können auch mithilfe der RFID-Technik[1] über Funk geändert werden. Dazu müssen die Waren mit einem entsprechenden Computerchip ausgestattet werden. Empfängt der RFID-Chip das Funksignal eines Lesegeräts an der Kasse, übermittelt er automatisch die gespeicherten Daten dorthin.

Zusammenfassung

- Ein **störungsfreier Beschaffungsprozess (Einkaufsprozess)** lässt sich vereinfacht als folgende **Funktionskette** darstellen:[2]

Bedarfsmeldung	Ein Bedarf entsteht, wenn der Lagerbestand kleiner als der Meldebestand ist.
↓ Liefererzuordnung	Das DV-System (IUS) gibt darüber Auskunft, bei welchem Lieferer und zu welchen Bedingungen die Ware beschafft werden kann.
↓ Neues Angebot einholen	Ist der gespeicherte Preis älter als ein Jahr, wird ein Angebot zur Aktualisierung der Unterlagen eingeholt.
↓ Angebotsvergleich durchführen	Mithilfe eines Angebotsvergleiches wird die Entscheidung zugunsten eines Lieferers gefällt.
↓ Bestellung erstellen und versenden	Die Bestellung wird im DV-System erfasst.
↓ Warenabnahme und äußere Prüfung des Wareneingangs	Die Wareneingangskontrolle ist unverzüglich durchzuführen und eventuelle Mängel sind zu rügen.

- Die Verschlüsselung von Informationen bezeichnet man als **Codierung.** Zwei Codierungssysteme sind dabei von Bedeutung: **der GTIN-Code** und der **OCR-Code.**
- Der **QR-Code** ist eine Verschlüsselung von Warendaten als Suchbild.
- Das **RFID-Verfahren** ist eine Technik, die Waren berührungslos erkennt.

1 **RFID:** Radio Frequency Identification („Funkerkennung“); Technik, mit deren Hilfe Daten kontaktlos gelesen und gespeichert werden können.

2 Zu Einzelheiten siehe Lernfeld 12, S. 141 ff.

Kompetenztraining

24

1. In Ihrem Ausbildungsbetrieb nehmen Sie von einem Fahrer eine gelieferte Sendung von Waren entgegen.
   Beschreiben Sie in zeitlicher Reihenfolge, wie Sie
   1.1 im Rahmen der Warenannahme (äußere Warenprüfung)
   1.2 im Rahmen der Warenkontrolle (innere Warenprüfung)
   vorgehen sollten.
2. Sie stellen fest, dass Ware fehlt, die auf dem Lieferschein als geliefert aufgeführt wurde. Beschreiben Sie, wie Sie vorgehen und begründen Sie Ihre Handlungsweise.
3. Nennen Sie drei mögliche Folgen, wenn die Wareneingangskontrolle gar nicht oder nur ungenau durchgeführt wird.
4. Erläutern Sie, in welchem Zeitraum ein Einzelhandelsbetrieb gelieferte Ware prüfen und dem Lieferer anzeigen muss, sofern ein Mangel entdeckt wird.
5. Bei der Lieferung von zwei Fernsehgeräten stellt der Lagerverwalter fest, dass die äußere Verpackung stark beschädigt ist.
   Aufgabe:
   Beschreiben Sie, welche Maßnahmen der Lagerverwalter ergreifen sollte, wenn er die Ware abnimmt!
6. Die Warengruppe Elektroartikel soll in einem Baumarkt erweitert werden. Dazu schaut sich Abteilungsleiterin Miriam Arnegger die Liefererdatei und Artikeldatei (Warendatei) in ihrem Warenwirtschaftssystem an.
   Aufgaben:
   6.1 Erklären Sie den Unterschied der beiden Dateien!
   6.2 Erklären Sie zwei Informationen, die diese Dateien für den Einkauf von Elektroartikeln liefern können!
   6.3 Erläutern Sie zwei Gründe, warum es wichtig ist, Auswertungen bzw. Statistiken für den Wareneinkauf heranzuziehen!
7. 7.1 Erklären Sie die Abkürzungen GTIN und OCR!
   7.2 Recherchieren Sie Verwendungsmöglichkeiten des QR-Codes!
   7.3 Notieren Sie die Vorteile, die bei der Verwendung des GTIN-Codes bestehen!
   7.4 Nennen Sie zwei Vor- und Nachteile, die mit der Warenauszeichnung mit OCR-Schrift-Etiketten verbunden sind!
8. 8.1 Nennen Sie die Unterlagen, die für eine spätere ordnungsgemäße Prüfung einer Ware benötigt werden!
   8.2 Der Frachtführer bittet Sie bei der Warenabnahme: „Bitte unterschreiben Sie den Lieferschein. Alles ist in Ordnung."
   Aufgabe:
   Begründen Sie, ob es sinnvoll ist, den Lieferschein einfach so zu unterschreiben!
9. 9.1 Im Einzelhandel finden Sie Etikettierungen mit der Angabe von Grundpreisen. Beschreiben Sie Beispiele aus den Bereichen:
   – lose Waren – Fertigverpackungen – offene Verpackungen
   9.2 Begründen Sie die Angabe von Grundpreisen auf Preisschildern in den Beispielen (siehe 9.1) und nennen Sie den Vorteil für den Kunden.
   9.3 Recherchieren Sie Pflichtangaben, die auf Etiketten für Lebensmittel zu finden sind.
   9.4 Begründen Sie die Notwendigkeit dieser Informationen am Beispiel einer Etikettierung für ein Lebensmittel Ihrer Wahl.
   9.5 Erläutern Sie, was „Mindesthaltbarkeitsdatum" auf verpackten Lebensmitteln bedeutet.
10. 10.1 Erläutern Sie, wie die elektronische Auszeichnung am Regal stattfindet.
   10.2 Beschreiben Sie vier Vorteile der elektronischen Preisauszeichnung.

5 Störungen bei der Warenbeschaffung durch den Lieferer

5.1 Begriff Leistungsstörungen

Nicht alle Schuldverhältnisse werden den getroffenen Vereinbarungen entsprechend erfüllt. Es kommt zu **Leistungsstörungen.**

Zu einer **Leistungsstörung** kommt es, wenn der Schuldner die geschuldete Leistung gar nicht, nicht rechtzeitig, nicht in der geschuldeten Qualität erbringt oder die Interessen des Gläubigers auf andere Weise verletzt.

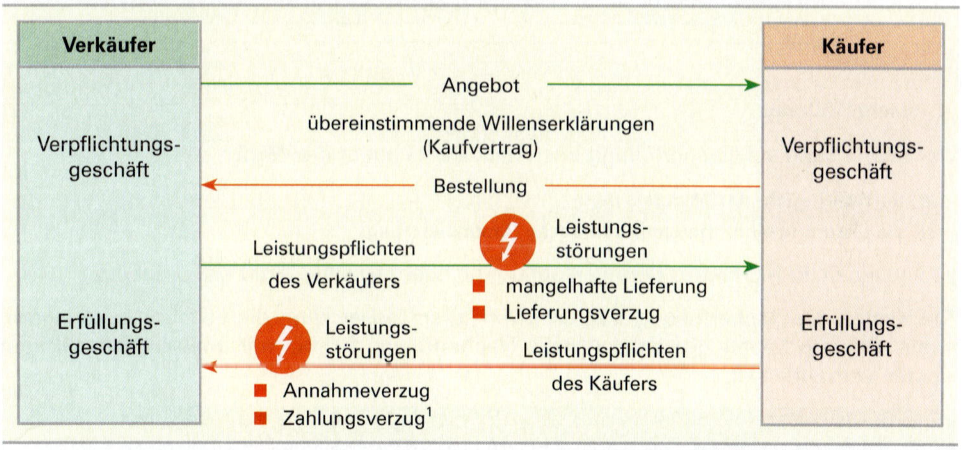

5.2 Mangelhafte Lieferung beim zweiseitigen Handelskauf

5.2.1 Mängelrüge

Beim **zweiseitigen Handelskauf** (also wenn z. B. ein Einzelhandelsbetrieb bei einem Großhandelsbetrieb einkauft)

- muss der **offene Mangel** dem Verkäufer unverzüglich nach der Entdeckung angezeigt werden.
- müssen **versteckte Mängel** unverzüglich nach ihrer Entdeckung, spätestens aber innerhalb der Frist für Sachmängelhaftung von 2 Jahren angezeigt werden.

	Offene Mängel	Versteckte Mängel
zweiseitiger Handelskauf	unverzüglich	unverzüglich nach Entdeckung, spätestens innerhalb von 2 Jahren

Bei **arglistig verschwiegenen Mängeln** beträgt die Frist **drei Jahre.**

Beachte:

Versäumt ein Einzelhandelsbetrieb, einen Mangel termingerecht zu rügen, **verliert er alle Rechte** aus der mangelhaften Lieferung **gegenüber dem Lieferer.**

1 Auf den **Zahlungsverzug** wird im 3. Ausbildungsjahr eingegangen.

5.2.2 Rechte des Käufers (Gewährleistungsrechte)

(1) Vorrangige Rechte

Rechte ohne Fristsetzung

Nacherfüllung
- Mängelbeseitigung oder
- Ersatzlieferung (= Neulieferung)

Schadensersatz neben der Leistung

Nacherfüllung

Der Käufer kann auf Nacherfüllung bestehen. Dabei hat er die **Wahl,**

- die **Beseitigung des Mangels** oder
- die **Lieferung einer mangelfreien Sache (Ersatzlieferung)**

zu verlangen. Er hat hierfür dem Verkäufer eine **angemessene**[1] **Frist** einzuräumen.

Die Kosten der Nacherfüllung trägt der Verkäufer. Dieser kann die Leistung **verweigern,** wenn die vom Käufer gewählte Art der Nacherfüllung für ihn mit **unverhältnismäßigen Kosten** verbunden ist.

Beispiel:

Einfache Quarzuhren lassen sich häufig nur mit unverhältnismäßigem Aufwand reparieren, soweit dies nicht ohnehin technisch ausgeschlossen ist. Entscheidet sich der Käufer dafür, die Beseitigung des Mangels zu verlangen, kann der Verkäufer dies ablehnen und stattdessen eine andere mangelfreie Uhr liefern.

Eine Nacherfüllung gilt als fehlgeschlagen, wenn der **zweite Nachbesserungsversuch erfolglos** war.

Schadensersatz neben der Leistung

Neben dem Recht auf Nacherfüllung hat der Käufer **zusätzlich** noch einen **Anspruch auf Schadensersatz.** Voraussetzung ist, dass ein Verschulden des Verkäufers vorliegt.

Beispiel:

Franz Sauber e.Kfm. kauft eine Autowaschanlage. Der Verkäufer übersieht bei Übergabe fahrlässig, dass die Wasserleitung der Anlage defekt ist. Franz Sauber e.Kfm. kann die Anlage drei Tage lang nicht einsetzen und erleidet einen Gewinnausfall von 800,00 EUR. Franz Sauber e.Kfm. kann Ersatz des Betriebsausfallschadens verlangen.

1 **Angemessen** besagt, dass die Frist so lange sein muss, dass der Verkäufer (Schuldner) die Leistung tatsächlich noch erbringen kann. Allerdings muss sie dem Schuldner nicht ermöglichen, mit der Leistungserbringung erst zu beginnen. Der Schuldner soll nur die Gelegenheit bekommen, die bereits in Angriff genommene Leistung zu beenden.

Schadensersatz neben der Leistung wird der Einzelhandelsbetrieb verlangen, wenn

- er den **Kaufgegenstand behält** und
- einen zusätzlich angefallenen **Schaden ersetzt haben will.**

(2) Nachrangige Rechte

Rechte nach vergeblicher Nacherfüllung und Einhaltung einer angemessenen Nachfrist

- Rücktritt vom Kaufvertrag
- Preisminderung
- Schadensersatz statt der Leistung

Rücktritt vom Kaufvertrag

Durch den **Rücktritt** wird der Kaufvertrag **rückgängig** gemacht.

Bereits **gelieferte Ware** ist **zurückzugeben**, ein bereits **gezahlter Kaufpreis** ist **zu erstatten.**

Beispiel:

Lina Kempf e.Kfr. hat von einem Großhändler 50 Kleider der Größe 42 gekauft.

Da es sich um einen Sonderposten handelt, hat das Modehaus eine Vorauszahlung von 300,00 EUR geleistet.

Die Prüfung der Sendung ergab, dass Kleider der Größe 36 geliefert wurden. Daraufhin tritt Lina Kempf e.Kfr. vom Kaufvertrag zurück. Das Modehaus hat die Pflicht, die Ware zurückzusenden, der Großhändler muss die Vorauszahlung zurückzahlen.

Einen Rücktritt vom Kaufvertrag wird der Einzelhandelsbetrieb z.B. verlangen, wenn

- der Mangel erheblich ist,
- der Preis für die Ware in der Zwischenzeit gefallen ist,
- er die Ware nicht (mehr) benötigt.

Der **Rücktritt** des Käufers ist **ausgeschlossen,** wenn der **Mangel unerheblich** ist.

Preisminderung

- **Minderung** bedeutet, dass der ursprüngliche Kaufpreis um die Wertminderung, die der Mangel verursacht hat, gekürzt wird.
- Der Kaufvertrag **bleibt bestehen.**

Beispiel:

Eine Musikanlage, die von einem Medienhaus beim Hersteller für 300,00 EUR gekauft wurde, leistet nicht wie vertraglich vorgesehen 500 Watt, sondern nur 400 Watt. Da es nicht innerhalb einer gesetzten Frist zur Nacherfüllung durch

den Lieferer kommt, verlangt das Medienhaus Minderung. Eine Musikanlage mit einer Leistung von 400 Watt könnte es für 200,00 EUR erwerben. Dem Medienhaus steht ein Minderungsanspruch in Höhe von 100,00 EUR zu.

Eine Preisminderung wird der Einzelhandelsbetrieb verlangen, wenn

- die Ware nur einen unerheblichen Mangel aufweist,
- Die Ware (gegebenenfalls mit einem Abschlag) weiterverkaufen kann.

Schadensersatz statt der Leistung

Einen Schadensersatz statt der Leistung wählt der Käufer, wenn er den gelieferten **Kaufgegenstand zurückgibt** und ihm ein **Schaden entstanden** ist. Voraussetzung ist, dass der Verkäufer den Mangel verschuldet hat.

Abgedeckt wird sowohl der **eigentliche Mangelschaden** als auch ein sich anschließender eventueller **Mangelfolgeschaden.**

Beispiel:

Wegen eines Mangels ist in einer Bäckerei eine Kaffeemaschine nicht einsatzfähig. Nach Ablauf einer erfolglosen Fristsetzung zur Nacherfüllung erwirbt der Käufer bei einem anderen Lieferanten eine gleichartige Maschine **(Deckungskauf)**. Dabei entstehen Mehr-

kosten in Höhe von 180,00 EUR. Außerdem kann zwei Tage lang kein Kaffee ausgeschenkt werden. Der entstandene Schaden (Mangelfolgeschaden) beträgt 250,00 EUR. Die gesamte Schadenssumme in Höhe von 430,00 EUR kann als Schadensersatz geltend gemacht werden.

5.3 Mangelhafte Lieferung beim Verbrauchsgüterkauf (einseitiger Handelskauf)

Für den Verbraucher gelten **Sonderregelungen.** Sie haben das Ziel, **gesetzliche Vorgaben,** die für Kaufleute gelten, für den Verbraucher **zu erleichtern.**[1]

(1) Zeitpunkt der Prüfung und Mängelrüge

Beim **Verbrauchsgüterkauf** ist **keine unverzügliche Prüfung** erforderlich. Die Mängel müssen spätestens innerhalb der Frist für Sachmängelhaftung geltend gemacht werden. Bei **neuen Sachen** beträgt die Frist zwei Jahre, bei **gebrauchten Sachen** ein Jahr.

	Neue Sachen	Gebrauchte Sachen
Verbrauchsgüterkauf	zwei Jahre	ein Jahr

1 Die **Beweislastumkehr** wurde bereits auf S. 66 dargestellt.

Bei einem Mangel, der sich innerhalb der regulären Gewährleistungsfrist gezeigt hat, tritt die Verjährungsfrist allerdings erst **vier Monate nach dem Zeitpunkt ein,** in dem sich der Mangel **erstmals gezeigt** hat. Wird also ein Mangel erst zum Ende der Verjährungsfrist entdeckt, führt dies zu einer Verlängerung der Verjährung.

Beispiel:

Wird ein Mangel an einem Laptop erst im 23. Monat nach dem Kauf festgestellt, kann der Verbraucher seine Ansprüche noch bis zum 27. Monat nach Lieferung geltend machen.

Wurde ein Mangel bereits innerhalb der Gewährleistungsfrist durch eine Reparatur behoben, verlängert sich die ursprüngliche Verjährungsfrist einmalig um zwölf Monate [§ 475e V BGB].

(2) Gefahrübergang

Beim Verbrauchsgüterkauf tritt der Gefahrübergang erst ein, wenn der Verbraucher die Ware erhalten hat. Der **Gefahrübergang** ist der Zeitpunkt der Übergabe. Mit der **Übergabe der verkauften Ware** geht die Gefahr des zufälligen Untergangs (Zerstörung oder Beschädigung) auf den Käufer über.

(3) Erleichterte Rücktrittsmöglichkeit

Beim Verbrauchsgüterkauf **entfällt** beim Rücktritt und Schadensersatz für den Verbraucher die **Fristsetzung** zur Nacherfüllung. Erforderlich ist nur die **Mitteilung des Mangels.** Mit der Mitteilung des Mangels beginnt für den Einzelhandelsbetrieb sogleich die Frist zur Nacherfüllung. Bessert der Einzelhandelsbetrieb anschließend nicht rechtzeitig nach, ist der Verbraucher zum Rücktritt berechtigt. Tritt der Verbraucher vom Kaufvertrag zurück, kann er den **vollen Kaufpreis** vom Einzelhandelsbetrieb verlangen. Er muss keinen Ersatz für Nutzungen leisten.

Beispiel:

Lässt sich ein Kfz-Händler bei der Bearbeitung der Reklamation wegen eines überschaubaren Sachmangels zu lange Zeit, läuft er Gefahr, dass er den Kaufpreis Zug um Zug gegen Rückgabe des gebrauchten Pkws zurückzahlen muss.

(4) Rückgriffsanspruch des Einzelhandelsbetriebs

Werden neu hergestellte Sachen mit einem Mangel an Verbraucher verkauft, machen diese grundsätzlich ihre Gewährleistungsansprüche gegenüber dem Einzelhandelsbetrieb geltend. Der Einzelhandelsbetrieb hat in diesem Fall einen Rückgriffsanspruch gegen seinen Lieferanten, dieser gegen den Vorlieferanten bis hin zum Hersteller. Schließlich soll der **Schadensverursacher** (letztlich der Hersteller der Kaufsache) haften.

(5) Aktualisierungspflicht für Produkte mit digitalen Elementen

§§ 475 ff. BGB

Für Waren mit **digitalen Elementen** (z. B. Smartphones, Tablets, smarte Haushaltsgeräte wie Saugroboter, E-Bikes, Navigationssysteme), für **rein digitale Produkte** und **digitale Dienstleistungen** (z. B. Speicherkarte, Virenscanner, Online-Vertriebsplattform) hat der Unternehmer eine **Aktualisierungspflicht (Update-Verpflichtung).** Dabei schuldet der Unternehmer alle

Beispiel:

Ein Betriebssystem für einen Computer ist wegen seiner zentralen Bedeutung länger mit Atualisierungen zu versorgen als die jeweilige Anwendungssoftware.

Aktualisierungen, die die **Funktionsfähigkeit** und **IT-Sicherheit** gewährleisten. Kommt der Unternehmer seiner Aktualisierungspflicht nicht nach, liegt ein **Sachmangel** vor.

Die **Dauer der Aktualisierungspflicht** ist **nicht genau bestimmt.** Sie hängt z.B. ab von den Werbeaussagen, den zur Herstellung der Kaufsache verwendeten Materialien oder dem Preis. Bei **sicherheitsrelevanten Aktualisierungen** kann der Zeitraum auch größer sein. Die Aktualisierungspflicht beträgt jedoch **mindestens 2 Jahre** (Verjährungsfrist beim Verbrauchsgüterkauf).

Durch die **Sicherheits-Updates** sollen Produkte mit digitalen Elementen vor **unberechtigtem Zugriff** auf Daten und Funktionen geschützt werden und es soll sichergestellt werden, dass die Technik auch dann noch funktioniert, wenn sich das digitale Umfeld ändert.

Zusammenfassung

- Eine **mangelhafte Lieferung** liegt vor, wenn die im Kaufvertrag vereinbarte Lieferung zum **Zeitpunkt** der **Übergabe** mit einem **Sachmangel** behaftet ist.
- Bei der Lieferung mangelhafter Sachen hat der Käufer folgende **Gewährleistungsrechte:**

  I. Ohne Fristsetzung:
  - Nacherfüllung und
  - Schadensersatz neben der Leistung bei Verschulden

  II. Nach Ablauf der gesetzten angemessenen Frist (erfolglose Nacherfüllung):
  - Rücktritt vom Kaufvertrag
  - Minderung
  - Schadensersatz statt der Leistung (bei Verschulden)
  - Ersatz vergeblicher Aufwendungen (statt Schadensersatz)

Kompetenztraining

25

1. Nennen Sie die Gewährleistungsrechte, die der Käufer bei einer mangelhaften Lieferung hat!
2. Begründen Sie, warum der Käufer im Falle einer mangelhaften Lieferung nicht sofort vom Kaufvertrag zurücktreten oder Minderung verlangen kann, sondern zunächst die Nacherfüllung im Vordergrund steht!
3. Beschreiben Sie, unter welchen wirtschaftlichen Voraussetzungen Sie Ersatzlieferung, Mängelbeseitigung verlangen oder vom Kaufvertrag zurücktreten würden!
4. Das Möbelhaus Helmut Mendler e.K. bestellt bei der Möbelfabrik Heinzler GmbH 50 Stühle in Kirschbaumholz.

   Bei der Überprüfung der Stühle wurde festgestellt:

   (1) Fünf Stühle wurden in Nussbaum geliefert.

   (2) Drei Stühle weisen leichte Lackfehler auf.

   Aufgaben:

   4.1 Nennen Sie die Mängelarten, um die es sich bei den Fällen (1) und (2) handelt!

4.2 Welche Rechte sollte Ihrer Meinung nach das Möbelhaus Helmut Mendler e. K. geltend machen? Begründen Sie Ihre Ansicht!

4.3 Erklären Sie, was das Möbelhaus Helmut Mendler e. K. unternehmen muss, um diese Rechte nicht zu verlieren!

5. Das Lagerhaus Biberach e. G. kauft am 15. Oktober beim Autohaus Nieter GmbH einen Transporter, der am 20. Oktober ausgeliefert wird. Nach einer Fahrleistung von wenigen hundert Kilometern entsteht ein Getriebeschaden, der zweifelsfrei auf einen Fabrikationsfehler zurückzuführen ist.

Aufgaben:

5.1 Beschreiben Sie, was das Lagerhaus Biberach e. G. unternehmen muss, um seine Rechte gegenüber dem Autohaus Nieter GmbH zu wahren!

5.2 Das Lagerhaus Biberach e. G. besteht auf der Reparatur des Schadens. Das Autohaus Nieter GmbH tauscht das beanstandete Getriebe gegen ein neues aus. Nach zwei Wochen ist das neue Getriebe wieder defekt. Die Warenauslieferung des Lagerhauses Biberach e. G. erfolgt deshalb mit einem Mietfahrzeug, das täglich 80,00 EUR höhere Kosten verursacht als der Transport mit dem eigenen Fahrzeug.

Erläutern Sie, welche Rechte das Lagerhaus Biberach e. G. gegenüber dem Autohaus Nieter GmbH geltend machen kann!

6. Bei der Überprüfung einer Getreidesendung stellt der Händler fest, dass 40 % des Getreides feucht sind. Das Getreide kann an die Mühlen nur weiterverkauft werden, wenn es unter erheblichem Aufwand getrocknet wird.

Aufgaben:

6.1 Geben Sie an, welcher Mangel vorliegt!

6.2 Nennen und begründen Sie zwei Gewährleistungsrechte, die aufgrund der Feuchtigkeit des Getreides geltend gemacht werden können!

7. Ein Haushaltswarengeschäft hat bei einem Hersteller ein Grillgerät bestellt. Sechs Monate nach der Lieferung stellt das Haushaltswarengeschäft einen versteckten Mangel fest und rügt unverzüglich.

Aufgabe:

Erklären Sie, ob das Haushaltswarengeschäft die gesetzliche Rügefrist eingehalten hat!

26

1. Die Glashandlung Fritz Hutter e. K. bestellt bei dem Möbelhaus Mattes GmbH einen Schreibtisch für das Büro. Es wird vereinbart, dass der Schreibtisch durch einen Spediteur per Lkw zugestellt wird. Durch einen Unfall auf eisglatter Straße entsteht an dem Lkw des Spediteurs sowie an der Ladung Totalschaden. Den Fahrer des Lkw trifft kein Verschulden.

Aufgaben:

1.1 Begründen Sie, ob die Glashandlung Fritz Hutter e. K. den Kaufpreis für den durch den Unfall vernichteten Schreibtisch bezahlen muss!

1.2 Gleicher Sachverhalt. Besteller des Schreibtisches ist jedoch Wolfgang Krapf, der den Schreibtisch für das Kinderzimmer seines Sohnes Elias bestellt hat. Begründen Sie, ob Wolfgang Krapf den Kaufpreis bezahlen muss!

2. Frank Kühnle hat am 8. April 20.. im Baumarkt Baumat KG einen neuen Rasenmäher gekauft. Am 22. Mai 20.. brach beim Rasenmähen der Gashebel ab. Nun verlangt er von der Baumat KG einen neuen Rasenmäher.

Aufgaben:

2.1 Erklären Sie, warum der Rasenmäher wegen des Abbrechens des Gashebels einen Sachmangel hat!

2.2 Entscheiden Sie, wie die Baumat KG auf die Forderung von Frank Kühnle nach einem neuen Rasenmäher reagieren kann und darf! Begründen Sie Ihre Antwort!

2.3 Angenommen, die Baumat KG lehnt alle Gewährleistungsrechte von Frank Kühnle ab. Sie verweist auf ihre allgemeinen Geschäftsbedingungen, in der sich folgende Klausel befindet:

> „Unsere Produkte unterliegen einer strengen Qualitätskontrolle. Rechte wegen Mängeln an unseren Produkten können nur gegenüber den Herstellern geltend gemacht werden."

Erläutern Sie, ob die Baumat KG einen Anspruch von Frank Kühnle auf Nachlieferung und/oder Schadensersatz ablehnen darf! Lesen Sie hierzu § 309, Nr. 8b) aa BGB.

27

1. Am 21. April 20.. kauft sich der Auszubildende Jürgen Witt von seinem ersten selbst verdienten Geld bei der Möbel Kaiser OHG einen neuen Schreibtisch. Am 23. April 20.. wird der Schreibtisch ausgeliefert. Am Abend, als Jürgen von der Arbeit nach Hause kommt, stellt er verärgert fest, dass die Schreibtischplatte Kratzer aufweist und an einer Seite Leimdurchschläge vorhanden sind.

   Aufgabe:

   Erklären Sie, welche Rechte Jürgen gegen die Möbel Kaiser OHG geltend machen kann!

2. Peter Mertens kauft sich ein E-Book mit zahlreichen Fotos von Australien, wohin er im nächsten Jahr reisen will. Acht Monate nach dessen Bereitstellung werden die Fotos nicht mehr korrekt angezeigt. An deren Stelle erscheinen wirre Texte.

   Aufgabe:

   Erläutern Sie, welche Ansprüche Herrn Mertens zustehen!

28 Richard Straub bestellt beim Möbelhaus Maurer GmbH ein Wohnzimmer. Der Vertrag wird auf einem vorgedruckten Bestellformular abgeschlossen, wobei der Verkäufer ausdrücklich auf die allgemeinen Geschäftsbedingungen auf der Rückseite des Formulars hinweist. Nachdem das Wohnzimmer etwa drei Wochen im Gebrauch ist, stellt Frau Straub fest, dass die ursprünglich gängigen Türen des Wohnzimmerschrankes klemmen. Ursache ist ein Materialfehler.

Aufgaben:

1. Erläutern Sie, was der Gesetzgeber unter einer ordnungsgemäßen Lieferung versteht!

2. Richard Straub reklamiert beim Möbelhaus Maurer GmbH und bittet um Ersatzlieferung. Das Möbelhaus Maurer GmbH lehnt ab und verweist auf die Punkte 2 und 5 ihrer auf dem Vertragsformular abgedruckten Allgemeinen Geschäftsbedingungen[1], die wie folgt lauten:

> „Punkt 2: Mängelrügen aller Art finden nur dann Berücksichtigung, wenn diese innerhalb von acht Tagen nach Eingang der Ware schriftlich erfolgen.
>
> Punkt 5: Für Materialfehler haftet der Verkäufer nicht, sondern ausschließlich der Hersteller der Möbel."

2.1 Begründen Sie, ob diese beiden Klauseln mit den gesetzlichen Regelungen des BGB zu den Allgemeinen Geschäftsbedingungen zu vereinbaren sind!

2.2 Stellen Sie dar, welches Recht Richard Straub durchsetzen können wird!

1 **Allgemeine Geschäftsbedingungen [AGB]** sind vorformulierte Vertragsbedingungen, die eine Vertragspartei (z.B. der Einzelhändler) der anderen Vertragspartei (z.B. dem Kunden) bei Abschluss eines Vertrags stellt.

5.4 Lieferungsverzug (Nicht-Rechtzeitig-Lieferung) bearbeiten

Wird bestellte Ware nicht rechtzeitig geliefert, verärgert dies die Kunden. Umsatz und Gewinn des Einzelhandelsbetriebs gehen zurück. Deshalb ist es wichtig zu wissen, wie die rechtlichen Regelungen sind und wie man sich verhält.

Zunächst sind folgende Fragen zu klären:

- Ist der verabredete Lieferzeitpunkt überschritten?
- Muss der Lieferer gemahnt werden?
- Trägt der Lieferer die Schuld an der Verzögerung?

5.4.1 Voraussetzungen des Lieferungsverzugs

Für den Eintritt des Lieferungsverzugs müssen folgende Voraussetzungen erfüllt sein:

(1) Fälligkeit der Lieferung

Die **Fälligkeit** einer Lieferung ist der Zeitpunkt, von dem an der Käufer eine Lieferung verlangen kann.

In der Regel wird für eine Lieferung ein genau bestimmter Kalendertag vereinbart. Wird dieser überschritten, ist die Lieferung fällig.

Beispiele:

Genau bestimmte Liefertermine:
- *„Warenlieferung am 24. April 20..“*
- *„Lieferung Ende Mai 20..“*

(2) Mahnung durch den Käufer

Ist der Kalendertag der Lieferung nicht genau bestimmt, muss der Käufer den Lieferer mahnen. Durch eine **Mahnung** wird der Verkäufer in eindeutiger Weise zur Lieferung aufgefordert.

Umgekehrt gilt: Ist der Liefertermin genau bestimmt, befindet sich der Verkäufer mit dem Überschreiten des Liefertermins bereits im Verzug. Eine Mahnung ist in diesem Fall nicht erforderlich.

Beispiele:

Nicht genau bestimmte Liefertermine:
- *„zur sofortigen Lieferung“*
- *„sobald wie möglich“*
- *„ab 20. Juli 20..“*
- *„frühestens ab 10. Juni 20..“*

Auch in den folgenden Fällen ist **keine Mahnung** erforderlich:

Fälle	Beispiele
Der **Liefertermin lässt sich** aufgrund eines vorausgegangenen Ereignisses **genau berechnen.**	*„Die Lieferung erfolgt innerhalb von vierzehn Kalendertagen nach Erhalt der Bestellung.“* → Da der Bestelltermin (= vorausgegangenes Ereignis) problemlos bestimmt werden kann, lässt sich auch der Liefertermin (= 14 Tage nach Erhalt der Bestellung) genau berechnen.
Die **verspätete Lieferung** ergibt für den Käufer **keinen Sinn** mehr.	■ Lieferung von Christbäumen nach Weihnachten ■ Lieferung der Hochzeitstorte einen Tag nach der Hochzeit
Der **Verkäufer verweigert** ernsthaft und endgültig die **Lieferung.**	Der Verkäufer teilt dem Käufer mit: *„Zu dem vereinbarten Preis werde ich die Ware keinesfalls liefern.“*

(3) Verschulden des Verkäufers

Ein Verschulden liegt vor, wenn der Verkäufer **vorsätzlich** oder **fahrlässig** gehandelt hat.

- **Vorsätzlich** („mit Vorsatz“) handelt, wer eine Tat bewusst und absichtlich herbeiführt oder duldet.
- **Fahrlässig** handelt, wer die verkehrsübliche Sorgfaltspflicht außer Acht lässt.

Beispiel für Fahrlässigkeit:

Der Verkäufer kann deshalb nicht termingerecht liefern, weil er sich nicht rechtzeitig bei seinem Lieferer mit den Waren, die er verkauft, eingedeckt hat.

Der Verkäufer hat solche Lieferungsverzögerungen **nicht zu verantworten,** die auf höhere Gewalt zurückzuführen sind (z. B. Unwetter, Hochwasser, Streik).

Ein **Lieferungsverzug** liegt vor, wenn die **geschuldete Lieferung möglich** ist und der Lieferer die Lieferung trotz **Mahnung des Kunden** (sofern erforderlich) **schuldhaft nicht rechtzeitig** erbringt.

Beachte:

Nach dem Eintritt des Lieferungsverzugs haftet der Verkäufer – unabhängig von einem Verschulden – für **Vorsatz,** für **Fahrlässigkeit** und für **Zufall.**

5.4.2 Rechte des Käufers

Ist der Verkäufer in Lieferungsverzug, wird sich der Käufer folgende Fragen stellen:

- Ist es sinnvoll, auf Vertragserfüllung zu bestehen?
- Ist es möglich und sinnvoll, vom Kaufvertrag zurückzutreten?
- Ist wegen der verzögerten Lieferung ein Schaden entstanden?

Folgende Rechte stehen dem Käufer grundsätzlich zu:

Rechte des Käufers

- **Recht ohne Fristsetzung**
  - **Recht auf Lieferung**
    Der Käufer besteht auf Vertragserfüllung und fordert **eventuell zusätzlich Schadensersatz** wegen Verzögerung der Lieferung.
- **angemessene Nachfrist zur Leistung ist erfolglos abgelaufen**
  - **Rücktritt vom Kaufvertrag**
    Der Käufer tritt vom Kaufvertrag zurück und fordert **eventuell zusätzlich Schadensersatz** anstelle der Lieferung.

(1) Recht auf Lieferung

Der Käufer hat das Recht, weiterhin auf **Vertragserfüllung** zu bestehen.

Gründe des Käufers, keine weitergehenden Rechte geltend zu machen, sind z. B.

- langjährige gute Geschäftsbeziehungen mit dem Verkäufer,
- die Lieferungsverzögerung ist für den Käufer von untergeordneter Bedeutung,
- bei anderen Verkäufern bestehen längere Lieferfristen, höhere Preise und/oder ungünstigere Zahlungsbedingungen als beim säumigen Verkäufer.

Ist durch die verspätete Lieferung ein Schaden entstanden, kann der Kunde vom Lieferer **Schadensersatz wegen Verzögerung der Leistung (Verzugsschaden)** verlangen.

Gefordert werden können insbesondere

- der Ersatz **aller Mehraufwendungen,** die durch die Verzögerung angefallen sind, wie z. B. die **Kosten einer Ersatzbeschaffung** für die Dauer des Verzugs (z. B. Miete einer Ersatzmaschine) sowie
- ein **entgangener Gewinn** (z. B. infolge der verspäteten Lieferung einer Ware).

Beispiel:

Erwin Schröder e. Kfm. betreibt eine Gaststätte im Thermalbad von Bad Nenndorf. Rechtzeitig zum Beginn der Badesaison an Pfingsten bestellte er eine Softeismaschine bei der Gastro-Bedarf Schaumburg GmbH. Die Gastro-Bedarf Schaumburg GmbH lieferte die Eismaschine allerdings verspätet erst eine Woche nach den Pfingstferien.

Abzüglich aller Kosten entging Erwin Schröder ein Gewinn von 350,00 EUR. Diesen Betrag kann Erwin Schröder als Verzugsschaden geltend machen.

(2) Rücktritt vom Kaufvertrag

Der Käufer kann vom Kaufvertrag zurücktreten, wenn eine angemessene Frist zur Lieferung erfolglos abgelaufen ist. Die Nachfrist entfällt beim **Fixkauf.**

Beispiel:

Der Verkäufer liefert nach Ablauf der angemessenen Frist nicht. Der Käufer tritt vom Kaufvertrag zurück, weil er die bestellte Sache inzwischen anderweitig zu einem günstigeren Preis kaufen kann.

(3) Schadensersatz statt der Leistung

§ 325 BGB

Ist die Lieferung nach Ablauf der gesetzten angemessenen Frist nicht erfolgt, kann der Käufer **Schadensersatz statt der Leistung** verlangen. Ersatzfähig sind in diesem Fall insbesondere die **Mehrkosten eines Deckungskaufs.**[1] Daneben kann der Käufer auch einen **entgangenen Gewinn** geltend machen. Verlangt der Käufer Schadensersatz statt der Leistung, hat er **keinen Anspruch** mehr auf die Lieferung.

(4) Ersatz notwendiger vergeblicher Aufwendungen

Der Käufer kann anstelle des Schadensersatzes statt der Leistung auch Ersatz vergeblicher Aufwendungen verlangen. Die Aufwendungen müssen aber angemessen sein und nachgewiesen werden.

Zusammenfassung

- Ein **Lieferungsverzug** liegt vor, wenn ein Verkäufer seine geschuldete Lieferung nicht oder nicht rechtzeitig erfüllt.
- **Voraussetzungen des Lieferungsverzugs**
  - Fälligkeit der Lieferung
  - Verschulden des Verkäufers
  - Mahnung
- Eine **Mahnung** ist z. B. in folgenden Fällen **nicht erforderlich**:
  - Der Liefertermin ist kalendermäßig bestimmt oder bestimmbar.
  - Die geschuldete Leistung wird durch den Verkäufer (Schuldner) ernsthaft und endgültig verweigert.
- **Rechtsfolge des Lieferungsverzugs:**
  Erweiterte Haftung des säumigen Verkäufers während des Verzugs, auch für **Zufall** (z. B. höhere Gewalt).
- **Rechte des Käufers**
  - ohne Fristsetzung
    - → Bestehen auf Vertragserfüllung und/oder Schadensersatz wegen Verzögerung der Lieferung
  - nach erfolglosem Ablauf einer angemessenen Frist
    - Rücktritt vom Kaufvertrag und gegebenenfalls Schadensersatz statt der Leistung
    - Schadensersatz
      - → Schadensersatz statt der Leistung
      - → anstelle des Schadensersatzes statt der Leistung: Ersatz notwendiger vergeblicher Aufwendungen

1 Ein **Deckungskauf** liegt vor, wenn sich der Käufer die mangelhaft gelieferte Ware ersatzweise von einem anderen Lieferer beschaffen muss.

Kompetenztraining

29

1. Die Holzhandlung Hubert Spieß e. Kfm. bestellte am 15. März aufgrund eines verbindlichen Angebots vom 13. März bei der Holzgroßhandlung Spallek GmbH 60 m^3 Eichenschnittholz. Lieferung: sofort. Nach 14 Tagen ist die Lieferung noch nicht erfolgt. Es liegt ein Versehen der Versandabteilung vor.

   Aufgaben:

   1.1 Prüfen Sie, ob die Holzgroßhandlung Spallek GmbH in Verzug ist! Begründen Sie Ihre Entscheidung!

   1.2 Erläutern Sie, ob sich die Rechtslage ändert, wenn die Holzgroßhandlung Spallek GmbH die Lieferung bis 25. März fest zugesagt hat!

   1.3 Wir gehen davon aus, dass die Lieferung bis zum 25. März hätte erfolgen müssen (Fall 1.2), die Lieferung aber noch nicht bei der Holzhandlung Hubert Spieß e. Kfm. eingetroffen ist.

   Nennen Sie die Rechte, die der Holzhandlung Hubert Spieß e. Kfm. mit und ohne Fristsetzung zustehen, falls die Holzgroßhandlung Spallek GmbH in Verzug ist!

   1.4 Begründen Sie, von welchem Recht die Holzhandlung Hubert Spieß e. Kfm. Gebrauch machen wird, wenn – ausgehend von Fall 1.3 – der Preis für Eichenschnittholz inzwischen gefallen ist!

2. Erläutern Sie, ob der Käufer beim Lieferungsverzug vom Kaufvertrag zurücktreten und zusätzlich noch Schadensersatz verlangen kann!

3. Erklären Sie, unter welchen wirtschaftlichen Bedingungen der Käufer beim Lieferungsverzug:

   3.1 nur auf Erfüllung der vertraglichen Verpflichtungen bestehen,

   3.2 Erfüllung und Verzugsschaden fordern,

   3.3 vom Kaufvertrag zurücktreten und

   3.4 Schadensersatz statt der Leistung verlangen wird!

4. Entscheiden Sie bei folgenden Angaben der Leistungszeit, ob der Verkäufer vom Käufer durch eine Mahnung in Verzug gesetzt werden muss:

   4.1 Heute in drei Monaten,

   4.2 im Juli 20..,

   4.3 im Laufe des März 20..,

   4.4 am 28. Juli 20..,

   4.5 14 Tage nach Weihnachten 20..,

   4.6 8 Tage nach Abruf,

   4.7 sofort,

   4.8 20 Tage nach Erhalt der Bestellung.

5. Der Holzgroßhändler Gnädinger e. Kfm. hat am 29. Juni 20.. 60 m^3 Eichenschnittholz zu liefern. Weil er den Termin vergessen hat, liefert er nicht vereinbarungsgemäß. Am 4. Juli 20.. verbrennt sein Holzlager durch Brandstiftung.

   Aufgabe:

   Begründen Sie, ob der Holzgroßhändler Gnädinger e. K. hierdurch von seiner Leistungspflicht befreit ist!

6. Die Thorsten Stiefenhofer KG (Verkäufer) und Maria Kieble e. Kfr. (Käuferin) vereinbaren im Kaufvertrag den 20. April 20.. als Liefertermin.

   Maria Kieble e. Kfr. schreibt der Thorsten Stiefenhofer KG am 10. April 20.., sie würde sich in Lieferungsverzug befinden, da die Lieferung bis jetzt noch nicht bei ihr eingegangen sei.

   Aufgaben:

   6.1 Raten Sie der Thorsten Stiefenhofer KG, was sie Maria Kieble e. Kfr. schreiben soll!

6.2 Die Thorsten Stiefenhofer KG hat bis 20. April 20.. (vereinbarter Liefertermin) nicht geliefert. Prüfen Sie, ob sich die Thorsten Stiefenhofer KG in Lieferungsverzug befindet, wenn sie die Kaufsache wegen eines mehrwöchigen Streiks nicht produzieren kann!

7. Das Spielwarenhaus Götz Strübel OHG bestellt Spielwaren bei der Leonberger Spiele GmbH. Vereinbarter Liefertermin: fix 14. Oktober d. J. Am 14. Oktober teilt die Leonberger Spiele GmbH mit, dass sich die Lieferung wegen einer Überschwemmung nach einem Unwetter um einige Wochen verzögern wird.

Aufgaben:

7.1 Prüfen Sie, ob sich die Leonberger Spiele GmbH in Lieferungsverzug befindet! Begründen Sie Ihre Ansicht!

7.2 Erörtern Sie, ob sich die Rechtslage ändert, wenn es sich um Spielwaren handelt, die nur die Leonberger Spiele GmbH herstellt und vertreibt!

8. Die Gemüsekonserven der Lebensmittelwerke Reiter KG werden vom Lebensmittelgeschäft Schlachter & Rauch OHG geprüft und auf Lager genommen. Bei einer späteren Kontrolle ist deutlich zu erkennen, dass 10 Dosen verdorben (Bombage) und deshalb unverkäuflich sind.

Aufgaben:

8.1 Erläutern Sie, innerhalb welcher Frist bei zweiseitigen Handelsgeschäften versteckte Mängel angezeigt werden müssen!

8.2 Erklären Sie, welche Ansprüche das Lebensmittelgeschäft Schlachter & Rauch OHG bei rechtzeitig erteilter Mängelrüge gegen die Lebensmittelwerke Reiter KG geltend machen kann!

8.3 Begründen Sie, was das Lebensmittelgeschäft Schlachter & Rauch OHG in diesem Fall zweckmäßigerweise verlangen wird!

30

1. Das Kinderland Hannelore Schlegel e.Kfr., Heidenheim, erhielt folgendes schriftliches Angebot der Textilwerke Maucher GmbH, Göppingen (Datum des Angebots: 10. Mai 20..):

> Kindermatratze Schlafwohl, 100 x 48 x 10 cm
> Preis pro Stück 35,00 EUR
> Lieferbedingungen: Die Lieferung erfolgt 10 Tage nach Auftragserteilung durch die Deutsche Bahn AG „frachtfrei". Mindestbestellmenge: 50 Stück. Es gilt der gesetzliche Leistungsort.

Am 15. Mai 20.. bestellt das Kinderland Hannelore Schlegel e.Kfr. lt. Angebot 80 Matratzen.

Aufgaben:

1.1 Begründen Sie, ob durch die Bestellung ein Kaufvertrag zustande kam!

1.2 Nennen Sie die Pflichten, die beim Abschluss eines Kaufvertrags für den Käufer und den Verkäufer entstehen!

1.3 Erläutern Sie, ob die Transportkosten in diesem Fall aufgeteilt werden!

1.4 Begründen Sie, wo sich jeweils der gesetzliche Leistungsort befindet!

1.5 Am 10. Juni 20.. sind die Kindermatratzen noch nicht eingetroffen.

1.5.1 Prüfen Sie, ob sich die Maucher GmbH im Lieferungsverzug befindet!

1.5.2 Beurteilen Sie rechtlich, ob sich an der Rechtslage etwas ändert, wenn als Liefertermin der 28. Mai 20.. vereinbart worden wäre!

1.5.3 Nennen Sie die Rechte, die der Käufer grundsätzlich beim Lieferungsverzug geltend machen kann!

1.5.4 Erklären Sie, für welches Recht Sie sich entscheiden würden, wenn die Matratzen dringend benötigt werden und kurzfristig von keinem anderen Lieferanten bezogen werden können!

2. Die Lebensmitteleinzelhandlung Heinz Schaffer KG, Pforzheim, bestellte am 20. Februar 20.. telefonisch bei der ERNTEFRISCH-Conserven GmbH, Groß-Gerau, 200 1/1 Dosen Mischpilze zum Preis von 0,65 EUR netto wie gehabt zur Lieferung bis 28. Februar fest. Der Auftrag wurde umgehend schriftlich bestätigt.

Aufgaben:

2.1 Erläutern Sie, welche Kaufvertragsart vorliegt!

2.2 Trotz Auftragsbestätigung mit fest zugesagtem Liefertermin trifft die dringend benötigte Ware am 28. Februar nicht ein. Herr Oberem, Einkäufer bei der Heinz Schaffer KG, bestellt deshalb am 1. März bei den Lebensmittelwerken Schübel KG, Karlsruhe, 200 1/1 Dosen Mischpilze zum Preis von 0,80 EUR je Dose. Am 2. März trifft die bei der Schübel KG bestellte Ware ein.

2.2.1 Nennen Sie die Rechte, die der Lebensmitteleinzelhandlung Heinz Schaffer KG gegenüber der ERNTEFRISCH-Conserven GmbH wahlweise zustehen!

2.2.2 Für welchen Anspruch wird sich Herr Oberem entscheiden? Begründen Sie Ihre Entscheidung!

31

„Ich weiß auch nicht, warum unser Verkäufer ..."

Über den Versuch eines Kunden, bestellte Möbel auch geliefert zu bekommen

Der Kunde, der an einem schönen Mittwochmorgen am 23. August ein Möbelhaus betritt, wendet sich an einen Verkäufer: „Guten Tag, ich hätte gerne die 4 Regalteile dort, diesen Schreibtisch, beides in Kirschbaum, und dazu noch einen solchen Bürostuhl." Zunächst irritiert über die Entschlussfreudigkeit des Kunden, greift der Verkäufer sofort zum Auftragsbuch, nimmt die Wünsche entgegen, rechnet den Gesamtpreis aus und weist den Kunden auf die übliche Anzahlung von 20 % hin. „Kein Thema", sagt der Kunde. Bis zu diesem Zeitpunkt also nahezu ein Bilderbuchfall. Dann versteigt sich der Verkäufer zu einer Äußerung, die sich im nachhinein als fatal[1] erweisen sollte: „Dieser Hersteller liefert nach meinen Erfahrungen sehr zügig, die Möbel sind in ungefähr drei Wochen da."

Am 19. September mahnt der Kunde das Möbelhaus an, um sich nach dem Verbleib seiner Möbel zu erkundigen, auf die er bereits seit einer Woche wartet. Die Antwort: „Der Hersteller hat uns die Lieferung der Möbel bis zum Ende dieser Woche, also bis zum 24. September versprochen. Wir liefern Ihnen dann unverzüglich am 27. September."

Nächster Anruf des Kunden am 28. September. Eine Schreckensnachricht: Die Möbel sollen jetzt erst in der 41. Woche ankommen, also Mitte Oktober, glatte 4 Wochen nach dem vorgesehenen Termin. Als der Kunde seinen Unmut darüber äußert, entgegnet ihm seine Gesprächspartnerin, sie „könne ja nichts dafür", wenn der Hersteller nicht pünktlich liefere. „Ich vermittle doch nur zwischen Ihnen und dem Hersteller." Der Käufer stellt klar: „Ich will die Möbel bis zum 5. Oktober haben!"

Am 5. Oktober sind die Möbel endlich beim Kunden eingetroffen. Beim Auspacken stellt der Kunde fest, dass die Möbel bis in das kleinste Teil nach Lego-Art zerlegt sind, kein Teil ist montiert. Zum Zusammenbau der Regale benötigt der Kunde vier Stunden.

Den Höhepunkt bildet jedoch der Schreibtisch: In den Holzplatten sind nicht einmal Löcher gebohrt! „Wie soll ich denn die Schrauben hineindrehen ohne Löcher?", stöhnt der Kunde. Entnervt wendet er sich seiner letzten Neuerwerbung zu. Endlich klappt alles. Der Bürostuhl ist äußerst bequem. Am nächsten Tag sitzt der Käufer auf seinem Stuhl und ruft wieder beim Möbelhaus an, um seinen Schreibtisch zu reklamieren. Plötzlich bricht die Rückenlehne ab und er stürzt schwer zu Boden und bricht sich beide Arme.

(In Anlehnung an Martin T. Roth, FAZ vom 28. November 2000.)

Aufgaben:

1. Beschreiben Sie mit Worten oder mithilfe einer Skizze, wie in vorliegendem Fall ein Kaufvertrag zustande kommt!

---

1 **Fatal:** Verhängnisvoll.

2. Der Kunde wartet auf seine Möbel.
   2.1 Ab wann ist das Möbelhaus in Verzug? Begründen Sie Ihre Antwort!
   2.2 Nennen Sie die Rechte, die der Kunde zu diesem Zeitpunkt hat!
   2.3 Beschreiben Sie, was der Käufer mit seiner Fristsetzung am 28. September erreicht!
3. Beurteilen Sie die Aussage: „Ich vermittle doch nur zwischen Ihnen und dem Hersteller" aus rechtlicher Sicht!
4. Begründen Sie, ob der Kunde die Zeit zum Aufbau der Regale dem Möbelhaus in Rechnung stellen kann!
5. Bestimmen Sie den Sachmangel, um den es sich beim Fehlen von Montagebohrungen handelt!

32 Die Baumarktkette Gerhard Scheuerle OHG bestellt bei der Maschinenfabrik Schlegel GmbH in Fürth achtzig Bohrmaschinen. Die Bestellung der Gerhard Scheuerle OHG wird von der Schlegel GmbH mit Auftragsbestätigung vom 1. Juli 20.. angenommen. Als Liefertermin ist der 20. Juli 20.. vereinbart. Der vereinbarte Kaufpreis beträgt 4200,00 EUR zuzüglich 19 % USt.

Am 28. Juli 20.. schreibt die Gerhard Scheuerle OHG an die Schlegel GmbH unter anderem: „Obwohl der vereinbarte Liefertermin um acht Tage überschritten ist, haben Sie noch immer nicht geliefert. Einen Grund für die Lieferungsverzögerung haben Sie uns bis heute nicht mitgeteilt. Da wir die Bohrmaschinen dringend benötigen und ein anderer Verkäufer uns diese sofort liefern kann, treten wir vom Kaufvertrag zurück. Da uns der neue Verkäufer 4400,00 EUR zuzüglich 19 % USt berechnet, verlangen wir außerdem 200,00 EUR Schadensersatz statt der Leistung."

Aufgabe:

Erläutern Sie, ob die Baumarktkette Gerhard Scheuerle OHG die geltend gemachten Rechte hat, vor allem, ob sie vom Kaufvertrag zurücktreten und auch noch Schadensersatz statt der Leistung verlangen kann!

6 Lagerung der Ware

6.1 Aufgaben eines Lagers (Lagerfunktionen)

Ein **Lager** ist ein Ort, in dem die Ware aufbewahrt wird.

Ein Einzelhandelsbetrieb kann auf eine Lagerhaltung nicht verzichten, da er nicht verlässlich voraussagen kann, zu welchem Zeitpunkt und in welcher Menge seine Kunden einen Artikel kaufen möchten.

Im Einzelnen erfüllt das Lager folgende Aufgaben:

Aufgaben des Lagers	Erläuterungen	Beispiele
Verkaufsbereitschaft sichern	Die Lagerhaltung sichert dem Einzelhändler einen reibungslosen Warenverkauf, wenn die Warenproduktion, der Warentransport oder die Nachfrage Schwankungen und Verzögerungen ausgesetzt sind.	Ein Kaufhaus lagert Feuerwerkskörper aus China bereits im Oktober für das Neujahrsgeschäft. Durch den frühzeitigen Bezug der Ware vermeidet das Kaufhaus Liefer- und Transportverzögerungen.

Aufgaben des Lagers	Erläuterungen	Beispiele
Zeitspanne zwischen Einkauf und Verkauf überbrücken	Fallen Einkauf und Verkauf der Ware zeitlich auseinander, dient das Lager dazu, die Zeitspanne zwischen Wareneingang und Verkauf der Ware zu überbrücken.	Ein Früchtehaus lagert im Herbst Obst und Gemüse ein, um den ganzjährigen Verkauf dieser Waren zu sichern.
Preisvorteile ausnutzen	Die Lagerhaltung kann dazu genutzt werden, Kostenvorteile bei der Beschaffung zu erzielen. So können durch die größeren Bestellmengen höhere Preisnachlässe erzielt sowie Transport- und Verpackungskosten eingespart werden.	Ausnutzen von Mengenrabatten, Skonti, Senkung der Transportkosten durch bessere Auslastung des Laderaums und günstigere Frachtsätze, Einsparung von Verpackungskosten durch Verwendung von Großraumbehältern (Containern).
Ware verkaufsbereit machen	Teilweise wird die Ware im Lager eines Einzelhandelsbetriebs z. B. durch Umpacken, Sortieren, Zerlegen, Mischen erst verkaufsfähig gemacht. Ferner kann bei manchen Waren durch das Einhalten von Reifezeiten die Qualität und damit der Verkaufswert gesteigert werden.	Sortieren einer Lieferung Hemden nach Größe und Muster; Abpacken von Orangen, Kartoffeln usw.; Zusammenstellen einer Bonbon- oder Pralinenmischung; Lagerung von Käse oder Wein zur Steigerung der Qualität; Zerlegen von Fleisch in kundengerechte Portionen.
Umweltschutz betreiben	Im Lager können Verpackungen aus dem Wareneingang sowie aus Rücknahmen gesammelt und der Verwertung bzw. Entsorgung zugeführt werden.	Im Ladengeschäft wird damit geworben, aus Umweltschutzgründen Verpackungen einzuschränken und gegebenenfalls zurückzunehmen.

6.2 Lagerarten

(1) Verkaufs- und Reservelager

■ Verkaufslager

Das Verkaufslager ist im Einzelhandel in der Regel das Ladengeschäft, sodass der Kunde rasch bedient werden kann bzw. sich selbst bedienen kann. In kleinen Einzelhandelsgeschäften werden fast alle Waren im Verkaufsraum gelagert, und außerdem werden dort oft auch alle Lagerarbeiten erledigt (Warenabnahme, -prüfung, -auszeichnung usw.).

■ Reservelager (Handlager)

Es dient dem schnellen Auffüllen der Bestände im Verkaufsraum und befindet sich häufig unmittelbar neben dem Verkaufsraum. Das Reservelager wird oft auch dazu genutzt, verkaufsvorbereitende Aufgaben (auspacken, prüfen, auszeichnen usw.) vorzunehmen.

(2) Zentrallager

Warenhäuser (z. B. Kaufhof), große Filialketten (z. B. Lidl, Aldi) und Einkaufsgenossenschaften (z. B. REWE, EDEKA) organisieren ihren Warenvertrieb über Zentrallager. Die Waren der Lieferanten werden hier zentral angeliefert. Im Lager werden sie entsprechend der Bestellungen der Filialen bzw. der angeschlossenen Einzelhändler zusammengestellt (kommissioniert) und bis zur Auslieferung zwischengelagert.

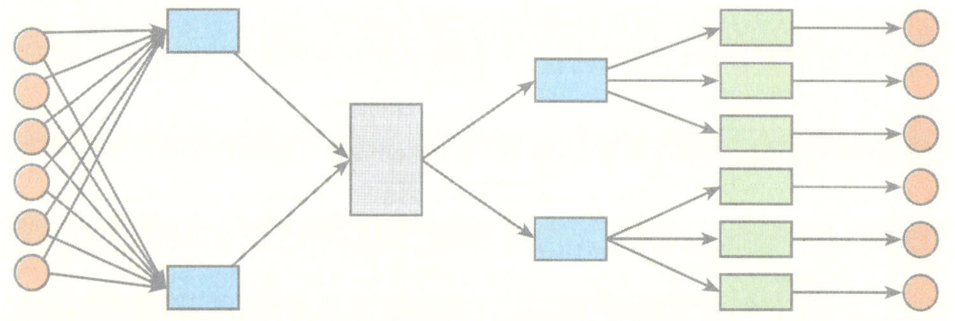

Vom Zentrallager werden alle Aufgaben der Lagerwirtschaft übernommen (Warenabnahme, -prüfung, -pflege, -erhaltungsmaßnahmen, Lagerung der Ware, Leergutverwaltung, Lagerbuchführung usw.).

(3) Warenverteilzentrum (Cross-Docking)[1]

Beim Cross-Docking wird die **Zulieferung der Ware vom Hersteller** an das Lager des Händlers **(Docking-Punkt)** und die **Auslieferung der Ware an die Filialen des Händlers** zeitlich oder mengenmäßig so koordiniert, dass die **Einlagerung der Ware entbehrlich** wird.

Voraussetzung ist, dass die vom Händler bestellte Ware vom Lieferanten mit der Adresse der Filiale des Händlers beschriftet wird. Am Docking-Punkt wird die Ware nach ihrer Bearbeitung (z. B. Etikettierung, Anbringen von Diebstahlsicherungen, Überprüfung auf Verpackungsschäden, Vergleich der bestellten Menge mit der tatsächlich eingetroffenen Menge usw.) neu verladen und zugestellt **(einstufiges Cross-Docking).**

1 **Cross** (engl.): Kreuz; **dock** (engl.): Anlage.

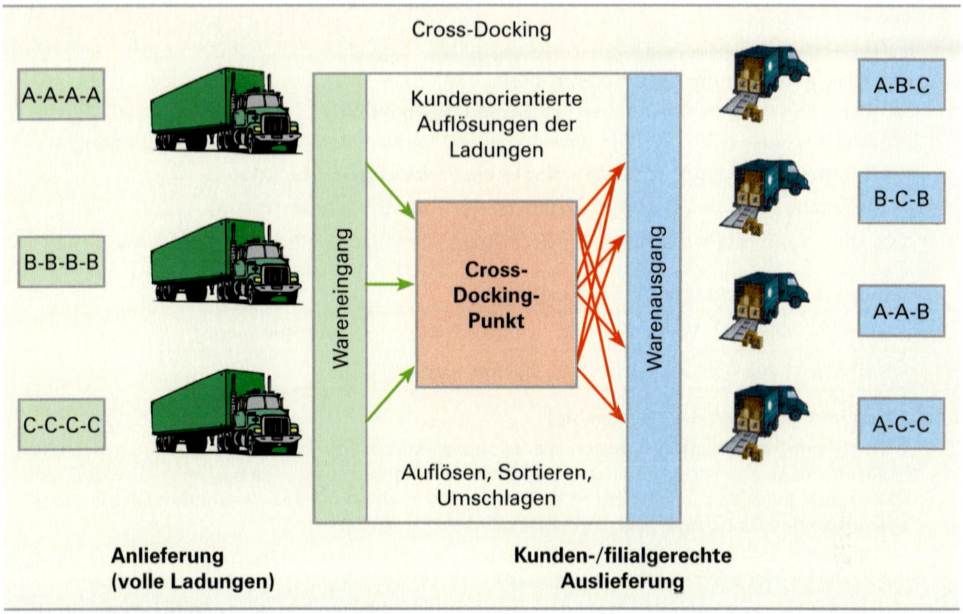

(In Anlehnung an: Prof. Dr.-Ing. W. Ullmann – TFH Berlin.)

(4) Just-in-time-Lieferung[1]

Der Einzelhandel versucht, um Kosten einzusparen, einen Teil der Lagerkosten auf den Großhandel und die Hersteller abzuwälzen. Dies ist nur möglich, wenn sichergestellt ist, dass die Warenbeschaffung kurzfristig und in der benötigten Menge erfolgt.

Aufseiten des Einzelhandels setzt das Just-in-time-Verfahren ein ausgebautes Warenwirtschaftssystem voraus und aufseiten der Hersteller und des Großhandels ein hoch entwickeltes Waren-Distributionssystem.[2] Insoweit bedingen sich die Just-in-time-Lieferung und das Cross-Docking gegenseitig.

Bei der **Just-in-time-Lieferung** erfolgt die Anlieferung der Ware genau zu dem Zeitpunkt, an dem die Ware benötigt wird.

Die Nachteile der Just-in-time-Lieferung liegen insbesondere

- im **Terminrisiko** (z. B. Störung der Anlieferung durch Streiks, Staus, Wetterbedingungen) sowie
- in der **Umweltbelastung** bei der Belieferung durch Lastkraftwagen (z. B. Versiegelung der Landschaft durch Straßenbau, Belastung der Luft durch Reifenabrieb und Abgase),
- im **Lieferketten-Risiko:** Es können Lieferengpässe bei Hersteller und Großhandel auftreten, wodurch die entsprechenden Waren im Verkauf fehlen.

1 **Just in time** (engl.): zur rechten Zeit, genau zum richtigen Zeitpunkt.

2 **Distribution**: Verteilung.

Zusammenfassung

- Wichtige **Aufgaben der Lagerhaltung** sind:
  - Sicherung der Verkaufsbereitschaft **(Sicherungsfunktion),**
  - zeitlicher Ausgleich zwischen Herstellung und Verkauf **(Zeitüberbrückungsfunktion),**
  - Nutzen von Preisvorteilen **(Kostenfunktion, Preisausgleichsfunktion),**
  - Erhöhung von Qualität und Verkaufswert der Ware **(Reifungsfunktion).**
- Das Lager kann nach verschiedenen Gesichtspunkten unterteilt werden **(Lagerarten)**:

Gliederungsgesichtspunkt	Lagerart	
Nach der Nähe zum Verkauf	■ Verkaufslager	■ Reservelager
Nach dem Lagerort	■ Zentrallager	

- **Warenverteilzentren (Cross-Docking)**

  Durch Warenverteilzentren werden die Waren direkt ab der Produktionsstätte zum Händler geliefert. Warenverteilzentren (Docking-Station) sind zentral gelegene Verteilerplätze, von denen aus die Waren – nach ihrer Bearbeitung – mit einem flächendeckenden Distributionssystem an den Empfänger weitergeleitet werden.

Kompetenztraining

33

DOWNLOAD

1. In den weitaus meisten Fällen kommt der Einzelhandel nicht ohne Lagerhaltung aus.

   Aufgabe:

   Erläutern Sie drei wichtige Aufgaben (Funktionen) der Lagerhaltung!

DOWNLOAD

2. Zwischen dem Streben nach einer möglichst hohen Verkaufsbereitschaft einerseits und nach einem möglichst niedrigen Lagerbestand andererseits besteht ein Zielkonflikt.

   Aufgabe:

   Begründen Sie diese Aussage!

DOWNLOAD

3. Das einem Schreibwarengeschäft zugeordnete „Reservelager" ist relativ klein.

   Aufgaben:

   3.1 3.1.1 Nennen Sie jeweils zwei Vor- und Nachteile dieser Tatsache!

   3.1.2 Erklären Sie, unter welchen Voraussetzungen Sie zusätzliche Lagerfläche anmieten würden!

   3.2 Um den zukünftigen wirtschaftlichen Anforderungen gewachsen zu sein, wird an die Einführung eines computergestützten Warenwirtschaftssystems gedacht.

   Zeigen Sie an vier Beispielen, welche Investitionen getätigt werden müssen, um ein computergestütztes Warenwirtschaftssystem einzuführen!

4. Harry Fleiner ist seit einer Woche Auszubildender in einem Fachgeschäft für Herrenmode in der Stuttgarter City. Seinem Freund Frank erzählt er, dass er in dieser Woche überwiegend damit beschäftigt war, die neue Winterware auszupacken und diese im Verkaufsraum entsprechend einzusortieren. Frank erkundigt sich danach, ob das Fachgeschäft denn über kein Lager verfüge. Harry klärt seinen Freund mit dem Satz auf: „Wir haben kein Lager. Unsere Geschäftsräume sind dafür zu klein und ein Lager einzurichten wäre wegen der City-Lage auch viel zu teuer."

   Aufgabe:

   Erklären Sie, ob Harry Fleiner mit der Aussage über das Lager recht hat!

5. Nennen Sie drei Vorteile und drei Nachteile von Zentrallagern!
6. Stellen Sie die Grundidee des Cross-Dockings dar!

6.3 Lagerorganisation

Die Lagerung der Waren bedarf einer Organisation, die sicherstellt, dass die benötigte Ware in kurzer Zeit entnommen werden kann. Es sind zwei unterschiedliche Einlagerungssysteme möglich.

(1) Festplatzsystem (systematische Lagerplatzordnung)

Beim Festplatzsystem werden den Lagergütern **festgelegte Lagerplätze** zugewiesen (Gleiches zu Gleichem). Für größere Lagerräume wird ein **Lagerplan** erstellt, mit dessen Hilfe die benötigten Güter schnell gefunden werden können. Jede Abteilung erhält eine Nummer, jede Unterabteilung und jeder Platz (z. B. Regal, Schrank) eine Unternummer.

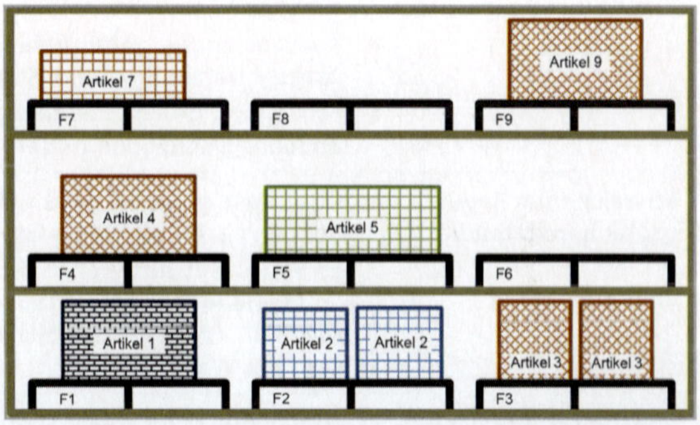

Beispiel:

Die Auszubildende Evi Neu der Eisenhandlung August Ebel e. Kfm. erhält den Auftrag, aus dem Lager fünf Schraubzwingen zu holen. Sie weiß weder was das ist, noch kann sie die Schraubzwingen finden. Die Auszubildende Frisch sagt ihr, sie solle im Lagerplan nachschauen. Dort findet sie unter dem Begriff „Schraubzwingen" den Vermerk 4/15/8. Frisch erklärt: „Die Schraubzwingen befinden sich im Lagerraum 4, Abteilung 15, Regal 8." Jetzt kann wirklich nichts mehr schiefgehen.

(2) Freiplatzsystem (chaotische Lagerplatzordnung)

Das Freiplatzsystem kennt **keinen Lagerplan.** Eingehende Güter werden mittels EDV den jeweils gerade **frei gewordenen Lagerplätzen zugewiesen.** Der Lagerort wird von der elektronischen Führungseinrichtung gespeichert.

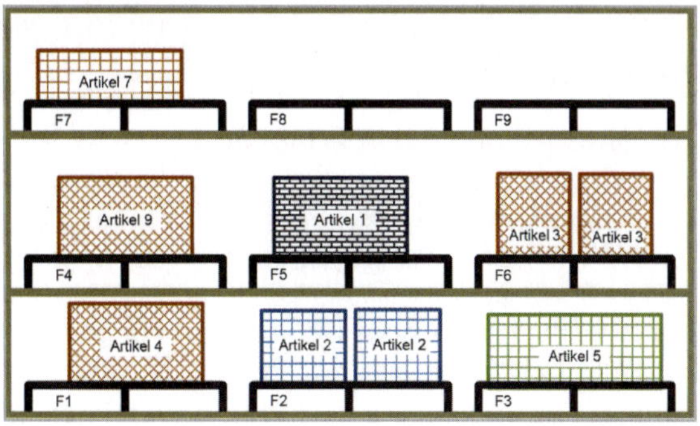

Ziel der chaotischen Lagerplatzordnung ist die **Optimierung der Lagerkapazität.** Fallen die EDV-Systeme aus, ist es jedoch fast nicht möglich, eine bestimmte Ware zu finden.

6.4 Warengerechte Lagerung

6.4.1 Lagergrundsätze

Allgemeine Lagergrundsätze	Erläuterungen
warengerechte Lagerung vornehmen	■ Berücksichtigung der **Wareneigenschaften,** um **Beschädigung** oder **Verderb** zu verhindern (z.B. Tiefkühlkost vor Wärme, Textilien vor Licht, Papier vor Feuchtigkeit, Holz vor Schädlingsbefall schützen, Käse, Wurst, Kaffee u.Ä. getrennt aufbewahren, um Geschmacksübertragungen zu vermeiden, Gummi, Tabak, Wolle vor Austrockung schützen). ■ Kennzeichnung **gefährlicher Waren** und Lagerung entsprechend der vorgegebenen Sicherheitsbestimmungen. ■ Festlegung geeigneter **technischer Hilfsmittel** (z.B. Regale, Paletten, Behälter, Kühleinrichtungen, Aufzüge, Klimaanlage, Gabelstapler).
ausreichende Lagergröße bereitstellen	■ Das Lager muss so groß gehalten werden, dass genügend Platz vorhanden ist, um günstige **Großeinkäufe** tätigen zu können. ■ Es muss ein ausreichender Platz zur Verfügung stehen, damit die **anfallenden Lagerarbeiten** durchgeführt werden können (z.B. Auszeichnen, Umpacken, Abwiegen, problemloses Einlagern und Entnehmen der Waren).
auf Übersichtlichkeit des Lagers achten	Die benötigte Ware muss schnell und ohne Verwechslung entnommen werden können.
für Lagerarbeiten eine Ein- und Auslagerungsstrategie festlegen	■ Bei der **Fifo-Strategie** (First in – first out) werden jene Artikel zuerst entnommen, die zuerst eingekauft wurden, d.h. die schon am längsten auf Lager liegen. ■ Dadurch wird das Risiko einer Überalterung des Lagerbestandes und damit ein möglicher Verderb verringert. - - - - - - - - - - ■ Die **Lifo-Strategie** (Last in – first out) folgt dem umgekehrten Prinzip. Die zuletzt eingekauften Waren werden zuerst verkauft. ■ Diese Strategie verringert Ein-/Auslagerungszeiten und vermeidet unter Umständen eine erforderliche Umlagerung, da der zuletzt eingelagerte Artikel auch am ehesten zu greifen ist.

6.4.2 Warenpflege

(1) Maßnahmen der Warenpflege

> Zur **Warenpflege** zählen alle Maßnahmen, um die Ware für den Verkauf aufzubereiten.

Aufgabe der Warenpflege ist, den Wert der gelagerten Ware zu erhalten und vor Verderb zu schützen. Daneben ist es Aufgabe der Warenpflege, die Ware in einen verkaufsfähigen Zustand zu versetzen (Warenmanipulation).

Zur **Warenmanipulation** zählen

- Maßnahmen zur Verbesserung der Ware (z. B. durch Reifen von Rotweinen, Weinbränden und bestimmten Käsesorten),
- Abpacken der Ware in verkaufsfähige Gebinde,
- Zuschnitt von Holz, Metall, Teppichböden usw. auf Wunsch der Kunden sowie
- Zubereitung von Waren (z. B. Zerteilen und Abpacken von Fleisch, Wurst, Käse).

Außerdem gehört zur Warenpflege:

die Vermeidung von Vorratslücken	Ständige Bestandskontrolle, damit keine Fehlbestände auftreten; Meldung der Bestände an die Einkaufsabteilung; bei Fehlen einer Ware den Warenträger mit vorhandener Ware auffüllen; ...
das Auffüllen der Warenbestände	Waren übersichtlich einordnen; Packungsbild auf den Kunden ausrichten; bisherige Warenanordnung beim Nachfüllen beibehalten; ...
die optimale Präsentation der Ware	Ware auf Beschädigungen prüfen; Ware bei Überschreiten des Verfalldatums aussortieren; Preisauszeichnung überprüfen; Ware reinigen; ...

(2) Qualitätskontrolle

Eine weitere Aufgabe des Personals ist, auf die Qualität der gelagerten Ware zu achten. Qualitätskontrollen beziehen sich insbesondere auf

- die **Prüfung des Mindesthaltbarkeitsdatums der Waren.** Da Waren auch vor Ablauf des Mindesthaltbarkeitsdatums ungenießbar werden können, sind die typischen Eigenschaften einer Ware (z. B. Aussehen, Geruch, Geschmack) ständig zu kontrollieren. Waren, deren Mindesthaltbarkeitsdatum überschritten ist, sind auszusortieren.
- das **Feststellen von Mängeln.** Waren, die geringe Mängel aufweisen, können eventuell in einem Sonderverkauf abgesetzt werden. Waren mit erheblichen Mängeln sind auszusortieren.
- die Überprüfung, ob die **Ware modisch oder technisch noch aktuell** ist. Auch hier bietet sich ein rechtzeitiger Sonderverkauf an.

6.4.3 Warensicherungssysteme

Die Selbstbedienung und die Vorwahl erhöhen im Einzelhandel das Diebstahlrisiko. Aus diesem Grund setzen immer mehr Einzelhandelsbetriebe Warensicherungssysteme ein. Grundsätzlich sind zwei Warensicherungssysteme zu unterscheiden: die akustomagnetische Warensicherung und die Warensicherung durch Beschädigung der Ware.

- Bei der **akustomagnetischen Warensicherung** wird die Ware im Lager mit Alarm-Etiketten als Hartetikett oder Klebeetikett versehen. Die Alarm-Etiketten werden an der Kasse deaktiviert. Wird die Deaktivierung an der Kasse übergangen, wird am Ausgang durch die Warensicherungsantenne Alarm ausgelöst.

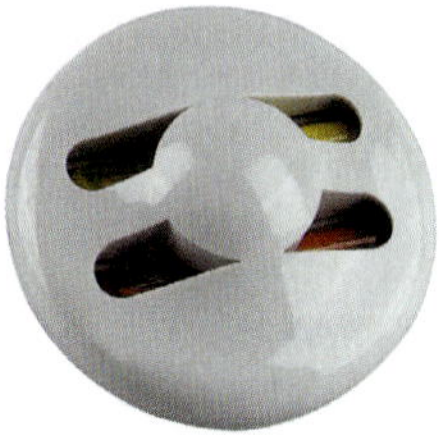

- Bei der **Warensicherung durch Beschädigung der Ware** wird die Ware mit einem Etikett versehen, das sich nur mit einem Spezialgerät an der Kasse entfernen lässt. Versucht der Käufer das Etikett selbst zu entfernen, muss er mit der Beschädigung der Ware rechnen. Diese Art der Warensicherung soll dem Käufer signalisieren, dass der Diebstahl nutzlos ist, da er die Ware nicht nutzen kann. Die Wirkung dieses Warensicherungssystems wird als nicht sehr hoch eingeschätzt, da es nicht davor schützt, dass die Ware entwendet wird.

6.4.4 Kontrolle des Lagerbestands (Ermittlung von Inventurdifferenzen)

		Ware 1	Ware 2
	Bestand lt. Lagerbuchführung (Sollbestand)	580 Stück	180 Stück
–	Inventurbestand (Istbestand)	590 Stück	150 Stück
=	Mehr- bzw. Mindestbestand	+10 Stück	–30 Stück

Zu den Lagerarbeiten zählt auch die Aufgabe, zumindest einmal im Jahr den Warenbestand durch eine **Inventur**[1] zu ermitteln. Durch diese Bestandsermittlung wird überprüft, ob die in der Buchführung ausgewiesenen Lagerbestände **(Sollbestände)** mit den Beständen übereinstimmen, die durch die Inventur ermittelt werden **(Istbestände).** Treten Differenzen zwischen Soll- und Istbeständen auf **(Inventurdifferenzen),** müssen die Ursachen aufgedeckt und entsprechende Korrekturen in der Buchführung vorgenommen werden, damit solche Differenzen nicht noch weitergeschleppt werden.

Inventurdifferenzen sind der Unterschied zwischen den durch die **Buchführung ermittelten Warenbeständen (Sollbestände)** und den bei der **Inventur** ermittelten **tatsächlichen Warenbeständen (Istbestände).**

Die **Ursachen für Inventurdifferenzen** können in den Bereichen Wareneingang, Organisation, Verkauf und im Inventurvorgang selbst liegen. Außerdem kommt Diebstahl als weitere Ursache hinzu.

Bereich Wareneingang	Wareneingangsrechnung wird nicht gebucht bzw. zweimal erfasst, die Wareneingangskontrolle ist fehlerhaft und führt zur Angabe eines falschen Warenbestandes, Warenrücksendungen werden nicht erfasst.
Bereich Verkauf	Warenverkauf wird versehentlich nicht von der Kasse erfasst, Warenrückgaben werden nicht gebucht, Privatentnahmen werden nicht erfasst, Diebstahl.
Bereich Organisation	Ausgesonderte Ware wird nicht erfasst, Umlagerungen im Lager werden als Wareneingang oder Warenausgang gebucht, festgestellte Diebstähle werden nicht ausgebucht.
Inventurvorgang	Bestände werden falsch gezählt bzw. falsch aufgeschrieben, die Erfassung eines Warenbestandes wird vergessen bzw. doppelt festgehalten.

1 Unter **Inventur** versteht man den Vorgang der Erfassung der Vermögensgegenstände und der Schulden nach Art, Menge und Wert. Siehe Band 1, Lernfeld 11.

Die jährlichen Inventurdifferenzen betragen gegenwärtig (2019) 4,4 Milliarden EUR. Bezogen auf ein Unternehmen entspricht dies im Durchschnitt 1,32 % vom Bruttoumsatz. Die Diebstähle durch Kunden betrugen 2,44 Milliarden EUR, durch eigene Mitarbeiter 950 Millionen EUR.[1]

6.5 Sicherheit und Umweltschutz im Lager

(1) Sicherheit im Lager

Unfallschutz

Die Berufsgenossenschaften erlassen Unfallverhütungsvorschriften. Sie gelten für Unternehmer und Arbeitnehmer. Beispiele für Pflichten der Unternehmer:

- Maßnahmen ergreifen, um Arbeitsunfälle und Berufskrankheiten zu vermeiden.
- Mitarbeitern die Unfallverhütungsvorschriften zugänglich machen.
- Fachkräfte für Arbeitssicherheit sowie Betriebsärzte bestellen.
- Einrichtungen für Erste Hilfe zur Verfügung stellen.
- Mitarbeiter, wenn erforderlich, mit persönlicher Schutzausrüstung ausrüsten.
- Sicherheitskennzeichen anbringen.

Berufsgenossenschaften sind Verbände mit Zwangsmitgliedschaft für die versicherungspflichtigen Betriebe zur Finanzierung der gesetzlichen Unfallversicherung. Die Berufsgenossenschaften übernehmen den Versicherungsschutz bei Arbeitsunfällen, Wegeunfällen und Berufskrankheiten.

Brandschutz

Um einem Brand im Lager vorzubeugen, müssen die geltenden Brandschutzbestimmungen eingehalten werden. Wichtige Brandschutzmaßnahmen sind z. B.:

- Das Personal muss im betrieblichen Brandschutz ausgebildet werden und einmal im Jahr ist eine Brandschutzübung mit den Mitarbeitern abzuhalten.
- Die Vorschriften und Regeln zur Brandverhütung und Brandbekämpfung sind an den vorgegebenen Stellen auszuhängen.
- Brand- und Rauchmelder sowie Sprinkleranlagen sind einzubauen.
- Feuerlöscher müssen bereitgestellt werden.

1 Quelle: www.handelsdaten.de/handelsthemen/inventurdifferenzen (05.05.21)

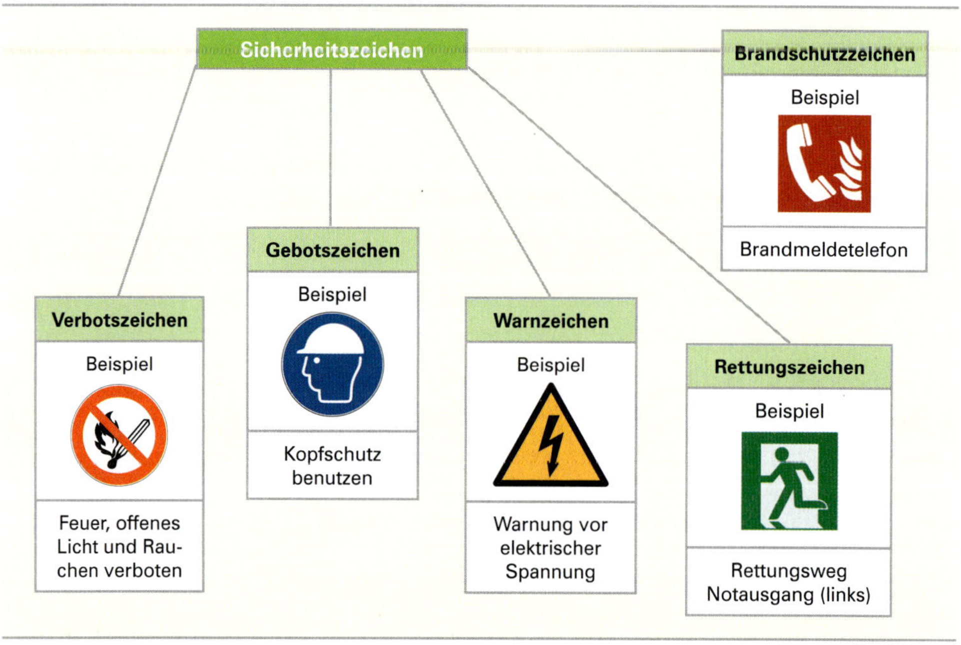

Diebstahlschutz

Einbrüche und Diebstähle müssen durch **organisatorische Maßnahmen** erschwert werden.

- Es ist streng darauf zu achten, dass nur berechtigte Mitarbeiter die Lagerräume betreten.
- Hochwertige Waren sind in besonders gesicherten Lagern (Verschlusslager) aufzubewahren.
- Alle Warenbewegungen sind lückenlos zu erfassen und gegebenenfalls in das Warenwirtschaftssystem einzugeben.

Neben organisatorischen Maßnahmen sind auch **technische Maßnahmen** zu ergreifen:

- elektronische Etiketten
- elektronische Tür- und Fenstersicherungen
- Alarmanlagen
- Videoüberwachung

(2) Umweltschutz im Lager

Technische Maßnahmen

Das Lager ist so zu gestalten, dass während der Lagerung Stoffe bzw. Güter nicht ungewollt durch Abfließen, Ausströmen oder Versickern in die Umwelt gelangen. Hierbei sind umfangreiche **technische Vorkehrungen** (z. B. wasserdichte Verschalung, Auffangbecken) zur Vorsorge zu ergreifen.

Organisatorische Maßnahmen

Hierzu zählen z. B.

- Vermeiden und Beseitigen von Abfällen
- Wiederverwertung von Verpackungsmaterial, z. B. Altpapier, Metall, Glas
- Installation eines Lagerinformationssystems mit Messfühlern
- Reduzierung von Verpackungsmaterial
- Einsatz energiesparender Einrichtungen
- Verwertung von Abfällen (Recycling)

Investitionen in den Umweltschutz lohnen sich längerfristig, weil durch die erzielte Minderung des Umweltrisikos die damit verbundenen Kosten (z. B. Sanierungskosten, Schadensersatzansprüche) gesenkt werden. Bei drohenden Lagerstörfällen können rechtzeitig Gegenmaßnahmen ergriffen werden, sodass erst keine Umweltschäden eintreten.

Zusammenfassung

- Es sind **zwei Einlagerungssysteme** möglich:
  - das **Festplatzsystem (systematische Lagerplatzordnung)** und
  - das **Freiplatzsystem (chaotische Lagerplatzordnung)**.
- Wichtige **Lagergrundsätze** sind:
  - warengerechte Lagerung vornehmen,
  - ausreichende Lagergröße bereitstellen,
  - auf Übersichtlichkeit des Lagers achten,
  - für die Lagerarbeiten eine Ein- und Auslagerungsstrategie festlegen.
- Es sind zwei Gruppen von **Warensicherungssystemen** zu unterscheiden:
  - die **akustomagnetischen Warensicherungssysteme** und
  - die **Warensicherungssysteme durch Beschädigung der Ware**.
- Als **Bestandskontrolle (Inventurdifferenzen)** bezeichnet man den Unterschied zwischen den durch die **Buchführung ermittelten Warenbeständen (Sollbeständen)** und den bei der **Inventur** ermittelten **tatsächlichen Warenbeständen (Istbestände)**.
- Der Arbeitgeber ist verpflichtet, die Mitarbeiter im Lager vor **Gesundheitsgefahren, Berufskrankheiten** und **Arbeitsunfällen** zu schützen.

Kompetenztraining

34

1. Beschreiben Sie zwei allgemeine Lagergrundsätze und zeigen Sie auf, wie Ihr Ausbildungsbetrieb diese umsetzt!
2. Erläutern Sie die Fifo- und die Lifo-Strategie und bilden Sie hierzu jeweils zwei Beispiele!
3. Unterscheiden Sie Festplatzsystem und Freiplatzsystem!
4. Erläutern Sie den Begriff Inventurdifferenzen!
5. Erklären Sie, was man unter einer „warengerechten Lagerung" versteht!
6. Beschreiben Sie zwei Maßnahmen, die die Sicherheit im Lager gewährleisten!
7. Nennen Sie Maßnahmen, durch die der Umweltschutz im Lager sichergestellt werden kann!
8. Bei der Lagerung von Waren muss der Einzelhandelsbetrieb gesetzliche Arbeitsschutzbestimmungen einhalten. Stellen Sie dar, wer die Einhaltung dieser Vorschriften überwacht!
9. Erläutern Sie die nebenstehenden Kennzeichnungsschilder!

10. Berichten Sie, nach Rücksprache mit Ihrem Ausbildungsleiter, welche Warensicherungssysteme in Ihrem Ausbildungsbetrieb eingesetzt werden.

35 Ein Einzelhändler möchte folgende Fragen zu seiner Lagerhaltung gelöst haben.

Aufgaben:

1. Was wird bei der äußerlichen und inhaltlichen Prüfung einer Wareneingangsrechnung jeweils kontrolliert? Bilden Sie je zwei Beispiele!
2. Warum ist eine unverzügliche Prüfung der Ware wichtig?
3. Wie unterscheiden sich die zentrale und dezentrale Lagerung?[1]
4. Welches sind Ihrer Meinung nach die beiden wichtigsten Anforderungen an ein Lager?
5. 5.1 Gegen welche Einwirkungen müssen Waren besonders geschützt werden? Bilden Sie zwei Beispiele!
   5.2 Wie können die von Ihnen genannten Waren geschützt werden?
   5.3 Welche Zielsetzung hat eine Warenmanipulation? Bilden Sie aus Ihrer Branche drei Beispiele für eine Warenmanipulation!

1 Recherchieren Sie den Begriff „dezentrale Lagerung".

Schwerpunkt Steuerung und Kontrolle

Lernfeld 12: Geschäftsprozesse bei der Beschaffung, Kalkulation und Lagerung der Ware erfolgsorientiert planen, kontrollieren und steuern

1 Planung des Beschaffungsprozesses

Im Einzelhandel gilt ein einfaches Prinzip: „Verkauft werden kann nur die Ware, die zuvor eingekauft wurde." Die Hauptaufgabe der Beschaffung ist somit die **Versorgung des Einzelhandelsbetriebs mit Waren.**

Mengenplanung →	Zeitplanung →	Bezugsquellen-ermittlung →	Angebots-vergleich
„Wie viele Waren sollen bestellt werden?"	„Wann sollen die Waren bestellt werden?"	„Wo finde ich geeignete Lieferer?"	„Wer bietet den günstigsten Einstandspreis?"

1.1 Ermittlung der Bestellmenge

1.1.1 Lagerbestandsarten

(1) Mindestbestand

Der **Mindestbestand (Sicherheitsbestand)** ist so hoch zu bemessen, dass bei vorübergehenden Beschaffungsschwierigkeiten ein reibungsloser Verkauf garantiert ist.

Er soll einen Warenengpass verhindern, wenn

- der Lieferer den Liefertermin überschreitet,
- mehr Waren verkauft werden als erwartet,
- der Istbestand unter dem Buchbestand ist (z. B. durch Diebstahl, Verderb).

(2) Meldebestand

Der **Meldebestand** ist die Lagermenge, bei dessen Erreichen bestellt werden muss.

Der Meldebestand muss so hoch sein, dass das Auffüllen des Lagers vor Erreichung des Mindestbestandes möglich ist. Die **Höhe des Meldebestandes** für einen Artikel hängt von der **täglichen Absatzmenge,** der **Lieferzeit** sowie dem **Mindestbestand** ab.

Meldebestand = (Beschaffungszeit · täglicher Verkauf) + Mindestbestand

Bei der Bestimmung der Wiederbeschaffungszeit sind

- die Lieferfrist,
- die Transportzeit,
- die gesamte Bearbeitungszeit der Bedarfsmeldung (z. B. Angeboteinholung, Angebotsprüfung, Verhandlungen, Schreiben der Bestellungen) sowie
- die Laufzeit der Bestellungen zum Lieferer

Beispiel:

Verkaufsmenge pro Tag: 15 Stück; Lieferzeit: 6 Tage; Mindestbestand: 30 Stück.

Aufgabe:

Ermitteln Sie den Meldebestand!

Lösung:

Meldebestand = (15 Stück · 6 Tage) + 30 Stück
= 120 Stück

zu berücksichtigen (zu addieren).

Bestellzeitpunkt ist der Tag, an dem der Meldebestand erreicht wird.

1.1.2 Optimale Bestellmenge

Bei jeder Bestellung fallen **zwei Arten von Kosten** an.

Bestellkosten

Sie fallen bei jeder Bestellung in nahezu gleichbleibender Höhe an, gleichgültig wie groß die Menge bzw. wie hoch der Wert der bestellten Waren ist.

Beispiele:

- Bedarfsmeldungen vornehmen,
- Angebote einholen,
- Angebotsvergleiche durchführen,
- Bestellungen abwickeln,
- Wareneingänge und Rechnungen prüfen.

Lagerhaltungskosten

Sie steigen bzw. fallen mit der eingelagerten Warenmenge. Je **geringer** die **Lagermenge,** desto **geringer** die **Lagerhaltungskosten**. Je **höher** die **Lagermenge,** desto **höher** die **Lagerhaltungskosten.**

Beispiele:

- Personalkosten für die im Lager beschäftigten Personen,
- Zinsen für das durch die gelagerten Waren **gebundene Kapital**[1],
- Kosten für die Warenpflege, den Lagerraum und das Lagerrisiko.

1 Das **gebundene Kapital** ist das Kapital, das in Vermögensgegenständen (z. B. im Lager) investiert worden ist.

Zusammenhang zwischen Bestellmenge und den jeweiligen Kosten

Die Höhe der Bestell- und Lagerhaltungskosten entwickeln sich gegenläufig.

Mengenplanung	Bestellkosten	Lagerkosten
wenige Bestellungen, aber große Mengen	gering	hoch
häufige Bestellungen, aber kleine Mengen	hoch	gering

Um diesen Konflikt zu lösen, ist die Bestellmenge zu wählen, bei der die Summe beider Kosten am geringsten ist. Diese Bestellmenge bezeichnet man als **optimale Bestellmenge.**

Beispiel:

Die Bestellkosten betragen je Bestellung 45,00 EUR und die Lagerhaltungskosten 8,10 EUR je Stück. Der Jahresbedarf des Artikels beträgt 3600 Stück.

Bestellmenge in Stück	Durchschnittlicher Lagerbestand	Anzahl der Bestellungen	Bestellkosten in EUR	Lagerhaltungskosten in EUR	Gesamtkosten in EUR
100	50	36	1620,00	405,00	2025,00
200	100	18	810,00	810,00	1620,00
300	150	12	540,00	1215,00	1755,00

← optimale Bestellmenge

Durchschnittlicher Lagerbestand:
Bestellmenge 100 Stück : 2 = 50 Stück

Anzahl der Bestellungen:
Jahresbedarf 3600 Stück : Bestellmenge 100 Stück = 36 Stück

Bestellkosten:
Bestellungen 36 · Bestellkosten je Bestellung 45,00 EUR = 1620,00 EUR

Lagerhaltungskosten:
50 Stück durchschnittlicher Lagerbestand · Lagerhaltungskosten je Stück 8,10 EUR = 405,00 EUR

Gesamtkosten:

	1620,00 EUR
+	405,00 EUR
=	2025,00 EUR

!

Die **optimale Bestellmenge** ist die Beschaffungsmenge, bei der die Summe aus Bestell- und Lagerhaltungskosten am niedrigsten ist.

1.1.3 Zielkonflikt zwischen Beschaffung und Lagerhaltung

Bei der Beschaffung hat der Einzelhandelsbetrieb das Problem, dass er zum einen die **Ware so preisgünstig wie möglich** einkaufen möchte und zum anderen darauf zu achten hat, dass die **Kosten der Beschaffung so gering wie möglich** gehalten werden. Zwischen den beiden Zielen besteht ein **Zielkonflikt.**

- Bevorzugt der Einzelhandelsbetrieb das **Ziel,** die **Ware preisgünstig** einzukaufen, führt dies dazu, dass **wenig Bestellvorgänge** durchgeführt und dafür **große Mengen** auf einmal beschafft werden. Dies hat zur Folge, dass große Lagervorräte zu verwalten sind und damit **hohe Lagerhaltungskosten** anfallen und die Gefahr besteht, dass Teile der Warenvorräte verderben oder aus anderen Gründen unverkäuflich werden.

- Bevorzugt der Einzelhandelsbetrieb das **Ziel geringe Lagerhaltungskosten,** wird er **mehr Bestellvorgänge** durchführen und jeweils **kleine Mengen** beschaffen, um nur geringe Lagervorräte verwalten zu müssen. Dadurch **steigen die Warenpreise,** da keine Mengenrabatte erzielt werden können.

Um diesen Konflikt zu lösen und die kostengünstigste Beschaffungsmenge zu ermitteln, bestimmt der Einzelhandelsbetrieb die **optimale Bestellmenge.**

1.2 Bestellverfahren

1.2.1 Möglichkeiten der zeitlichen Planung

Die Festlegung des Beschaffungszeitpunkts hängt ab vom Termin, zu dem die Ware zur Verfügung stehen muss. Der Einzelhandelsbetrieb hat die nachfolgenden Möglichkeiten für die zeitliche Planung der Warenbeschaffung.

(1) Einzelbeschaffung nach einem Kundenauftrag

Die Waren werden erst nach der Bestellung durch den Kunden beschafft. Diese Form der Beschaffung ist bei teuren Gütern und Spezialanfertigungen üblich.

Beispiele:

- Kauf eines Neuwagens
- Kauf neuer Möbel
- Kauf eines Kassensystems

(2) Vorratsbeschaffung

Bei der Vorratsbeschaffung wird eine größere Warenmenge eingekauft, als aktuell verkauft wird. Der Mehreinkauf wird zunächst auf Lager genommen und erst bei Bedarf in den Verkaufsraum gebracht.

Die Vorratsbeschaffung wird vor allem genutzt, um Absatzschwankungen abzusichern, Preisvorteile auszunutzen, Transport- und Bestellkosten zu verringern.

Beispiele:

- Bekleidung
- Schuhe
- Haushaltswaren
- Konserven

(3) Just-in-time-Beschaffung

Die Waren werden so bestellt, dass sie genau zu dem Zeitpunkt bereitgestellt werden, an dem der Verkauf erfolgt. Damit liegen zwischen der Lieferung und dem Verkauf nur wenige Tage. Dies setzt ein Warenwirtschaftssystem, kurze Bestellzeiten, einen gut funktionierenden Informationsaustausch mit dem Lieferer und eine ständige Lieferbereitschaft des Lieferers voraus.

Bei diesem Bestellverfahren wälzt der Einzelhandelsbetrieb das Lagerrisiko auf den Lieferer ab. Dies setzt eine starke Marktstellung des Einzelhandelsbetriebs voraus.

Beispiel:

Belieferung der Discounter mit Waren

1.2.2 Bestellverfahren bei Vorratsbeschaffung

Für die Festlegung des Bestellzeitpunktes stehen dem Einzelhandelsbetrieb **zwei Bestellformen** zur Verfügung: das Bestellrhythmusverfahren und das Bestellpunktverfahren.

(1) Bestellrhythmusverfahren

Beim **Bestellrhythmusverfahren** erfolgen die Bestellungen in **gleichen Zeitabständen.**

Aus Vereinfachungsgründen gehen wir davon aus, dass aufgrund eines **Rahmenvertrags** zwischen Einzelhandelsbetrieb und Lieferant die vereinbarten Lieferungen in einem **gleichen Zeitabstand** (Rhythmus) und mit einer **konstanten Liefermenge** erfolgen.

Beispiel:

Ein Supermarkt vereinbart mit einem Landwirt der Region, dass in Abständen von 6 Tagen 100 kg Kartoffeln geliefert werden.

In der Praxis entfällt bei einem solchen Rahmenvertrag eine ständige Bestellwiederholung.

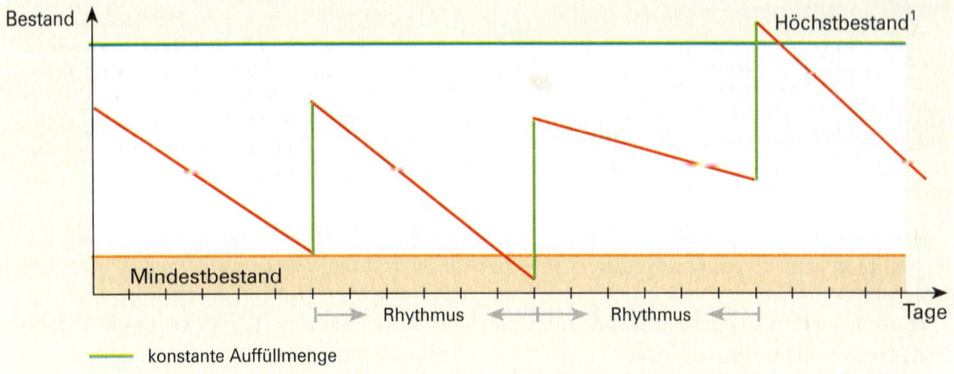

Das Bestellrhythmusverfahren ist sinnvoll, wenn der Warenabsatz relativ gleichbleibend ist. Wird **weniger verkauft als geplant,** entstehen **überhöhte Lagerbestände.** Wird mehr **verkauft als geplant, fehlt die Ware im Verkauf.**

(2) Bestellpunktverfahren

Beim **Bestellpunktverfahren** wird aufgrund eines **vorgegebenen Meldebestandes** bestellt.

Beim Bestellpunktverfahren wird bei **jeder Warenentnahme** geprüft, ob damit der **Meldebestand unterschritten** wird. Ist dies der Fall, muss bestellt werden. Der **Meldebestand** ist daher gleichzeitig der **Bestellzeitpunkt.** Das Erreichen des Meldebestands hängt vom Absatzverlauf ab. Die **Bestelltermine** sind insoweit **unterschiedlich.** Es wird immer bis zum Höchstbestand aufgefüllt.

1 Der **Höchstbestand** gibt an, welcher Warenbestand maximal eingelagert wird.

Beispiel:

Im Fachgeschäft Elektronik GmbH schwankt der Tagesbedarf an Elektrorasierern für Männer, beträgt aber nicht mehr als 4 Stück. Der Mindestbestand ist so festgelegt, dass er für 2 Tage reicht, also 8 Stück. Die Wiederbeschaffungszeit beträgt 4 Tage. Der Meldebestand wird wie folgt ermittelt:

Meldebestand = Mindestbestand + Tagesverbrauch · Wiederbeschaffungszeit
= 8 Stück + 4 Stück · 4 Tage
= 8 Stück + 16 Stück
= 24 Stück

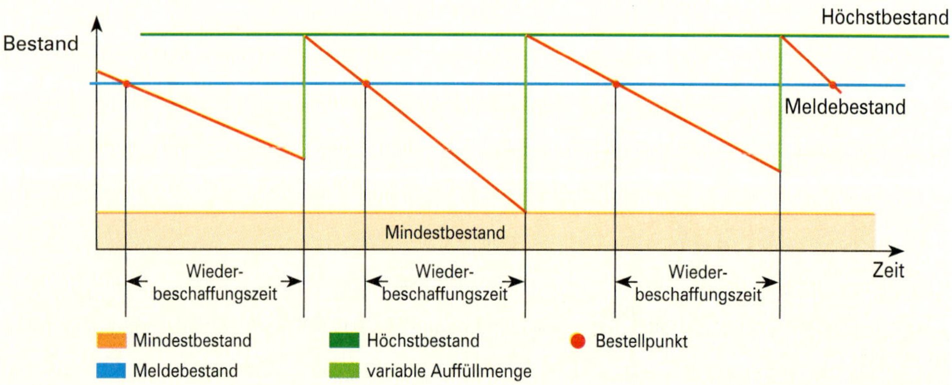

- Es handelt sich um ein sehr sicheres Bestellverfahren. Dadurch, dass mit jeder Entnahme geprüft wird, ob der Meldebestand erreicht wird, ist die Gefahr eines Warenfehlbestands sehr gering.
- Wird bis auf die Lagerobergrenze aufgefüllt, führt dies eventuell zu hohen Warenbeständen.
- Durch ständige Bestandskontrolle ist das Verfahren auch geeignet für Waren mit einem unregelmäßigen Absatz.

1.2.3 Automatische Bestellmengenermittlung

Die Organisation von Beschaffungsvorgängen wird oft durch Programme des Warenwirtschaftssystems (WWS) unterstützt bis hin zur kompletten Abwicklung der Bestellungen.

Insbesondere bei Waren, die regelmäßig gehandelt werden (z. B. Lebensmittel, Getränke) und bei immer den gleichen Lieferanten bestellt werden, ist es sinnvoll, das Warenwirtschaftssystem durch Schnittstellen extern zu vernetzen.

Damit zwischen dem Einzelhandelsbetrieb und seinen Lieferanten ein Datenaustausch erfolgen kann, müssen die technischen Voraussetzungen geschaffen werden. Das technische Instrument für den Datenaustausch zwischen den Unternehmen heißt **Electronic Data Interchange (EDI).**[1]

1 Ein **EDI-Konverter** wandelt die Daten aus einem bestimmten Datenformat in das vereinbarte Datenformat eines Geschäftspartners um.

Ein Konverter übersetzt die Bestellung in das Datenübertragungsformat EDI und versendet sie an den Lieferer. Auf der Empfängerseite übersetzt dessen Konverter die Bestellung in die (Software-)Sprache des Lieferers.

Bei der Datenübertragung mithilfe von EDI kann der Geschäftsverkehr ohne warenbegleitende Papiere (z. B. Bestellung, Lieferschein, Rechnung, Zahlungsbeleg) abgewickelt werden.

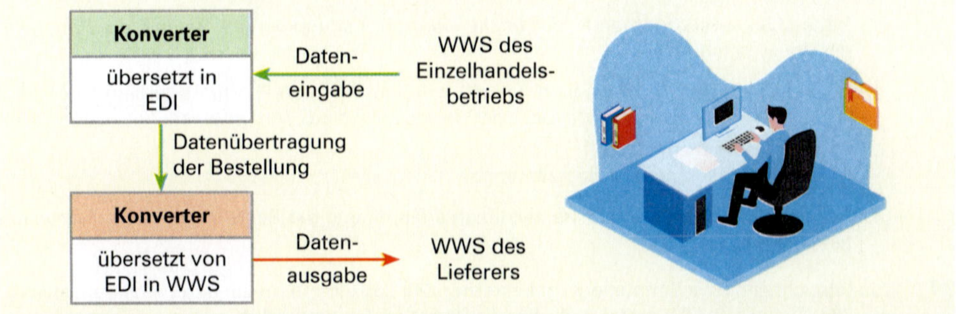

Der **Elektronische Geschäftsverkehr (EDI)** ist ein Verfahren für den **Austausch von Geschäftsdaten** (z. B. Bestellungen, Lagerbestände, Verkaufsdaten, Rechnungen, Lieferscheinen).

Zusammenfassung

- Die **Hauptaufgabe der Beschaffung** ist die Versorgung des Einzelhandelsbetriebs mit Waren.
- Die **optimale Bestellmenge** ist die Beschaffungsmenge, bei der die Gesamtkosten (**Summe aus Bestell- und Lagerhaltungskosten) am niedrigsten** sind.
- Der Einzelhandelsbetrieb hat drei Möglichkeiten für die **zeitliche Warenbeschaffung:**
  - Einzelbeschaffung nach einem Kundenauftrag
  - Vorratsbeschaffung
  - Just-in-time-Beschaffung
- Bei der **Vorratsbeschaffung** sind **zwei Bestellverfahren** zu unterscheiden:
  - Beim **Bestellrhythmusverfahren** erfolgen die Bestellungen in **gleichen Zeitabständen.**
  - Beim **Bestellpunktverfahren** wird bei **Erreichen des Meldebestandes** eine Bestellung ausgelöst.
- Warenwirtschaftssysteme unterbreiten bei Erreichen des Meldebestandes, sofern entsprechende Daten hinterlegt sind, dem Einzelhandelsbetrieb einen **Bestellvorschlag,** der angenommen, abgelehnt oder verändert werden kann.

  Das technische Instrument, damit ein Datenaustausch zwischen verschiedenen Unternehmen stattfinden kann, heißt **Electronic Data Interchange (EDI).**

Kompetenztraining

36 Das Hauptproblem der Mengenplanung ist die Ermittlung der optimalen Bestellmenge.

Aufgaben:

1. Erläutern Sie, was unter der optimalen Bestellmenge zu verstehen ist!
2. Nennen Sie je drei Beispiele für Bestellkosten und Lagerhaltungskosten!
3. Nennen Sie zwei Argumente, welche die exakte Ermittlung der optimalen Bestellmenge in der Praxis erschweren!
4. DOWNLOAD 1500 Stück eines Artikels sollen bestellt werden. Die Bestellkosten betragen 52,50 EUR je Bestellung, unabhängig davon, wie viel bestellt wird. An Lagerhaltungskosten fallen 37,50 EUR je 100 Stück an.

   Ermitteln Sie die optimale Bestellmenge!
5. Erläutern Sie, worin sich das Bestellpunktverfahren und das Bestellrhythmusverfahren unterscheiden!

37 Das Teppichhaus Uwe Simmet e. K. hat in letzter Zeit dank immer neuer und besonders ansprechender Qualität und Muster den Absatz an Parkettböden wesentlich steigern können. Immer wieder gab es aber empfindliche Engpässe, besonders bei der Versorgung mit Eichenparkett. Der Verkauf konnte deshalb oft nicht sofort liefern. Aus diesem Grund sollen Lagerhaltung und Beschaffung neu überdacht werden. Die Bestandskarte für Eichenparkett weist folgende Daten auf: Mindestlagerbestand 100 m^2, Meldebestand 400 m^2.

Aufgaben:

1. DOWNLOAD Zunächst soll geprüft werden, ob der bisher festgelegte Mindestbestand an Eichenparkett ausreicht.
   - 1.1 Erklären Sie die Begriffe Mindestbestand, Meldebestand und Höchstbestand!
   - 1.2 Nennen Sie drei Gründe, weshalb es notwendig ist, einen Mindestbestand zu halten!
   - 1.3 Erklären Sie, unter welchen Voraussetzungen der Mindestbestand angegriffen werden darf!
2. Der Lagerverwalter soll künftig Neubestellungen rechtzeitig bei der Einkaufsabteilung veranlassen.
   - 2.1 Berechnen Sie den Lagerbestand, bei dem die Einkaufsabteilung informiert werden muss!
   - 2.2 Berechnen Sie die Beschaffungszeit bei einem durchschnittlichen Tagesbedarf von 10 m^2!
   - 2.3 Nennen Sie zwei Gründe, die dazu führen können, dass der Meldebestand erhöht werden muss!
3.
   - 3.1 In der Kosmetikabteilung eines Kaufhauses besteht eine große Nachfrage nach einer stark beworbenen Tagescreme. Sie haben als Verkäuferin in der Abteilung den Meldebestand zu überwachen. Es liegen folgende Zahlen vor:

     Täglicher Verkauf: 18 Stück, Beschaffungszeit: 4 Tage, Mindestbestand: 40 Stück.

     Berechnen Sie, bei welcher Stückzahl Sie nachbestellen müssen!
   - 3.2 Erklären Sie, was Sie unternehmen, wenn der Lieferer die Lieferzeit um 2 Tage verlängert!

4. Für den Bürosessel „Siska 3000" wird Folgendes festgestellt:
   - Die Bestellung erfolgte bisher immer bei einem Lagerbestand von 120 Stück.
   - Die Beschaffungszeit beträgt 20 Tage.
   - Pro Tag werden durchschnittlich 6 Stück verkauft.

   Aufgaben:

   4.1 Begründen Sie, weshalb bisher bei einem Bestand von 120 Bürosesseln bestellt wurde!

   4.2 Erläutern Sie zwei Gründe, die dazu führen können, dass die Bürosessel trotzdem ausgehen!

   4.3 Unterbreiten Sie einen Vorschlag, unter Verwendung eines selbst gewählten Zahlenbeispiels, wie in Zukunft die Verkaufsbereitschaft gewährleistet werden kann!

5. Die Gartenparadies KG bestellt einen Großteil ihrer Artikel in regelmäßigen Abständen (Bestellrhythmus) in immer gleicher Menge (konstante Ausfüllmenge).

   Die folgende Grafik stellt dar, wie sich der Bestand des Artikels „Rindenmulch Exzellenz Plus" im letzten Halbjahr entwickelt hat:

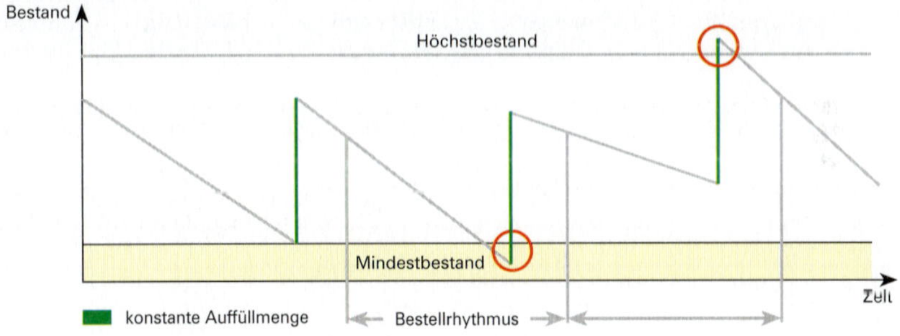

   Aufgaben:

   5.1 Beschreiben Sie anhand der Grafik den Verlauf des Bestands.

   5.2 Erläutern Sie, welche Problematik mit dem gewählten Bestellverfahren einhergeht.

   5.3 Unterbreiten Sie der Geschäftsführung der Gartenparadies KG einen Vorschlag, wie das Bestellverfahren optimiert werden könnte.

6. Ein Einzelhandelsbetrieb hat für einen Artikel einen Mindestbestand von 52 Stück und einen Meldebestand von 220 Stück festgelegt. Der tägliche Absatz dieses Artikels beträgt durchschnittlich 14 Stück.

   Aufgabe:

   Ermitteln Sie, von welcher Beschaffungszeit der Einzelhandelsbetrieb bei der Festlegung des Meldebestandes ausgegangen ist!

7. Der Senior der Baustoff- und Werkzeugeinzelhandlung Justus Lämmle & Sohn OHG ist noch vom alten Schlag. Nur sehr widerwillig lässt er sich vom Sohn und künftigen Nachfolger Justus Lämmle jr. in die Geschäftsführung hineinreden. Zeitlebens ist der Senior seinem Wahlspruch „Vorsicht ist die Mutter der Porzellankiste" treu geblieben. Zum x-ten Mal streitet er sich mit seinem Sohn über die Höhe der Lagerbestände. Der Senior tendiert mehr zu großen, weit reichenden Vorräten, während der Sohn eher zu geringeren Beständen neigt.

   Aufgaben:

   7.1 Nennen Sie Argumente, die für größere Lagerbestände sprechen können.

   7.2 Beschreiben Sie zwei Nachteile eines zu kleinen Lagerbestandes.

   7.3 Nehmen Sie begründet Stellung, welche Position Sie in dem Streit zwischen Senior und Junior des Unternehmens einnehmen würden.

8. 8.1 Erläutern Sie das Grundprinzip von Electronic Data Interchange (EDI)!

   8.2 Recherchieren Sie, welche Vorteile EDI bietet!

38 Herr Fuchs arbeitet als Abteilungsleiter für die Lagerabteilung in einem Baumarkt. Bei einem Gang durchs Lager stellt er fest, dass das Lager überfüllt ist und auf den Gängen neu angelieferte Bodensystemfliesen lagern. Herr Fuchs schaut sich daher die Lagerbestandskarte für diesen Artikel genauer an.

Lagerbestandskarte

Artikel

Bodensystemfliesen — Lagerplatz: L-11

BS-z-683-46

Mindestlagerbestand: 60 Stück
Normal-Bestellmenge: 120 Stück
Durchschnittlicher Absatz: 12 Stück pro Woche
Durchschnittliche Lieferzeit: 6 Wochen

Tag	Zugang in Stück	Entnahme in Stück	Bestand in Stück	Entnommen von . . .
01.01.			210	
09.01.		105	105	Dietz
01.02.	120		225	
28.02.		40	185	Wenk
04.03.		44	141	Wenk
31.03.	120		261	
30.04.		55	206	Wenk
08.05.		10	196	Dietz
15.05.		15	181	Wenk
31.05.	90		271	
08.06.		80	191	Wenk
30.06.		105	86	Dietz
31.07.	130		216	

Aufgaben:

1. Erläutern Sie aufgrund der Angaben, nach welchem Verfahren bisher bestellt wurde!
2. Herr Fuchs schlägt vor, in Zukunft erst bei Erreichen des Meldebestandes zu bestellen.
   2.1 Berechnen Sie den Meldebestand mithilfe der Lagerbestandskarte!
   2.2 Nennen Sie zwei Vorteile, die sich aus dem Vorschlag von Herrn Fuchs für den Baumarkt ergeben würden!
3. Die Mitarbeiterin Elly Kühn schlägt vor, künftig bei Erreichen des Meldebestandes immer 200 Bodensystemfliesen zu bestellen.
   Erläutern Sie an zwei Beispielen, welche Vorteile durch die höhere Bestellmenge entstehen!
4. Herr Fuchs vertritt die Ansicht, dass eine Bestellmenge von 200 Stück zu einem zu hohen Lagerbestand führe.
   Beschreiben Sie zwei Nachteile eines zu großen Lagerbestandes!
5. Herr Fuchs überlegt, den Mindestbestand auf 40 Stück herabzusetzen.
   Erläutern Sie, welche negativen Folgen sich hieraus ergeben könnten!

1.3 Ermittlung der Bezugsquellen bei Neulistungen

Um mögliche Lieferanten bei Aufnahme weiterer Produkte in das Sortiment (Neulistung) zu ermitteln, können unternehmensinterne[1] und unternehmensexterne[2] Informationsquellen herangezogen werden.

1.3.1 Interne Bezugsquellen[3]

Wurden die zu beschaffenden Waren bereits früher schon einmal eingekauft, sind die Bezugsquellen bekannt. Die erforderlichen Informationen kann sich der Einzelhändler selbst **(intern)** beschaffen, sofern die organisatorischen Voraussetzungen vorliegen, z. B. die entsprechenden Tabellen in einer Datenbank angelegt wurden.

Dateien (Tabellen), die bei der internen Informationsbeschaffung benutzt werden:

Dateien mit internen Bezugsquelleninformationen	
Warendatei	Sie enthält für jede Artikelposition (z. B. Bürotische, PC, Büroschränke, Bürolampen) alle wichtigen Daten, z. B. ■ Artikelnummer, ■ Artikelgruppen, Materialart, Risikoart, ■ die beschreibenden Elemente (z. B. Bezeichnung, Preis, Bestand usw.).
Liefererdatei	Sie enthält Merkmale über den Lieferanten, z. B. Lieferernummer, Name, Straße, PLZ, Ort, Bonität.
Konditionendatei	In ihr werden die Lieferungs- und Zahlungsbedingungen (Konditionen) der Lieferer erfasst.
Bezugsquellendatei	Sie ist die elektronische Version des „Wer liefert was?", stellt also die Verbindung her zwischen der Warendatei und der Liefererdatei.

Beispiel 1: Liefererdatei

Kreditorenübersicht

Nr.	Name	Adresse	PLZ Code	Ort
KRED440001	Papierwerke Dillweißenstein AG	Nagoldstr. 101	75181	Pforzheim-Dillweißenstein
KRED440002	Papierfabrik Gundlach GmbH	Schwarzwälder Str. 33	75417	Mühlacker
KRED440003	Rummel GmbH	Schreibwarengroßhandel	76137	Karlsruhe
KRED440004	B&G Bürobedarf-Schreibwaren	Bauder & Gress KG	75433	Maulbronn
KRED440005	Färber & Pastell AG	Schreibgeräte	76530	Baden-Baden
KRED440006	Storch AG	Schoferweg 3	75172	Pforzheim
KRED440007	Papiergroßhandlung Benzinger	Wilferdinger Höhe 15	75172	Pforzheim
KRED440008	Urban & Brenner GmbH	Bürogroßhandel	76275	Ettlingen
KRED440009	Glauner & Co. KG	Calmbacher Str. 12	75323	Bad Wildbad
KRED440010	Finkbeiner GmbH	Schreibwarengroßhandel	68169	Mannheim

OK | Abbrechen | Kreditor | Einkauf | Hilfe

1 **Intern**: innerlich.

2 **Extern**: draußen befindlich.

3 Ist der Einzelhandelsbetrieb einer Einkaufskooperation angeschlossen, muss er das vereinbarte Sortiment von der für sie zuständigen Einkaufszentrale beziehen. Zu den Einkaufskooperationen siehe S. 80 ff.

Beispiel 2: Warendatei

Nr.	Beschreibung	Einheit	Einstandspreis	VK-Preis	Lagerbestand	Kred.-Nr.	Meldebestand	Sicherheitsbestand	Bestellmenge
200001	Aktenordner DIN A4 3 cm	STÜCK	0,80	1,20	100	KRED440002	80	20	200
200002	Aktenordner DIN A4 5 cm	STÜCK	0,85	1,30	100	KRED440002	80	20	200
200003	Aktenordner DIN A4 8 cm	STÜCK	0,90	1,40	100	KRED440002	80	20	200
200004	Collegeblock A4 karriert	STÜCK	0,50	1,60	500	KRED440001	200	100	500
200005	Collegeblock A4 liniert	STÜCK	0,50	1,60	500	KRED440001	200	100	500
200006	Collegeblock A5 karriert	STÜCK	0,40	1,20	500	KRED440001	200	100	500
200007	Collegeblock A5 liniert	STÜCK	0,40	1,20	500	KRED440001	200	100	500
200008	Druckerpapier A4, 80g, weiß	B500	1,10	1,90	1.000	KRED440002	500	200	2.000
200009	Druckerpapier A4, 90g, weiß	B500	1,20	4,20	1.000	KRED440002	500	200	2.000
200010	Druckerpapier A4, 100g, weiß	B500	1,40	4,50	1.000	KRED440002	500	200	2.000
200011	Druckerpapier A4, 80g, color	B500	1,60	4,40	1.000	KRED440002	500	200	2.000
200012	Finepen Filzstift	STÜCK	0,30	0,90	400	KRED440005	100	50	200
200013	Colorpen Filzstiftset 10er	STÜCK	1,30	4,80	200	KRED440005	40	20	100
200014	Geodreieck	STÜCK	0,40	1,10	2.000	KRED440003	500	100	2.000
200015	Heftklammern	P500	0,90	2,20	400	KRED440008	100	40	500
200016	Heftstreifen	P100	0,50	1,80	800	KRED440010	100	60	500
200017	Haftnotiz, Block 100	STÜCK	0,50	1,30	200	KRED440004	60	10	100
200018	Klebefilm, 3 m	ROLLE	0,20	0,60	700	KRED440008	100	50	200
200019	Klebefilm Abroller	STÜCK	0,90	1,90	50	KRED440008	40	10	100
200020	Kopierpapier A3, 80g, weiß	B500	2,10	4,80	500	KRED440007	50	20	200

OK | Abbrechen | Artikel | Verkauf | Einkauf | Funktion | Hilfe

1.3.2 Externe Bezugsquellen

(1) Überblick über externe Informationsquellen

Ist der Einzelhandelsbetrieb mit den bisherigen Lieferanten nicht mehr zufrieden oder müssen bisher noch nicht bezogene Waren beschafft werden, weil das Sortiment geändert wurde, muss er die Bezugsquellen von außerhalb **(extern)** beziehen. Dazu zählen:

Beispiele:

- Internet und Suchmaschinen,
- Besuche von Messen, Ausstellungen und Warenbörsen (Produktenbörsen),
- Fachbücher und Fachzeitschriften, Verkaufskataloge, -prospekte, Markt- und Börsenberichte, Geschäftsberichte, Hauszeitschriften, Messekataloge, Tages- und Wirtschaftszeitungen,
- Testanzeigen (für Kauf und Verkauf),
- Vertreterbesuche,
- Branchenberichte, Einkaufsführer (z. B. www.wer-liefert-was.de).

Dateien von externen Bezugsquellen können vom Einzelhandelsbetrieb selbst angelegt werden. Sie können aber auch in vielen Ausführungen und Größen gekauft werden.

(2) Ermittlung externer Informationen durch Internetrecherche

Zunehmend erfolgt die Bezugsquellenermittlung (und später eventuell eine Warenbeschaffung) über das Internet. Im Internet treffen sich Anbieter und Nachfrager auf **elektronischen Marktplätzen.** Diese Marktplätze haben sich inzwischen zu einem wichtigen beschaffungspolitischen Instrument im B2B-Bereich[1] entwickelt.

Diese Situation lässt sich grafisch wie folgt darstellen:

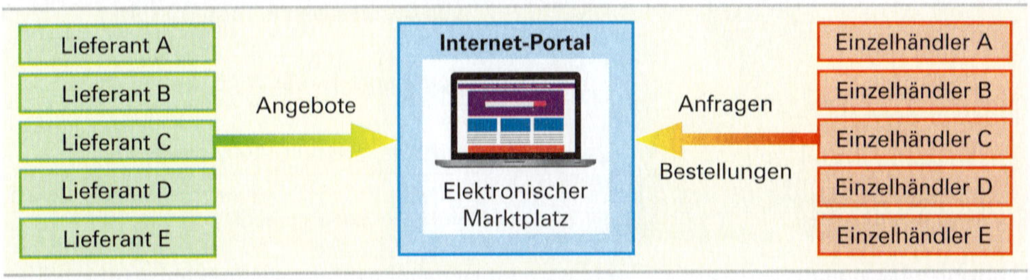

Der Informationsprozess beim Einzelhandelsbetrieb kann z.B. in folgenden Schritten ablaufen:

① Der Einzelhandelsbetrieb hinterlegt eine Anfrage um ein Angebot am „Schwarzen Brett" des Marktplatzes.

② Alle Lieferanten können die Anfrage und die zugehörigen Dokumente öffnen und herunterladen.

③ Der Lieferant sichtet die Anfrage und die Dokumente, kalkuliert das Angebot und stellt dieses wieder in den Marktplatz ein.

④ Konkurrierende Lieferanten können die anonymisierten[2] Angebote der Mitbewerber einsehen und gegebenenfalls ihr Angebot weiter verbessern.

⑤ Der Einzelhandelsbetrieb vergleicht die Angebote und wählt einen Lieferanten aus.

Beispiel: „Wer liefert was" – B2B-Plattform für die Lieferantensuche

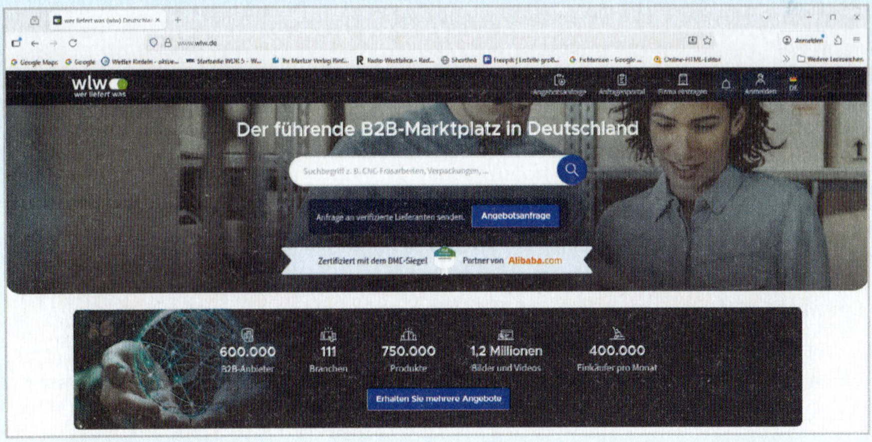

Quelle: *www.wlw.de* [24.02.2026]

1 **B2B: Business to Business.** Beide Partner sind Unternehmen.

2 **Anonym:** ohne Namensnennung.

(3) Ermittlung der Preise für die einzukaufenden Waren

Grundsätzlich gilt: Die Ware sollte so preisgünstig wie möglich eingekauft werden. Die Höhe des Kaufpreises ist abhängig:

- vom Kaufzeitpunkt
- von der Qualität der bestellten Ware
- vom Hersteller der Ware
- von den Lieferungsbedingungen
- von den Zahlungsbedingungen

Der Einkaufsabteilung wird in der Regel von der Geschäftsleitung ein Einkaufsbudget (Einkaufslimit, Einkaufsplan) vorgegeben. Es enthält oft eine Preisobergrenze für die einzelnen Waren. Preisobergrenze ist in der Regel der **Bezugspreis der Waren.**[1] Die Einkaufsabteilung muss versuchen, beim Lieferer die vorgegebenen Preise durchzusetzen.

(4) Liefererauswahl

Hat der Einzelhandelsbetrieb die gewünschten Informationen über die Ware, die Preise und die möglichen Lieferanten, muss er entscheiden, bei welchen Lieferanten er **anfragen** möchte.

Bei der Liefererauswahl können **Checklisten** Entscheidungshilfe geben.

Checkliste für die Liefererauswahl: ökonomische Kriterien

Leistungsfähigkeit, Qualität, Aktualität, Kreativität

- Entspricht die Warenqualität – auch hinsichtlich ihrer Umweltfreundlichkeit – unseren Anforderungen?
- Sind ausreichende Lieferkapazitäten vorhanden?
- Kann der Lieferer auf Abruf liefern?
- Entspricht das Personal unseren Anforderungen (Beratung, Lösungsvorschläge bei bestimmten technischen Problemen)?
- In welchem Umfang werden Kundendienstleistungen angeboten?
- Werden innovative Waren angeboten?

Pünktlichkeit und Zuverlässigkeit

- Werden vereinbarte Lieferfristen eingehalten?
- Werden die zugesagten Qualitäten eingehalten?
- Welche Qualitätsgarantien werden übernommen?

Preise und Zahlungsziele

- Wie hoch sind die Bezugspreise im Vergleich zu den Bezugspreisen anderer Lieferer?
- Wie lange sind die Zahlungsziele?
- Können günstigere Konditionen durch Verhandlungen erreicht werden (z. B. Sonderrabatte, Mengenrabatte)?

1 Zur Berchnung des **Bezugspreises** siehe S. 156 f.

Checkliste für die Liefererauswahl: soziale Kriterien

- Dient das Warenangebot der Verbesserung der Situation von Beschäftigten?
- Sind die Waren, die aus einem Entwicklungsland bezogen werden, mit einem sozialen Gütesiegel ausgestattet?
- ...

Checkliste für die Liefererauswahl: ökologische Kriterien

- Werden umweltfreundliche Werkstoffe verwendet?
- Sind die Produkte recycelbar?
- Werden bei der Produktion erneuerbare Energien eingesetzt?
- Wird das Prinzip der Nachhaltigkeit beim Umweltschutz eingehalten?
- Werden regionale Produkte verwendet?
- ...

Zusammenfassung

- Sollen Waren beschafft werden, muss man sich auf jeden Fall über die möglichen Bezugsquellen informieren. Man unterscheidet **interne** und **externe Bezugsquellen.**
- Die Bezugsquellenermittlung sowie die Warenbeschaffung erfolgt zunehmend über das **Internet.**
- Bei der Liefererauswahl kann eine **Checkliste eine Entscheidungshilfe** geben.

Kompetenztraining

39

1. Ein Einzelhandelsbetrieb ist mit dem bisherigen Lieferer nicht zufrieden und sucht nach einer Geschäftsbeziehung mit einem neuen Lieferer. Er möchte hierzu interne und externe Bezugsquellen nutzen.

   Aufgabe:

   Erklären Sie die Begriffe interne und externe Bezugsquellen und nennen Sie hierzu jeweils drei Beispiele!

2. Erläutern Sie zwei Kriterien, nach welchen Sie einen Lieferer beurteilen!

3. Fabian Maier ist seit zwei Jahren Auszubildender in einem Eisenwarengeschäft. Das Fachgeschäft beliefert zahlreiche Handwerker.

   Eines Tages muss Fabian einem Kunden erklären, dass die von ihm gewünschte Ware in seinem Geschäft nicht geführt wird. Fabian verspricht dem Kunden, die Ware zu beschaffen.

   Aufgaben:

   3.1 Erläutern Sie, wo Fabian eventuelle Bezugsquellen erfahren kann!

   3.2 Stellen Sie dar, welche Angaben des Lieferers Fabian zur Beurteilung eines Angebots benötigt!

4. Beschreiben Sie den Ablauf einer Internetrecherche zur Ermittlung von Bezugsquellen!

5. Nennen Sie drei Vorteile, die mit dem elektronischen Marktplatz für den Marktteilnehmer verbunden sind!

1.4 Angebotsvergleich

1.4.1 Quanitative Angebotsvergleiche

(1) Merkmale des quantitativen Angebotsvergleichs

Um das günstigste Angebot zu ermitteln, vergleicht der Einzelhandelsbetrieb die eingegangenen Angebote. Zunächst richtet sich seine Kaufentscheidung an quantitativen (messbaren) Daten aus.[1]

Messbare Daten sind:

- Listeneinkaufspreis
- Rabatt
- Skonto
- Transportkosten, Versicherungen
- Verpackungen

Beim **quantitativen Angebotsvergleich** werden für den Vergleich nur messbare Kriterien[2] herangezogen.

(2) Bezugskalkulation

Der Einstandspreis (Bezugspreis) enthält sämtliche Kosten, die dem Einzelhandelsbetrieb entstanden sind, bis die Ware im Lager eintrifft. Er wird mithilfe der **Bezugskalkulation** ermittelt. Die Bezugskalkulation ist der erste Schritt der **Vorwärtskalkulation.**

Beispiel: Berechnung des Einstandspreises

Ein Einzelhandelsbetrieb bezieht Waren zum Listeneinkaufspreis von 1 200,00 EUR. Der Lieferer gewährt 20 % Rabatt und 2 % Skonto. Die Bezugskosten betragen 19,40 EUR.

Aufgabe:

Berechnen Sie den Einstandspreis der Ware.

Lösung:

	100 % 20 %	Listeneinkaufspreis[3] ① – Rabatt ②	1 200,00 EUR 240,00 EUR
100 % 2 %	←	= Zieleinkaufspreis – Skonto ③	960,00 EUR 19,20 EUR
		= Bareinkaufspreis + Bezugskosten ④	940,80 EUR 19,40 EUR
		= Einstandspreis (Bezugspreis)[4]	960,20 EUR

Ergebnis: Der Bezugpreis der Ware beträgt 960,20 EUR.

1 Beim Angebotsvergleich achtet der Einzelhandelsbetrieb auch auf nicht messbare (qualitative) Daten. Siehe hierzu S. 160 f.

2 **Kriterium:** unterscheidendes Merkmal, Kennzeichen.

3 Die Begriffe Listeneinkaufspreis, Einkaufspreis und Rechnungspreis bedeuten inhaltlich dasselbe und können daher beliebig verwendet werden.

4 Die Begriffe Bezugspreis und Einstandspreis werden im Folgenden synonym (gleichartig) verwendet.

Allgemeiner Lösungsweg:

① Die **Umsatzsteuer** ist **nicht einzukalkulieren,** da der Einzelhandelsbetrieb diese als Vorsteuer wieder erstattet erhält. Die Umsatzsteuer hat damit keinen Kostencharakter.

② Vom gegebenen Listeneinkaufspreis ist zunächst der **Rabatt** zu berechnen.

③ Der **Skonto** wird von dem Betrag gerechnet, der **tatsächlich zu zahlen ist,** also von dem um den Rabatt verminderten Betrag. Der Zieleinkaufspreis ist der Ausgangspunkt (Grundwert) und somit 100 % für die Skontoberechnung.

④ Alle Nebenkosten, die mit der Beschaffung der Waren zusammenhängen, fasst man unter dem Begriff **Bezugskosten** zusammen. Als Kosten sind sie zum Bareinkaufspreis hinzuzurechnen. Auch hier bleibt die Umsatzsteuer unberücksichtigt.

(3) Beispiel für einen quantitativen Angebotsvergleich

Das Elektrogeschäft Sabine Kolleg e. Kfr. hat bei zwei Großhandelsbetrieben (Lieferer) ein Angebot über den Roboterstaubsauger RoboClean 120 angefragt. Aufgrund der Anfrage erhält Sabine Kolleg e. Kfr. folgende Angebote:

Lieferer	Isabell Anthes e. Kfr., Ravensburg	Gerd Graf KG, Biberach
Listeneinkaufspreis pro Stück	200,00 EUR	312,00 EUR
Lieferung	ab Werk	frei Haus
Verpackung insgesamt	inklusive	180,00 EUR
Rabatt	5 % ab 12 Stück	25 % ab 28 Stück
Zahlungsbedingung	30 Tage Ziel, innerhalb 8 Tagen 3 % Skonto	30 Tage Ziel, innerhalb 8 Tagen 2 % Skonto

Sabine Kolleg e. Kfr. beabsichtigt, 40 Stück zu bestellen. Die Transportkosten betragen laut Auskunft des Spediteurs 12,00 EUR netto pro Stück.

Aufgabe: Berechnen Sie, welcher Lieferer günstiger ist.

Lösung:

	Isabell Anthes e. Kfr.	Gerd Graf KG
Listeneinkaufspreis	10 400,00 EUR	12 480,00 EUR
– Rabatt	520,00 EUR	3 120,00 EUR
= Zieleinkaufspreis	9 880,00 EUR	9 360,00 EUR
– Skonto	296,40 EUR	187,20 EUR
= Bareinkaufspreis	9 583,60 EUR	9 172,80 EUR
+ Bezugskosten		
Frachtkosten	480,00 EUR	0,00 EUR
Verpackung	0,00 EUR	180,00 EUR
= Einstandspreis	10 063,60 EUR	9 352,80 EUR

Ergebnis: Die Gerd Graf KG ist um 710,80 EUR günstiger.

Kompetenztraining

40 Vor der Kaufentscheidung ist es sinnvoll, einen Angebotsvergleich durchzuführen.

Aufgaben:

1. Erläutern Sie, welche Aufgabe der Angebotsvergleich erfüllt!
2. Nennen Sie wichtige Inhalte, die ein Einkäufer beim Angebotsvergleich zu beachten hat!
3. Eine Waschmaschine wird uns mit 960,00 EUR abzüglich 22 % Wiederverkäuferrabatt angeboten. Bei Zahlung innerhalb von 14 Tagen dürfen 3 % Skonto abgezogen werden.
   Ermitteln Sie den Bareinkaufspreis!
4. Bei der Kalkulation einer Ware fallen folgende Werte an: Liefererrabatt 15 %, Liefererskonto $2\,^1/_2$ %, Fracht 12,20 EUR, Frachtversicherung 4,30 EUR, Hausfracht 3,50 EUR.
   Berechnen Sie den Einstandspreis, wenn der Listeneinkaufspreis 245,80 EUR beträgt!
5. Ein Lieferer bietet uns eine Ware zu 78,40 EUR je Stück an. Er gewährt uns 15 % Rabatt und 2 % Skonto bei Zahlung innerhalb von 10 Tagen. An Transportkosten fallen für jeweils angefangene 20 Stück 52,80 EUR an, die der Lieferer und wir je zur Hälfte tragen.
   Berechnen Sie den Einstandspreis der Warensendung, wenn 75 Stück bestellt werden!
6. Ein Haushaltswarengeschäft benötigt 12 Kaffeemaschinen. Dem Einkäufer liegen drei Angebote vor:
   1. Angebot: Preis je Kaffeemaschine 128,00 EUR, Wiederverkäuferrabatt: 25 %, Zahlung innerhalb von 8 Tagen 3 % Skonto, Fracht: 27,30 EUR je Maschine.
   2. Angebot: Preis je Kaffeemaschine 118,00 EUR, Treuerabatt: 10 %, Zahlung innerhalb 30 Tagen netto, Lieferung frei Haus.
   3. Angebot: Preis je Kaffeemaschine 121,50 EUR, Wiederverkäuferrabatt: Bei Abnahme von 6 Maschinen 12 %, bei Abnahme von 12 Kaffeemaschinen 20 %. Bezugskosten und Verpackung je Kaffeemaschine 3,50 EUR. Bei Zahlung innerhalb 8 Tagen 1,5 % Skonto.

   Aufgaben:

   6.1 Ermitteln Sie, welches Angebot ist am günstigsten ist!

   6.2 Neben dem Preis sind weitere Gesichtspunkte für die Annahme eines Angebots wichtig. Nennen Sie drei Gesichtspunkte!

DOWNLOAD DOWNLOAD DOWNLOAD DOWNLOAD

41 1. Der Geschäftsinhaber eines Systemhauses für Bürotechnik bestellt 8 Laserkopierer mit Toner und Druckerkabel. Der Bestellung liegen folgende Preis-, Lieferungs- und Zahlungsbedingungen zugrunde:

Auszug aus der Preisliste:

Bezeichnung	PREIS pro Stück
Canon Laserkopierer MF5630	379,99/Pack
Toner für 2.500 Seiten, schwarz	59,99
Druckerkabel 1,8 m (USB)	7,59

Auszug aus den allgemeinen Geschäftsbedingungen:

Unsere Preise gelten innerhalb der Bundesrepublik Deutschland unfrei ab Werk.

Die Preise verstehen sich zuzüglich der Mehrwertsteuer in der jeweils gesetzlich festgelegten Höhe.

Die Wahl der Versandart bleibt uns überlassen. Bei Sendungen mit einem Warenwert von bis zu 4500,00 EUR ohne MwSt erheben wir einen Bearbeitungs- und Frachtkostenzuschlag in Höhe von 189,00 EUR.

Der Händlerrabatt beträgt 35 %.

Bei Zahlung innerhalb von 10 Tagen 2 % Skonto. Das Zahlungsziel ohne Abzug beträgt 30 Tage.

Aufgabe:

DOWNLOAD

Berechnen Sie den Einstandspreis für die gesamte Bestellung unter der Annahme, dass die Zahlung innerhalb von 10 Tagen nach Rechnungseingang erfolgt!

2. Ein Einzelhandelsunternehmen erhält vier Angebote. Die angebotenen Waren sind qualitätsmäßig vollkommen gleich. Die Lieferzeit beträgt in allen Fällen 14 Tage. Die Angebote lauten:

1. Angebot:	632,00 EUR ab Werk, Ziel 60 Tage, bei Zahlung innerhalb von 8 Tagen 2 % Skonto.
2. Angebot:	622,00 EUR ab Werk, zahlbar netto Kasse.
3. Angebot:	700,00 EUR frei Haus, 6 % Sonderrabatt, Ziel 2 Monate, 3 % Skonto innerhalb von 14 Tagen
4. Angebot:	654,00 EUR frei Haus, zahlbar netto Kasse.

Die Frachtkosten betragen 30,00 EUR, die An- und Abfuhr je 6,00 EUR.

Aufgabe:

Ermitteln Sie das günstigste Angebot unter der Voraussetzung, dass der Skonto ausgenutzt wird!

1.4.2 Qualitativer Angebotsvergleich

(1) Merkmale eines qualitativen Angebotsvergleichs

Beim **qualitativen Angebotsvergleich** werden für den Vergleich der Angebote neben messbaren auch **nicht messbare Kriterien** herangezogen.

Wichtige, nicht messbare Kriterien des Angebots sind z. B.:

Qualitativ hochwertig

... zuverlässig

... termintreu

verantwortungsvoll (nachhaltig) hergestellte Ware

Qualitätsvergleich/ Umweltverträglichkeit	Z. B. Haltbarkeit, Leistungsfähigkeit, Design, Umweltverträglichkeit, Nutzungsdauer.
Zuverlässigkeit des Lieferers	■ Bei jeder Bestellung ist zu überprüfen, ob der bisherige Lieferer in der Vergangenheit die zugesagten Liefertermine zuverlässig eingehalten hat. ■ Es ist zu überprüfen, ob der Lieferer immer eine nachhaltig gute Warenqualität geliefert hat. ■ Zuverlässigen Lieferern sollte selbst bei geringfügig höheren Preisen der Vorzug vor anderen Lieferern gegeben werden.
Terminvergleich	■ Die in Angeboten angegebenen Lieferzeiten müssen mit den Anforderungen von Lager und Verkauf übereinstimmen, damit die Verkaufsbereitschaft gewährleistet bleibt. ■ Wenn eine schnelle Belieferung gewünscht wird, ist die Lieferzeit ein wesentliches Kriterium für die Auswahl des Lieferers. ■ Besonders wichtig wird das Kriterium Lieferzeit, wenn Waren für bestimmte Saisongeschäfte (z. B. Weihnachten, Ostern, Karneval, Feuerwerkskörper zu Neujahr) eingekauft werden.
Einhalten von Sozial- und Umweltstandards (Nachhaltigkeit)	■ Die Einhaltung von Menschenrechts- und Umweltstandards ist bei der Warenbeschaffung zu fördern. Dabei sind u. a. die Vorgaben des Lieferkettengesetzes zu beachten. ■ Sozialstandards sind Vereinbarungen, die zum einen auf die Verbesserung der Situation von Beschäftigten abzielen. ■ Der Einzelhandel sollte nur Waren anbieten, die unter sozial annehmbaren Bedingungen hergestellt werden. ■ Ein wichtiges Angebotskriterium ist auch die Einhaltung von Umweltstandards.

(2) Durchführung eines qualitativen Angebotsvergleichs

Werden für einen Angebotsvergleich qualitative Kriterien herangezogen, sind die **Kriterien** zu **gewichten.** Wichtige Kriterien kommen so stärker zur Geltung als unwichtige. Eine Möglichkeit, alle Kriterien in einem Angebotsvergleich zu berücksichtigen, bietet die **Entscheidungsbewertungstabelle.**

Beispiel:

Zur Auswahl stehen die drei Lieferanten Abel, Bebel und Cebel. Als Entscheidungsfaktoren spielen die Qualität, der Preis, die sozialen Standards, die Umweltverträglichkeit und die Unterstützung bei Problemlösungen eine Rolle.

Die Gewichtungen für die Entscheidungsfaktoren sind der Spalte 2 zu entnehmen. Eine Beurteilung der Lieferanten ergab jeweils die in den Spalten 3, 5 und 7 dargestellten Punkte.

Auswahlkriterien	Gewichtung	Abel		Bebel		Cebel	
		Punkte Abel	Gewichtete Punkte Abel	Punkte Bebel	Gewichtete Punkte Bebel	Punkte Cebel	Gewichtete Punkte Cebel
(1)	(2)	(3)	(4) = (2) · (3)	(5)	(6) = (2) · (5)	(7)	(8) = (2) · (7)
Qualität	30	5	150	4	120	3	90
Preis	30	4	120	5	150	5	150
soziale Standards	10	3	30	4	40	5	50
Umweltverträglichkeit	20	5	100	3	60	4	80
Untestützung bei Problemlösungen	10	2	20	2	20	3	30
Summe der Punkte	**100**		**420**		**390**		**400**

Erläuterungen:

- Die Auswahlkriterien (Spalte 1) werden nach ihrer Bedeutung für das Einzelhandelsunternehmen mit Punkten gewichtet (Spalte 2). Diese gelten für alle Angebote gleichermaßen.
- Anschließend werden die Angebote einzeln danach überprüft, inwieweit sie die Auswahlkriterien erfüllen. Hierfür werden Punkte vergeben, z. B. 5 = hohe Zielerfüllung, 0 = keine Zielerfüllung (Spalte 3).
- Durch Multiplikation der Gewichtungen mit den einzelnen Punkten erhält man je Auswahlkriterium die gewichteten Punkte (Spalte 4).
- Ausgewählt wird jener Lieferant, dessen Summe der gewichteten Punkte maximal ist. Da Abel 420, Bebel 390 und Cebel 400 Punkte erhält, fällt die Entscheidung zugunsten des Angebots von Abel.

Zusammenfassung

- Um für eine Ware das günstigste **Angebot** zu ermitteln, **vergleicht** der Einzelhandelsbetrieb die **Angebote mehrerer Lieferer.**
- Beim **qualitativen Angebotsvergleich** vergleicht der Einzelhandelsbetrieb **nicht messbare Kriterien** (Qualität, Lieferertreue, Umweltverträglichkeit, Einhaltung von Sozialstandards).
- Um einen Angebotsvergleich mit qualitativen Kriterien begründet und nachvollziehbar durchzuführen, eignet sich insbesondere die **Entscheidungsbewertungstabelle.**

11 Merkur-Nr. 0643

Kompetenztraining

42 Die Baumarktkette Friedrich Feuchtmaier GmbH, Überlingen, möchte Stirnlampen neu ins Programm aufnehmen. Zur Einführung möchte die Baumarktkette 4700 Stirnlampen bestellen.

Dem Einkauf liegen bis heute drei Angebote vor:

Elektronik Werke Freiburg AG, vom 15. Januar 20..

Wir bieten Ihnen, befristet bis zum 15. Februar 20.. Stirnlampe TC 472 für 2,87 EUR/Stück ab Werk an. Bei Abnahme ab 1000 Stück gewähren wir 5 % und ab 5000 Stück 10 % Mengenrabatt. Die Zahlung soll erfolgen innerhalb von 10 Tagen nach Rechnungserhalt unter Abzug von 2 % Skonto oder innerhalb 30 Tagen netto Kasse.

Hinweis: Die Frachtkosten von Freiburg bis Überlingen betragen für 4700 Stück 200,00 EUR.

Elektroteile Überlingen GmbH, vom 27. Januar 20..

Lieferung für 3,10 EUR/Stück, frei Haus, innerhalb vier Wochen nach Bestelleingang; Mengenrabatt ab 500 Stück 10 %, ab 1000 Stück 15 %, ab 5000 Stück 20 %; zahlbar innerhalb 20 Tagen unter Abzug von 2 % Skonto oder innerhalb 60 Tagen rein netto.

Hans Haas e. Kfm., Köln, vom 25. Januar 20..

Sonderangebot bis 10. Februar gültig. Bei Lieferung von 500 oder mehr Stirnlampen 3,00 EUR/Stück, frei Haus. Bei Abnahme von weniger als 500 Stück werden für Verpackung, Fracht und Bearbeitungsgebühr 50,00 EUR gesondert in Rechnung gestellt. Ab 1000 Stück werden 10 %, ab 5000 Stück 15 % Mengenrabatt gewährt; Rechnungen sind zahlbar innerhalb von 30 Tagen ohne Abzug.

Um die optimale Bezugsquelle zu ermitteln, werden vom Lager und vom Einkauf **Berichte über die Geschäftsverbindung mit den Verkäufern** zusammengestellt. Den Qualitätsanforderungen (mindestens vier von acht Punkten) genügen alle Anbieter:

Elektronik Werke Freiburg AG

Die Qualität ist mit acht von zehn Punkten sehr hoch. Geliefert wurde meistens fehlerfrei, nur einmal enthielt eine Lieferung einen beachtlichen Teil falsche Artikel. Die verwaltungstechnische Abwicklung der Einkäufe verlief stets ohne Beanstandungen. Liefertermine wurden allerdings mehrmals nicht eingehalten; einmal mussten sogar drei Mahnungen gesandt werden. Verpackung und Auslieferung hingegen waren makellos. Die technische Beratung seitens der Elektronik Werke AG lässt zu wünschen übrig. Direkte, persönliche Auskünfte sind nicht zu erhalten; der zuständige Fachmann ist „nie zu erreichen“. Auch Rückfragen werden nachlässig behandelt. Die Elektronik Werke AG liefern ab 250 km Entfernung frei Haus.

Elektroteile Überlingen GmbH

Die Elektroteile Überlingen GmbH, praktisch in Sichtweite gelegen, hat die Produktion erst vor etwa 15 Monaten aufgenommen. Die Qualitätsstufe beträgt 6 von 10 Punkten. Angenehm ist die räumliche Nähe bei Rückfragen und technische Beratung. Letztere allerdings ist nicht allzu qualifiziert. Aufgrund der geografischen Nähe legt die Elektroteile Nürnberg GmbH keinen Wert auf Verpackung bei Anlieferung. Lieferzusagen werden eingehalten. Bei schriftlichen Unterlagen (Auftragsbestätigung, Rechnung etc.) sind jedoch fast immer Beanstandungen aufgetreten, manchmal sogar sehr ärgerliche. Auf den schriftlichen Informationsverkehr ist wenig Verlass.

Hans Haas e. Kfm., Köln

Köln ist ca. 290 km entfernt. Obwohl die Qualität mit 7 von 10 Punkten hoch ist, reicht die schriftlich angeforderte Beratung nicht aus. Dafür werden Verpackung und Anlieferung stets besonders gelobt. Auch Liefertermine wurden – ausgenommen eine unverschuldete Verzögerung – pünktlich eingehalten. Rückfragen jeder Art werden schnell bearbeitet und beantwortet. In zwei Fällen musste die Auftragsbestätigung angemahnt werden. Sonst waren keine besonderen Beanstandungen festgestellt worden.

Aufgaben:

DOWNLOAD

1. Führen Sie anhand der unten aufgeführten Entscheidungsbewertungstabelle einen Angebotsvergleich durch!

   Hinweise:

   - Neben dem Preis und der Qualität sind für den Vergleich anhand der Berichte weitere Kriterien festzulegen.
   - Bei der Kriteriengewichtung sind im ersten Schritt aus einer Zehnerstaffel (10, 20,...) entsprechend der „Wichtigkeit" Punkte zu verteilen. Die Punktsumme ist auf 100 anzupassen.
   - Im Folgenden wird jede Information aus den Berichten kriterienbezogen bewertet und erhält zwischen einem und fünf Punkte, wobei die als beste angesehene nicht unbedingt volle fünf Punkte und die als schlechteste betrachtete nicht unbedingt einen Punkt bekommen muss.

2 Kalkulation

Jeder Einzelhändler ist bestrebt, mit dem Verkauf von Waren einen Gewinn zu erzielen. Der Verkaufspreis muss daher **alle Kosten** und einen **angemessenen Gewinnaufschlag** enthalten. Die Berechnung des Verkaufspreises nennt man **Kalkulation.**

2.1 Vorwärtskalkulation

Ziel der Vorwärtskalkulation[1] ist, für jeden Artikel den **Verkaufspreis festzulegen.** Ausgangspunkt für die Vorwärtskalkulation ist der **ermittelte Einstandspreis.**

Nach dem Einkauf der Waren fallen aufgrund der Betriebstätigkeit weitere Kosten an. Man nennt sie **Handlungskosten.** Zur **Ermittlung der Selbstkosten** sind die Handlungskosten zum **Einstandspreis hinzuzurechnen (zu addieren).** Werden zu den Selbstkosten der Gewinn und die Umsatzsteuer hinzugerechnet, erhält man den **Bruttoverkaufspreis.**

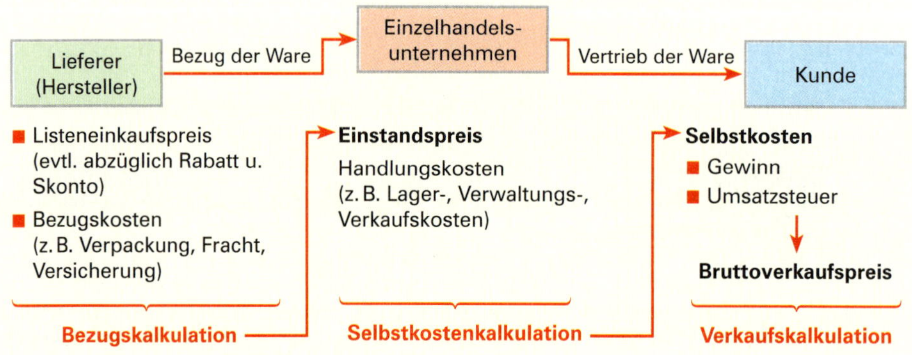

2.1.1 Selbstkostenkalkulation

Hinweis:

Die **Bezugskalkulation** wurde bereits im Rahmen des Angebotsvergleichs dargestellt. Um die nachfolgenden Schritte der Vorwärtskalkulation zu verstehen, ist es sinnvoll, jenen Abschnitt eventuell zu wiederholen (siehe Lernfeld 12, Kapitel 1.4.1., S. 156 f.).

(1) Handlungskosten

Handlungskosten sind die Kosten der **Betriebstätigkeit.** Hierzu zählen:

- **Lagerkosten,** z. B. Gehälter des Lagerpersonals, Energiekosten, Reparaturen, Abschreibungen
- **Allgemeine Verwaltungskosten,** z. B. Gehälter für Angestellte, Bürokosten, Steuern
- **Verkaufskosten,** z. B. Gehälter für das Verkaufspersonal, Verpackungskosten, Werbekosten, Servicekosten

1 Da bei dieser Form der Kalkulation alle anfallenden Kosten des Einzelhandelsbetriebs auf den Einstandspreis aufgeschlagen werden, spricht man auch von **Zuschlagskalkulation.**

Der Anteil der Handlungskosten, den ein bestimmter Artikel verursacht, kann in der Kostenrechnung nicht ermittelt werden. Er wird mithilfe des **Handlungskostenzuschlagssatzes** auf den Artikel aufgeschlagen. Dieser wird berechnet, indem man den prozentualen Anteil der Handlungskosten am **Wareneinsatz** feststellt.

Beispiel:

Der Wareneinsatz beträgt im vergangenen Geschäftsjahr 1 125 000,00 EUR und die Handlungskosten 675 000,00 EUR.

Aufgabe:
Berechnen Sie den Handlungskostenzuschlagssatz.

Lösung:

1 125 000,00 EUR Bezugspreis	=	100 %
675 000,00 EUR Handlungskosten	=	x %

$$\text{Handlungskostenzuschlagssatz} = \frac{675\,000 \cdot 100}{1\,125\,000} = \underline{\underline{60\,\%}}$$

$$\text{Handlungskostenzuschlagssatz} = \frac{\text{Handlungskosten} \cdot 100}{\text{Wareneinsatz}}$$

(2) Berechnung der Selbstkosten

Beispiel:

Das Fahrrad- und Motorradhaus Ferdinand Flitzer e. Kfm. bestellt bei der Fahrradfabrik ein Rennrad Marke „Spurt" zu folgenden Bedingungen: Listeneinkaufspreis 500,00 EUR zuzüglich 19 % Umsatzsteuer, 20 % Wiederverkäuferrabatt, 2 % Skonto, Kosten für Verpackung, Fracht,

Anfuhrkosten und Transportversicherung pauschal 48,00 EUR. Das Fahrradhaus rechnet für seine Handlungskosten mit einem prozentualen Zuschlag auf den Bezugspreis von 60 %.

Aufgabe:
Berechnen Sie die Selbstkosten.

Lösung:

	Listeneinkaufspreis netto	500,00 EUR	100 % = 500,00 EUR; 20 % = x EUR; $x = \frac{500 \cdot 20}{100} = 100{,}00$ EUR
–	20 % Rabatt	100,00 EUR	
=	Zieleinkaufspreis	400,00 EUR	100 % = 400,00 EUR; 2 % = x EUR; $x = \frac{400 \cdot 2}{100} = 8{,}00$ EUR
–	2 % Skonto	8,00 EUR	
=	Bareinkaufspreis	392,00 EUR	392,00 EUR + 48,00 EUR = 440,00 EUR
+	Bezugskosten	48,00 EUR	
=	Einstandspreis	440,00 EUR	100 % = 440,00 EUR; 60 % = x EUR; $x = \frac{440{,}00 \cdot 60}{100} = 264{,}00$ EUR
+	60 % Handlungskosten	264,00 EUR	
=	Selbstkosten	704,00 EUR	

Die Umsatzsteuer spielt bei der Ermittlung der Selbstkosten keine Rolle. Der **Listeneinkaufspreis** ist stets ein **Nettobetrag**.

- Die **Selbstkosten** decken alle Kosten ab, die mit dem Ein- und Verkauf der Ware zusammenhängen.
- In der Regel stellen die Selbstkosten die **unterste Grenze des Verkaufspreises** einer Ware im Konkurrenzkampf dar, denn nur bei diesem Preis lässt sich ein Verlust vermeiden.

Kompetenztraining

DOWNLOAD 43

1. Einem Einzelhandelsbetrieb wird eine Küchenmaschine zu einem Preis von 250,00 EUR angeboten. Bei einer Abnahme von 10 Küchenmaschinen erhält er einen Mengenrabatt von 15 % und bei Zahlung innerhalb von 14 Tagen 2 % Skonto. Die Bezugskosten betragen 137,50 EUR für 10 Stück. Der Handlungskostenzuschlagssatz wird mit 30 % angesetzt.

   Aufgabe:

   Ermitteln Sie die Selbstkosten pro Stück bei der Abnahme von 10 Stück!

DOWNLOAD

2. Das Bekleidungshaus bezieht 8 Damenwollmäntel zum Listeneinkaufspreis von 275,00 EUR je Stück. Einkaufsbedingungen: 12 % Rabatt, bei Zahlung innerhalb 20 Tagen 3 % Skonto. Die Frachtkosten für die Sendung betragen insgesamt 48,00 EUR.

   Aufgabe:

   Berechnen Sie die Selbstkosten für einen Mantel, wenn mit einem Handlungskostenzuschlagssatz von 27 % gerechnet wird!

DOWNLOAD

3. Das Teppichhaus Schöner Laufen OHG bezieht 15 Rollen Teppichboden zu 465,00 EUR je Rolle ab Werk. Die Teppichweberei gewährt 20 % Liefererrabatt und $2^1/_2$ % Liefererskonto. An Bezugskosten fallen an: Verpackungs- und Verladekosten 12,00 EUR, Transportkosten 6,00 EUR und Ausladekosten 5,20 EUR je Rolle. Das Teppichhaus rechnet mit einem Handlungskostenzuschlagssatz von 52 %.

   Aufgabe:

   Berechnen Sie die Selbstkosten je Rolle!

2.1.2 Verkaufskalkulation ohne Kundennachlässe

(1) Gewinnaufschlag

Der Einzelhandelsbetrieb kann sich nicht mit der Deckung der Selbstkosten zufriedengeben. Er ist tätig, um einen Gewinn zu erzielen. Durch den Gewinn möchte der Einzelhändler drei Leistungen erstattet haben:

- die **Kapitalverzinsung** für das im Einzelhandelsbetrieb investierte Kapital
- die **Risikoprämie** als Vergütung für die Gefahr, dass der Einzelhandelsbetrieb Verluste erleidet
- den **Unternehmerlohn** für seine Mitarbeit

- Der **Gewinn** wird über einen **prozentualen Aufschlag auf die Selbstkosten** einkalkuliert (Gewinnsatz). Die Selbstkosten sind 100 %.

$$\text{Gewinn} = \frac{\text{Selbstkosten} \cdot \text{Gewinnzuschlagssatz}}{100}$$

- Addiert man nun den Gewinn zu den Selbstkosten dazu, ergibt sich der **Nettoverkaufspreis.**

Selbstkosten + Gewinn = Barverkaufspreis (Nettoverkaufspreis)

(2) Umsatzsteuer

Nach der Preisangabenverordnung muss der Einzelhandelsbetrieb die Waren zum **Bruttoverkaufspreis,** d. h. **einschließlich der Umsatzsteuer** auszeichnen. Auf den Nettoverkaufspreis muss daher noch die Umsatzsteuer aufgeschlagen werden, die je nach Warenart mit 19 % oder 7 % anzusetzen ist.

Die **Umsatzsteuer** wird mit dem **entsprechenden Umsatzsteuersatz** auf den Nettoverkaufspreis aufgeschlagen. Der Nettoverkaufspreis ist 100 %.

$$\text{Umsatzsteuer} = \frac{\text{Nettoverkaufspreis} \cdot \text{Umsatzsteuersatz}}{100}$$

Nettoverkaufspreis + Umsatzsteuer = Bruttoverkaufspreis

Beispiel:

Wir führen die Kalkulation des Rennrades „Spurt“ von S. 165 fort. Die Selbstkosten betragen 704,00 EUR. Das Fahrrad- und Motorradhaus Ferdinand Flitzer e. Kfm. rechnet mit einem Gewinnsatz von 25 %. Die Umsatzsteuer beträgt 19 %.

Aufgabe:
Berechnen Sie den Bruttoverkaufspreis.

Lösung:

	Selbstkosten	704,00 EUR
+	25 % Gewinn	176,00 EUR
=	Barverkaufspreis	880,00 EUR
+	19 % Umsatzsteuer	167,20 EUR
=	Bruttoverkaufspreis	1 047,20 EUR

100 % = 704,00 EUR
25 % = x EUR

$$x = \frac{704{,}00 \cdot 25}{100} = \underline{\underline{176{,}00 \text{ EUR}}}$$

100 % = 880,00 EUR
19 % = x EUR

$$x = \frac{880{,}00 \cdot 19}{100} = \underline{\underline{167{,}20 \text{ EUR}}}$$

Der Rennrad „Spurt“ wird zu diesem Preis ausgezeichnet. In der Regel „glättet“ man jedoch noch die Zahlen und nutzt die Preispsychologie, um eine attraktiv erscheinende Preiswirkung zu erhalten.

Kompetenztraining

44

1. Die Selbstkosten für einen Artikel betragen 851,60 EUR. Wir kalkulieren mit 8 % Gewinn und 19 % USt.

   Aufgabe:

   Berechnen Sie den Bruttoverkaufspreis!

2. Der Bezugspreis einer Ware beträgt 36,40 EUR. Wir kalkulieren mit einem Handlungskostenzuschlagssatz von 55 %, 8,5 % Gewinn und 19 % USt.

   Aufgabe:

   Berechnen Sie den Bruttoverkaufspreis!

3.

Wareneinsatz	480 000,00 EUR
Handlungskosten	125 500,00 EUR
Umsatzerlöse zu Nettoverkaufspreisen	678 160,00 EUR
Gewinn	72 660,00 EUR

   Aufgabe:

   Berechnen Sie den Gewinnsatz!

4.

SPORT MODEN

Franz Wölfle GmbH

Sportmoden Franz Wölfle GmbH, Postfach 321, 45145 Essen

Modehaus
Eva Busch e. Kfr.
Mozartstr. 14
78464 Konstanz

Rechnungsdatum
19. 09. 20. .

Rechnung Nr. 1709

Lief.-Datum	Artikelnummer	Artikel	Anzahl	Stückpreis	Gesamtpreis
15. 09. 20. .	70 410-5	Steppjacken „Beauty“	30	32,25	967,50 EUR
	Frachtpauschale ups				27,18 EUR
	Nettowert				994,68 EUR
	+ 19 % Umsatzsteuer				188,99 EUR
	Rechnungsbetrag				1 183,67 EUR

Zahlungsbedingungen:
2 % Skonto auf den reinen Warenpreis innerhalb von 7 Tagen ab Rechnungsdatum, sonst 21 Tage rein netto Kasse.

Sitz der Gesellschaft: Essen, RG Essen HRB 1465 · Steuer-Nr. 97140/515

Aufgaben:

4.1 Berechnen Sie den Überweisungsbetrag am 25. 09. 20. .!

4.2 Berechnen Sie den Einstandspreis für eine Steppjacke!

4.3 Ein Wettbewerber bietet die Steppjacken zu einem Ladenpreis von 73,90 EUR an. Ermitteln Sie, ob das Modehaus Eva Busch e. Kfr. diesen Preis unterbieten kann!
Berücksichtigen Sie folgende Kalkulationsdaten:
Handlungskostenzuschlagssatz: 35 %, Gewinnzuschlag: 40 %, Umsatzsteuer: 19 %.

5. Wir kalkulieren einen Artikel aus unserem Sortiment mit einem Handlungskostenzuschlagssatz von 35 %, 12 % Gewinn und 7 % USt. Der Artikel hat einen Einstandspreis von 159,60 EUR.

   Aufgabe:

   Berechnen Sie den Bruttoverkaufspreis!

6. Der Gewinn an einer Ware beträgt 59,50 EUR, das sind 8,5 % der Selbstkosten.

   Aufgabe:

   Berechnen Sie den Barverkaufspreis!

7. Aus der Kostenrechnung entnehmen wir folgende Zahlenwerte:

Wareneinsatz	560 000,00 EUR
Umsatzerlöse zu Nettoverkaufspreisen	870 400,00 EUR
Handlungskostenzuschlagssatz	30 %

   Aufgabe:

   Berechnen Sie die Selbstkosten!

8. Ein Einzelhändler entnimmt seiner Kostenrechnung folgende Zahlen:

Wareneinsatz	340 000,00 EUR
Selbstkosten	415 000,00 EUR
Warenumsatz zu Nettoverkaufspreisen	472 270,00 EUR

   Aufgabe:

   Ermitten Sie den Gewinnsatz!

2.1.3 Verkaufskalkulation mit Kundennachlässen

Wird dem Kunden Rabatt und Skonto gewährt, hat der Einzelhandelsbetrieb diese zuvor in den Preis einzurechnen, ansonsten gehen die Preisnachlässe zulasten seines Gewinns.

Für die Einrechnung der Preisnachlässe an den Kunden muss sich der Einzelhandelsbetrieb **in die Lage des Kunden versetzen.** Der Kunde erhält zunächst vom Nettoverkaufspreis den Rabatt eingeräumt und kann dann erst von dem gekürzten Betrag (Zielverkaufspreis) den angebotenen Skonto abziehen. Weil der Kunde die Nachlässe in dieser Reihenfolge abzieht, muss der Einzelhandelsbetrieb sie in umgekehrter Reihenfolge aufschlagen.

Der Bruttoverkaufspreis bzw. der Zielverkaufspreis sind für den Kunden jeweils 100 %.

Beispiel:

Der Baumarkt „Schaffs gut", Heide Solva e. Kfr., hat bei der Maschinenfabrik Wenner GmbH eine Bohrmaschine zu folgenden Bedingungen bestellt: Listeneinkaufspreis 390,00 EUR zuzüglich 19 % Umsatzsteuer, $33^1/_3$ % Wiederverkäuferrabatt, 2 % Skonto, Kosten für Verpackung, Fracht, Anfuhrkosten und Transportversicherung pauschal 40,00 EUR zuzüglich 19 % Umsatzsteuer. Das Fahrradhaus rechnet mit einem Handlungskostenzuschlagssatz von 60 % sowie mit einem Gewinnzuschlagssatz von 20 %. Dem Kunden wurden bei der Bestellung 10 % Rabatt und 2 % Skonto zugesagt.

Aufgabe:

Ermitteln Sie den Bruttoverkaufspreis, wenn 19 % Umsatzsteuer einzurechnen sind!

Lösung:

Listeneinkaufspreis	390,00 EUR		
– $33\frac{1}{3}$ % Rabatt	130,00 EUR		
= Zieleinkaufspreis	260,00 EUR		
– 2 % Skonto	5,20 EUR		
= Bareinkaufspreis	254,80 EUR		
+ Bezugskosten	40,00 EUR		
= Einstandspreis	294,80 EUR		
+ 60 % Handlungskosten	176,88 EUR		
= Selbstkosten	471,68 EUR		
+ 20 % Gewinn	94,34 EUR		
= Barverkaufspreis	566,02 EUR	98 % = 566,02 EUR	$x = \frac{566{,}02 \cdot 2}{98} = 11{,}55$ EUR
+ 2 % Kundenskonto	11,55 EUR	2 % = x EUR	
= Zielverkaufspreis	577,57 EUR	90 % = 577,57 EUR	$x = \frac{577{,}57 \cdot 10}{90} = 64{,}17$ EUR
+ 10 % Kundenrabatt	64,17 EUR	10 % = x EUR	
= Nettoverkaufspreis	641,74 EUR	100 % = 641,74 EUR	$x = \frac{641{,}74 \cdot 19}{100} = 121{,}93$ EUR
+ 19 % Umsatzsteuer	121,93 EUR	19 % = x EUR	
= Bruttoverkaufspreis	763,67 EUR		

Beachte:

- Den Unterschied zwischen **Barverkaufspreis** und **Einstandspreis** bezeichnet man als **Rohgewinn netto** bzw. **Rohertrag netto.**
- Den Unterschied zwischen **Bruttoverkaufspreis** und **Einstandspreis** bezeichnet man als **Rohgewinn brutto** bzw. **Rohertrag brutto.**

Kompetenztraining

45 1. Ein Kaufhaus bezieht 500 Herrenjacken zu je 180,00 EUR. Der Lieferer gewährt 10 % Rabatt und 2 % Skonto. Es fallen für die gesamte Sendung 480,00 EUR Frachtkosten an. Das Kaufhaus rechnet mit einem Handlungskostenzuschlagssatz von 25 % und will $11\frac{1}{2}$ % Gewinn erzielen. Der Umsatzsteuersatz beträgt 19 %.

DOWNLOAD

Aufgabe:

Berechnen Sie den Bruttoverkaufspreis für eine Herrenjacke!

2.

SCHWERTER SOLARWERKE AG

Solarenergie
sauber
kostengünstig
innovativ

Schwerter Solarwerke AG, 58239 Schwerte
Elektrogroßhandlung
Sauer GmbH
Schwarzwaldstr. 119
79539 Lörrach

Angebot

Lieferdatum	Angebot-Nr.	Kunden-Nr.	Telefon 02304 16865	58239 Schwerte
06.04.20..	25746	248312		10.04.20..

Artikelbezeichnung	Artikel-Nr.	Menge	Einzelpreis	Gesamtpreis
Solarleuchte „Dolma"	4008	50	75,80 EUR	3 790,00 EUR
+ 19 % Umsatzsteuer				720,10 EUR
				4 510,10 EUR

EINGEGANGEN
12. APRIL ....
Erl. ....

Lieferungs- und Zahlungsbedingungen:

Der Rabatt für Wiederverkäufer beträgt grundsätzlich 20 % des Listenverkaufspreises. Lieferung frei Haus. Bei Zahlungen innerhalb von 8 Tagen gewähren wir 2 % Skonto, 24 Tage netto Kasse. Umsatzsteuer 19 %.

Sitz der Gesellschaft: Schwerte · RG Schwerte HRB 1205 · Steuer-Nr.: 4578/252810

Aufgaben:

DOWNLOAD

2.1 Ermitteln Sie den Rechnungsbetrag aufgrund der Angebotsbedingungen!

2.2 Berechnen Sie den Überweisungsbetrag unter Ausnutzung von Skonto!

2.3 Kalkulieren Sie, unter Beachtung der Kalkulationsdaten, den Ladenpreis einer Solarleuchte!

Kalkulationsdaten:

Liefererrabatt:	vgl. Angebot	Kundenrabatt:	5 %
Liefererskonto:	vgl. Angebot	Kundenskonto:	2 %
Handlungskostenzuschlag:	42,5 %	Umsatzsteuer:	19 %
Gewinnzuschlag:	25 %		

3. Ein Lebensmittelgeschäft verkauft Getränke auch in Kästen zu je 10 Flaschen und möchte hierauf den Kunden jeweils einen Sonderrabatt einräumen. Die bisherige Kalkulation für einen Kasten Zitronenlimonade ergab einen Zielverkaufspreis von 4,20 EUR je Kasten.

Aufgabe:

Berechnen Sie, zu welchem Bruttoverkaufspreis ein Kasten angeboten werden kann, wenn das Lebensmittelgeschäft noch 5 % Sonderrabatt und 19 % Umsatzsteuer einrechnet!

4. Das Möbelhaus Franz Holz e. Kfm. entschließt sich, den Kunden in Zukunft 3 % Skonto einzuräumen. Errechnen Sie den Bruttoverkaufspreis für einen Tisch! Bisheriger Barverkaufspreis ohne Umsatzsteuer: 460,00 EUR.

   Aufgabe:

   Errechnen Sie den neuen Bruttoverkaufspreis, indem Sie den Kundenskonto von 3 % und die Umsatzsteuer von 19 % berücksichtigen!

5. Aufgrund einer Anfrage erhalten wir von unserem Lieferer folgendes Angebot für eine Tischlampe, die in ähnlicher Ausführung bei unserer Konkurrenz als Verkaufsschlager gilt und zum Bruttoverkaufspreis von 279,90 EUR verkauft wird.

   Listeneinkaufspreis Modell „Star" 133,00 EUR ohne USt. Lieferungs- und Zahlungsbedingungen: Lieferung ab Fabrik, zahlbar ohne jeden Abzug sofort nach Erhalt der Ware. An Frachtkosten fallen an 6,00 EUR; an Verpackungskosten für einen Spezialbehälter 15,00 EUR, wobei uns bei Rücksendung des Behälters $^2/_3$ dieses Betrages wieder gutgeschrieben werden.

   Aufgabe:

   Kalkulieren Sie, ob wir diese Lampe in unser Sortiment aufnehmen können, wenn wir mit einem Handlungskostenzuschlagssatz von 45 %, $16^2/_3$ % Gewinn und 19 % USt rechnen müssen!

6. Die Kalkulation eines Artikels ergibt folgende Werte:

Listeneinkaufspreis	38,20 EUR	Einstandspreis	32,50 EUR
Zieleinkaufspreis	30,56 EUR	Selbstkosten	44,85 EUR
Bareinkaufspreis	29,64 EUR		

   DOWNLOAD

   Aufgabe:

   Ermitteln Sie den Handlungskostenzuschlagssatz!

7. Die Kalkulation liefert uns für einen Artikel folgende Daten:

Einstandspreis	85,90 EUR	Nettoverkaufspreis	135,00 EUR
Selbstkosten	115,40 EUR	Bruttoverkaufspreis	160,65 EUR
Barverkaufspreis	130,95 EUR		

   Aufgabe:

   Berechnen Sie den Kundenskonto!

2.2 Rückwärtskalkulation

Liegt der Bruttoverkaufspreis aufgrund der gegebenen Markt- bzw. Konkurrenzsituation fest, eignet sich das Kalkulationsschema in umgekehrter Richtung **von unten nach oben** zur Errechnung des **aufwendbaren Listeneinkaufspreises.** Es wird der Listeneinkaufspreis ermittelt, der höchstens gezahlt werden darf, um den Bruttoverkaufspreis zu erzielen.

Beispiel:

Aufgrund der Marktsituation muss die Eisenhandlung Fritz Zeh e. Kfm. eine Schleifmaschine zum Bruttoverkaufspreis in Höhe von 284,41 EUR einschließlich 19 % Umsatzsteuer anbieten. Den Handwerkern muss branchenüblich ein Rabatt von 10 % und ein Skonto von 2 % gewährt werden. Vom Lieferer erhält die Eisenhandlung lt. Angebot 20 % Rabatt und 3 % Skonto. Die Fracht- und Verpackungskosten werden von ihm pauschal mit 18,00 EUR berechnet. Der Handlungskostenzuschlagssatz beläuft sich auf 32 %. Als Gewinn sollen 12 % eingerechnet werden.

Aufgabe:

Berechnen Sie den Listeneinkaufspreis, der höchstens bezahlt werden kann!

Lösung:

= Listeneinkaufspreis	160,55 EUR	80 % = 128,44 EUR	$\frac{128{,}44 \cdot 20}{80}$	= 32,11 EUR
+ 20 % Liefererrabatt	32,11 EUR	20 % = x EUR		
= Zieleinkaufspreis	128,44 EUR	97 % = 124,59 EUR	$\frac{124{,}59 \cdot 3}{97}$	= 3,85 EUR
+ 3 % Liefererskonto	3,85 EUR	3 % = x EUR		
= Bareinkaufspreis	124,59 EUR	142,59 EUR – 18,00 EUR = 124,59 EUR		
– Bezugskosten	18,00 EUR			
= Einstandspreis	142,59 EUR	132 % = 188,22 EUR	$\frac{188{,}22 \cdot 32}{132}$	= 45,63 EUR
– 32 % Handlungskosten	45,63 EUR	32 % = x EUR		
= Selbstkosten	188,22 EUR	112 % = 210,80 EUR	$\frac{210{,}80 \cdot 12}{112}$	= 22,58 EUR
– 12 % Gewinn	22,58 EUR	12 % = x EUR		
= Barverkaufspreis	210,80 EUR	100 % = 215,10 EUR	$\frac{215{,}10 \cdot 2}{100}$	= 4,30 EUR
– 2 % Kundenskonto	4,30 EUR	2 % = x EUR		
= Zielverkaufspreis	215,10 EUR	100 % = 239,00 EUR	$\frac{239{,}00 \cdot 10}{100}$	= 23,90 EUR
– 10 % Kundenrabatt	23,90 EUR	10 % = x EUR		
= Nettoverkaufspreis	239,00 EUR	119 % = 284,41 EUR	$\frac{284{,}41 \cdot 19}{119}$	= 45,41 EUR
– 19 % Umsatzsteuer	45,41 EUR	19 % = x EUR		
= Bruttoverkaufspreis	284,41 EUR			

Checkliste: Vorgehensweise bei der Rückwärtskalkulation

- Stellen Sie zuerst das **Kalkulationsschema von oben nach unten** auf und tragen Sie die in der Aufgabe vorgegebenen Prozentsätze ein.
- Setzen Sie den **gegebenen Bruttoverkaufspreis** ein und gehen Sie Schritt für Schritt rückwärts.
- Überlegen Sie bei jedem Rechenschritt, welcher Betrag 100 % ist.
- **Überprüfen** Sie das Ergebnis durch eine **Vorwärtskalkulation.**

Kompetenztraining

46

1. Ein Einzelhandelsbetrieb hat bei einem Artikel Selbstkosten von 115,30 EUR errechnet. Der Handlungskostenzuschlagssatz beträgt 42 % und an Bezugskosten fielen 11,12 EUR an. Der Lieferer gewährte uns 15 % Rabatt und 3% Skonto.

   Aufgabe: DOWNLOAD

   Berechnen Sie den Listeneinkaufspreis für diesen Artikel!

2. Ein Elektrohändler kann einen Kühlschrank der Marke „Frost" aus Konkurrenzgründen zu 475,81 EUR einschließlich 19 % USt verkaufen.

   Aufgabe: DOWNLOAD

   Ermitteln Sie, zu welchem Preis der Elektrohändler den Kühlschrank höchstens einkaufen kann, wenn er von seinem Lieferer 30 % Rabatt und 3 % Skonto erhält! Er kalkuliert mit 11,00 EUR Bezugskosten, 22 % Handlungskostenzuschlagssatz und 14 % Gewinnzuschlag.

3. Im Rahmen einer Aktionswoche für Gartenmöbel veröffentlicht das Möbelhaus Wetzel GmbH nebenstehende Werbeanzeige:

   Wir, das Möbelhaus Franz Nadig KG, wollen aus Konkurrenzgründen für den gleichen Klapp-Pavillon ein entsprechendes Angebot entgegensetzen. Unser Großhändler für Gartenmöbel bietet das Modell „Komfort“ für 69,14 EUR netto an, wobei der Großhändler erkennen lässt, dass bei der Rabattgewährung noch ein gewisser Spielraum vorhanden ist.

   Das Möbelhaus Franz Nadig KG rechnet mit 19 % Umsatzsteuer, einem Gewinnzuschlag von 15,5 %, einem Handlungskostenzuschlagssatz von 30 %, die Bezugskosten sind mit 6,50 EUR anzunehmen.

   DOWNLOAD

   Aufgabe:

   Berechnen Sie, wie hoch der noch auszuhandelnde Rabatt in EUR und Prozent mindestens sein muss, damit das Möbelhaus Franz Nadig KG konkurrenzfähig ist!

4. Wir können eine neue Waschmaschine, Marke „LAVOLUX“, aus Konkurrenzgründen höchstens für 974,61 EUR auf den Markt bringen. Unsere Kalkulationssätze sind: 12,5 % Handlungskostenzuschlagssatz, $16^{2}/_{3}$ % Gewinn und 19 % Umsatzsteuer. An Bezugskosten würden uns 8,80 EUR entstehen, wovon $^{1}/_{4}$ bei Rücksendung der Verpackung wieder gutgeschrieben werden.

   DOWNLOAD

   Aufgabe:

   Berechnen Sie, welchen Listeneinkaufspreis wir höchstens beim Einkauf zugrunde legen können, wenn der Lieferer noch bereit wäre, uns 2 % Skonto und 10 % Einführungsrabatt einzuräumen!

5. Der Bruttoverkaufspreis einer Ware beträgt 371,10 EUR. Das Unternehmen rechnet mit 48,5 % Handlungskosten und 25 % Gewinn. Es sind 19 % Umsatzsteuer zu berücksichtigen. Für Bezugskosten fallen 14,80 EUR an. Vom Lieferer erhalten wir 20 % Rabatt und $2^{1}/_{2}$ % Skonto.

   Aufgaben:

   5.1 Berechnen Sie den Einstandspreis!

   5.2 Berechnen Sie den Listeneinkaufspreis!

6. Um den Marktanteil zu erhöhen, startet ein Mediengroßhändler eine Werbeaktion und empfiehlt allen Einzelhändlern, den Ladenpreis pro CD-Box auf 16,99 EUR festzusetzen.

   Aufgabe:

   Ermitteln Sie, welchen Listeneinkaufspreis ein Einzelhändler höchstens anlegen kann, wenn er mit einem Handlungskostenzuschlagssatz von 8 %, einem Gewinnzuschlag von 5 %, 2 % Kundenskonto und 12 % Kundenrabatt rechnet, vom Lieferer $33^{1}/_{3}$ % Händlerrabatt bei Barzahlung und Lieferung frei Haus erhält und 19% Umsatzsteuer berücksichtigen muss!

7. Die Kalkulation liefert uns für eine Ware folgende Daten:

Einstandspreis	150,40 EUR	Nettoverkaufspreis	224,00 EUR
Selbstkosten	175,70 EUR	Bruttoverkaufspreis	266,56 EUR
Barverkaufspreis	190,40 EUR		

   Aufgabe:

   Berechnen Sie, wie viel Prozent wir unseren Kunden an Rabatt gewähren!

2.3 Differenzkalkulation

Liegt sowohl der Bruttoverkaufspreis als auch der Listeneinkaufspreis aufgrund der Marktlage fest, muss es Ziel der Kalkulation sein zu prüfen, ob der erwartete Gewinn erzielt werden kann.

Wird der Gewinn aus der Differenz zwischen Selbstkosten und Nettoverkaufspreis berechnet, spricht man von **Differenzkalkulation**. Da sowohl der **Listeneinkaufspreis** als auch der **Bruttoverkaufspreis festliegen,** muss von **beiden** Werten aus mit dem Rechenweg begonnen werden, und zwar einmal als **Vorwärtskalkulation** (vom Listeneinkaufspreis bis zu den Selbstkosten) und zum anderen als **Rückwärtskalkulation** (vom Bruttoverkaufspreis bis zum Nettoverkaufspreis).

gegebener Listeneinkaufspreis
↓ Rechenweg
= Selbstkosten

Differenz → = errechneter Gewinn/Verlust

= Nettoverkaufspreis
↑ Rechenweg
gegebener Bruttoverkaufspreis

Beispiel:

Der Hersteller empfiehlt für eine Geschirrspülmaschine einen Bruttoverkaufspreis (einschließlich 19 % Umsatzsteuer) von 714,00 EUR. Seine Lieferungs- und Zahlungsbedingungen lauten: 20 % Wiederverkäuferrabatt, 2 % Skonto, Frachtanteil pauschal 30,00 EUR. Der in Rechnung gestellte Listeneinkaufspreis beträgt 525,00 EUR. Das Elektrohaus rechnet mit einem Handlungskostenzuschlagssatz von 18 % und hat aufgrund der Konkurrenzsituation dem Kunden 2 % Skonto einzuräumen.

Aufgabe:

Berechnen Sie, welcher Gewinn bzw. Gewinnsatz dem Einzelhändler bleibt!

Lösung:

	100 %	Listeneinkaufspreis	525,00 EUR	↓ Vorwärtskalkulation
	20 %	– Rabatt	105,00 EUR	
100 %	←	Zieleinkaufspreis	420,00 EUR	
2 %		– Skonto	8,40 EUR	
		Bareinkaufspreis	411,60 EUR	
		+ Bezugskosten	30,00 EUR	
	100 %	Einstandspreis	441,60 EUR	
	18 %	+ Handlungskosten	79,49 EUR	
100 %	←	Selbstkosten	521,09 EUR	
12,84 %		– Gewinn	66,91 EUR	
		Barverkaufspreis	588,00 EUR	↑ Rückwärtskalkulation
	2 %	– Kundenskonto	12,00 EUR	
→	100 %	Nettoverkaufspreis	600,00 EUR	
19 %		– Umsatzsteuer	114,00 EUR	
119 %		= Bruttoverkaufspreis	714,00 EUR	

Berechnung des Gewinnzuschlagssatzes:

521,09 EUR ≙ 100 %
66,91 EUR ≙ x %

$$x = \frac{66,91 \cdot 100}{521,09} = 12,84\,\%$$

Ergebnis: Dem Einzelhändler bleibt ein Gewinn in Höhe von 66,91 EUR. Das entspricht einem Gewinnzuschlagssatz von 12,84 %.

Checkliste: Vorgehensweise bei der Differenzkalkulation

- Stellen Sie zuerst das Kalkulationsschema **von oben nach unten** auf und tragen Sie die in der Aufgabe vorgegebenen Prozentsätze ein.
- Setzen Sie den **gegebenen Bruttoverkaufspreis** bzw. **Listeneinkaufspreis** ein.
- Kennzeichnen Sie den Rechenweg durch Pfeile und errechnen Sie stufenweise durch **Vorwärtskalkulation** die **Selbstkosten** bzw. durch **Rückwärtskalkulation** den **Barverkaufspreis.**
- Ermitteln Sie den **Gewinn** als **Differenz zwischen Barverkaufspreis und Selbstkosten.**
- Berechnen Sie anschließend den **Gewinn in Prozent** zu den Selbstkosten (Gewinnzuschlagssatz).

Kompetenztraining

47 1. Der Bruttoverkaufspreis beträgt einschließlich 7 % USt 227,91 EUR. Dem Kunden gewähren wir 2 % Skonto. An Selbstkosten fallen 194,06 EUR an.

DOWNLOAD

Aufgabe:

Ermitteln Sie, mit welchem Gewinnsatz der Einzelhändler rechnet!

2. Der Einstandspreis einer Ware beträgt 14,20 EUR. Der Handlungskostenzuschlagssatz beträgt 56 %. Aus Konkurrenzgründen können wir das Produkt zu einem Bruttoverkaufspreis von 33,68 EUR verkaufen. Den Kunden wird ein Rabatt von 10 % eingeräumt. Es sind 19 % USt zu berücksichtigen.

DOWNLOAD

Aufgaben:

2.1 Berechnen Sie, welcher Gewinn dem Einzelhändler bleibt!

2.2 Führen Sie zwei Gründe für die Abgabe eines Angebots an, falls der erwartete Gewinnsatz nicht erreicht wird!

3. Ein Medienhaus erhält von einem Hersteller ein Angebot über Smartphones. Die Konkurrenz verkauft diese Smartphones zum Bruttoverkaufspreis von 130,90 EUR. Der Hersteller gewährt einen Wiederverkäuferrabatt von 45 % und bei Barzahlung zusätzlich 2 % Skonto. Die Bezugskosten betragen 3,71 EUR je Smartphone. Das Medienhaus rechnet mit einem Handlungskostenzuschlagssatz von $33\,^1/_3$ %.

DOWNLOAD

Aufgaben:

3.1 Ermitteln Sie, mit welchem Gewinn in EUR und in Prozent das Medienhaus rechnen kann, wenn auch 130,90 EUR einschließlich 19 % USt verlangt werden!

3.2 Berechnen Sie, zu welchem Preis das Medienhaus die Smartphones als Sonderangebot anbieten könnte, wenn es auf einen Gewinn verzichtet und keinen Preisnachlass gewährt!

4. Ein Kaufhaus kann aus Konkurrenzgründen die Digitalkamera EX-Z4 einschließlich 19 % USt zu einem Verkaufspreis von höchstens 419,37 EUR anbieten. Der japanische Lieferer gewährt auf den Listeneinkaufspreis von 300,00 EUR $33\frac{1}{3}$ % Liefererrabatt und 3 % Liefererskonto. Die Bezugskosten für die Digitalkamera EX-Z4 betragen 8,10 EUR. Das Kaufhaus kalkuliert mit einem Handlungskostensatz von 42 %. Es gewährt seinem Kunden 2 % Skonto.

   Aufgabe: DOWNLOAD

   Ermitteln Sie, welchen Gewinn in EUR und in Prozent das Kaufhaus für die Digitalkamera EX-Z4 erzielt!

5. Die Armbanduhr Axim X 30 wird zum empfohlenen Richtpreis von 297,50 EUR einschließlich 19 % USt angeboten. Der Lieferer empfiehlt diesen Preis. Der Einzelhändler Dieter Kleinert kalkuliert mit einem Handlungskostenzuschlagssatz von 20 % und 2 % Sonderrabatt.

   Aufgabe: DOWNLOAD

   Berechnen Sie den Gewinn in EUR und in Prozent, wenn der Lieferer $33\frac{1}{3}$ % Rabatt und 2 % Skonto gewährt! Die Bezugskosten betragen 5,70 EUR.

   Anmerkung: Beim empfohlenen Richtpreis entspricht der Listeneinkaufspreis dem Bruttoverkaufspreis.

6. Die Handlungskosten für einen Artikel betragen 62,40 EUR. Das sind 30 %. Der Artikel wird einschließlich 19 % USt mit 350,74 EUR ausgezeichnet.

   Aufgabe: DOWNLOAD

   Berechnen Sie den Gewinnzuschlagssatz!

3 Verkürzte Kalkulationsverfahren

3.1 Kalkulationszuschlag

Sofern eine Ware bzw. Warengruppe bei **wechselnden Einstandspreisen** mit den **gleichen Prozentsätzen** für die Handlungskosten, den **Gewinn** und die **Verkaufsaufschläge** (Kundenskonto, Kundenrabatt und Umsatzsteuer) kalkuliert wird, können diese Aufschläge in **einem Prozentsatz** zusammengefasst werden. Dieser einheitliche Prozentsatz wird als **Kalkulationszuschlag**[1] bezeichnet.

	Einstandspreis (100 %)
+	Kalkulationszuschlag
=	Bruttoverkaufspreis

- Der **Kalkulationszuschlag** ergibt sich aus der Differenz zwischen Bruttoverkaufspreis und Einstandspreis ausgedrückt in **Prozenten zum Einstandspreis.**

$$\text{Kalkulationszuschlag} = \frac{(\text{Bruttoverkaufspreis} - \text{Einstandspreis}) \cdot 100}{\text{Einstandspreis}}$$

- Der Kalkulationszuschlag ist der **Aufschlag** auf den **Einstandspreis** zur **Ermittlung des Bruttoverkaufspreises.**

1 Der **Begriff Kalkulationszuschlag** kann sich sowohl auf den **EUR-Betrag** als auch auf den **Prozentsatz** beziehen.

Beispiel:

Wir greifen auf die Kalkulation der Bohrmaschine von S. 169 zurück.

Aufgaben:

1. Berechnen Sie den Kalkulationszuschlag, der der Kalkulation der Bohrmaschine zugrunde liegt!
2. Machen Sie die Probe!

Lösungen:

Zu 1: Berechnung des Kalkulationszuschlags

Einstandspreis	294,80 EUR
+ 60 % Handlungskosten	176,88 EUR
= Selbstkosten	471,68 EUR
+ 20 % Gewinn	94,34 EUR
= Barverkaufspreis	566,02 EUR
+ 2 % Kundenskonto	11,55 EUR
= Zielverkaufspreis	577,57 EUR
+ 10 % Kundenrabatt	64,17 EUR
= Nettoverkaufspreis	641,74 EUR
+ 19 % Umsatzsteuer	121,93 EUR
= Bruttoverkaufspreis	763,67 EUR

Berechnung der Differenz in EUR zwischen dem Bruttoverkaufspreis und dem Einstandspreis:

Bruttoverkaufspreis	763,67 EUR
− Einstandspreis	294,80 EUR
= Differenz	468,87 EUR

Berechnung des Kalkulationszuschlags in Prozenten zum Einstandspreis:

Einstandspreis	294,80 EUR ≙ 100 %
Kalkulationszuschlag	468,87 EUR ≙ x %

$$x = \frac{468{,}87 \cdot 100}{294{,}80} = 159{,}0468\,\%$$[1]

Ergebnis: Der Kalkulationszuschlag beträgt 159,0468 %.

Zu 2.: Probe – Berechnung des Bruttoverkaufspreises mithilfe des Kalkulationszuschlags

Einstandspreis	294,80 EUR
+ 159,0468 % Kalkulationszuschlag	468,87 EUR
= Bruttoverkaufspreis	763,67 EUR

$$\frac{294{,}80 \cdot 159{,}0468}{100} = 468{,}87$$

Beachte:

Den Kalkulationszuschlag nennt man auch **Rohgewinnzuschlag**.

3.2 Kalkulationsfaktor

Den Kalkulationsfaktor wird ermittelt, indem man den kalkulierten Bruttoverkaufspreis durch den Einstandspreis dividiert. Durch Multiplikation des Einstandspreises mit dem Kalkulationsfaktor erhält man den Bruttoverkaufspreis der Ware.

	Einstandspreis
·	Kalkulationsfaktor
=	Bruttoverkaufspreis

Der **Kalkulationsfaktor** ist eine Zahl, mit der man den **Einstandspreis multiplizieren** muss, um den **Bruttoverkaufspreis zu erhalten.** Diese Zahl erhält man durch folgende Rechnung:

$$\text{Kalkulationsfaktor} = \frac{\text{Bruttoverkaufspreis}}{\text{Einstandspreis}}$$

1 In der Praxis genügt es, beim Kalkulationszuschlag mit zwei Stellen hinter dem Komma zu rechnen.

Beispiel:

Wir greifen auf die Kalkulation der Bohrmaschine von S. 169 zurück.

Aufgaben:

1. Berechnen Sie den Kalkulationsfaktor, der der Bohrmaschine zugrunde liegt!
2. Machen Sie die Probe!

Lösungen:

Zu 1: Berechnung des Kalkulationsfaktors

$$\frac{763{,}67}{294{,}80} = \underline{\underline{2{,}5905}}$$

Ergebnis: Der Kalkulationsfaktor beträgt 2,5905.[1]

Zu 2.: Probe – Berechnung des Bruttoverkaufspreises mithilfe des Kalkulationsfaktors

$294{,}80 \text{ EUR} \cdot 2{,}5905 = \underline{\underline{763{,}67 \text{ EUR}}}$

Kompetenztraining

48 1. Berechnen Sie den Kalkulationszuschlag und den Kalkulationsfaktor bei folgenden Waren!

	Ware A	Ware B	Ware C
Einstandspreis	205,20 EUR	86,61 EUR	11,25 EUR
Bruttoverkaufspreis	285,90 EUR	132,80 EUR	25,90 EUR

2. Berechnen Sie den Kalkulationszuschlag und den Kalkulationsfaktor bei folgenden Kalkulationsdaten!

DOWNLOAD

	Ware A	Ware B	Ware C
Handlungskostenzuschlagssatz	28 %	30 %	41 %
Gewinnzuschlag	20 %	15 %	19 %
Kundenskonto	2 %	–	3 %
Kundenrabatt	12 %	5 %	15 %
Umsatzsteuersatz	19 %	7 %	19 %

Hinweis: Gehen Sie der Einfachheit halber jeweils von einem Einstandspreis von 100,00 EUR aus!

3. Das Kinderfachgeschäft Susanne Schrag e. Kfr. bezieht 20 Kinderbuggys zum Listeneinkaufspreis von 85,00 EUR je Stück. Das Fachgeschäft hat mit dem Lieferer folgende Einkaufsbedingungen ausgehandelt: 10 % Mengenrabatt; bei Zahlung innerhalb 10 Tagen $2\,^1/_2$ % Skonto oder innerhalb 30 Tagen netto, Frachtkosten insgesamt 48,25 EUR.

Aufgaben:

DOWNLOAD

3.1 Berechnen Sie den Einstandsspreis für einen Buggy, wenn die Geschäftsinhaberin mit Skontoabzug bezahlt!

3.2 Ermitteln Sie, zu welchem Preis Susanne Schrag einen Buggy anbieten kann, wenn folgendermaßen kalkuliert wird: $16\,^2/_3$ % Handlungskostenzuschlagssatz, 20 % Gewinn und 19 % Umsatzsteuer!

3.3 Berechnen Sie den Kalkulationszuschlag und den Kalkulationsfaktor!

3.4 Ermitteln Sie den „Rohgewinn brutto" je Buggy!

1 Im vorliegenden Beispiel ist es sinnvoll, mit vier Stellen hinter dem Komma zu rechnen, um ein genaues Ergebnis zu erzielen.

4. Die Media-Treff GmbH erhält folgende zwei Angebote über Bluetooth-Lautsprecher:

Großhandel für Unterhaltungselektronik Franz Groß OHG: Stückpreis 32,50 EUR ab Werk, 10 % Mengenrabatt bei Abnahme von mindestens 150 Stück, Bezugskosten je 100 Stück 17,50 EUR, Zahlungsziel 30 Tage, bei Zahlung innerhalb von 10 Tagen 2 % Skonto.

Großhandel Edwin Loske KG: Stückpreis 31,00 EUR und 7,5 % Rabatt bei Abnahme von 250 Stück, Lieferung erfolgt frei Haus, 1,5 % Skonto in 8 Tagen oder 20 Tage Zahlungsziel.

Die Media-Treff GmbH möchte zunächst 200 Bluetooth-Lautsprecher in einer Sonderaktion anbieten. Sie bezahlt immer mit Skontoabzug.

DOWNLOAD

Aufgaben:

4.1 Erstellen Sie einen rechnerischen Angebotsvergleich unter Beachtung der benötigten Menge!

4.2 Berechnen Sie, zu welchem Preis die Media-Treff GmbH ihren Kunden einen Bluetooth-Lautsprecher anbieten kann, wenn sie mit einem Kalkulationszuschlag von 60 % kalkuliert! (Die Media-Treff GmbH nimmt selbst jeweils das günstigste Angebot an.)

3.3 Kalkulationsabschlag

Mithilfe des Kalkulationsabschlags kann – **ausgehend vom Bruttoverkaufspreis** – der **Einstandspreis** ermittelt werden. Der Kalkulationsabschlag wird berechnet, indem die **Differenz zwischen dem Bruttoverkaufspreis und dem Einstandspreis** auf den **Bruttoverkaufspreis** bezogen wird[1].

	Einstandspreis
–	Kalkulationsabschlag
=	Bruttoverkaufspreis (100 %)

Bei **gleich bleibenden Prozentsätzen** für die einzukalkulierenden Aufschläge kann der Einzelhandelsbetrieb schnell feststellen, ob der vom Lieferer verlangte Einstandspreis für seine Kalkulation tragbar ist.

- Der **Kalkulationsabschlag** ergibt sich aus der Differenz zwischen dem Bruttoverkaufspreis und dem Einstandspreis ausgedrückt in Prozenten zum Bruttoverkaufspreis.

$$\text{Kalkulationsabschlag} = \frac{(\text{Bruttoverkaufspreis} - \text{Einstandspreis}) \cdot 100}{\text{Bruttoverkaufspreis}}$$

- Der Kalkulationsabschlag ist ein **Abschlag** vom **Bruttoverkaufspreis** zur **Ermittlung des Einstandspreises.**

1 Der **Begriff Kalkulationsabschlag** kann sich sowohl auf den **EUR-Betrag** als auch auf den **Prozentsatz** beziehen.

Beispiel:

Wir greifen auf die Kalkulation der Bohrmaschine von S. 169 zurück. Der Bruttoverkaufspreis beträgt 763,67 EUR und der Einstandspreis 294,80 EUR.

Aufgaben:

1. Berechnen Sie den Kalkulationsabschlag!
2. Machen Sie die Probe!

Lösungen:

Zu 1.: Berechnung des Kalkulationsabschlags

Berechnung der Differenz in EUR zwischen dem Bruttoverkaufspreis und dem Einstandspreis:

Bruttoverkaufspreis	763,67 EUR
– Einstandspreis	294,80 EUR
= Differenz	468,87 EUR

Berechnung des Kalkulationsabschlags in Prozenten zum Bruttoverkaufspreis:

763,67 EUR ≙ 100 %
468,87 EUR ≙ x %

$$x = \frac{100 \cdot 468,87}{763,67} = \underline{\underline{61,3969\,\%}}$$ [1]

Ergebnis: Der Kalkulationsabschlag beträgt 61,3969 %.

Zu 2.: Probe – Berechnung des Einstandspreises mithilfe des Kalkulationsabschlags

Bruttoverkaufspreis	763,67 EUR
– 61,3969 % Kalkulationsabschlag	468,87 EUR
= Einstandspreis	294,80 EUR

3.4 Handelsspanne

In der Praxis ist es auch üblich, die **Differenz zwischen Nettoverkaufspreis und Einstandspreis** der Ware auf den **Nettoverkaufspreis** zu beziehen, z. B. bei Betriebsvergleichen. Man spricht dann von **Handelsspanne.**[2]

In diesem Fall möchte der Einzelhandelsbetrieb wissen, wie viel Prozent er vom **Nettoverkaufspreis** abziehen muss, um den Einstandspreis zu erhalten.

Einstandspreis	↑
– Handelsspanne	
= Nettoverkaufspreis (100 %)	

- Die **Handelsspanne** ergibt sich aus der Differenz zwischen dem Nettoverkaufspreis und dem Einstandspreis ausgedrückt in **Prozenten zum Nettoverkaufspreis.**

$$\text{Handelsspanne} = \frac{(\text{Nettoverkaufspreis} - \text{Einstandspreis}) \cdot 100}{\text{Nettoverkaufspreis}}$$

- Die Handelsspanne ist der **Abschlag** vom **Nettoverkaufspreis** zur **Ermittlung des Einstandspreises.**

1 In der Praxis genügt es, bei dem Kalkulationsabschlag mit zwei Stellen hinter dem Komma zu rechnen.

2 Der Begriff Handelsspanne kann sich sowohl auf den **EUR-Betrag** als auch auf den **Prozentsatz** beziehen.

Beispiel:

Wir greifen auf die Kalkulation der Bohrmaschine von S. 169 zurück. Der Nettoverkaufspreis beträgt 641,74 EUR und der Einstandspreis 294,80 EUR.

Aufgaben:

1. Berechnen Sie die Handelsspanne!
2. Machen Sie die Probe!

Lösungen:

Zu 1.: Berechnung der Handelsspanne

Berechnung der Differenz in EUR zwischen dem Nettoverkaufspreis und dem Einstandspreis:

Nettoverkaufspreis	641,74 EUR
– Einstandspreis	294,80 EUR
= Differenz	346,94 EUR

Berechnung der Handelsspanne in Prozenten zum Nettoverkaufspreis:

641,74 EUR ≙ 100 %
346,94 EUR ≙ x %

$$x = \frac{100 \cdot 346{,}94}{641{,}74} = 54{,}0624\,\%$$ [1]

Ergebnis: Die Handelsspanne beträgt 54,0624 %.

Zu 2.: Probe – Berechnung des Einstandspreises mithilfe der Handelspanne

Nettoverkaufspreis	641,74 EUR
– 54,0624% Handelsspanne	346,94 EUR
= Einstandspreis	294,80 EUR

Kompetenztraining

49 1. Berechnen Sie den Kalkulationsabschlag und die Handelsspanne bei den folgenden Waren! Der Umsatzsteuersatz beträgt 19 %.

	Ware A	Ware B	Ware C
Einstandspreis	117,00 EUR	844,44 EUR	77,00 EUR
Nettoverkaufspreis	156,00 EUR	1 266,66 EUR	123,20 EUR

DOWNLOAD

2. Berechnen Sie den Kalkulationsabschlag und die Handelsspanne bei den folgenden Kalkulationsdaten!

	Ware A	Ware B	Ware C
Handlungskostenzuschlagssatz	35 %	55 %	28 %
Gewinnzuschlag	12 %	15 %	9 %
Kundenskonto	3 %	2 %	$2^1/_2$ %
Kundenrabatt	8 %	–	–
Umsatzsteuersatz	19 %	7 %	19 %

3. Der Bareinkaufspreis eines Artikels beträgt 135,00 EUR. An Frachtkosten fallen 16,20 EUR an. Das Einzelhandelsgeschäft rechnet mit einer Handelsspanne von 65 %.

Aufgabe:

Ermitteln Sie den Nettoverkaufspreis!

1 In der Praxis genügt es, bei der Handelsspanne mit zwei Stellen hinter dem Komma zu rechnen.

4. Der Baumarkt Jumbo-Bau GmbH arbeitet mit folgenden Kalkulationsdaten:

Zuschläge \ Abteilung	Holz	Fliesen	Lampen
Handlungskostenzuschlag	30,0 %	25,0 %	40,0 %
Gewinnzuschlag	10,0 %	12,5 %	15,0 %
Kundenskonto	3,0 %	2,0 %	2,0 %
Umsatzsteuer	19,0 %	19,0 %	19,0 %

Aufgaben:

4.1 Berechnen Sie den Kalkulationsfaktor für die Holzabteilung (auf zwei Stellen)!

4.2 Berechnen Sie die Handelsspanne für diese Abteilung!

4.3 Der Einkaufsabteilung der Jumbo-Bau GmbH liegt folgendes Angebot eines Holzwerkes vor:

Gartenhaus: SEELAND

Listeneinkaufspreis 4 500,00 EUR
25 % Rabatt und 3 % Skonto (bei Zahlung innerhalb von 10 Tagen)

Die Lieferung erfolgt frei Haus.

Ermitteln Sie, ob es sinnvoll ist, dieses Angebot anzunehmen, wenn die Mitbewerber für ähnliche Gartenhäuser 5 699,00 EUR verlangen! (Rechnerischer Nachweis!)

4.4 Die Jumbo-Bau GmbH beschließt, das Gartenhaus zu 5 599,00 EUR anzubieten. Ermitteln Sie die Gewinnreduzierung!

5. Der Bruttoverkaufspreis einer Ware beträgt einschließlich 19 % Umsatzsteuer 147,46 EUR. Das Einzelhandelsgeschäft kalkuliert mit einer Handelsspanne von 35 %.

Aufgabe:

Berechnen Sie den Einstandspreis!

6. Der Bruttoverkaufspreis einer Ware beträgt einschließlich 7 % USt 24,30 EUR. Es wird mit einer Handelsspanne von 30 % gerechnet.

Aufgabe:

Berechnen Sie den Einstandspreis!

7. Die Kostenrechnung liefert dem Einzelhandelsbetrieb folgende Zahlen:

Wareneinsatz	616 000,00 EUR	Reingewinn	23 000,00 EUR
Handlungskosten	285 000,00 EUR	Umsatzsteuer	19 %
Umsatzerlöse (netto)	924 000,00 EUR		

Aufgaben:

7.1 Berechnen Sie die Handelsspanne!

7.2 Berechnen Sie den Rohgewinn!

8. Der Nettoverkaufspreis eines Produkts beträgt 81,20 EUR, die Handlungskosten betragen 10,20 EUR.

Aufgabe:

Berechnen Sie den Gewinn, wenn das Einzelhandelsunternehmen mit einer Handelsspanne von 25 % rechnet!

9. Der Lagerbestand für einen Artikel zeigt folgende Bewegungen:

Datum	Barverkauf	Einkauf auf Rechnung	Bestand
01.03.			110 Stück
04.03.	28 Stück		
08.03.	50 Stück	140 Stück	
10.03.	82 Stück		
15.03.	49 Stück		
25.03.	54 Stück	175 Stück	

Aufgaben:

9.1 Berechnen Sie den wertmäßigen Lagerbestand zum 31. März bei folgenden Daten:
Einstandspreis je Stück 12,72 EUR
Bruttoverkaufspreis je Stück 31,54 EUR

9.2 Berechnen Sie den Umsatz im März!

9.3 Ermitteln Sie die Handelsspanne bei einem Umsatzsteuersatz von 19 %!

10. Setzen Sie in der Tabelle die fehlenden Größen ein. Sofern Sie nicht Eigentümer des Buches sind, übertragen Sie die Tabelle in Ihre Unterlagen!

DOWNLOAD

Kalkulationszuschlag	30 %			12,5 %	
Kalkulationsfaktor		1,456			
Kalkulationsabschlag			25 %		$16\,^2/_3$ %

50

1. Ein Einzelhandelsbetrieb rechnet mit einer Handelsspanne von 40 %. Der Wareneinsatz beträgt lt. Buchführung 678 000,00 EUR.

   Aufgabe:

   Ermitteln Sie den Warenumsatz zum Nettoverkaufspreis!

2. Ein Einzelhandelsbetrieb kalkuliert einen Artikel nach folgenden Daten:

Bruttoverkaufspreis	898,45 EUR	Liefererrabatt	20 %
Kalkulationsfaktor	1,65	USt	19 %

   Aufgabe:

   Berechnen Sie die Handelsspanne!

3. Ein Einzelhandelsbetrieb verkauft eine Ware zum Bruttoverkaufspreis von 1 475,60 EUR (USt-Satz 19 %). An Handlungskosten fallen 336,00 EUR an, was einem Handlungskostenzuschlagssatz von 60 % entspricht.

   Aufgabe:

   Berechnen Sie, wie viel Gewinn der Artikel bringt!

4. Der Barverkaufspreis einer Ware beträgt 1 980,00 EUR. Es wurden 546,00 EUR Handlungskosten und 85,50 EUR Gewinn eingerechnet. Umsatzsteuer 19 %.

   Aufgabe:

   Ermitteln Sie den Kalkulationszuschlag!

5. Ein Medienhaus hat folgende Kalkulation für ein Fernsehgerät erstellt:

	Listeneinkaufspreis netto	1 328,75 EUR
–	Liefererrabatt	265,49 EUR
=	Zieleinkaufspreis	1 063,26 EUR
–	Liefererskonto	21,26 EUR
=	Bareinkaufspreis	1 042,00 EUR
+	Bezugskosten	38,00 EUR
=	Einstandspreis	1 080,00 EUR
+	Handlungskosten	648,00 EUR
=	Selbstkosten	1 728,00 EUR
+	Gewinn	345,60 EUR
=	Barverkaufspreis	2 073,60 EUR
+	Kundenskonto	42,32 EUR
=	Zielverkaufspreis	2 115,92 EUR
+	Kundenrabatt	235,10 EUR
=	Nettoverkaufspreis	2 351,02 EUR
+	Umsatzsteuer	446,69 EUR
=	Bruttoverkaufspreis	2 797,71 EUR

Aufgaben:

5.1 Ermitteln Sie, mit welchen Zuschlägen in Prozenten das Medienhaus

5.1.1 bei den Handlungskosten

5.1.2 beim Gewinn

5.1.3 beim Kundenrabatt

kalkuliert!

5.2 Berechnen Sie den Kalkulationszuschlagssatz und den Kalkulationsfaktor!

5.3 Berechnen Sie die Handelsspanne!

6. Der Barverkaufspreis einer Ware beträgt 1 140,30 EUR. Einkalkuliert wurden 379,80 EUR Handlungskosten und 118,50 EUR Gewinn. Umsatzsteuersatz 19%.

Aufgabe:

Berechnen Sie den Kalkulationszuschlag!

4 Preisstrategien und Preisgestaltungen im Einzelhandel

4.1 Preisstrategien

Preisstrategien umfassen alle Maßnahmen zur Festlegung und Durchsetzung eines **bestimmten Preisniveaus** auf dem Markt.

Die Kunden reagieren auf eine Änderung des Preises, indem sie **mehr** (bei Preissenkung) oder **weniger** (bei Preiserhöhung) **nachfragen.** Der **Preis** ist ein besonders starkes und in der Regel auch sehr **schnell wirkendes Marketinginstrument.**

Beispiel:

Die Änderung des Kaufverhaltens der Kunden bei Preisänderungen ist etwa 10- bis 20-mal höher als die Änderung des Kaufverhaltens der Kunden bei geänderten Werbeausgaben. Folge: Eine Preissenkung wirkt sich sehr viel stärker auf eine Erhöhung der Absatzmenge aus als eine prozentual gleich große Erhöhung der Werbeausgaben.

4.1.1 Hochpreisstrategie

- Bei der **Hochpreisstrategie** strebt der Einzelhandelsbetrieb an, langfristig einen hohen Preis für seine Waren zu erzielen.
- Die Hochpreisstrategie wird insbesondere von **Spezial-** und **Fachgeschäften** sowie von **Boutiquen** zugrunde gelegt.

Eine Form der Hochpreisstrategie ist die **Prämienpreisstrategie.** Hier stattet der Einzelhandelsbetrieb die Ware mit einer „Prämie" aus, z. B. gleichbleibend hoher Qualitätsstandard, hohes Image, Verkauf in Exklusivläden bzw. Beratungszentren, langfristige Garantiezeiten für Ersatzteile, Reparaturservice innerhalb 24 Stunden u. Ä.

Beispiele:

Champagner, Hummer, Kaviar, Tafelsilber, Rolls-Royce, Porsche, Rolex-Uhren, Cartier-Schmuck, Bogner-Kleidung usw.

Eine weitere Form der Hochpreisstrategie stellt die **Abschöpfungsstrategie** dar. Diese Preisstrategie setzt, insbesondere bei innovativen[1] Waren, den Einführungspreis hoch an. Der Einzelhandelsbetrieb senkt den Preis aber jedesmal, wenn der Verkauf zurückgeht, um jeweils die nächste Schicht preisbewusster Kunden für sich zu gewinnen. Ziel dieser Preisstrategie ist das Abschöpfen des Marktes.

Beispiele:

Einführung von I-Phones, I-Pads, neuartigen Sportgeräten, top aktuelle Mode.

Die Abschöpfungsstrategie ist unter folgenden Bedingungen sinnvoll:

- Es besteht eine ausreichend große Kundenzahl, die bereit ist, die Ware zu einem hohen Preis zu erwerben.
- Die kleine Verkaufsmenge bringt trotz hoher Warenkosten eine höhere Gewinnspanne.

4.1.2 Niedrigpreisstrategie

- Bei der **Niedrigpreisstrategie** strebt der Einzelhandelsbetrieb an, dass der geforderte Preis der eigenen Ware dauerhaft unter dem Preis vergleichbarer Waren liegt.
- Die Niedrigpreisstrategie wird insbesondere von **Discountern** und **SB-Warenhäusern** zugrunde gelegt.

Der Einzelhandelsbetrieb ist bestrebt, dass der geforderte Preis dauerhaft unter dem Preis vergleichbarer Waren liegt. Niedrige Preise (Discountpreise) sollen zu hohen Verkaufszahlen führen.

Beispiele:

Aldi, Norma, OBI, H&M, Ratiopharm (Herstellung von Generika).[2]

1 **Innovation:** Einführung von etwas Neuem.

2 Werden Medikamente, deren Schutzrechte abgelaufen sind, in der gleichen Zusammensetzung wie das Original hergestellt, so spricht man von Generikapräparaten.

Eine Sonderform der Niedrigpreisstrategie ist die **Durchdringungsstrategie.** Wird eine neue Ware in das Sortiment aufgenommen, versucht der Einzelhandelsbetrieb zunächst mit niedrigen Preisen Marktanteile zu gewinnen. Ist die Ware bei den Kunden eingeführt, werden die Preise langsam angehoben.

Beispiel:

Ein Supermarkt nimmt Büro- und Schulartikel neu in das Sortiment auf und setzt einen niedrigeren Preis als die Schreibwarengeschäfte der Stadt an.

4.1.3 Weitere Formen von Preisstrategien

Preisstrategien	Erläuterungen	Beispiele
psychologische[1] Preisstrategie	Die Preise werden zunächst kosten- oder wettbewerbsorientiert ermittelt. Anschließend werden die Preise so geändert, dass beim Kunden der Eindruck entsteht, dass der Preis knapp kalkuliert und die Ware besonders preisgünstig ist.	■ Tafel Markenschokolade für 0,99 EUR ■ Anorak für 29,90 EUR ■ Wäschetrockner für 399,00 EUR
Lockvogelpreis-Strategie	■ Im Einzelhandel werden gern allgemein bekannte Markenartikel, deren Preis den Kunden bekannt ist, stark im Preis herabgesetzt. Dahinter steht die Absicht, Kunden in das Geschäft zu locken, in der Hoffnung, dass die Kunden auch andere, teurere Waren zusätzlich einkaufen. ■ Lockvogelangebote müssen so gekennzeichnet werden (z. B. als Sonderangebot), dass der Einzelfallcharakter dieses Angebotspreises für den Kunden erkennbar ist.	Ein Markenkaffee wird anstelle des regulären Preises von 4,95 EUR je 500 Gramm für zwei Tage zum Preis von 2,99 EUR je 500 Gramm angeboten.

4.2 Preisgestaltung im Einzelhandel

Preisgestaltung ist das Bestimmen der **Verkaufspreise.**

!

Für die Preisgestaltung sind insbesondere **drei Entscheidungskriterien** bedeutsam:

- die **kostenorientierte Preisgestaltung,**
- die **nachfrageorientierte Preisgestaltung** und
- die **konkurrenzorientierte Preisgestaltung.**

1 **Psychologie:** Wissenschaft von den bewussten und unbewussten Vorgängen sowie deren Ursachen und Wirkungen.

4.2.1 Kostenorientierte Preisgestaltung

Die wichtigsten innerbetrieblichen Einflussgrößen der Preisgestaltung sind für den Einzelhandelsbetrieb die **anfallenden Kosten der Ware** und der gewünschte **Gewinn.**[1]

Bei dieser Form der Preisgestaltung kann sich der Einzelhandelsbetrieb jedoch nicht sicher sein, dass er die Ware zu diesem Preis verkaufen kann. **Preisobergrenze** ist immer der Preis, der sich am Markt durchsetzen lässt. Die **langfristige Preisuntergrenze** sind die Selbstkosten der Ware.

4.2.2 Nachfrageorientierte Preisgestaltung

Das Nachfrageverhalten der Kunden ist insbesondere abhängig vom **Preis** der Ware. Bei Preisänderungen ist im Normalfall mit folgenden Nachfragereaktionen zu rechnen: Bei Preiserhöhungen verliert der Einzelhandelsbetrieb Kunden, bei Preissenkungen gewinnt er Kunden.

Um den „richtigen" Preis festzulegen, benötigt der Einzelhandelsbetrieb Informationen über die **Preisvorstellungen seiner Kunden** und über deren **Verhalten auf Preisveränderungen.**

Eine Möglichkeit, das Nachfrageverhalten der Kunden zu beeinflussen, ist die **Preisdifferenzierung.** Bei dieser Preisgestaltung bietet der Einzelhandelsbetrieb die gleiche Ware zu unterschiedlichen Preisen an und berücksichtigt damit unterschiedliche Marktgegebenheiten.

Formen der Preisdifferenzierung	Erläuterungen	Beispiele
räumliche Preisdifferenzierung	Die Ware wird an verschiedenen Orten zu unterschiedlichen Preisen angeboten.	In Filialen mit wenig Konkurrenzbetrieben werden höhere Preise verlangt.
zeitliche Preisdifferenzierung	Die Ware wird zu verschiedenen Zeiten zu unterschiedlichen Preisen angeboten.	Sommerkleider und Bademoden werden im Herbst und Winter billiger angeboten als im Frühjahr und Sommer.
kundengruppenbezogene Preisdifferenzierung	Die gleiche Ware wird an unterschiedliche Kundengruppen zu unterschiedlichen Preisen angeboten.	Ein Baumarkt gibt Ware an Handwerker um 10 % preisgünstiger ab.
mengenmäßige Preisdifferenzierung	Bei Abnahme größerer Mengen einer Ware verbilligt sich der Preis der Ware.	Bei Abnahme von einer Kiste Wein mit 24 Flaschen verbilligt sich der Preis je Flasche um 50 Cent.
Preisdifferenzierung nach Herstellern	Die Preise für gleichartige Waren richten sich am Hersteller (an der Marke) aus.	Fischstäbchen von „Iglo" werden teurer angeboten als von „Gut und günstig".

1 Die Kalkulation des Warenpreises erfolgt mithilfe der **Zuschlagskalkulation** (siehe S. 164 ff.). Auf die **Deckungsbeitragsrechnung** wird im 3. Ausbildungsjahr eingegangen.

4.2.3 Konkurrenzorientierte Preisgestaltung

Bei der konkurrenzorientierten Preisgestaltung richtet sich der Einzelhandelsbetrieb an den Preisen der Mitbewerber aus.

Arten der Preisgestaltung	Erläuterungen	Beispiele
Orientierung am Branchenpreis	Der Einzelhandelsbetrieb richtet sich am durchschnittlichen Marktpreis aus. Dies gilt vor allem für gleichartige Waren, die von einer Vielzahl von Mitbewerbern angeboten werden.	Die Preise für Walkingstöcke liegen in Sportgeschäften zwischen 49,00 EUR und 98,00 EUR. Das Sporthaus Fitness GmbH legt seine Preise ebenfalls in diesem Bereich fest.
Orientierung am Preis des Marktführers	■ Ein Marktführer ist der Anbieter, der in einer Region die Preise bestimmt. Es ist in der Regel der Einzelhandelsbetrieb mit dem größten Marktanteil. ■ Der Einzelhandelsbetrieb kann die Preise des Marktführers jedoch nur übernehmen, wenn seine Kostensituation dies zulässt. Im anderen Fall wird er die Ware nicht in sein Sortiment aufnehmen.	Das führende Möbelhaus der Region bietet Matratzen einer bestimmten Marke für 199,00 EUR an. Ein kleineres Möbelhaus in der gleichen Gegend schließt sich diesem Preis an.

Zusammenfassung

- **Preisstrategien** sind alle Maßnahmen, die dazu dienen, ein **bestimmtes Preisniveau** festzulegen und am Markt durchzusetzen.
- Zu unterscheiden sind folgende Preisstrategien:
  - **Hochpreisstrategie** als **Prämien-** und **Abschöpfungsstrategie,**
  - **Niedrigpreisstrategie.** Eine Sonderform ist die **Durchdringungsstrategie;**
  - **psychologische Preisstrategie,**
  - **Lockvogelstrategie.**
- **Preisgestaltung** ist das Bestimmen des **Verkaufspreises.**
- Die **Preisgestaltung** kann **nachfrageorientiert, konkurrenzorientiert** oder **kostenorientiert** ausgerichtet sein.
  - Die **nachfrageorientierte Preisgestaltung** richtet die Preisgestaltung danach aus, wie sich die Nachfrage bei einer Preisänderung verhält.
  - Die **konkurrenzorientierte Preisgestaltung** richtet die Preisgestaltung an den Mitbewerbern aus. Maßstab ist der Branchenpreis oder der Preis des Marktführers.
  - Die **kostenorientierte Preisgestaltung** richtet die Preisgestaltung an der Höhe der Kosten und dem gewünschten Gewinn aus.

Kompetenztraining

51

1. 1.1 Erklären Sie, nach welchen Gesichtspunkten die Preisgestaltung im Einzelhandelsbetrieb erfolgt!

   1.2 Ein Einzelhandelsbetrieb steht vor der Entscheidung, eine Zahncreme unter neuer Marke einzuführen.

   Aufgaben:

   1.2.1 Nennen Sie Kriterien, nach denen der Einführungspreis bestimmt werden kann!

   1.2.2 Für welchen Weg der Preisbestimmung würden Sie sich einsetzen? Begründen Sie Ihre Meinung!

2. 2.1 Erklären Sie, was man im Einzelhandel unter Preisdifferenzierung versteht!

   2.2 Notieren Sie die Form der Preisdifferenzierung, die in den folgenden Fällen vorliegt!

   2.2.1 Der gleiche Wollmantel wird vom Modehaus Mohr in Stuttgart für 119,00 EUR und in der Filiale in Emden für 99,00 EUR verkauft.

   2.2.2 Der Preis für 1 kg Äpfel beträgt 2,10 EUR. Bei Abnahme von 5 kg sinkt der Preis auf 9,99 EUR.

   2.2.3 Kunden erhalten in einer Bäckerei nach 17:30 Uhr beim Brotkauf einen Nachlass von 20 %.

   2.2.4 Kunden mit einer Kundenkarte erhalten in einem Bekleidungshaus auf alle Waren 5 % Nachlass.

3. Erklären Sie die psychologische Preisfestsetzungsstrategie an einem Beispiel!

4. Ein Sportgeschäft beabsichtigt, eine neuartige elektronische Skibindung in das Sortiment aufzunehmen.

   Aufgaben:

   4.1 In der Einführungsphase plant das Sportgeschäft, eine Abschöpfungsstrategie anzuwenden. Erläutern Sie diesen Begriff!

   4.2 Notieren Sie Gründe, die das Sportgeschäft zur Wahl dieser preispolitischen Strategie veranlasst haben könnte!

5. Erkundigen Sie sich bei Ihrem Ausbildungsleiter, welche Preisgestaltung und welche Preisstrategien Ihr Ausbildungsbetrieb verfolgt und berichten Sie darüber in der Klasse!

6. 6.1 Nehmen Sie Stellung zu der folgenden Aussage: *„Der vom Einzelhandelsbetrieb kalkulierte Bruttoverkaufspreis stellt immer die Preisobergrenze dar."*!

   6.2 Beschreiben Sie, wo für den Einzelhandelsbetrieb die langfristige Preisuntergrenze liegt!

7. Bei der Preisfestsetzung kann es für ein Einzelhandelsbetrieb vorübergehend sinnvoll sein, die Preise abzusenken. Begründen Sie die Richtigkeit dieser Aussage anhand eines Beispiels!

5 Wareneingang

5.1 Kontrolle des Wareneingangs

(1) Warenkontrolle der abgenommenen Sendung

Beim Wareneingang wird zunächst die **Sendung im Beisein des Frachtführers** auf Vollständigkeit und Unversehrtheit der Verpackung überprüft, um sich eventuelle Mängel vom Frachtführer bestätigen zu lassen (siehe Lernfeld. 7, S. 106ff.) Sind keine Mängel zu erkennen, wird die Ware abgenommen.

Der **Sendungsinhalt der abgenommenen Waren** ist anschließend **unverzüglich**[1] zu kontrollieren und gegebenenfalls zu rügen, um die Rechte aus der mangelhaften Lieferung zu wahren. Gleichzeitig wird dadurch vermieden, dass mangelhafte Waren auf Lager genommen werden. §§ 377, 379 HGB

- Die **Warenkontrolle** erstreckt sich z. B. auf die Liefermenge, die Art, Güte, Beschaffenheit und Funktionsfähigkeit der Ware.
- **Unterlagen für die Warenkontrolle** sind Warenbegleitpapiere (z. B. Packzettel, Lieferscheine, Versandanzeigen, Frachtbriefe), Bestelldurchschriften und Auftragsbestätigungen, Rechnungen, Muster und Proben, besondere Prüfvorschriften, die vor allem bei den sogenannten „Stichproben" oft mit dem Verkäufer abgestimmt sind.
- Stellt der Lagerverwalter Mängel fest, hat er diese der Einkaufsabteilung zu melden. Die Einkaufsabteilung nimmt daraufhin **Rücksprache mit dem Lieferer** bzw. erhebt eine **Mängelrüge.**[2]

(2) Warenannahme

Ist die **Ware mangelfrei,** wird sie angenommen,[3] in das Lager aufgenommen und dort eingeordnet. Der Warenzugang wird von der Lagerbuchhaltung[4] erfasst.

(3) Prüfung der Eingangsrechnung

Die eingehende Rechnung ist sorgfältig zu prüfen. Die Rechnungsprüfung bezieht sich in der Regel auf folgende Prüfungsvorschläge:

1 **Unverzüglich:** ohne schuldhafte Verzögerung; zum nächstmöglichen Zeitpunkt.

2 Vgl. hierzu S. 113.

3 Mit der **Annahme der Ware** erklärt der Käufer die **vertragsgemäße Erfüllung des Kaufvertrags.**

4 Vgl. hierzu S. 108.

sachliche Richtigkeit	rechnerische Richtigkeit	richtiger Ablauf
Richtiger Artikel, richtige Menge und richtiger Preis gemäß Auftragsbestätigung des Lieferers.	Richtige Durchführung der Multiplikationen, Aufsummierungen, Rabatte und USt-Berechnungen.	Vergleich der tatsächlich gelieferten Ware in Art und Menge mit der in Rechnung gestellten.

(4) Zahlung des Kaufpreises

Der Käufer ist verpflichtet, dem Verkäufer den vereinbarten Kaufpreis zu zahlen. Geldschulden sind gesetzlich im Zweifel Schickschulden, d. h., der Käufer übernimmt im Zweifel die Gefahr und die Kosten der Geldübertragung. Die Zahlungsart ist in der Regel dem Käufer überlassen.

5.2 Buchung des Wareneingangs

Waren stellen für den Einzelhandelsbetrieb Vermögen dar. Sie werden auf dem **Aktivkonto Waren** gebucht. Der **Anfangsbestand** und die **Zugänge an Waren** werden auf der **Sollseite,** der **Schlussbestand an Waren** auf der **Habenseite** gebucht.[1]

Beispiel:

Dem Medienhaus Fritz Leist e. Kfm. liegt folgende Wareneingangsrechnung vor:

Art.-Nr.	Artikelbezeichnung	Menge	Einzelpreis	Gesamtbetrag
1141	Fernsehgerät	15	210,00 EUR	3 150,00 EUR
1023	Lautsprecher	25	180,00 EUR	4 500,00 EUR
				7 650,00 EUR

Der Anfangsbestand auf dem Konto Waren beträgt 15 800,00 EUR.

Aufgaben:

1. Bilden Sie den Buchungssatz für die Wareneingangsrechnung!
2. Tragen Sie den Anfangsbestand auf dem Konto Waren vor und buchen Sie die Wareneingangsrechnung!

Lösungen:

Zu 1.:

Geschäftsfall	Konten	Soll	Haben
Kauf von Waren auf Ziel 7 650,00 EUR	Waren an Verbindl. a. L. u. L.	7 650,00	 7 650,00

Zu 2.:

Soll	Waren	Haben
AB	15 800,00 EUR	
Verb. a. L. u. L.	7 650,00 EUR	

1 Die Warenbuchungen werden im Lernfeld 13 weitergeführt und vertieft. Siehe S. 235 ff.

Kompetenztraining

52 1. Beschreiben Sie die Vorgehensweise bei der Wareneingangskontrolle in zeitlicher Reihenfolge!

2. Nennen Sie drei mögliche Folgen, wenn die Wareneingangskontrolle gar nicht oder nur ungenau durchgeführt wird!

3. Bei der Lieferung von zwei Fernsehgeräten stellt der Lagerverwalter fest, dass die äußere Verpackung sehr stark beschädigt ist.

   Aufgabe:

   Beschreiben Sie, welche Maßnahmen der Lagerverwalter ergreifen sollte, wenn er die Ware abnimmt!

4. 4.1 Erklären Sie den Unterschied zwischen einer sofortigen und einer unverzüglichen Warenkontrolle!

   4.2 Bestimmen Sie die Frist, die bei der Warenkontrolle eingehalten werden muss, um spätere Rechte nicht zu verlieren!

   4.3 Bei der Warenkontrolle wird festgestellt, dass die Verpackung eingerissen ist. Erläutern Sie, aus welchem Grund sich der Mitarbeiter diesen Transportschaden vom Frachtführer bestätigen lassen muss!

5. Nennen Sie die Unterlagen, die für eine spätere ordnungsgemäße Prüfung einer Ware benötigt werden!

53 1. **I. Warenbestand:**

   Anfangsbestand: 350 Stück zu je 80,00 EUR

   II. Geschäftsfälle:

   Wareneinkauf auf Ziel: 140 Stück zu je 80,00 EUR
   Wareneinkauf bar: 75 Stück zu je 80,00 EUR

   III. Aufgaben: DOWNLOAD

   1.1 Bilden Sie die Buchungssätze für die Geschäftsfälle!

   1.2 Tragen Sie den Anfangsbestand auf dem Konto Waren vor und buchen Sie die beiden Geschäftsfälle!

2. **I. Warenbestand:**

   Anfangsbestand: 630 Stück zu je 144,00 EUR

   II. Geschäftsfälle:

   Wareneinkauf auf Ziel: 252 Stück zu je 92,40 EUR
   Wareneinkauf bar: 135 Stück zu je 104,20 EUR

   III. Aufgaben: DOWNLOAD

   2.1 Bilden Sie die Buchungssätze für die Geschäftsfälle!

   2.2 Tragen Sie den Anfangsbestand auf dem Konto Waren vor und buchen Sie die beiden Geschäftsfälle!

3. Eine Lieferung von Lebensmitteln im Wert von 827,80 EUR geht heute ein.

   Aufgaben: DOWNLOAD

   3.1 Buchen Sie den heutigen Rechnungseingang!

   3.2 Sie buchen die Zahlung der Rechnung in acht Tagen durch Banküberweisung!

6 Lagerhaltung

6.1 Konflikt zwischen Lieferbereitschaft und Lagerkosten

6.1.1 Lagerkosten

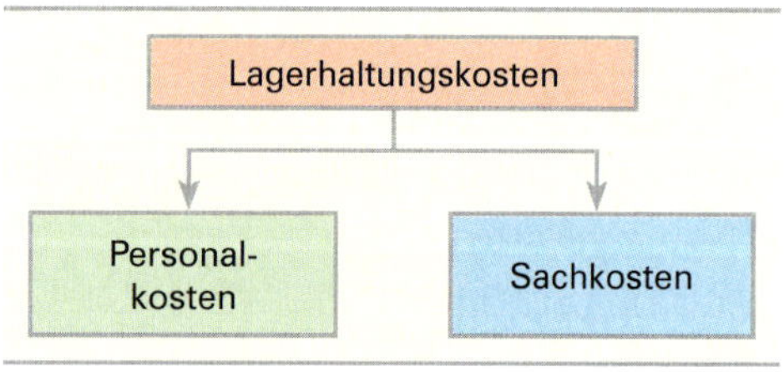

(1) Personalkosten

Für das im Lager arbeitende Personal entstehen Personalkosten. Diese setzen sich zusammen aus

- den **Löhnen und Gehältern,**
- den **gesetzlichen Sozialkosten** (Arbeitgeberanteil an der Sozialversicherung) und
- den **freiwilligen Sozialleistungen** des Arbeitgebers (z. B. Essenskostenzuschüsse, Fahrtkostenzuschüsse, betriebliche Alterssicherung).

(2) Sachkosten

- **Raumkosten**

Während für die Benutzung fremder Lagerräume Miete zu bezahlen ist, entstehen durch die Lagerung in eigenen Räumen eine ganze Reihe von Kosten. Zunächst muss der **Wertverlust der Gebäude,** der durch Zeitablauf und Nutzung anfällt, berücksichtigt werden. Hinzu treten die Kosten für die **Verzinsung** des investierten Kapitals. Zur Erhaltung der Lagerräume fallen **Reparatur-** und **Renovierungskosten** an. Schließlich sind noch die anteiligen **Steuer-** (Grundsteuer) und **Versicherungskosten** zu berücksichtigen.

- **Kosten der Lagereinrichtung**

Ebenso wie für die Baulichkeiten fallen auch bei den Lagereinrichtungen (z. B. Regale, Fördereinrichtungen, Büroausstattung) **Kosten für den Wertverlust, Zins-, Reparatur-, Steuer-** und **Versicherungskosten** an. Hinzu kommen die **Energiekosten** (z. B. für Belüftung, Heizung, Kühlung, Beleuchtung).

- **Risiko- und Versicherungskosten**

versicherbare Risiken (spezielle Risiken)	Einige Risiken wie Diebstahl, Einbruchdiebstahl, Veruntreuung sowie Wasser- und Feuerschäden lassen sich versichern.
nicht versicherbare Risiken (allgemeines Unternehmerrisiko)	■ Mengenverluste durch Schwund, ■ Verderb (Fäulnis) und Qualitätseinbußen (z. B. Geschmacks- und Geruchseinbußen), ■ Preisrisiken, ■ Risiken, die durch Änderung der Verbrauchergewohnheiten entstehen (z. B. Modewechsel).

- **Kosten für die Entsorgung von verdorbener und unverkäuflicher Ware sowie von Verpackungsmaterial**

6.1.2 Lagerumfang

Der Lagerbestand muss so hoch sein, dass ein reibungsloser Warenverkauf gesichert ist.

Bei einem **zu großen Lagerbestand** entstehen unnötige Lagerkosten. Die Lagerrisiken (z. B. Schwund, Diebstahl) erhöhen sich.

Ein **zu kleiner Lagerbestand** verursacht zwar geringere Kosten, führt aber zu **Störungen im Warenverkauf**:

Es können nicht alle Warenwünsche der Kunden pünktlich erfüllt werden. Dadurch werden Kunden verärgert, sie „springen ab“. Der Ruf des Einzelhandelsgeschäftes verschlechtert sich und dem Unternehmen entgehen mögliche Gewinne.

- Der **optimale Lagerbestand**[1] verursacht geringe Lagerkosten und sorgt für einen störungsfreien Warenverkauf.
- Es sollte möglichst **immer Ware vorrätig** sein.

Eine genaue Berechnung des optimalen Lagerbestandes ist kaum möglich, da der Einzelhandelsbetrieb die Nachfrage seiner Kunden nicht exakt voraussehen kann. Er wird jedoch ständig die Höhe der Lagerkosten und die Höhe des Lagerbestandes kontrollieren. Zudem wird die Wirtschaftlichkeit des Lagers mithilfe von **Lagerkennziffern** überprüft.

6.2 Optimierungsmöglichkeiten der Lagerhaltung mithilfe von Lagerkennziffern[2]

(1) Lagerbewegungsdatei

Die Lagerbewegungsdatei hält das Datum des Zugangs eines Artikels ins Lager und dessen Abgang sowie den jeweiligen Lagerbestand fest.

Beispiel:

Tag	Zugänge	Abgänge	Bestand
01.01.			40 (Inventurwert)
18.01.	15		55
26.01.		21	34
30.01.		12	22
08.02.	...	...	...

1 Vgl. hierzu S. 134.

2 **Kennziffern** sind Zahlen, die betriebliche Sachverhalte in konzentrierter Form abbilden.

(2) Durchschnittlicher Lagerbestand

Der **durchschnittliche Lagerbestand** gibt an, welcher Warenwert zu Einstandspreisen durchschnittlich auf Lager ist.

In der einfachsten Form, wenn die Vorräte nur einmal im Jahr im Rahmen der Inventur ermittelt werden, stehen zur Berechnung des durchschnittlichen Lagerbestandes nur zwei Werte zur Verfügung. Dies sind der Anfangsbestand zum 1. Januar und der Schlussbestand am 31. Dezember des Jahres.

Beispiel 1:

Ein Sportgeschäft hat am 1. Januar Heimtrainer zum Einstandspreis von 36 000,00 EUR auf Lager. Am 31. Dezember wird ein Bestand von 34 000,00 EUR ermittelt.

Aufgabe:

Ermitteln Sie den durchschnittlichen Lagerbestand!

Lösung:

$$\text{durchschnittlicher Lagerbestand} = \frac{36\,000{,}00 + 34\,000{,}00}{2} = \underline{\underline{35\,000{,}00 \text{ EUR}}}$$

$$\text{durchschnittlicher Lagerbestand} = \frac{\text{Anfangsbestand} + \text{Schlussbestand}}{2}$$

(3) Lagerumschlagshäufigkeit[1]

Die **Lagerumschlagshäufigkeit** gibt an, wie oft der durchschnittliche Lagerbestand in einem bestimmten Zeitpunkt verkauft wurde.

Beispiel 2:

Bei einem durchschnittlichen Lagerbestand von 35 000,00 EUR (siehe Beispiel 1) beträgt der Wareneinsatz 420 000,00 EUR.

Aufgabe:

Berechnen Sie die Lagerumschlagshäufigkeit!

Lösung:

$$\text{Lagerumschlagshäufigkeit} = \frac{420\,000{,}00}{35\,000{,}00} = \underline{\underline{12}}$$

Ergebnis: Die Zahl 12 besagt, dass das Lager im Jahr zwölfmal umgesetzt wurde.

$$\text{Lagerumschlagshäufigkeit} = \frac{\text{Wareneinsatz}}{\text{durchschnittlicher Lagerbestand zu Einstandspreisen}}$$

(4) Durchschnittliche Lagerdauer

Die **durchschnittliche Lagerdauer** gibt an, wie viel Tage die Ware durchschnittlich eingelagert ist, und zwar vom Eingang des Artikels bis zum Verkauf.

1 Man spricht auch von **Umschlagshäufigkeit**.

Beispiel 3:

Die Lagerumschlagshäufigkeit ergab einen Wert von 12 (siehe Beispiel 2).

Aufgabe:

Ermitteln Sie, wie viel Tage die Ware durchschnittlich gelagert wird!

Lösung:

durchschnittliche Lagerdauer $= \frac{360}{12} = \underline{\underline{30 \text{ Tage}}}$

$$\text{durchschnittliche Lagerdauer} = \frac{360}{\text{Lagerumschlagshäufigkeit}}$$

(5) Bedeutung der Lagerumschlagshäufigkeit

Beziehungen zwischen Lagerumschlagshäufigkeit und Höhe des Kapitalbedarfs

Die Höhe der Umschlagshäufigkeit hat Auswirkungen auf die **Höhe des Kapitalbedarfs** eines Einzelhandelsbetriebs.

Beispiel:

Eine Kleider-Boutique möchte durch Werbemaßnahmen die Umschlagshäufigkeit verdoppeln. Der bisherige Wareneinsatz betrug netto 226 000,00 EUR.

Aufgabe:

Berechnen Sie die Kapitalersparnis der Kleider-Boutique.

Lösung:

Bisheriger Kapitalbedarf

Wareneinsatz	:	Lagerumschlagshäufigkeit	=	Kapitaleinsatz
226 000,00 EUR	:	1	=	226 000,00 EUR

Neuer Kapitalbedarf

226 000,00 EUR	:	2	=	113 000,00 EUR

Erläuterungen:

- Bei einer Lagerumschlagshäufigkeit von 1 entspricht der Ø Lagerbestand dem Kapitaleinsatz.
- Durch die Erhöhung der Lagerumschlagshäufigkeit sinkt der Kapitalbedarf zur Finanzierung des Wareneinsatzes. Im Beispiel wird der Kapitalbedarf halbiert.
- Die Lagerzinsen sinken und damit die Lagerkosten.

Beziehungen zwischen Lagerumschlagshäufigkeit und den Lagerkosten

Wareneinsatz (EUR)	600 000,00	600 000,00	600 000,00	600 000,00	600 000,00	600 000,00
Lagerumschlagshäufigkeit	1	2	4	6	8	10
durchschnittliche Lagerdauer (Tage)	360	180	90	60	45	36
durchschnittlicher Lagerbestand (EUR)	600 000,00	300 000,00	150 000,00	100 000,00	75 000,00	60 000,00

Erläuterungen:

Eine Erhöhung der Lagerumschlagshäufigkeit bewirkt für den Einzelhandelsbetrieb:
- eine Verkürzung der Lagerdauer
- eine Verringerung des Lagerbestandes
- eine Verringerung des Lagerrisikos

Der Einzelhandelsbetrieb kann mit folgenden Maßnahmen seine Lagerumschlagshäufigkeit erhöhen:

Beispiele:
- mehr Werbung betreiben
- Verkaufsraum verkaufsaktiver gestalten
- Lagerbestand reduzieren
- Personalschulungen durchführen

Da der Wareneinsatz vom Einzelhändler nicht ohne Weiteres vergrößert werden kann, liegt die Möglichkeit Kosten zu senken allein darin, dasselbe Absatzziel mit höherer Lagerumschlagshäufigkeit und damit kürzerer Lagerdauer zu erreichen.

6.3 Risiken der Lagerhaltung

Mit der Lagerung der Waren sind neben versicherbaren Risiken (z. B. Feuerversicherung, Einbruchsdiebstahl) auch Risiken verbunden, die durch eine Versicherung nicht abgedeckt werden können. Der Einzelhandelsbetrieb muss versuchen, solche Risiken möglichst gering zu halten.

Risiken der Lagerhaltung	Erläuterungen	Beispiele
Saisonwechsel	■ Betrifft Waren, die nur in der jeweiligen Jahreszeit verkauft werden können. ■ Überstände müssen über Sonderverkäufe mit Preisabschlägen verkauft oder bis zur nächsten Saison eingelagert werden.	■ Gartenartikel ■ Schoko-Osterhasen ■ Skianzüge ■ Wanderkleidung ■ Schneefräsen
Modeänderungen	■ Betrifft insbesondere Textilien, da sich die Erwartungen der Kunden hinsichtlich Muster, Design, Farbe usw. häufig ändern. ■ Solche „Ladenhüter“ binden Kapital und verhindern, aktuelle Waren und Trendartikel einzukaufen. ■ Die Bestände können in der Regel nur mit erheblichen Preisreduzierungen verkauft werden.	■ Kleider ■ Schuhe ■ Sonnenbrillen ■ bestimmte Spielwaren
technischer Fortschritt	■ Gelagerte Waren können durch neue Materialien, verbesserte Qualität oder Handling, neue Produktideen, neue Funktionen veralten. ■ Veraltete Waren sind nur schwer verkäuflich und mit hohen Preisabschlägen verbunden.	■ Fernseher ■ Computer ■ Smartphone ■ Waschmaschinen ■ Kühlschränke

Risiken der Lagerhaltung	Erläuterungen	Beispiele
Preis-schwankungen	■ Betrifft Lagergüter, die in einer Hochpreisphase gekauft und eingelagert wurden. ■ Fallen die Preise bis zum Verkauf, muss die Ware mit Verlust verkauft werden.	■ Kaffee ■ Fleisch ■ Fisch ■ Goldschmuck ■ Obst/Gemüse
Schwund	■ Waren können verderben, verdunsten, vertrocknen, zu Bruch gehen. ■ Schwund kann auch durch Diebstahl eintreten.	■ Brot ■ Gemüse ■ Obst ■ Wein ■ Diebstahl

Zusammenfassung

- Ein zu **großer Lagerbestand** führt zu **unnötigen Lagerkosten** sowie **erhöhten Lagerrisiken.** Ein zu **kleiner Lagerbestand** führt zu **Störungen im Warenverkauf.**
- Der **optimale Lagerbestand** ist gegeben, wenn die Nachteile sowohl eines zu hohen als auch eines zu niedrigen Lagerbestandes vermieden werden können.
- Bei den Lagerhaltungskosten unterscheidet man **Personalkosten** und **Sachkosten.**
- Die wichtigsten **Lagerkennziffern** sind der **durchschnittliche Lagerbestand,** die **Lagerumschlagshäufigkeit** und die **durchschnittliche Lagerdauer.**
- Je **höher** die **Lagerumschlagshäufigkeit** ist, desto kürzer ist die **durchschnittliche Lagerdauer** und desto **niedriger der Kapitalbedarf** (und umgekehrt).
- Mit **zunehmender Lagerumschlagshäufigkeit verringert** sich die **durchschnittliche Lagerkostenbelastung des Wareneinsatzes** sowie die **Kostenbelastung für das im Lager gebundene Kapital.**

Kompetenztraining

54 1. 1.1 Erklären Sie, was man unter einem optimalen Lagerbestand versteht! DOWNLOAD

1.2 Erläutern Sie, warum der optimale Lagerbestand rechnerisch nicht genau ermittelt werden kann!

2. Nennen Sie jeweils zwei Nachteile, die DOWNLOAD

2.1 mit einem zu großen Lagerbestand,

2.2 mit einem zu kleinen Lagerbestand

verbunden sind!

3. Im Hinblick auf die Wettbewerbssituation sollen in einer Holzhandlung die Kosten und die Risiken der Lagerhaltung untersucht werden.

Aufgaben: DOWNLOAD

3.1 Nennen Sie fünf Kostenarten, die durch die Lagerhaltung verursacht werden!

3.2 Erläutern Sie drei Risiken, die mit der Lagerhaltung verbunden sind!

4. Badetücher werden bei unserem Lieferanten nach folgenden Vorgaben bestellt: Der Mindestbestand beträgt 16 Stück, der Höchstbestand beträgt 90 Stück, die Lieferzeit beträgt 6 Tage und der durchschnittliche Abverkauf je Tag beträgt 5 Stück.

   Aufgaben:

   4.1 Berechnen Sie den Meldebestand!

   4.2 Berechnen Sie die Bestellmenge!

5. Ein Convencience-Store möchte den durchschnittlichen Lagerbestand von Süßwaren verringern. Unterbreiten Sie hierzu zwei Maßnahmen!

6. Erläutern Sie zwei Gründe, wofür ein Mindestbestand sinnvoll ist!

55

1. Ein Einzelhändler entnimmt der Buchführung folgende Zahlenwerte:

Inventurbestand	1. Januar	112 500,00 EUR
Warenbestand	15. März	180 000,00 EUR
Warenbestand	15. Juni	95 000,00 EUR
Warenbestand	15. September	67 500,00 EUR
Warenbestand	31. Dezember	87 500,00 EUR
Der Wareneinsatz des Jahres betrug:		358 050,00 EUR

   Aufgaben:

   1.1 Berechnen Sie den durchschnittlichen Lagerbestand!

   1.2 Berechnen Sie die Lagerumschlagshäufigkeit!

   1.3 Die Branche erreicht eine Lagerumschlagshäufigkeit von 7.
   Erörtern Sie drei Gründe, die bei einer starken Abweichung vom Branchendurchschnitt infrage kommen!

2. Ein Einzelhändler entnimmt der Buchführung folgende Zahlenwerte:

Anfangsbestand an Waren	10 780,00 EUR
Schlussbestand an Waren	24 220,00 EUR
Wareneinsatz	126 000,00 EUR

   Aufgaben:

   Berechnen Sie

   2.1 den durchschnittlichen Lagerbestand,

   2.2 die Lagerumschlagshäufigkeit,

   2.3 die durchschnittliche Lagerdauer!

   2.4 Erläutern Sie, was unter der Lagerdauer zu verstehen ist!

   2.5 Beschreiben Sie, wie sich eine hohe Lagerdauer auf die Lagerkosten auswirkt!

3. Aus der Lagerkartei des Spielwarengeschäftes Rupp OHG ergeben sich für den Artikel „Puzzle“ während des Jahres folgende Bestände:

   Anfangsbestand am 1. Januar: 20 Stück

   Monatsschlussbestände:

Jan.:	72	Mai:	65	Sept.:	54
Febr.:	43	Juni:	28	Okt.:	48
März:	30	Juli:	24	Nov.:	92
April:	58	Aug.:	32	Dez.:	32

   Der Jahresabsatz betrug 184 Stück.

Aufgaben:

Berechnen Sie

3.1 den durchschnittlichen Lagerbestand,

3.2 die Lagerumschlagshäufigkeit,

3.3 die durchschnittliche Lagerdauer!

4. Entscheiden Sie, welche der im Folgenden aufgeführten Maßnahmen zu einer Erhöhung der Lagerkosten je Warengruppe führt!

4.1 Absenkung des Mindestbestandes.

4.2 Absenkung des Meldebestandes.

4.3 Absenkung des durchschnittlichen Lagerbestandes.

4.4 Verkürzung der durchschnittlichen Lagerdauer.

4.5 Verminderung der Lagerumschlagshäufigkeit.

Aufgabe:

Übertragen Sie die entsprechende Ziffer als Lösung in Ihre Unterlagen!

5. Die Lagerumschlagshäufigkeit für eine Warengruppe steigt von 6 auf 8 an. Der jährliche Wareneinsatz beträgt unverändert 680 400,00 EUR.

Aufgaben:

5.1 Erklären Sie die Auswirkungen, die die Steigerung der Lagerumschlagshäufigkeit auf das eingesetzte Kapital hat! Führen Sie den rechnerischen Nachweis!

5.2 Erläutern Sie zwei Gründe, die zu einer Veränderung der Lagerumschlagshäufigkeit führen können!

56 Roswitha Braunmüller, die ein Textileinzelhandelsgeschäft führt, erzählt ihrer Schwester Maria, die in der Nachbarstadt ebenfalls ein Textilgeschäft führt, dass sie mit ihren Baumwoll- T-Shirts im vergangenen Jahr einen Jahresumsatz von 1 350 Stück erzielt hat, bei einem durchschnittlichen Lagerbestand von 75 Stück.

Aufgaben:

1. Berechnen Sie für die Baumwoll-T-Shirts die Lagerumschlagshäufigkeit und die durchschnittliche Lagerdauer!

2. Daraufhin überprüft Maria ihre Lagerkennziffern für die Warengruppe T-Shirts. Das Warenwirtschaftssystem ermittelt dazu folgende Werte:

Ware	Jahres-absatz	Ø Lager-bestand	Lagerumschlags-häufigkeit	Ø Lager-dauer
weiße T-Shirts	600	55	10	36
bedruckte T-Shirts	1 480	75	20	18
bunte T-Shirts	1 040	65	16	22,5

2.1 Begründen Sie, ob Maria die Baumwoll-T-Shirts ihrer Schwester in das Sortiment aufnehmen sollte und welches T-Shirt sie dafür aus dem Sortiment herausnehmen sollte!

2.2 Beschreiben Sie, welche Informationen über den Lieferer der Baumwoll-T-Shirts Maria vor Einführung der T-Shirts noch einholen sollte! (Zwei Informationen!)

3. Roswitha Braunmüller möchte ihre Lagerhaltung verbessern.

Erläutern Sie an zwei Beispielen, wie Lagerhaltungskosten eingespart werden können!

4. Erklären Sie den Zusammenhang zwischen Lagerumschlagshäufigkeit und Art der gelagerten Ware!
5. Begründen Sie, wie sich eine Erhöhung der Lagerumschlagshäufigkeit auf die Lagerkosten und das Lagerrisiko auswirkt!
6. Entscheiden Sie, durch welche der nachfolgenden Maßnahmen die Lagerumschlagshäufigkeit erhöht wird!
   6.1 Senkung der Lagerkosten um 5 %.
   6.2 Erhöhung des Wareneinsatzes bei sinkendem durchschnittlichem Lagerbestand.
   6.3 Verstärkte Werbung.
   6.4 Einstellung von zusätzlichem Verkaufspersonal.
   6.5 Erhöhung des Wareneinsatzes bei gleichbleibendem durchschnittlichem Lagerbestand.

57

1. Notieren Sie die Ziffer, welche der nachfolgenden Aussagen über Lagerkennziffern richtig ist!
   1.1 Bei einer Erhöhung der Lagerumschlagshäufigkeit bleibt der Kapitalbedarf unverändert.
   1.2 Der Mindestbestand muss höher sein als der Meldebestand.
   1.3 Je länger die Lagerdauer, desto geringer das Lagerrisiko.
   1.4 Eine Verringerung des Lagerbestandes führt bei gleichbleibendem Umsatz zu einer Verkürzung der durchschnittlichen Lagerdauer.
   1.5 Eine Verminderung des Lagerbestandes führt zu einer Erhöhung der Lagerrisiken.
2. 2.1 Erklären Sie, warum die Berechnung von Lagerkennziffern sinnvoll ist!
   2.2 Begründen Sie, warum die Einzelhandelsbetriebe eine hohe Lagerumschlagshäufigkeit zu erzielen versuchen!
   2.3 Nennen Sie zwei Maßnahmen, durch die ein Einzelhändler die Lagerumschlagshäufigkeit erhöhen kann!
   2.4 Erklären Sie, wie sich eine Erhöhung der Lagerdauer auf das Lagerrisiko auswirkt!
3. Die Absatzstatistik für Bio-Müsli und Bio-Camembert enthält folgende Daten:

	Absatz Vorjahr	Ø Lagerbestand Vorjahr	Absatz Berichtsjahr	Ø Lagerbestand Berichtsjahr
Bio-Müsli	3600 Packungen	120 Packungen	4140 Packungen	150 Packungen
Bio-Camembert	1450 Stück	180 Stück	1300 Stück	160 Stück

Aufgaben:

3.1 Berechnen Sie die Lagerumschlagshäufigkeit und die durchschnittliche Lagerdauer von Bio-Müsli für das Vorjahr!

3.2 Ermitteln Sie, um wie viel Prozent der Absatz von Bio-Müsli im Berichtsjahr gegenüber dem Vorjahr gesteigert werden konnte!

3.3 Ermitteln Sie, um wie viel Prozent der durchschnittliche Lagerbestand an Bio-Camembert im Berichtsjahr gegenüber dem Vorjahr abgesenkt wurde!

4. Der Abteilungsleiter für Herrenschuhe möchte den Bestand an Wanderschuhen feststellen. Sie erhalten von ihm folgende Informationen über diese Warengruppe bis zum 30. 11.

Datum	Bestand (Stück)	Zugänge (Stück)
01.01.	70	
05.03.		105
06.08.		90
30.11.	30	

Aufgabe:

Ermitteln Sie für den angegebenen Zeitraum den Wareneinsatz in Stück!

5. Am Ende des Geschäftsjahres liefert das Lager folgende Warenbestände:

Anfangsbestand	02.01.20..	62300,00 EUR
Warenbestand	30.03.20..	113400,00 EUR
Warenbestand	30.06.20..	78400,00 EUR
Warenbestand	30.09.20..	45500,00 EUR
Schlussbestand	31.12.20..	28700,00 EUR

Aufgaben:

5.1 Berechnen Sie den durchschnittlichen Lagerbestand, die durchschnittliche Lagerdauer und die Lagerumschlagshäufigkeit!

5.2 Im Branchendurchschnitt beträgt die Lagerumschlagshäufigkeit 7.

5.2.1 Beurteilen Sie die Lagerumschlagshäufigkeit des Einzelhandelsbetriebs im Vergleich zum Branchendurchschnitt!

5.2.2 Erläutern Sie zwei mögliche Folgen einer sinkenden Lagerumschlagshäufigkeit und eine mögliche Gegenmaßnahme!

Lernfeld 13: Kennziffern im Verkauf analysieren und erfolgswirksame Geschäftsprozesse erfassen

1 Controlling

(1) Begriff und Aufgaben des Controllings

Der Begriff **Controlling** ist von dem englischen Wort „to control“ abgeleitet und kann mit „steuern, führen und kontrollieren“ übersetzt werden. Der Ausdruck Controlling darf also nicht dazu verleiten, ihn inhaltlich ausschließlich mit „kontrollieren“ gleichzusetzen.

> **Controlling** stellt Informationen bereit, die die Geschäftsführung des Einzelhandelsbetriebs bei der Planung, Steuerung und Kontrolle unterstützen.

Ziel jedes Einzelhandelsbetriebs ist, durch betriebliche Maßnahmen den Wert der verkauften Waren und Dienstleistungen so zu steigern, dass er höher ist als der Wert der bezogenen Waren und Dienstleistungen. Die **Differenz** zwischen den vom Einzelhandelsbetrieb **abgegebenen Leistungen** (z. B. verkaufte Waren und Dienstleistungen) und den von den **Lieferern übernommenen Leistungen** (z. B. bezogene Waren und Dienstleistungen) bezeichnet man als **Wertschöpfung.**

abgegebene Leistungen (Warenverkauf, Dienstleistungen) – übernommene Leistungen (eingekaufte Waren, Dienstleistungen) = Wertschöpfung

Das **Controlling hat die Aufgabe,** der Geschäftsleitung Informationen zu liefern, damit diese die Geschäfte (den Wertschöpfungsprozess) des Einzelhandelsbetriebs **planen, steuern** und **kontrollieren** kann.

(2) Instrumente des Controllings im Überblick[1]

Controllinginstrumente	Beispiele
Planungsinstrumente	■ Vorgeben von **Plangrößen** über Verwaltungs-, Vertriebs-, Lohnkosten; Preisuntergrenzen für einzelne Artikel; Renditeerwartung … ■ Entwickeln von **Planungsmodellen** z. B. zu Entwicklungen des Marktes, um sie für den eigenen Einzelhandelsbetrieb nutzbar zu machen; Hinweise geben zu Gefahren aus Marktveränderungen, um deren negative Auswirkungen vom Einzelhandelsbetrieb fernzuhalten … ■ Erstellen eines **Personaleinsatzplans.** ■ Entwickeln eines **Organisationsplans,** um die formellen Zuständigkeiten festzulegen. ■ Festlegen von Maßnahmen, um die einzelnen Bereiche eines Einzelhandelsbetriebs miteinander abzustimmen. ■ …

1 Die Mehrzahl der hier angeführten Controllinginstrumente wird im 3. Ausbildungsjahr im Lernfeld 14 behandelt.

Controllinginstrumente	Beispiele
Steuerungsinstrumente	■ Festlegen von **Plandaten** als Zielvorgabe für die einzelnen Abteilungen. ■ **Beurteilen möglicher Lieferanten.** ■ Vorschlagen von **Einkaufsbudgets** mithilfe der Limitrechnung. ■ **Auswerten von Personalkennziffern** für den Personaleinsatz (z. B. Anzahl der Beschäftigten einer Altersgruppe, Ausbildungsquote, Quote der Teilzeitbeschäftigten, durchschnittliches Gehalt je Mitarbeiter, Fehlzeitenquote). ■ Übertragen von **Aufgaben, Kompetenzen, Projekte an die Mitarbeiter.** ■ ...
Kontrollinstrumente	■ Entwickeln von **Überwachungsinstrumenten** (z. B. Kosten- und Leistungsrechnung, Buchhaltung, Kontrolle der Arbeitszeiten, des Warenverkehrs, von Organisationsvorschriften). ■ Auswerten von **Abweichungen gegenüber den Planvorgaben** (z. B. Soll-Ist-Vergleiche, Zeitvergleiche, Betriebsvergleiche). ■ Ermitteln und Beurteilen von **Lagerkennziffern.** ■ Kontrollieren von **Melde-, Mindest- und Höchstbeständen** des Lagers. ■ Überprüfen der **Sortimentsstruktur** (Renner, Penner, Fehlmenge usw.). ■ ...

Controlling umfasst **Dienstleistungs- und Beratungsaufgaben** bezogen auf das gesamte Unternehmen, auf Unternehmensbereiche, Aufgabenbereiche sowie Projekte. Die Unterstützungsfunktion des Controllings endet mit Analysen und Empfehlungen. Die **Entscheidung selbst** wird von der **Unternehmensleitung getroffen.**

2 Kennziffern im Verkauf

2.1 Formen von Umsatzkennziffern

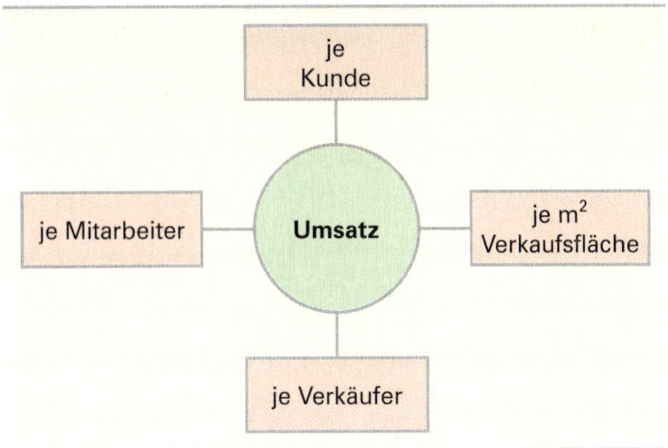

Die Möglichkeit, die Umsatzerlöse durch die Berechnung von **Umsatzkennziffern (Verkaufskennziffern)** zu analysieren, hängt davon ab, inwieweit der Einzelhandelsbetrieb in der Lage ist, seine Umsatzerlöse nach bestimmten Merkmalen aufzugliedern. Besitzt der Einzelhandelsbetrieb ein computergestütztes Warenwirtschaftssystem, werden die Daten der einzelnen Artikel bereits beim Wareneingang gespeichert. Sie können später beim Warenausgang über einen Strichcode, der bereits vom Lieferanten vorgegeben sein kann, oder über eigene Warenschlüssel abgerufen werden.

(1) Aufgliederung der Umsatzerlöse nach dem Kaufzeitpunkt (Frequenzanalyse[1])

Die Aufgliederung der Umsatzerlöse nach dem Kaufzeitpunkt und nach der Anzahl der Kunden[2] über einen Verkaufstag verteilt, bezeichnet man als **Frequenzanalyse.** Durch die Frequenzanalyse kann der Einzelhandelsbetrieb wichtige und weniger wichtige Verkaufszeiten erkennen und danach z. B. seinen Personaleinsatz steuern bzw. Werbeaktionen im Haus (z. B. Vorführungen, Verkostungen, Preisaktionen, Verteilen von Warenproben) zeitlich festlegen.

Beispiel:

Das nachfolgende Zahlenbeispiel stellt die Frequenzanalyse in der Spielwarenabteilung eines Kaufhauses dar.

Frequenzanalyse: Abteilung Spielwaren

Datum: Donnerstag, 15. Mai 20. .

Uhrzeit von	bis	Umsatz in EUR	Anzahl der Kunden	Uhrzeit von	bis	Umsatz in EUR	Anzahl der Kunden
09:00	10:00	145,10	15	15:00	16:00	695,80	72
10:00	11:00	342,60	32	16:00	17:00	740,50	65
11:00	12:00	420,30	43	17:00	18:00	499,80	49
12:00	13:00	304,50	29	18:00	19:00	117,90	18
13:00	14:00	427,20	48	19:00	20:00	125,70	11
14:00	15:00	716,80	64				

Gesamtumsatz: 4 536,20 EUR
Anzahl der Kunden insgesamt: 446
Durchschnittlicher Umsatzerlös je Kunde: 10,17 EUR

(2) Durchschnittlicher Umsatz je Mitarbeiter/Verkäufer

$$\text{durchschnittlicher Umsatz je Mitarbeiter} = \frac{\text{Umsatz}}{\text{Anzahl der beschäftigten Mitarbeiter}}$$

oder

$$\text{durchschnittlicher Umsatz je Verkäufer} = \frac{\text{Umsatz}}{\text{Anzahl der beschäftigten Verkäufer}}$$

Diese Umsatzkennziffer kann als Maßstab für die Leistungsbeurteilung der Mitarbeiter/Verkäufer dienen. Dabei ist Voraussetzung, dass die Umsatzhöhe von der Leistung des Mitarbeiters abhängig ist. Der Umsatz kann entweder auf die Anzahl der Mitarbeiter insgesamt oder nur auf die Anzahl der Verkäufer bezogen werden. Viele Einzelhandelsbetriebe legen Quoten für ihre Verkäufer fest, die vorgeben, welche Warenmenge sie während eines Jahres verkaufen sollten. Oft ist ein Teil der Entlohnung an die Erfüllung dieser Quoten gekoppelt.

1 **Frequenz:** Besucherzahl.

2 Die Erfassung der Kundenzahl ist schwierig, da der Frequenzzähler am Eingangsbereich nicht zwischen Kauf- und Sehkunden unterscheiden kann.

(3) Umsatz je m² Verkaufsfläche

$$\text{Umsatz je m}^2\text{ Verkaufsfläche} = \frac{\text{Umsatz}}{\text{m}^2\text{ Verkaufsfläche}}$$

Der Umsatz je m² Verkaufsfläche kann für den gesamten Einzelhandelsbetrieb, für einzelne Abteilungen und/oder für einzelne Verkaufsregale in den jeweiligen Abteilungen ermittelt werden.

(4) Durchschnittlicher Umsatz je Kunde

$$\text{durchschnittlicher Umsatz je Kunde} = \frac{\text{Umsatz (z. B. je Monat)}}{\text{Anzahl der Kunden (z. B. je Monat)}}$$

Diese Umsatzkennziffer besagt, welcher Umsatzerlös im Durchschnitt je Kunde erwirtschaftet wurde. Indirekt wird durch diese Umsatzkennziffer auch die Leistung der Verkäufer beurteilt.

Beispiel:

Ein Textileinzelhandelsgeschäft weist für das Jahr 20.. folgende Daten aus:

Umsatzerlöse	Anzahl der Mitarbeiter	Anzahl der Verkäufer	Verkaufsfläche m²	Anzahl der Kunden
1624848,00 EUR	12	9	464	12036

Aufgaben:

Berechnen Sie folgende Kennzahlen:

1. durchschnittlicher Umsatz je Mitarbeiter,
2. durchschnittlicher Umsatz je Verkäufer,
3. Umsatz je m² Verkaufsfläche,
4. durchschnittlicher Umsatz je Kunde!

Lösungen:

Zu 1.: durchschnittlicher Umsatz je Mitarbeiter $= \frac{1624848}{12} =$ 135404,00 EUR

Zu 2.: durchschnittlicher Umsatz je Verkäufer $= \frac{1624848}{9} =$ 180538,67 EUR

Zu 3.: Umsatz je m² Verkaufsfläche $= \frac{1624848}{464} =$ 3501,83 EUR

Zu 4: durchschnittlicher Umsatz je Kunde $= \frac{1624848}{12036} =$ 135,00 EUR

Beachte:

- Die ermittelten Kennziffern können mit denen früherer Perioden **(Zeitvergleich)** oder denen der gleichen Branche **(Branchenvergleich)** verglichen werden.
- Der Einzelhandelsbetrieb erhält damit zum einen wichtige Daten über die **Geschäftsentwicklung vergangener Geschäftsperioden** und zum anderen kann er **zukünftige Geschäftsentwicklungen** zutreffender abschätzen und entsprechende Maßnahmen einleiten.

2.2 Statistische Aufbereitung der Umsatzentwicklung

Beispiel:

Das „Möbelhaus am Marktplatz", Inhaberin Lisa Ellert e. Kfr., liefert die folgenden Informationen über die Umsatzentwicklung des ersten Halbjahres getrennt nach Monaten und Artikelgruppen:

	Türen	Tische	Betten	Stühle	Summen
Januar	2500	3400	1200	1800	8900
Februar	2400	3000	1150	1400	7950
März	2200	3100	1000	1900	8200
April	2600	3300	1200	1500	8600
Mai	3100	3900	1400	1700	10100
Juni	3200	3700	1500	1900	10300
Summen	16000	20400	7450	10200	54050

Die Zahlen sind bereits **statistisch in Tabellenform** aufbereitet und lassen sich in dieser Form relativ leicht erfassen. Es ist jedoch erwiesen, dass Zahlenmaterial noch besser erfasst werden kann, wenn eine **optische Aufbereitung** erfolgt.

Im Folgenden werden drei Möglichkeiten dargestellt, die Umsatzentwicklung grafisch aufzubereiten:

(1) Linien- oder Kurvendiagramm

Das Liniendiagramm verdeutlicht die Entwicklung des erwirtschafteten Umsatzes in einem festgelegten Zeitabschnitt.

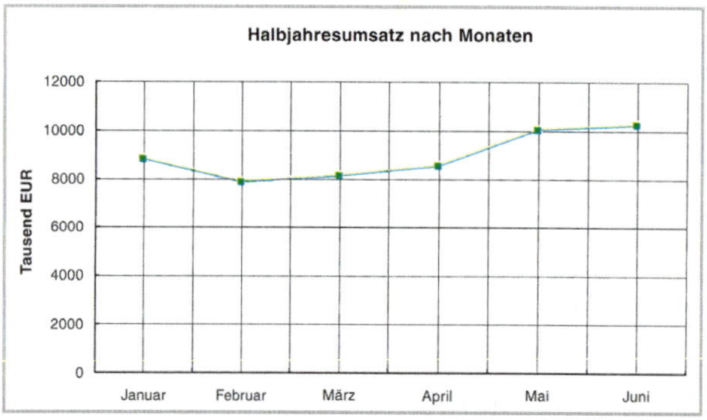

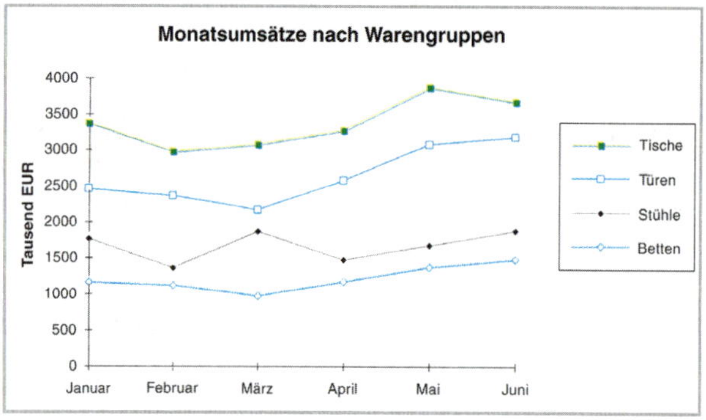

(2) Säulendiagramm

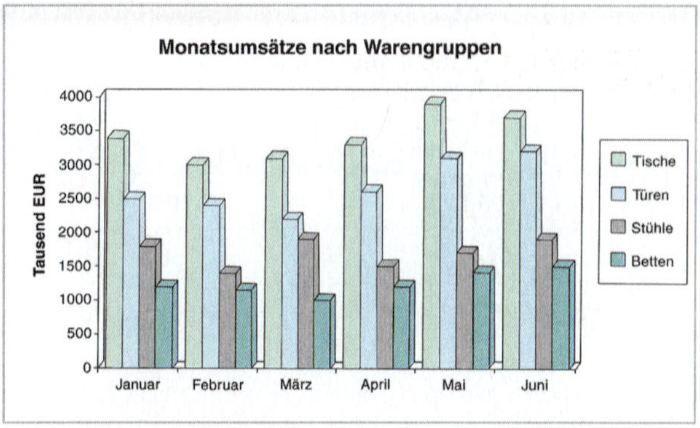

Beim Säulendiagramm wird die Umsatzentwicklung durch die Höhe der Säulen dargestellt. Durch unterschiedliche Schraffur der Säulen ist es möglich, zusätzlich die Warengruppen in einer Grafik darzustellen.

(3) Kreisdiagramm

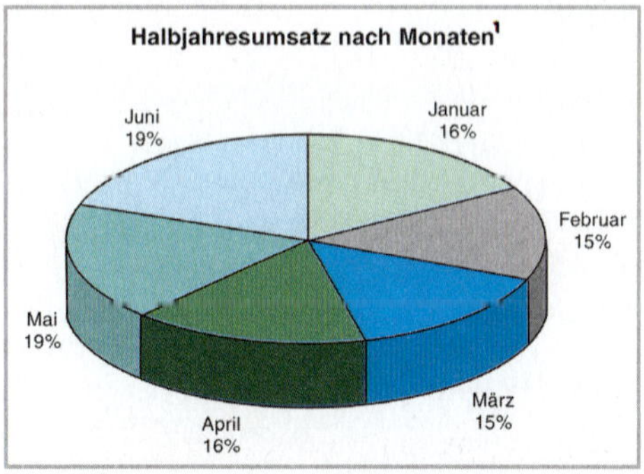

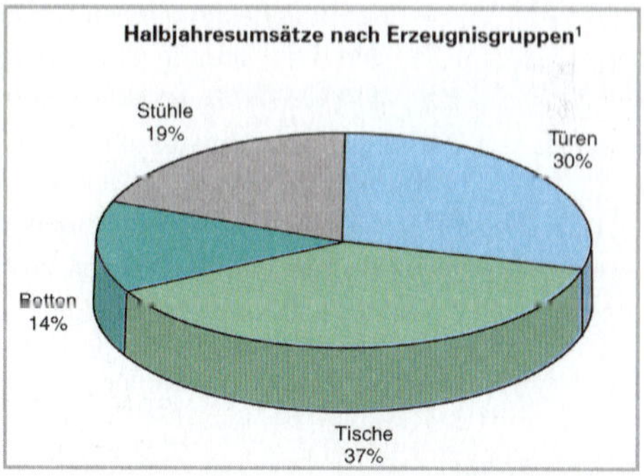

Beim Kreisdiagramm stellt die Gesamtfläche des Kreises den Halbjahresumsatz (Gesamtwert) dar. Die einzelnen Sektoren des Kreises zeigen zum einen die Halbjahresumsätze nach Monaten an und zum anderen, aus welchen Erzeugnisgruppen sich der Gesamtumsatz zusammensetzt.

Zusammenfassung

- **Controlling** ist eine Methode, die den Planungs-, Kontroll- und Steuerungsprozess der Geschäftsleitung eines Einzelhandelsbetriebs durch die Bereitstellung entsprechender Informationen unterstützt.
- **Beispiele für Controllinginstrumente** finden Sie in der Tabelle S. 204f.
- Die **Umsatzkennziffern** gliedern den Umsatz nach verschiedenen Merkmalen auf.
- Wichtige **Formen von Umsatzkennziffern** sind:
  - Frequenzanalyse (Aufgliederung der Umsatzerlöse nach dem Kaufzeitpunkt)
  - durchschnittlicher Umsatz je Mitarbeiter
  - durchschnittlicher Umsatz je Verkäufer
  - Umsatz je m^2 Verkaufsfläche
  - durchschnittlicher Umsatz je Kunde

1 Prozentsätze sind gerundet.

Kompetenztraining

58 1. Der Schuheinzelhandelsbetrieb Peter Weibel e.Kfm., Karlsruhe, weist für das abgelaufene Geschäftsjahr die folgenden Zahlen für seine zwei Abteilungen aus:

	Damenschuhe	Herrenschuhe
Umsatz in EUR	1100000,00	430000,00
Zahl der Mitarbeiter	14	8
Zahl der Kunden	6080	3940
Abteilungsgröße in m^2	1320	480

Aufgaben:

1.1 Berechnen Sie für jede Abteilung und für den Gesamtbetrieb
- den durchschnittlichen Umsatz je Kunde,
- den durchschnittlichen Umsatz je Mitarbeiter,
- den Umsatz je Verkaufsfläche!

1.2 Der geplante Umsatz je Mitarbeiter wurde mit 75850,00 EUR veranschlagt!

1.2.1 Ermitteln Sie, um wie viel Prozent der tatsächliche Umsatz je Mitarbeiter des Einzelhandelsbetriebs von dem geplanten Umsatz abweicht!

1.2.2 Erläutern Sie zwei Gründe für die Abweichung!

1.3 Die Geschäftsleitung bezahlt den Mitarbeitern auf ihre erzielten Umsätze eine Provision in Höhe von 2,2 %. Berechnen Sie, welchen Provisionsbetrag ein Mitarbeiter erhalten würde, wenn er gerade den geplanten Umsatz erzielt!

2.

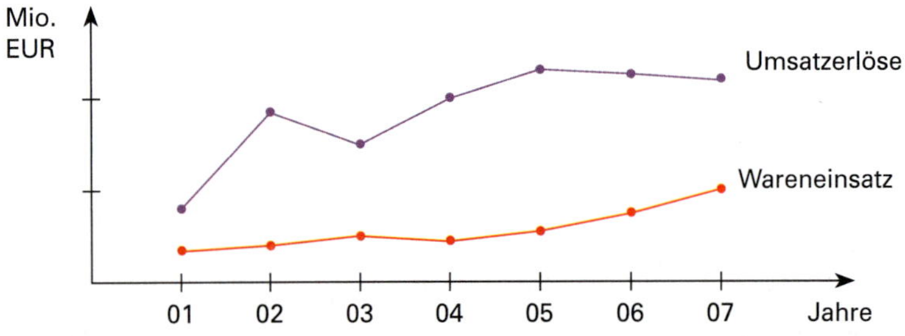

Aufgabe:
Stellen Sie dar, was das abgebildete Liniendiagramm aussagt!

3. Der Jahresumsatz eines Einzelhandelsbetriebs betrug 2800000,00 EUR. Zwanzig Beschäftigte erwirtschafteten auf einer Verkaufsfläche von 1620 m^2 dieses Ergebnis. Im vergangenen Jahr wurden 60840 Kunden gezählt.

Aufgabe:
Berechnen Sie folgende Umsatzkennziffern: durchschnittlicher Umsatz je Mitarbeiter, Umsatz je m^2 Verkaufsfläche und durchschnittlicher Umsatz je Kunde!

4. Ein Einzelhandelsbetrieb betreibt neben dem Haupthaus noch zwei Filialen. Die Gesamtumsatzerlöse des Einzelhandelsbetriebs betrugen im vergangenen Geschäftsjahr 3409900,00 EUR. Der Anteil der Filiale I am Gesamtumsatz betrug 511485,00 EUR, der Anteil der Filiale II 852475,00 EUR. Die Anzahl der Mitarbeiter betrug im Haupthaus 26 Verkäufer, in der Filiale I 6 Verkäufer und in der Filiale II 11 Verkäufer. Im vergangenen Geschäftsjahr wurden im Haupthaus 110604 Kunden gezählt. Die Verkaufsflächen betrugen im Haupthaus 980 m^2.

Aufgaben:

Berechnen Sie mit den angegebenen Daten folgende Kennziffern:

4.1 Anteil des Haupthauses und der Filialen an den Umsatzerlösen,

4.2 durchschnittlicher Umsatz je Verkäufer im Haupthaus und in den Filialen,

4.3 durchschnittlicher Umsatz je Kunde im Haupthaus,

4.4 Umsatz je m^2 Verkaufsfläche im Haupthaus!

5. 5.1 Geben Sie in einer allgemein gehaltenen Kurzfassung an, was man unter dem Begriff Controlling versteht!

5.2 Interpretieren Sie die nebenstehende Grafik und erläutern Sie Stellung und Aufgabe des Controllings!

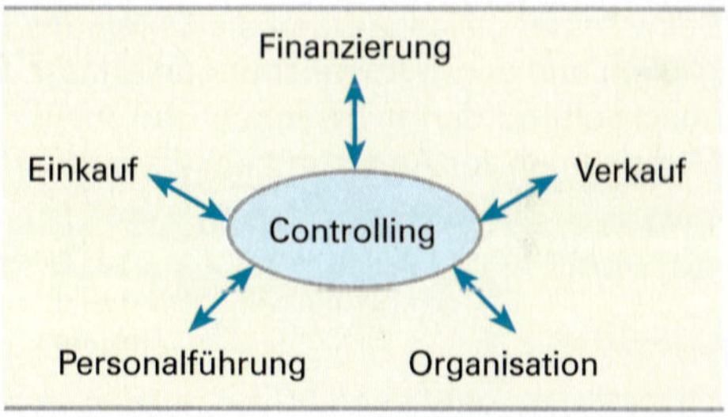

6.

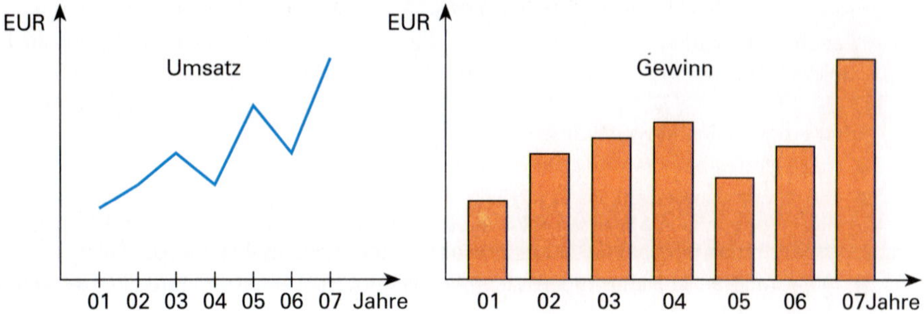

Aufgabe:

Betrachten Sie die beiden Schaubilder. Erklären Sie die Schlussfolgerung, die Sie aus den Abbildungen ableiten können!

3 Vergleichsmethoden

Bei der Vergleichsmethode werden Daten des eigenen Einzelhandelsbetriebs mit

- Daten der Vorperiode **(Zeitvergleich)**,
- Plandaten/Solldaten **(Soll-Ist-Vergleich)** oder
- vergleichbaren Einzelhandelsbetrieben derselben Branche **(Betriebsvergleich)**

verglichen. Durch diese Vergleiche sollen die Stärken und Schwächen des eigenen Einzelhandelsbetriebs aufgedeckt werden.

3.1 Zeitvergleich

Beim Zeitvergleich werden die Daten des Berichtsjahres mit denen der Vorperiode(n) verglichen und deren Abweichungen erfasst. Durch eine Analyse[1] der Abweichungen können anschließend deren Ursachen und Auswirkungen ermittelt werden. Gegebenenfalls sind Maßnahmen zur Änderung der Situation festzulegen.

Beispiel: Umsatzanalyse

	Vorjahr		Berichtsjahr		Abweichungen	
	EUR	%	EUR	%	EUR	%
Umsatzerlöse insgesamt	1 560 000,00	100	1 710 000,00	100	+ 150 000,00	+ 9,6
Bekleidung	710 800,00	45,6	680 400,00	39,8	– 30 400,00	– 4,3
Lebensmittelmarkt	662 000,00	42,4	665 700,00	38,9	+ 3 700,00	+ 0,6
Spielwaren	187 200,00	12,0	363 900,00	21,3	+ 176 700,00	+ 94,4

Erläuterungen der Abweichungen:

- Insgesamt haben die Umsatzerlöse um 9,6 % zugelegt.
- Die Umsatzsteigerung ist fast allein auf das Spielwarengeschäft zurückzuführen, da die Bekleidung mit – 4,3 % einen relativen starken Umsatzrückgang zu verzeichnen hatte und der Lebensmittelmarkt mit 0,6 % nur eine gemäßigte Umsatzsteigerung aufweist.
- In der Analyse ist insbesondere zu untersuchen, ob die Abteilung Bekleidung den Modetrend richtig erkannt hat und im Lebensmittelmarkt ist zu prüfen, wie das Sortiment oder das Preisniveau oder beide Bereiche noch verbessert werden können.

Allgemein gilt:

Der Umsatz ist der einzige Wert, der eine direkte Aussage macht über das Nachfrageverhalten der Kunden. Er entscheidet, ob die Ware ankommt oder nicht.

! Mithilfe von **Zeitvergleichen** können Entwicklungen untersucht werden.

1 **Analyse**: Untersuchung eines Sachverhalts.

3.2 Soll-Ist-Vergleich

Um die gesetzten Umsatzziele erreichen zu können, ist es notwendig, dass der Einzelhandelsbetrieb zuvor **Sollwerte (Planwerte)** in Form von **Geld- und Mengengrößen** festlegt. Sollwerte werden normalerweise für ein Jahr erstellt und nach Quartalen bzw. Monaten untergliedert. Sie gilt es einzuhalten.

Nach Ablauf des Planungszeitraums erfolgt eine Kontrolle. Hierbei werden die Sollwerte (Planwerte) mit den Istwerten verglichen. Durch diesen Vergleich können die Abweichungen festgestellt werden **(Soll-Ist-Vergleich).**

Beispiel:

Die Gegenüberstellung der Jahres-Sollwerte mit den Jahres-Istwerten für den Artikel 141721 „Bürotische" des Möbelhauses Philipp Ahner e. Kfm. weist folgende Daten aus:

Artikel 141721 „Bürotische"

Artikel	Jahreswerte			Jahreswerte					
	Sollwerte			Jahres-Istwerte			Abweichungen		
	Stück	Ø Preis je Stück in EUR	Umsatz insgesamt in EUR	Stück	Ø Preis je Stück in EUR	Umsatz insgesamt in EUR	Stück	Ø Preis je Stück in EUR	Umsatz insgesamt in EUR
Standard-Eiche	1400	800,00	1120000,00	1449	808,00	1170792,00	+ 49	+ 8,00	+ 50792,00
Standard-Buche	2100	840,00	1764000,00	2040	850,00	1734000,00	– 60	+ 10,00	– 30000,00

Erläuterungen zum Jahresergebnis:

- Für den Bürotisch „Standard-Eiche" ist festzustellen, dass 49 Bürotische mehr verkauft wurden als geplant. Da gleichzeitig der tatsächlich erzielte Verkaufspreis um 8,00 EUR je Bürotisch höher lag als geplant, konnte der Sollumsatz um 50792,00 EUR übertroffen werden.
- Anders die Situation beim Bürotisch „Standard-Buche". Zwar konnte auch hier der Sollpreis je Bürotisch um 10,00 EUR übertroffen werden, da jedoch 60 Bürotische weniger verkauft wurden, als geplant war, wurde der Sollumsatz um 30000,00 EUR unterschritten.

Nach dem **Soll-Ist-Vergleich** sollen durch die Analyse der Abweichungen **Fehlentscheidungen** erkannt und **Solldaten** nötigenfalls korrigiert werden.

Soll-Ist-Vergleiche umfassen in der Regel fünf Schritte:

- Zunächst sind **Plangrößen (Sollwerte)** festzulegen, an denen die verschiedenen Leistungen (z. B. Umsatz, Gewinn, Marktanteil) gemessen werden sollen.
- Nach Erbringen der Leistungen müssen die **Leistungsergebnisse (Istwerte)** ermittelt werden.
- Die Plangrößen werden jetzt mit den Leistungsergebnissen verglichen **(Soll-Ist-Vergleich).**
- Bestehen zwischen Sollwerten und Istwerten Abweichungen, die über einer zuvor festgelegten Toleranzgrenze[1] liegen, müssen die Abweichungen analysiert werden **(Abweichungsanalyse).**
- Als Folge aus der Abweichungsanalyse werden **Maßnahmen** getroffen und – sofern erforderlich – **neue Sollwerte** (z. B. Plankorrekturen, Ausweichpläne, Neuplanung) formuliert.

1 **Toleranz:** Duldsamkeit. Hier: Zulässige Differenz zwischen dem angestrebten Planwert und dem erzielten Istwert.

3.3 Betriebsvergleich

(1) Begriff Betriebsvergleich[1]

Beim Betriebsvergleich im Einzelhandel werden betriebliche Kennziffern mehrerer Einzelhandelsbetriebe der **gleichen Betriebsgröße und Branche** miteinander verglichen. Ziel des Betriebsvergleichs ist die **Analyse der Abweichungen zwischen den Kennziffern** und die **Darstellung der Situation der verschiedenen Einzelhandelsbetriebe.** Daraus sollen die jeweiligen Einzelhandelsbetriebe Entscheidungshilfen für die Planung, Steuerung und Kontrolle ihrer Einzelhandelsbetriebe erhalten.

Der **Betriebsvergleich** beantwortet die Frage, wie der eigene Einzelhandelsbetrieb im Verhältnis zu anderen, vergleichbaren Einzelhandelsbetrieben der gleichen Branche dasteht.

Beispiel (Auszug):

Vergleichskriterien	Kennziffern		
	Modehaus Brenner KG	Branchen-durchschnitt	Marktführer
Anzahl der Kunden Veränderungen zum Vorjahr (%)	14100 + 2%	12800 + 0,5%	19500 + 2,9%
Umsatz stationär Veränderungen zum Vorjahr (%)	2932800,00 EUR + 3%	2640500,00 EUR – 1,1%	4290000 EUR 3,4%
Ø Umsatz je Kunde Veränderungen zum Vorjahr (%)	208,00 EUR + 1,9%	206,29 EUR + 2,2%	220,40 EUR + 1,2%
Anzahl der Verkäufer Veränderungen zum Vorjahr	18 + 2	20 – 3	26 + 2
Ø Umsatz je Verkäufer Veränderungen zum Vorjahr	162930,33 EUR + 1,4%	132025,00 + 1,2%	165000,00 – 0,9%
Umsatzrentabilität Vorjahr	5,4% 5,1%	5,2 5,0	6,3 5,9

Eine Möglichkeit, Vergleichsdaten von Wettbewerbern zu erhalten, ist gegeben, wenn sich der Einzelhandelsbetrieb einer **Erfahrungsaustausch-Gruppe (Erfa-Gruppe)** anschließt. Eine Erfa-Gruppe liegt vor, wenn sich Einzelhandelsbetriebe **derselben Branche** mit **ähnlicher Betriebsgröße** und **ähnlichem Sortiment** aber **ohne direkte Konkurrenz** regelmäßig treffen, um betriebliche Kennziffern, betriebliche Probleme, Erfahrungen und Meinungen auszutauschen. Erfa-Gruppen werden häufig vom zuständigen Branchenverband oder von Beratungsunternehmen vermittelt und geleitet.

Durch den **Betriebsvergleich** erkennt der Einzelhandelsbetrieb die eigenen Stärken und Schwächen im Vergleich zu den Mitbewerbern.

1 Ein **Betriebsvergleich** setzt voraus, dass die beteiligten Unternehmen **vergleichbar sind** bezüglich der **Unternehmensgröße** (z. B. Umsatz, Anzahl der Mitarbeiter, Verkaufsfläche) und der **Branche** (z. B. Lebensmittel, Bekleidung, Lederwaren).

(2) Benchmarking

Vergleicht der Einzelhandelsbetrieb die eigene Leistungsfähigkeit mit dem aus Kundensicht **besten Mitbewerber,** spricht man von Benchmarking.[1] Der Vergleich der Kennziffern offenbart den Abstand zum besten Unternehmen, die **„Leistungslücke"**. Ziel des Benchmarkings ist, von den „Klassenbesten" zu lernen und deren Leistungen für das eigene Unternehmen nutzbar zu machen, um so selbst zum besten Unternehmen aufzusteigen.

Zusammenfassung

- **Vergleichsmaßstäbe zur Umsatzanalyse** sind Zeitvergleiche, Soll-Ist-Vergleiche und Betriebsvergleiche.
  - Beim **Soll-Ist-Vergleich** wird ein geplanter Umsatz (Sollwert) mit dem tatsächlich erreichten Wert (Istwert) verglichen.
  - Beim **Zeitvergleich** werden Umsatzzahlen des Einzelhandelsbetriebs aus verschiedenen Zeitperioden verglichen.
  - Beim **Betriebsvergleich** werden Umsatzzahlen des eigenen Einzelhandelsbetriebs denen vergleichbarer Einzelhandelsbetriebe oder den Durchschnittswerten der gesamten Branche gegenübergestellt.

Kompetenztraining

59 1. Beschreiben Sie die Vergleichsmethoden zur Bewertung von Umsatzentwicklungen!

2. 2.1 Nennen Sie die Zielsetzung, die mit einem Soll-Ist-Vergleich verfolgt wird! DOWNLOAD

   2.2 Ihnen liegt die folgende Absatzstatistik eines Einzelhandelsgeschäfts für das 1. Quartal 20.. vor:

	Sollwerte	Istwerte	Abweichungen	
			absolute Zahlen	Prozent
Kunden	9600	10816		
Mitarbeiter	30	32		
Verkäufer	18	20		
Verkaufsfläche m²	3600	4000		
Umsatz	1683000,00 EUR	1820000,00 EUR		
Umsatz je m² Verkaufsfläche	467,50 EUR			
Ø Umsatz je Kunde	175,31 EUR			
Ø Umsatz je Verkäufer	93500,00 EUR			
Ø Umsatz je Mitarbeiter	56100,00 EUR			

Aufgaben:

2.2.1 Berechnen Sie die fehlenden Istwerte!

2.2.2 Stellen Sie dar, welche Schlussfolgerungen Sie aus dem Soll-Ist-Vergleich ziehen!

1 **Benchmark:** Maßstab für den Vergleich von Leistungen.

DOWNLOAD

3. 3.1 Erläutern Sie den Zweck eines Betriebsvergleichs!

   3.2 Führen Sie den Betriebsvergleich für das Spielwarengeschäft Rupp e. Kfr. durch! Ergänzen Sie die Tabelle und werten Sie die Ergebnisse aus!

	Spielwaren Rupp e. Kfr.	Branchendurchschnitt
Kunde	5860	6030
Mitarbeiter	5	6
Verkäufer	4	5
Verkaufsfläche in m^2	100	120
Umsatz	225548,60	256903,40
Umsätze je m^2 Verkaufsfläche		2140,86
Ø Umsatz je Kunde		42,60
Ø Umsatz je Mitarbeiter		42817,23
Ø Umsatz je Verkäufer		51380,68

4. Ein Einzelhandelsbetrieb hat im 1. Halbjahr folgende Umsätze in EUR erwirtschaftet:

	Januar	Februar	März	April	Mai	Juni
Umsatz	210400,00	225800,00	190500,00	220100,00	238700,00	215900,00

DOWNLOAD

Aufgabe:

Stellen Sie die Umsatzentwicklung in einem Koordinatensystem dar! Auf der x-Achse sind die Monate (1 cm entspricht einem Monat) und auf der y-Achse der Umsatz (1 cm entspricht 50000,00 EUR) einzutragen!

5. Um die Betriebsführung zu verbessern, tritt der Einzelhandelsbetrieb Luise Wilke e. Kfr. in eine Erfa-Gruppe ein.

   Aufgaben:

   5.1 Erklären Sie, was unter einer Erfa-Gruppe zu verstehen ist!

   5.2 Von der Erfa-Gruppe erhält das Einzelhandelsgeschäft Luise Wilke e. Kfr. folgende Auswertung:

	Kalkulationsabschlag			Umsatz je Mitarbeiter in EUR		
	Vorjahr	Berichtsjahr	Abweichungen zum Vorjahr in %	Vorjahr	Berichtsjahr	Abweichungen zum Vorjahr in %
Luise Wilke e. Kfr.				69081,00	59688,00	– 13,6
Oskar Graf e. Kfm.	36,5 %	38,7 %	+ 2,2	163405,00	169606,00	+ 3,8
Hans Ritz e. Kfm.	49,0 %	49,9 %	+ 0,9	106653,00	119650,00	+ 12,2
Alfons Kempter e. Kfm.	47,1 %	48,2 %	+ 1,1	98705,00	90609,00	– 8,2
Mechthilde Frei e. Kfr.	42,8 %	44,3 %	+ 1,5	84730,00	85900,00	+ 1,4

Der Einzelhandelsbetrieb Luise Wilke e. Kfr. weist für das Vorjahr und das Berichtsjahr folgende Zahlen aus:

	Vorjahr	Berichtsjahr
Bruttoumsatz in EUR	1595000,00	1339800,00
Wareneinsatz in EUR	933075,00	850773,00

5.2.1 Ermitteln Sie für den Einzelhandelsbetrieb Luise Wilke e. Kfr. den Kalkulationsabschlag für das Vorjahr und das Berichtsjahr!

5.2.2 Beurteilen Sie die Entwicklung des Kalkulationsabschlags des Einzelhandelsbetriebs Luise Wilke e. Kfr. im Vergleich zu den Erfa-Mitgliedern!

5.2.3 Erklären Sie, wie der durchschnittliche Umsatz je Mitarbeiter berechnet wird!

5.2.4 Beurteilen Sie die Entwicklung des durchschnittlichen Umsatzes je Mitarbeiter beim Einzelhandelsbetrieb Luise Wilke e. Kfr. und den Erfa-Mitgliedern!

5.2.5 Erläutern Sie zwei mögliche Ursachen für die Geschäftslage des Einzelhandelsbetriebs Luise Wilke e. Kfr.!

5.2.6 Schlagen Sie zwei Maßnahmen vor, die geeignet sind, die betriebliche Situation des Einzelhandelsbetriebs Luise Wilke e. Kfr. zu verbessern!

4 Kontenrahmen, Kontenplan

(1) Kontenrahmen und Kontenplan

Die Buchführung eines Einzelhandelsbetriebs besteht aus einer Vielzahl von Konten. Um hierüber die Übersicht zu behalten, bedarf es einer bestimmten Ordnung. Sie wird mithilfe des Kontenrahmens erreicht.

Um den individuellen Bedürfnissen zu entsprechen, hat **jeder Wirtschaftszweig** seinen **eigenen Kontenrahmen** entwickelt (z. B. der Einzelhandel den **Einzelhandelskontenrahmen).** Daneben haben bekannte Softwarefirmen spezielle EDV-Kontenrahmen herausgebracht. Das dabei zugrunde gelegte Ordnungsprinzip ist einheitlich. Die Gesamtmenge der Konten wird mithilfe von zehn Ziffern in Klassen, Gruppen und Arten gegliedert.

Innerhalb des Kontenrahmens, stellt jeder Einzelhandelsbetrieb den individuellen Bedürfnissen entsprechend seinen eigenen **Kontenplan** auf.

- Der **Kontenrahmen** bezieht sich auf eine bestimmte **Wirtschaftsbranche.**
- Der **Kontenplan** bezieht sich auf einen bestimmten **Betrieb.**

(2) Aufbau der Kontennummern

Gliederung	Erläuterungen	Beispiel
Kontenklasse	Die Gesamtmenge wird in 9 Kontenklassen gegliedert.	Kontenklassen 0, 1 und 2 sind Aktivkonten
Kontengruppe	Innerhalb der Kontenklassen werden Konten mit gleichem Inhalt in Kontengruppen untergliedert.	Kontengruppe 28 „Flüssige Mittel" umfasst die Bank und die Kasse
Kontoart	Jedes Konto innerhalb einer Kontengruppe erhält eine eigene Nummer.	280 Bank 282 Kasse[1]

Beispiel:

AKTIVA	
Anlagevermögen	
0 Kontenklasse **Immaterielle Vermögensgegenstände[2] und Sachanlagen**	
. . **05 Grundstücke und Bauten** 050 Unbebaute Grundstücke 051 Bebaute Grundstücke 053 Betriebsgebäude	**Erläuterungen:** 053 **Konto Betriebsgebäude[1]** Kontenklasse 0: Anlagevermögen Kontengruppe 05: Grundstücke und Bauten Kontoart 053: Betriebsgebäude Das **Konto Betriebsgebäude** hat die **Kontonummer 053**

(3) Aufbau des Schulkontenrahmens Einzelhandel

Der vorliegende Schulkontenrahmen Einzelhandel ist in seiner Grobstruktur wie folgt aufgebaut:

Klasse 0: Immaterielle Vermögensgegenstände und Sachanlagen	←	Bestandskonten
Klasse 1: Finanzanlagen	←	Bestandskonten
Klasse 2: Umlaufvermögen und aktive Rechnungsabgrenzung	←	Bestandskonten
Klasse 3: Eigenkapital und Rückstellungen	←	Bestandskonten
Klasse 4: Verbindlichkeiten und passive Rechnungsabgrenzung	←	Bestandskonten
Klasse 5: Erträge	←	Ergebniskonten
Klasse 6: Betriebliche Aufwendungen	←	Ergebniskonten[3]
Klasse 7: Weitere Aufwendungen	←	Ergebniskonten[3]
Klasse 8: Ergebnisrechnungen	←	Abschlusskonten
Klasse 9: Kosten- und Leistungsrechnung (KLR)	←	Keine Konten vorgesehen[4]

1 Für jede **Kontoart** wird eine **dreistellige Kontonummer** verwendet.

2 **Immaterielle Vermögensgegenstände** sind nicht-körperliche Vermögenswerte des Einzelhandelsbetriebs, z. B. Rechte, Geschäftswert, Patente.

3 Vgl. hierzu Kapitel 5, S. 223 ff.

4 In der Praxis wird die Kosten- und Leistungsrechnung tabellarisch durchgeführt. Auf die Kosten- und Leistungsrechnung wird im 3. Ausbildungsjahr eingegangen.

In den folgenden Kapiteln werden die **Buchungssätze**[1] nur noch unter Zuhilfenahme des Schulkontenrahmens Einzelhandel gebildet, d. h., bei den Buchungen setzt man vor den Kontonamen die entsprechende Kontonummer. In den Konten werden nur Kontonummern verwendet.

Beispiel:

Wir zahlen eine bereits gebuchte Wareneingangsrechnung über 3850,00 EUR
durch Banküberweisung 3000,00 EUR
in bar 850,00 EUR

Aufgaben:

1. Buchen Sie den Geschäftsfall auf den Konten!
2. Bilden Sie den Buchungssatz!

Lösungen:

Zu 1.: Buchung auf den Konten

S	280 Bank		H
AB	5000,00	440	3000,00

S	440 Verbindl. a. Lief. u. Leist.		H
280/282	3850,00	AB	10000,00

S	282 Kasse		H
AB	3110,00	440	850,00

Zu 2.: Buchungssatz

Geschäftsfall	Konten	Soll	Haben
Wir zahlen eine bereits gebuchte Eingangsrechnung über 3850,00 EUR	440 Verb. a. L. u. L.	3850,00	
durch Banküberweisung 3000,00 EUR	an 280 Bank		3000,00
in bar 850,00 EUR	an 282 Kasse		850,00

Kompetenztraining[2]

60 Nehmen Sie zur Bearbeitung der folgenden Aufgaben den als Anlage beigefügten Schulkontenrahmen zur Hand!

1. Nennen Sie die Kontenklasse, in der die Schulden des Einzelhandelsbetriebs gebucht werden!
2. Ordnen Sie folgenden Konten die entsprechende Kontonummer zu: Waren, Umsatzerlöse für Waren, Kasse, Ladenausstattung!

1 Der Aufbau eines Buchungssatzes wurde im Band 1, Lernfeld 11, Kapitel 3.3.4 dargestellt.

2 **Zur Erinnerung:** Aufgrund des Bildungsplans wird auf die Buchung der Umsatzsteuer erst im 3. Ausbildungsjahr, im Lernfeld 14, eingegangen. In diesem Schulbuch werden alle Geschäftsvorfälle **ohne Umsatzsteuer** ausgewiesen.

3. Erläutern Sie, welche Informationen Sie durch die Kontobezeichnung 084 erhalten!
   3.1 Was bedeutet die Ziffer 0?
   3.2 Was besagt die Ziffernfolge 08?
   3.3 Was drückt die Ziffernfolge 084 aus?

DOWNLOAD **61** Bilden Sie unter Angabe der Kontonummern und der Kontonamen für folgende Geschäftsfälle die Buchungssätze!

1.

Geschäftsfälle	Konten	Soll	Haben
1. Kauf von Büroschränken bar 5 000,00 EUR	087 Büromöbel an 282 Kasse	5 000,00	 5 000,00

2. Ein Kunde überweist einen Rechnungsbetrag auf unser Bankkonto — 896,00 EUR
3. Wir zahlen eine Liefererrechnung per Banküberweisung — 560,00 EUR
4. Ein Kunde zahlt einen Rechnungsbetrag
   in bar 750,00 EUR
   per Bankscheck 1 000,00 EUR — 1 750,00 EUR
5. Wir kaufen einen gebrauchten Kombiwagen — 11 600,00 EUR
   Zahlungsvereinbarungen: Banküberweisung 3 500,00 EUR
   Barzahlung 200,00 EUR
   Restverbindlichkeit 7 900,00 EUR
6. Wir kaufen ein neues Kassensystem gegen Rechnung — 12 000,00 EUR
7. Wir heben vom Bankkonto ab und legen das Geld in die Geschäftskasse — 1 400,00 EUR
8. Wir kaufen ein I-Pad bar — 390,00 EUR
9. Wir zahlen auf unser Bankkonto bar ein — 4 200,00 EUR
10. Wir verkaufen einen ausgedienten Laptop bar zum Buchwert gegen Bankscheck — 120,00 EUR
11. Banküberweisung zur Tilgung eines Bankdarlehens — 1 950,00 EUR
12. Einkauf von Lagerregalen auf Ziel — 5 040,00 EUR

DOWNLOAD **62**

1. Formulieren Sie aufgrund der nachfolgenden Belege die zugrunde liegenden Geschäftsfälle!
2. Bilden Sie die Buchungssätze für den Baumarkt Franz Heinzler e. Kfm.!

Beleg 1[1]

NÜMASCH AG
Nürnberg

NÜMASCH AG
Budapester Straße 7
90459 Nürnberg
Telefon 0911 2456-0
Telefax 0911 2456-1
E-Mail: info@nuemasch.de

NÜMASCH AG, Postfach 145, 90458 Nürnberg
Baumarkt
Franz Heinzler e. Kfm.
Industriestr. 15
70565 Stuttgart

Rechnundsdatum:	30. 06. 20. .
Kunden-Nr.:	35689
Rechnungs-Nr.:	5608-01
Bestellnummer:	14500
Lieferdatum:	24. 06. 20. .

Rechnung Nr. 414

Pos.	Artikel-Nr.	Bezeichnung		Gesamtpreis
1	500	Gabelstabler		8 495,00 EUR

NÜMASCH AG
Budapester Str. 7
90459 Nürnberg
Tel. 0911 2456 -0
Fax 0911 2456-1

Sitz der Gesellschaft: Nürnberg
RG Nürnberg: HRB 7704
Steuer-Nr.: 72317/54690
UID-Nr. DE129 044 007

Bankverbindung:
Deutsche Bank Nürnberg
IBAN: DE94 7607 0012 0655 3219 87
BIC: DEUTDEMM760

Beleg 2

IBAN: DE10 6009 0800 0000 6375 26 — Sparda-Bank Baden-Württemberg — BIC: GENODEF1S02

Buchungstag	Tag der Wertstellung	Verwendungszweck/Buchungstext		alter Kontostand 1 220,50
30.06.	30.06.	Rechnung Franz Zeh 16. 06. 20. .	1719	– 2810,20
30.06.	30.06.	Bareinzahlung		+ 2000,00

Baumarkt
Franz Heinzler e. Kfm.
Industriestr. 15
70565 Stuttgart

USt.-ID DE 246 53 1540

neuer Kontostand: + 410,30
Kontoauszug vom: 30. 06. 20. . — Auszug: 21 — Blatt: 1

1 Bei den Belegen in dieser Aufgabe wird auf den Ausweis der Umsatzsteuer verzichtet, da sie erst im 3. Ausbildungsjahr buchhalterisch behandelt wird.

Beleg 3

EVENTEC Randlinger & Jell

EVENTEC Randlinger & Jell · Kammer 12 · 83123 Amerang
Baumarkt
Franz Heinzler e. Kfm.
Industriestr. 15
70565 Stuttgart

Rechnungsdatum: 12.06.20..
Kunden-Nr.: 13483
Steuer-Nr.: 15617341503
USt-Id-Nr.: DE 228 486 140
Lieferdatum: 12.06.20..

Rechnungs-Nr. 2214

Pos.	Menge	Bezeichnung	Einzelpreis EUR	Gesamtbetrag EUR
1	1	Hochleistungskopierer	5 950,00	5 950,00

Besuchen Sie auch unsere Internetadresse unter www.eventec-randlinger.de

EVENTEC Randlinger & Jell Kammer 12 83123 Amerang Tel.: 08075 8239 Fax: 08075 9752
IBAN: DE52 7115 2680 0000 9627 87 BIC: BYLADEM1WSB USt.Id-Nr.: DE 228 486 140
www.eventec-randlinger.de E-Mail: info@eventec-randlinger.de Gerichtsstand Traunstein.

Die Ware bleibt bis zur vollständigen Bezahlung Eigentum der Firma.

Beleg 4

Beleg für den Kontoinhaber/Zahler-Quittung

Sparda-Bank Baden-Württemberg | GENODEF1S02

Name und Sitz des überweisenden Kreditinstituts | **BIC**

Nur für Überweisungen in Deutschland, in andere EU-/EWR-Staaten und in die Schweiz, sowie nach Monaco in Euro.

Angaben zum Zahlungsempfänger: Name, Vorname/Firma (max. 27 Stellen, bei maschineller Beschriftung max. 35 Stellen)
EVENTEC Randlinger & Jell, Kammer 12, 83123 Amerang

IBAN
DE52 7115 2680 0000 9627 87

BIC des Kreditinstituts/Zahlungsdienstleisters (8 oder 11 Stellen)

Die Angabe des BIC kann entfallen, wenn die IBAN des Zahlungsempfängers mit DE beginnt.

Betrag: Euro, Cent
5 950,00--------------

Kunden-Referenznummer - Verwendungszweck, ggf. Name und Anschrift des Zahlers - (nur für Zahlungsempfänger)
Rechnung-Nr. 2214 vom 12.06.20..

noch Verwendungszweck (insgesamt max. 2 Zeilen à 27 Stellen, bei maschineller Beschriftung max. 2 Zeilen à 35 Stellen)

Angaben zum Kontoinhaber/Zahler: Name, Vorname/Firma, Ort (max. 27 Stellen, keine Straßen- oder Postfachangaben)
Baumarkt Franz Heinzler e.Kfm. Stuttgart

IBAN
DE 10 6009 0800 0000 6375 26

113 377.000 35735

Datum | **Unterschrift(en)**

28. Juni 20.. F. Heinzler

5 Ergebniskonten (Erfolgskonten)

5.1 Aufwendungen, Erträge, Aufwandskonten, Ertragskonten

(1) Aufwendungen und Erträge

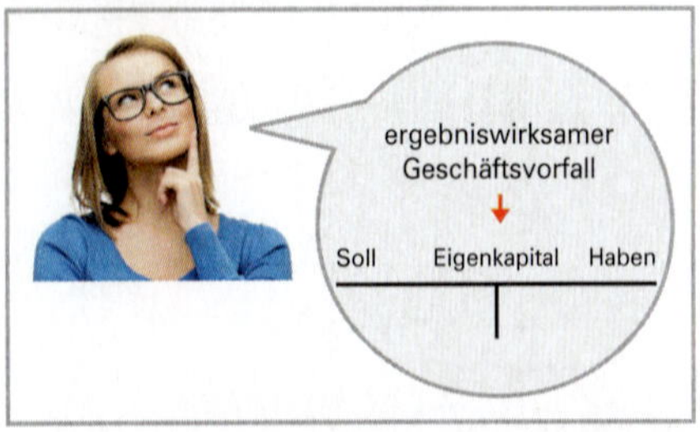

Bisher wurde das Eigenkapital durch die Geschäftsfälle nicht berührt. Dies ändert sich jetzt. Das Eigenkapital kann sich in zwei Richtungen hin verändern, es kann zunehmen oder abnehmen. Die **Zugänge des Eigenkapitals** ergeben sich durch **Erträge,** die **Abgänge** durch **Aufwendungen.**

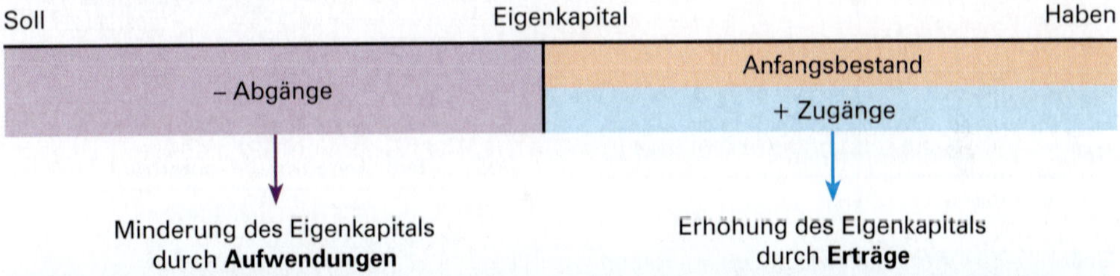

Beispiel:

Aufwendungen	Erträge
■ Personalkosten	■ Vermietungen
■ Mieten, Pachten, Leasing	■ Provisionen
■ Steuern, Beiträge, Versicherungen	■ Zinsen
■ Werbe- und Reisekosten	■ Warenverkäufe
■ Betriebskosten, Instandhaltung	
■ allgemeine Verwaltung	
■ Wareneinkäufe	

- **Abgänge beim Eigenkapital** nennt man **Aufwendungen.**
- **Zugänge beim Eigenkapital** nennt man **Erträge.**
- **Aufwendungen vermindern, Erträge vermehren das Eigenkapital.**

!

(2) Aufwands- und Ertragskonten

Um die einzelnen Aufwendungen und Erträge übersichtlich und jederzeit verfügbar zu haben, werden die Aufwendungen und Erträge nicht direkt auf dem Eigenkapital gebucht, sondern es werden **Unterkonten des Eigenkapitals** gebildet.

- Die **Aufwendungen** werden auf **Aufwandskonten,**
- die **Erträge** auf **Ertragskonten** gebucht.
- Die **Aufwands- und Ertragskonten** bilden die **Ergebniskonten.**

In schematischer Zusammenfassung ergibt sich die folgende Darstellung:

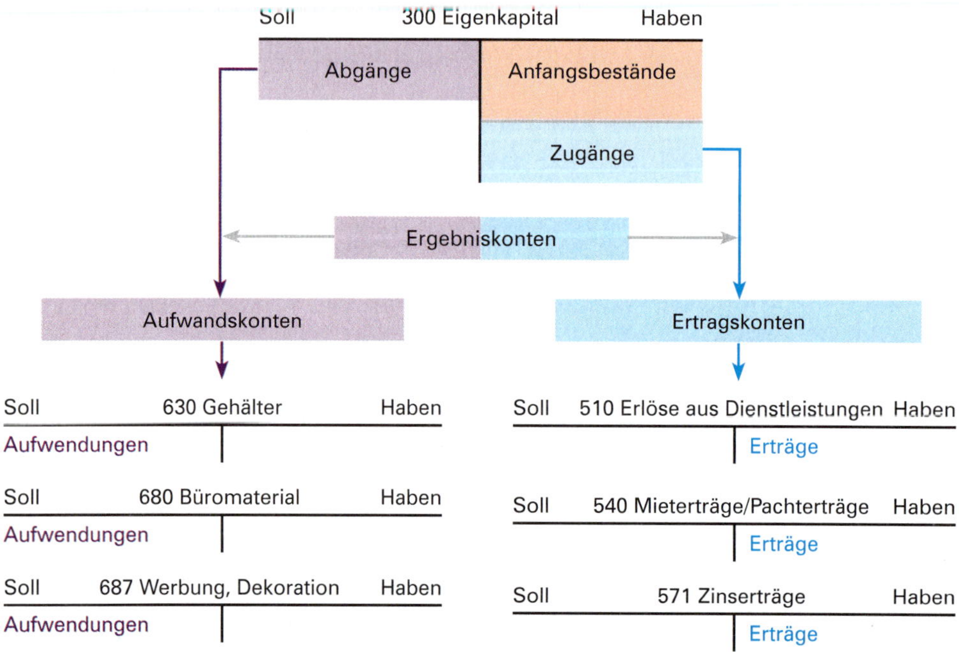

- **Aufwandskonten** erfassen die **Minderungen (Abgänge) beim Eigenkapital.**
- **Ertragskonten** erfassen die **Mehrungen (Zugänge) beim Eigenkapital.**

Durch die Aufwands- und Ertragskonten werden die **Ursachen für das Ergebnis** (der **Erfolg**, d.h. Gewinn oder Verlust) eines Einzelhandelsbetriebs deutlich. Die Aufwands- und Ertragskonten werden daher als **Ergebniskonten (Erfolgskonten)** bezeichnet.[1]

- Geschäftsfälle, die das **Eigenkapital verändern,** bezeichnet man als **ergebniswirksame (erfolgswirksame)** Geschäftsfälle.
- Geschäftsfälle, die das Eigenkapital **nicht** verändern, bezeichnet man als **ergebnisunwirksame (erfolgsneutrale) Geschäftsfälle.**

- Die Aufwands- und Ertragskonten sind **Unterkonten des Eigenkapitalkontos.**
- Auf den Aufwandskonten werden die **Aufwendungen** immer auf der **Sollseite** gebucht.
- Auf den Ertragskonten werden die **Erträge** immer auf der **Habenseite** gebucht.
- Für jede Aufwands- und Ertragsart wird jeweils ein **eigenes Konto** eingerichtet.
- Da die Aufwands- und Ertragskonten Auskunft darüber geben, wodurch das Ergebnis (Gewinn oder Verlust) zustande gekommen ist, nennt man sie **Ergebniskonten.**

1 Die Begriffe Ergebniskonten und Erfolgskonten sind identisch (gleichwertig).

Kompetenztraining

63 1. Notieren Sie den Geschäftsfall, der zu einer Eigenkapitalminderung führt!
   1.1 Eine kurzfristige Bankschuld wird in ein langfristiges Bankdarlehen umgewandelt.
   1.2 Einkauf von Waren auf Ziel.
   1.3 Barkauf von Büromaterial.
   1.4 Barabhebung vom Bankkonto.

2. Notieren Sie den Geschäftsfall, der zu einer Eigenkapitalerhöhung führt!
   2.1 Bareinzahlung auf das Bankkonto.
   2.2 Ein Kunde zahlt eine Forderung bar.
   2.3 Wir erhalten Provision vom Lieferer.
   2.4 Wir kaufen einen Büroschrank mit Bankscheck.

64 1. Erläutern Sie den Zusammenhang zwischen den Ergebniskonten und dem Eigenkapitalkonto!
2. Würde das System der doppelten Buchführung auch ohne die Einrichtung von Ergebniskonten funktionieren? Begründen Sie Ihre Entscheidung!
3. Nennen Sie Gründe, warum Ergebniskonten eingerichtet werden!
4. Erklären Sie, wie Aufwendungen in Bezug auf das Eigenkapital bezeichnet werden können!
5. Erläutern Sie, wie Erträge in Bezug auf das Eigenkapital bezeichnet werden können!
6. Erklären Sie, weshalb Aufwendungen auf der Sollseite und Erträge auf der Habenseite gebucht werden!
7. Beschreiben Sie, warum die Aufwendungen und Erträge nicht direkt auf dem Eigenkapitalkonto gebucht werden!
8. Erklären Sie, warum die Ergebniskonten keinen Schlussbestand haben!

5.2 Buchungen auf den Ergebniskonten

(1) Buchungsregeln für die Ergebniskonten

Auf den Ergebniskonten werden nur Aufwendungen und Erträge erfasst. Die **Aufwendungen** (Abgänge auf dem Eigenkapitalkonto) sind auf der **Sollseite des entsprechenden Aufwandskontos** zu buchen. Die **Erträge** (Zugänge auf dem Eigenkapitalkonto) sind auf der **Habenseite des entsprechenden Ertragskontos** zu buchen.

Es gelten folgende Buchungsregeln:

Soll	Aufwandskonto	Haben
Aufwendungen		

Aufwendungen werden immer auf der **Sollseite** der Aufwandskonten gebucht.

Soll	Ertragskonto	Haben
		Erträge

Erträge werden immer auf der **Habenseite** der Ertragskonten gebucht.

Bei den **Ergebniskonten** gibt es nur **Aufwendungen** und **Erträge.**

(2) Beispiele für die Buchungen von Aufwendungen und Erträgen

Bilden Sie zu den nachfolgenden Geschäftsvorfällen die Buchungssätze!

1. Geschäftsfall: Wir zahlen die Ausbildungsvergütung in Höhe von 570,00 EUR durch Banküberweisung.

Konten	Soll	Haben
630 Gehälter an 280 Bank	570,00	 570,00

2. Geschäftsfall: Wir zahlen für Renovierungsarbeiten im Verkaufsraum durch Banküberweisung 7 100,00 EUR.

Konten	Soll	Haben
611 Instandhaltung/Reparatur an 280 Bank	7 100,00	 7 100,00

3. Geschäftsfall: Wir kaufen Briefmarken für 45,00 EUR und Schreibpapier für das Büro 180,00 EUR gegen Barzahlung.

Konten	Soll	Haben
682 Postdienstleistungen 680 Büromaterial an 282 Kasse	45,00 180,00	 225,00

4. Geschäftsfall: Weitere Aufwendungen werden durch Banküberweisung bezahlt:
Strom: 1 090,00 EUR; Dekoration: 420,00 EUR; Rechnung des Steuerberaters: 720,00 EUR

Konten	Soll	Haben
605 Aufwend. für Energie 687 Werbung, Dekoration 677 Rechts- und Beratungsaufwendungen an 280 Bank	1 090,00 420,00 720,00	 2 230,00

5. Geschäftsfall: Wir erhalten Miete für eine vermietete Garage durch Banküberweisung 60,00 EUR.

Konten	Soll	Haben
280 Bank an 540 Mieterträge/Pachterträge	60,00	 60,00

6. Geschäftsfall: Im Betrieb fallen weitere Erträge an: Wir erhalten vom Lieferer eine Verkaufsprovision in Höhe von 1 420,00 EUR bar; Zinsgutschrift der Bank 175,00 EUR.

Konten	Soll	Haben
282 Kasse an 510 Sonstige Umsatzerlöse	1 420,00	 1 420,00
280 Bank an 571 Zinserträge	175,00	 175,00

Zusammenfassung

- Aufwands- und Ertragskonten sind **Unterkonten des Eigenkapitalkontos.**
- **Aufwandskonten** erfassen die **Minderungen (Abgänge) beim Eigenkapital.** Die Aufwendungen werden immer auf der **Sollseite** gebucht.
- **Ertragskonten** erfassen die **Mehrungen (Zugänge) beim Eigenkapital.** Die Erträge werden immer auf der **Habenseite** gebucht.
- Zusammen mit dem bereits bekannten Bilanzkontenbereich ergibt sich in unserer Buchführung folgende **Kontenübersicht:**

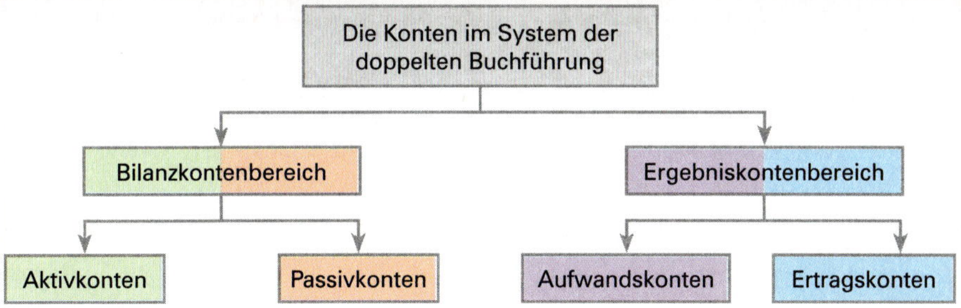

Kompetenztraining[1]

DOWNLOAD **65** Bilden Sie zu den folgenden erfolgswirksamen Geschäftsfällen die Buchungssätze!

1.	Wir zahlen Miete für die Geschäftsräume durch Banküberweisung		4000,00 EUR
2.	Die Bank schreibt uns Zinsen gut		210,00 EUR
3.	Wir zahlen die Ausbildungsvergütung bar		540,00 EUR
4.	An unsere Verkäufer im Außendienst zahlen wir Provisionen		
	in bar	6100,00 EUR	
	per Bankscheck	2345,00 EUR	8445,00 EUR
5.	Zinslastschrift der Bank		651,00 EUR
6.	Bankeinzug zum Ausgleich der Stromrechnung für das Geschäft		745,00 EUR
7.	Zahlung der Grundsteuer durch die Bank		2380,00 EUR
8.	Für Büromaterialien wurden bar bezahlt		123,00 EUR
9.	Banküberweisung der Kfz-Steuer für das Betriebsfahrzeug		630,00 EUR
10.	Banküberweisung für Heizmaterial für den Betrieb		2200,00 EUR

DOWNLOAD **66** Bilden Sie für die folgenden erfolgsunwirksamen und erfolgswirksamen Geschäftsfälle die Buchungssätze! Geben Sie in einer besonderen Spalte an, ob der Geschäftsfall erfolgswirksam oder erfolgsunwirksam ist!

1.	Wir zahlen Miete für die Geschäftsräume durch Banküberweisung	6000,00 EUR
2.	Die Bank schreibt uns Zinsen gut	200,00 EUR
3.	Wir zahlen die Ausbildungsvergütungen durch die Bank	2720,00 EUR
4.	Wir kaufen zwei Smartphones bar	500,00 EUR
5.	Wir zahlen die Leasingrate für einen Geschäftswagen durch Banküberweisung	750,00 EUR
6.	Wir kaufen einen Büroschrank bar	850,00 EUR
7.	Die Bank belastet unser Konto mit Kreditzinsen (Sollzinsen)	125,00 EUR
8.	Wir zahlen Miete für eine Lagerhalle durch Banküberweisung	5300,00 EUR
9.	Ein Kunde zahlt einen Rechnungsbetrag durch Banküberweisung	450,00 EUR
10.	Wir kaufen Büromöbel bar	1500,00 EUR
11.	Wir bringen Geld zur Bank	500,00 EUR
12.	Wir zahlen Reparaturkosten für die Geschäftsräume durch Banküberweisung	2700,00 EUR
13.	Ein Kunde überweist einen Rechnungsbetrag auf unser Bankkonto	250,00 EUR
14.	Bankgutschrift für erhaltene Provision	200,00 EUR
15.	Wir bezahlen Aushilfslöhne bar	820,00 EUR
16.	Wir kaufen ein Kassensystem und zahlen durch Banküberweisung	18000,00 EUR
17.	Wir zahlen eine Liefererrechnung durch Banküberweisung	350,00 EUR

1 Sofern es sich um Zahlungen handelt, die als Aufwand zu erfassen sind, ist davon auszugehen, dass die zugrunde liegende Rechnung noch **nicht** gebucht wurde.

67 Formulieren Sie aufgrund der vorliegenden Belege[1] die zugrunde liegenden Geschäftsfälle und buchen Sie die Belege im Grundbuch des Modehauses Hans Wanner GmbH, Kopernikusstraße 80, 73432 Aalen!

DOWNLOAD

Beleg 1

EBE - WERKE AG
DORTMUND

Modehaus
Hans Wanner GmbH
Kopernikusstraße 80
73432 Aalen

Kurzmitteilung: 15.01.20..

Sehr geehrte Damen und Herren,
wir haben festgestellt, dass Sie unsere Rechnung Nr. 501 vom 10.01.20.. doppelt bezahlt haben.

Den Rechnungsbetrag in Höhe von 8 140,20 EUR haben wir heute auf Ihr Konto bei der Commerzbank Aalen zurücküberwiesen.

Mit freundlichen Grüßen
EBE-Werke AG
i. A. Potte

Beleg 2

NOTHHAFT Büro Schule Zuhause
Sauerbruchstr. 8, 73432 Aalen

BARVERKAUF

Nopi Paketklebeband 66x50 57212				
57212	1,00	2,19	1	2,19 EUR
PRITT Klebestift WA 13 40 g				
PRI 371047	2,00	3,85	1	7,70 EUR
E-1800/0,1 FARBE 002 rot				
edd1800	1,00	2,89	1	2,89 EUR
Kopierpapier A4 weiß 80 g/qm				
8078451a8	1,00	3,49	1	3,49 EUR
Gesamtsumme:				16,27 EUR

Beleg 3

Josef Sigg OHG
Buch- und Offsetdruck
Blumenstr. 17
30159 Hannover

Buch- und JOSEF SIGG OHG Offset- druck

Modehaus
Hans Wanner GmbH
Kopernikusstraße 80
73432 Aalen

Rechnung Nr. 1572

Lieferdatum: 24.01.20..
Rechnungsdatum: 30.01.20..

Auftrags-Nr.		Preis in EUR
519	5 000 Vordrucke für Ausgangsrechnungen	295,00
	– Lieferschein Nr. 1010 –	

Sitz der Gesellschaft: Hannover RG Hannover: HRA 195 Steuer-Nr.: 88712/15945

Beleg 4

DEUTSCHE POST AG
73431 AALEN
85051034 6941 15.01.20..

LABELFREIMACHUNG 1 STÜCK x 4,70 EUR
*4,70 EUR A, 1

BRUTTOUMSATZ *4,70 EUR

VIELEN DANK FÜR IHREN BESUCH.
IHRE DEUTSCHE POST AG

1 Bei den Belegen in dieser Aufgabe wird auf den Ausweis der Umsatzsteuer verzichtet, weil diese aufgrund des Bildungsplans nicht zu buchen ist.

Beleg 5

Möbelfabrik Tobias Hauser KG
Karlsruher Straße 20–24 · 70376 Stuttgart

QUITTUNG

EINGEGANGEN
30. Jan. 20..

1 Büroschrank 1 927,80 EUR

Modehaus
Hans Wanner GmbH
Kopernikusstraße 80
73432 Aalen

Beleg 6

HOPPE
ELEKTROANLAGEN

Inhaber M. Hoppe
Elektrische Licht- und Kraftanlagen
Sallerstr. 10 · 73432 Aalen
St.-Nr. 24/199

M. Hoppe · Sallerstr. 10 · 73432 Aalen
Modehaus
Hans Wanner GmbH
Kopernikusstraße 80
73432 Aalen

Telefax 07361 2360-110

Ihr Zeichen, Ihre Nachricht von	Unser Zeichen, unsere Nachricht vom	Telefon, Name 07361 2360-200	Datum
	Ho	Herr Hoppe	26. Jan. 20..

EINGEGANGEN
29. Jan. 20..
Erl. ....

Rechnung – Nr. 9110 – 20..

Erbringung der Leistung: 03.01.20..
Elektroanschlüsse instand gesetzt

Pos. 001:	2,5 Std.	41,80 EUR	104,50 EUR
Pos. 002:	2,5 Std.	21,20 EUR	53,00 EUR
Pos. 003:	1,00 Psch.	8,80 EUR	8,80 EUR
Pos. 004:	8 Stück	0,60 EUR	4,80 EUR
			171,10 EUR

HANDWERKERRECHNUNG
gemäß VOB innerhalb von 8 Tagen
nach Rechnungsdatum fällig! Ohne Abzug!
Rechnungsnummer bitte angeben!

Beleg 7

AUTOHAUS
GABLER GmbH

Autohaus Gabler GmbH · Mathias Steiner · Hauptstr. 10 · 89522 Heidenheim
Modehaus
Hans Wanner GmbH
Kopernikusstraße 80
73432 Aalen

Auftrags-Nr. 00-0398
Leistungsdatum: 28.01.20..

Geleistete Arbeiten

Arbeits-Nr.	Art der ausgeführten Arbeiten	EUR
92-3004	Inspektion für den Geschäftswagen AA-HW-101	278,90

Beleg 8

MICHAELTEUBNER
Heizungsinstallation · Wartung und Reparaturen

Michael Teubner e. K. · Hardstr. 18 · 73432 Aalen
Modehaus
Hans Wanner GmbH
Kopernikusstr. 80
73432 Aalen

Bitte stets angeben:
Rechnungsdatum: 25.01.20..
Leistungsdatum: 23.01.20..
Kunden-Nr.: 1356

Rechnungs-Nr. Me 109 262

Pos.	Menge	Bezeichnung	Einzelpreis	Gesamtbetrag in EUR
		Wartung Heizungsanlage im Modehaus in der Kopernikusstr. 80		
1	3	Gesellenstunden	51,80	155,40

Beleg 9

Blitz-Spedition GmbH
Umzüge · Logistik · Transporte

Blitz Spedition GmbH · Postfach 34278 · 74564 Crailsheim
Modehaus
Hans Wanner GmbH
Kopernikusstr. 80
73432 Aalen

Eingang
2. Juli 20..

Bitte stets angeben:
Kunden-Nr.: 234-8
Rechnungs-Nr.: 5679
Rechnungsdatum: 23.01.20..

Ihr Zeichen, Ihre Nachricht vom	Unser Zeichen, unsere Nachricht vom	Datum
ge/ho 08.01.20..	kü/ge	23. Januar 20..

Rechnung

Gemäß Ihrem Auftrag vom 8. Jan. 20.. lieferten wir Ihnen einen Modeartikel von Ihrem Lieferanten, der Textilfabrik Xante OHG Altdorf:

Transportkosten, netto 1 300,00 EUR

Zahlungsziel: 20 Tage ab Rechnungsdatum.
Bei Zahlung innerhalb von 7 Tagen ab Rechnungsdatum 2 % Skonto.

Beleg 10

	IBAN	BIC	erstellt am	Auszug	Blatt
COMMERZBANK AG	DE89614800010061000354	DRESDEFF614	27.01.20..	10	1

ALTER SALDO VOM 24.01.20..			12895,40 H
26.01.20..	Rechnung 20.01.20..		8720,10 H
26.01.20..	Zinsgutschrift		520,00 H
26.01.20..	Feuerversicherung (Lastschrift)	1100,00 S	
26.01.20..	Grundsteuer (Geschäft)	1450,50 S	

Hans Wanner GmbH
Kopernikusstr. 80
73432 Aalen

NEUER SALDO 19585,00 H

Bitte Rückseite beachten.

5.3 Abschluss der Aufwands- und Ertragskonten

Die Aufwands- und Ertragskonten werden über das **Gewinn- und Verlustkonto (GuV-Konto)** abgeschlossen. Der ermittelte Gewinn bzw. Verlust wird anschließend auf das **Konto Eigenkapital** übertragen. Aus Gründen der Übersichtlichkeit wird auf dem **Konto Eigenkapital** nur das **Gesamtergebnis** (Gewinn bzw. Verlust) ausgewiesen.

- Auf dem **GuV-Konto** werden die **Aufwendungen** und **Erträge** einander gegenübergestellt.
- Der **Saldo** auf dem GuV-Konto weist den **Gewinn** bzw. **Verlust** des Unternehmens aus.

Erträge > Aufwendungen = Gewinn
Erträge < Aufwendungen = Verlust

Das Beispiel auf S. 232 beschränkt die kontenmäßige Darstellung auf die Ergebniskonten. Die Bilanzkonten werden bewusst ausgeklammert, um den Abschluss der Ergebniskonten deutlich herausstellen zu können.

Beispiel:

I. Anfangsbestand:

300 Eigenkapital: 30 000,00 EUR

II. Geschäftsfälle:

1. Wir zahlen Aushilfsgehälter durch Banküberweisung 800,00 EUR
2. Kauf von Büromaterial bar 80,00 EUR
3. Abbuchung der Stromkosten vom Bankkonto 150,00 EUR
4. Wir erhalten Provisionserträge auf die Bank überwiesen 2 000,00 EUR
5. Gutschrift der Bank für Zinsen 140,00 EUR

Konten	Soll	Haben
1. 630 Gehälter	800,00	
an 280 Bank		800,00
2. 680 Büromaterial	80,00	
an 282 Kasse		80,00
3. 605 Aufwendungen für Energie	150,00	
an 280 Bank		150,00
4. 280 Bank	2 000,00	
an 510 So. Umsatzerl.		2 000,00
5. 280 Bank	140,00	
an 571 Zinserträge		140,00

III. Aufgabe:

Führen Sie den Abschluss der Ergebniskonten, des GuV-Kontos und des Eigenkapitalkontos durch!

Lösung:

Aufwandskonten

S 605 Aufw. f. Energie H

280	150,00	802	150,00 ①

S 630 Gehälter H

280	800,00	802	800,00

S 680 Büromaterial H

282	80,00	802	80,00

Ertragskonten

S 510 Sonst. Umsatzerlöse H

② 802	2 000,00	280	2 000,00

S 571 Zinserträge H

802	140,00	280	140,00

S 802 GuV-Konto H

605	150,00	510	2 000,00
630	800,00	571	140,00
680	80,00		
300	1 110,00		
	2 140,00		2 140,00

S 300 Eigenkapital H ③

801	31 110,00	AB	30 000,00
		802	1 110,00
	31 110,00		31 110,00

S 801 SBK H ④

		300	31 110,00

Schritte beim Abschluss der Ergebniskonten:

1. Schritt: Abschluss der Aufwandskonten über das GuV-Konto.

2. Schritt: Abschluss der Ertragskonten über das GuV-Konto.

3. Schritt: Abschluss des GuV-Kontos über das Eigenkapitalkonto.

4. Schritt: Abschluss des Eigenkapitalkontos über das Schlussbilanzkonto.

Kompetenztraining

68 **I. Anfangsbestand:**

280 Bank: 548 000,00 EUR; 300 Eigenkapital: 548 000,00 EUR

II. Geschäftsfälle:

1.	Wir zahlen eine noch nicht gebuchte Reparaturrechnung durch Banküberweisung	8 400,00 EUR
2.	Zahlung der Löhne durch Banküberweisung	11 400,00 EUR
3.	Zahlung der Gehälter durch Banküberweisung	27 700,00 EUR
4.	Zahlung einer noch nicht gebuchten Büromaterialrechnung durch Banküberweisung	10 190,00 EUR
5.	Mieteinnahmen per Banklastschrift	14 840,00 EUR
6.	Wir erhalten Provision durch Banküberweisung	58 270,00 EUR
7.	Gutschrift der Bank für Erträge aus Wertpapieren	11 930,00 EUR
8.	Die Bank schreibt uns Zinsen gut	7 200,00 EUR

III. Aufgaben: DOWNLOAD

1. Eröffnen Sie das Konto Eigenkapital!
2. Bilden Sie die Buchungssätze und buchen Sie auf den Konten!
3. Schließen Sie die Ergebniskonten, das GuV-Konto und das Eigenkapitalkonto ab!

69 **I. Anfangsbestand:**

280 Bank 150 000,00 EUR; 300 Eigenkapital 150 000,00 EUR

II. Geschäftsfälle:

1.	Banküberweisung für Verpackungsmaterial	85,00 EUR
2.	Zinsgutschrift der Bank	490,00 EUR
3.	Reparaturkosten für einen PC werden mit Bankscheck bezahlt	512,00 EUR
4.	Lohnzahlung durch Banküberweisung	1 290,00 EUR
5.	Banküberweisung für Kraftfahrzeugsteuer	950,00 EUR
6.	Mieteinnahmen per Banküberweisung	4 650,00 EUR
7.	Banküberweisung für den Bezug einer Fachzeitschrift	56,00 EUR
8.	Büromaterial wird mit Banksüberweisung gekauft	370,00 EUR
9.	Wir erhalten Provision durch Banküberweisung	9 980,00 EUR
10.	Ein Zeitungsinserat wird mit Banküberweisung beglichen	290,00 EUR

III. Aufgaben: DOWNLOAD

1. Eröffnen Sie die Konten Bank und Eigenkapital!
2. Bilden Sie die Buchungssätze und buchen Sie auf den Konten!
3. Führen Sie den Abschluss durch!

70

S	087 Büromöbel		H
AB	120000,00		

S	425 langfr. Bankverb.		H
		AB	20000,00

S	630 Gehälter		H
280	2100,00		

S	280 Bank		H
AB	4800,00	630	2100,00
510	15980,00	440	750,00

S	440 Verb. a. Lief. u. Leist.		H
280	750,00	AB	26000,00

S	687 Werbung, Dekoration		H
282	160,00		

S	670 Mieten, Pachten		H
282	1800,00		

S	282 Kasse		H
AB	3150,00	687	160,00
		670	1800,00

S	300 Eigenkapital		H
		AB	81950,00

S	510 Erlöse a. Dienstleistungen		H
		280	15980,00

Soll	801 SBK	Haben

S	802 GuV-Konto	H

DOWNLOAD

Aufgabe:

Übertragen Sie die Konten in Ihre Unterlagen! Schließen Sie die Konten ab und erstellen Sie die Schlussbilanz!

71

Notieren Sie, welche der folgenden Aussagen richtig sind:

1. Der Begriff Erfolg beinhaltet immer einen Gewinn.
2. Ist das Reinvermögen am Ende der Geschäftsperiode höher als am Anfang, wurde in der Geschäftsperiode ein Gewinn erzielt.
3. Vermögen – Schulden = Erfolg.
4. Ein Verlust liegt vor, wenn das Eigenkapital am Anfang der Geschäftsperiode größer ist als am Ende.
5. Die Formel für die Erfolgsermittlung lautet:

   Eigenkapital am Anfang der Geschäftsperiode
   – Eigenkapital am Ende der Geschäftsperiode
   = Erfolg

6 Buchungen auf den Warenkonten

(1) Einführung der Warenkonten

Für die **Warenverkäufe** muss ein **Ertragskonto** eingerichtet werden.

500 Umsatzerlöse für Waren

Um den Gewinn aus den Warengeschäften ermitteln zu können, müssen den Umsatzerlösen die **Aufwendungen für die verkauften Waren** gegenübergestellt werden. Auf dem Konto Aufwendungen für Waren wird der Einstandspreis der verkauften Waren gebucht **(Wareneinsatz)**.

600 Aufwendungen für Waren

Außerdem wird noch ein drittes Warenkonto benötigt, auf dem der **Anfangsbestand**, der **Einkauf** und der **Schlussbestand an Waren** erfasst wird.

200 Waren

Es sind folgende **drei Warenkonten** zu führen:

- Das **Konto 200 Waren** ist ein **Aktivkonto.**
- Das **Konto 600 Aufwendungen für Waren** ist ein **Aufwandskonto.**
- Das **Konto 500 Umsatzerlöse für Waren** ist ein **Ertragskonto.**

(2) Buchungen auf den Warenkonten und Abschluss der Warenkonten

Beispiel:

Ausschnitt aus der Buchführung der Elektrogroßhandlung Fritz Leist OHG:

I. Bestände:

Anfangsbestand an Waren: 40 Stück zu je 100,00 EUR = 4000,00 EUR

II. Geschäftsfälle:

1. Wareneinkäufe auf Ziel: 20 Stück zu je 100,00 EUR = 2000,00 EUR
2. Warenverkäufe bar: 45 Stück zu je 150,00 EUR = 6750,00 EUR

III. Abschlussangabe:

Schlussbestand an Waren lt. Inventur: 1500,00 EUR.

IV. Aufgaben:

1. Bilden Sie die Buchungssätze für die Geschäftsfälle!
2. Buchen Sie auf den Warenkonten und schließen Sie die Warenkonten ab!
3. Bilden Sie die Buchungssätze für den Abschluss der Warenkonten!
4. Ermitteln Sie außerhalb der Buchführung den Rohgewinn!

Lösungen:

Zu 1.: Buchung der Geschäftsfälle

Nr.	Geschäftsfälle	Konten	Soll	Haben
1.	Wir kaufen 20 Stück zu je 100,00 EUR auf Ziel = 2000,00 EUR	200 Waren an 440 Verb. a.L. u. L.	2000,00	 2000,00
2.	Wir verkaufen 45 Stück zu je 150,00 EUR bar = 6750,00 EUR.	282 Kasse an 500 Umsatzerl. f. Waren	6750,00	 6750,00

Zu 2.: Darstellung auf den Warenkonten mit Abschluss der Warenkonten

Bestandskonto **Erfolgskonten**

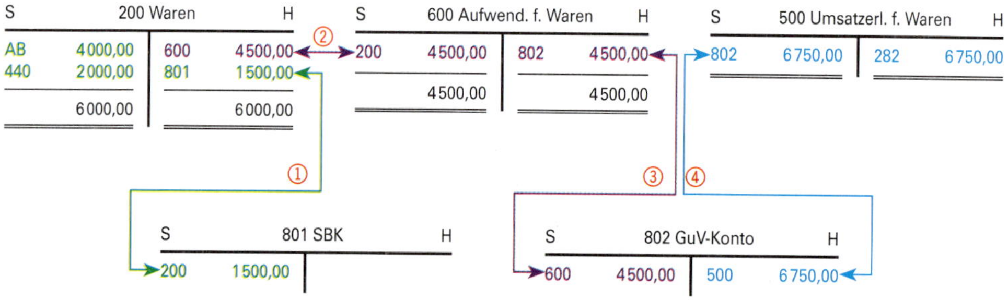

Zu 3.: Buchungssätze für den Abschluss der Konten

Nr.	Geschäftsfälle	Konten	Soll	Haben
①	Buchung des durch Inventur ermittelten Warenschlussbestandes in Höhe von 1500,00 EUR	801 SBK an 200 Waren	1500,00	 1500,00
②	Umbuchung der verkauften Waren zum Einstandspreis	600 Aufwend. f. Waren an 200 Waren	4500,00	 4500,00
③	Abschluss des Kontos Aufwendungen für Waren	802 GuV-Konto an 600 Aufwend. f. Waren	4500,00	 4500,00
④	Abschluss des Kontos Umsatzerlöse für Waren	500 Umsatzerl. f. Waren an 802 GuV-Konto	6750,00	 6750,00

Zu 4.: Berechnung des Rohgewinnes

	Warenverkäufe (Ertrag)	45 Stück zu je 150,00 EUR =	6750,00 EUR
−	Wareneinsatz (Aufwand)	45 Stück zu je 100,00 EUR =	4500,00 EUR
=	Rohgewinn		2250,00 EUR

Zusammenfassung

- Es sind **drei Warenkonten** zu führen:
  - Das **Konto 200 Waren** erfasst den Anfangsbestand, den Einkauf und den Schlussbestand an Waren. Es handelt sich um ein **Bestandskonto.**
  - Auf dem Konto **600 Aufwendungen für Waren** wird der Wareneinsatz der Geschäftsperiode erfasst. Es handelt sich um ein **Aufwandskonto.**
  - Auf dem **Konto 500 Umsatzerlöse für Waren** werden die Warenverkäufe der Geschäftsperiode gebucht. Es handelt sich um ein **Ertragskonto.**

- Der **Abschluss der Warenkonten** erfolgt in vier Schritten:

1. Schritt	Buchung des durch Inventur ermittelten Warenschlussbestandes: 801 SBK an 200 Waren
2. Schritt	Umbuchung der verkauften Waren zum Einstandspreis: 600 Aufwendungen für Waren an 200 Waren
3. Schritt	Abschluss des Kontos Aufwendungen für Waren über das GuV-Konto: 802 GuV an 600 Aufwendungen für Waren
4. Schritt	Abschluss des Kontos Umsatzerlöse für Waren über das GuV-Konto: 500 Umsatzerlöse für Waren an 802 GuV-Konto

Kompetenztraining

72 Notieren Sie, was unter dem Begriff „Aufwendungen für Waren“ zu verstehen ist!

① Der Wert der eingekauften Ware zum Verkaufspreis.
② Der Wert der eingekauften Ware zum Einstandspreis.
③ Der Wert der verkauften Ware zum Einstandspreis.
④ Der Wert der verkauften Ware zum Verkaufspreis.

Hinweis: Bei den folgenden Aufgaben 73 und 74 wird zunächst nur der Abschluss der Warenkonten geübt. Daher wird bei der Aufgabenstellung bewusst auf eine isolierte Betrachtung der Warenkonten abgestellt. Die angegebenen Werte sind so gewählt, dass sich ein ausgeglichenes Schlussbilanzkonto ergibt.

73 **I. Anfangsbestände:**

Anfangsbestand auf dem Konto 200 Waren	113450,00 EUR
Anfangsbestand auf dem Konto 300 Eigenkapital	85000,00 EUR

II. Geschäftsfälle:

Einkauf von Waren auf Ziel	14300,00 EUR
Warenverkäufe bar	9500,00 EUR
Warenverkäufe auf Ziel	26600,00 EUR
Warenverkäufe gegen Banküberweisung	6650,00 EUR

III. Abschlussangabe:

Warenschlussbestand lt. Inventur	110650,00 EUR

DOWNLOAD

IV. Aufgaben:

1. Richten Sie die drei Warenkonten, das Eigenkapitalkonto, das Schlussbilanzkonto und das Gewinn- und Verlustkonto ein!
2. Tragen Sie auf den eingerichteten Konten die angegebenen Anfangsbestände vor!
3. Bilden Sie die Buchungssätze zu den Geschäftsfällen und buchen Sie auf den Konten!
4. Buchen Sie den durch Inventur ermittelten Warenschlussbestand!
5. Schließen Sie die Konten ordnungsmäßig ab!

74 **I. Anfangsbestände:**

Anfangsbestand auf dem Konto Waren	96194,00 EUR
Anfangsbestand auf dem Eigenkapitalkonto	47400,00 EUR

II. Geschäftsfälle:

Wareneinkauf bar	5800,00 EUR
Warenverkäufe auf Ziel	16850,00 EUR
Warenverkäufe bar	33700,00 EUR
Warenverkäufe gegen Girocard[1]	4044,00 EUR

III. Abschlussangabe:

Warenschlussbestand lt. Inventur	45294,00 EUR

DOWNLOAD

IV. Aufgaben:

1. Richten Sie die Warenkonten, das Eigenkapitalkonto, das Schlussbilanzkonto und das Gewinn- und Verlustkonto ein!
2. Tragen Sie auf den eingerichteten Konten die angegebenen Anfangsbestände vor!
3. Bilden Sie die Buchungssätze zu den Geschäftsfällen und buchen Sie auf den Konten!
4. Buchen Sie den durch Inventur ermittelten Warenschlussbestand!
5. Schließen Sie die Konten ordnungsmäßig ab!

75 1.

Soll	801 GuV-Konto März 20..		Haben
600 Aufwendungen f. Waren	70000,00	500 Umsatzerlöse f. Waren	108400,00
605 Aufwendungen f. Energie	4000,00	540 Mietertr./Pachtertr.	9100,00
611 Instandh./Reparaturen	1500,00	571 Zinserträge	4200,00
630 Gehälter	22000,00		
670 Mieten, Pachten	2500,00		
687 Werbung, Dekoration	6000,00		

DOWNLOAD

Aufgaben:

1.1 Berechnen Sie den Rohgewinn!

1.2 Berechnen Sie den Reingewinn!

2. 2.1 Erläutern Sie die Begriffe Absatz und Umsatz!

2.2 Erklären Sie, warum der Rohgewinn auch Warengewinn genannt wird!

2.3 Unterscheiden Sie die Begriffe Rohgewinn und Reingewinn!

1 Bei der Zahlung mit Girocard bezahlt der Kunde mit seiner Bankkarte. Wir erhalten eine Bankgutschrift.

3. **I. Warenbestände:**

	Berichtsjahr	Vorjahr
Anfangsbestand	43 650,00 EUR	60 500,00 EUR
Schlussbestand	44 650,00 EUR	40 500,00 EUR
II. Geschäftsfälle:		
Wareneinkäufe bar	47 500,00 EUR	7 850,00 EUR
Warenverkäufe auf Ziel	36 850,00 EUR	43 750,00 EUR
Warenverkäufe bar	45 700,00 EUR	12 200,00 EUR
Wareneinkäufe auf Ziel	2 300,00 EUR	25 650,00 EUR
Warenverkäufe gegen Bankscheck	18 420,00 EUR	25 800,00 EUR

III. Aufgaben:

DOWNLOAD

3.1 Ermitteln Sie rechnerisch den Wareneinsatz und den Rohgewinn!

3.2 Berechnen Sie die Wirtschaftlichkeit des Warengeschäfts für das Berichtsjahr und das Vorjahr!

3.3 Erklären Sie, wie es möglich ist, dass trotz eines hohen Rohgewinns ein Einzelhandelsbetrieb einen Verlust ausweisen muss!

4. Notieren Sie, welche der folgenden Aussagen richtig sind!

4.1 Um zum Reingewinn zu gelangen, müssen vom Rohgewinn die sonstigen Aufwendungen subtrahiert werden.

4.2 Unter Wareneinsatz versteht man den Wert der eingekauften Waren zum Einstandspreis.

4.3 Die Konten „Aufwendungen für Waren" und „Umsatzerlöse für Waren" gehören zur Gruppe der Ergebniskonten.

4.4 Um zum Reingewinn zu gelangen, müssen zum Rohgewinn die sonstigen Aufwendungen addiert werden.

4.5 Die Umsatzerlöse aus dem Warenverkauf werden auf einem Ertragskonto gebucht.

DOWNLOAD **76** Bilden Sie die Buchungssätze für den Baumarkt Baufix GmbH!

Beleg 1

Witzke & Schwabke
Werkzeugfabrik

Werkzeugfabrik Witzke & Schwabke · Werftstr. 8 · 23986 Wismar
Baumarkt Baufix GmbH
Elsässer Str. 22
75173 Pforzheim

Rechnungsdatum:	12.06.20..
Kunden-Nr.:	13483
Steuer-Nr.:	156 173 41503
USt-Id-Nr.:	DE 228 486 140
Lieferdatum:	12.06.20..

Rechnung-Nr. 2214

Menge	Bezeichnung	Einzelpreis in EUR	Gesamtpreis in EUR
15	Benzin Kettensäge „PCS 46-45“	59,80	897,00

Beleg 2

Scheible KG
Metallbau

Scheible Metallbau KG · Duvenkamp 17 · 45259 Essen
Baumarkt Baufix GmbH
Elsässer Str. 22
75173 Pforzheim

Bitte stets angeben:

Rechnung	545352
Kunden-Nr.	18506
Datum	15.06.20..

Artikel-Nr.	Artikel-Bezeichnung	Menge	Einzelpreis in EUR	Gesamtpreis in EUR
500 1002	Metallgerätehaus „Typ 2“	5	204,00	1 020,00

Beleg 3

Baumarkt Baufix GmbH
Pforzheim

Baumarkt Baufix GmbH · Elsässer Str. 22 · 75173 Pforzheim
Schuster Metallbau GmbH
Friesenstr. 10
75177 Pforzheim

Bestell-Nr.	Bestelldatum	Lieferschein-Nr.	Telefon	Fax
2654	02.06.20..	56432-04	07231 7813-445	07231 7813-447

Bei Zahlung unbedingt angeben:
Rechnungsdatum: 08.06.20..
Kunden-Nr.: 2505
Rechnungs-Nr.: 2254/03

Wir berechnen für unsere Lieferung vom 04.06.20..

Artikel-Nr.	Menge (Stück)	Artikelbezeichnung	Gesamtbetrag in EUR
7032	14 200	Blechschrauben	1 680,98

Beleg 4

Baumarkt Baufix GmbH
Pforzheim

Baumarkt Baufix GmbH · Elsässer Str. 22 · 75173 Pforzheim
Schreinerei
Fritz Leberer OHG
Langheck 14
71665 Vaihingen an der Enz

Bestell-Nr.	Bestelldatum	Lieferschein-Nr.	Telefon	Fax
2892	04.06.20..	58229-02	07231 7813-445	07231 7813-447

Bei Zahlung unbedingt angeben:
Rechnungsdatum: 10.06.20..
Kunden-Nr.: 5421
Rechnungs-Nr.: 2245/11

Wir berechnen für unsere Lieferung vom 06.06.20..

Artikel-Nr.	Menge (Stück)	Artikelbezeichnung	Einzelpreis in EUR	Gesamtbetrag in EUR
5130	1	Massivholztreppe „Amrum II“	2 874,00	2 874,00
6220	1	Glasschiebetür inkl. Aluminiumbeschlag	249,50	249,50
		Rechnungsbetrag		3 123,50

Beleg 5

FREIE TANKSTELLE
AUTOWASCHZENTRALE

Heinz Gruber GmbH · Kinzigstr. 10 · 75179 Pforzheim
Baumarkt
Baufix GmbH
Elsässer Str. 22
75173 Pforzheim

Auftrags-Nr. 00-0398
Leistungsdatum: 28.07.20..

Geleistete Arbeiten

Arbeits-Nr.	Art der ausgeführten Arbeiten	EUR
122	Fahrzeugwäsche mit Teilhochglanzprogramm Interieur für den Geschäftswagen	71,43
	Betrag dankend erhalten *Gerber*	

Beleg 6

GROßMANN
ELEKTRO & SERVICE

Frank Großmann e. K.
Theodor-Heuss-Str. 15· 75180 Pforzheim
St.-Nr. 24/199

Frank Großmann e. K. · Theodor-Heuss-Str. 15 · 75180 Pforzheim
Baumarkt
Baufix GmbH
Elsässer Str. 22
75173 Pforzheim

Telefax 07231 2360-110

Ihr Zeichen, Ihre Bestellung vom	Ihr Zeichen, Ihre Bestellung vom	Telefon, Name 97231 2360-200	Datum
	Ho	Herr Hoppe	19. Juni 20..

Rechnung – Nr. 9110 – 20 . .

EINGEGANGEN
20. Juni 20..
Erl. ....

Erbringung der Leistung: 03.06.20..
Elektroanschlüsse gewartet

Pos. 001:	Arbeitsstunden	3,5 Std.	41,80 EUR	146,30 EUR
Pos. 002:	Fahrpauschale	1,00 Psch.	24,80 EUR	24,80 EUR

HANDWERKERRECHNUNG
gemäß VOB innerhalb von 8 Tagen
nach Rechnungsdatum fällig! Ohne Abzug!
Rechnungsnummer bitte angeben!

171,10 EUR

Beleg 7

Stadtschmiede GmbH

Stadtschmiede GmbH · Robert-Bosch-Str. 10 · 75180 Pforzheim
Baumarkt
Baufix GmbH
Elsässer Str. 22
75173 Pforzheim

Rechnung Nr. 176

Datum: 30.06.20..

Beschreibung	Menge	Stückpreis EUR pro m	Gesamtpreis EUR
Anfertigen von Geländer für die Verkaufshalle	20,4 m	195,00	3978,00

Bitte um Überweisung innerhalb
8 Tage ohne Skontoabzug.

überwiesen am 03.07.20.. Gr.

Beleg 8

NÜMASCH AG
Nürnberg

NÜMASCH AG
Budapester Straße 7
90459 Nürnberg
Telefon 0911 2456-0
Telefax 0911 2456-1
E-Mail: info@nuemasch.de

NÜMASCH AG, Postfach 145, 90458 Nürnberg
Baumarkt
Baufix GmbH
Elsässer Str. 22
75173 Pforzheim

Kundennummer	Lieferdatum	Rechnungsnummer	Rechnungsdatum	Bestellnummer
35689	14. Juni 20..	5608-01	20. Juni 20..	14500

Rechnung Nr. 414

Pos.	Artikel-Nr.	Bezeichnung	Menge	Einzelpreis	Gesamtpreis
1	500	Kassensystem	4	2500,00 EUR	10000,00 EUR

Beleg 9

Möbelfabrik
Weingarten AG
Exklusivität hat einen Namen

Möbelfabrik · Industriestraße 1–20 · 88250 Weingarten
Baumarkt
Baufix GmbH
Elsässer Str. 22
75173 Pforzheim

Lieferdatum: 16.06.20..
Rechnungsdatum: 20.06.20..

Rechnung Nr. 197/4

Menge	Bezeichnung	Einzelpreis	Betrag
8	Wohnregale	515,00 EUR	4120,00 EUR

Schwerpunkt Gesamtwirtschaft

Lernfeld 2: Wirtschaftliches Handeln in der Sozialen Marktwirtschaft analysieren

1 Wechselseitige Beziehungen der Wirtschaftssubjekte mittels Wirtschaftskreislauf darstellen und analysieren

1.1 Einfacher Wirtschaftskreislauf

Zwischen den privaten Haushalten und den Unternehmen kommt es zu ständigen Kontakten. Kaufen wir z. B. Lebensmittel in einem Supermarkt ein, sind wir **Nachfrager** und der Supermarkt ist **Anbieter.**

- Nachfrager, die keine Güter für den eigenen Bedarf produzieren, nennt man **private Haushalte.**
- Anbieter, die Güter erzeugen und bereitstellen, nennt man **Unternehmen.**

Damit die Unternehmen Waren herstellen können, benötigen sie die Arbeitsleistung der Mitarbeiter **(Faktor Arbeit),** ein Grundstück **(Faktor Boden)** sowie Gebäude, Maschinen, Barmittel usw. **(Faktor Kapital).** Da die genannten Faktoren Grundlage für die Produktion sind, nennt man sie auch **Produktionsfaktoren.**

In der einfachsten Form verlaufen die Beziehungen zwischen den privaten Haushalten und den Unternehmen wie folgt:

- Die privaten Haushalte stellen den Unternehmen die Produktionsfaktoren Arbeit, Boden und Kapital zur Verfügung.
- Die Unternehmen kombinieren im Produktionsprozess die Produktionsfaktoren und stellen auf diese Weise Güter her, die sie an die privaten Haushalte verkaufen.
- Damit kommt es zu einem **Güterkreislauf,** der die **Leistung der privaten Haushalte** (Bereitstellung der Produktionsfaktoren Arbeit, Boden, Kapital) und die **Güterbereitstellung durch die Unternehmen** umfasst.

- Als Gegenleistung für die Bereitstellung der Produktionsfaktoren erhalten die privaten Haushalte Geld von den Unternehmen (z. B. Lohn für die Arbeitsleistung, Miete/Pacht für das überlassene Grundstück, Gewinn/Zinsen für das bereitgestellte Kapital).
- Geht man aus Gründen der Vereinfachung davon aus, dass die privaten Haushalte ihr **gesamtes Einkommen** zum Kauf von Konsumgütern (z. B. Kleider, Möbel, Lebensmittel) verwenden, dann erhalten die Unternehmen die Geldmittel, die sie benötigen, um neue Produktionsfaktoren einzukaufen. Dem **Güterstrom** fließt somit ein **gleich großer Geldstrom** entgegen.

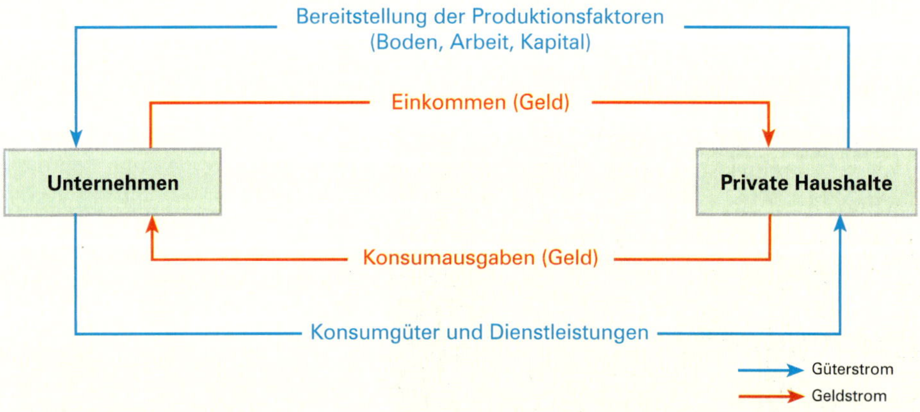

Güterkreislauf und Geldkreislauf wiederholen sich ständig. Man spricht deshalb von einem **Wirtschaftskreislauf.**

1.2 Erweiterter Wirtschaftskreislauf

Der einfache Wirtschaftskreislauf zeigt eine Wirtschaft, in der die privaten Haushalte ihr gesamtes Einkommen je Zeitabschnitt (z. B. ein Jahr) verbrauchen. Eine Wirtschaft aber, die alles verbraucht, was sie erzeugt, kann nicht wachsen. Es ist eine **stationäre Wirtschaft.** Soll eine Wirtschaft wachsen, d. h. **mehr** als bisher produzieren, müssen ihre Produktionsanlagen erweitert bzw. neue Produktionsanlagen geschaffen werden. Eine wachsende Wirtschaft, also eine Wirtschaft, die von Jahr zu Jahr mehr erzeugt, bezeichnet man als **wachsende Wirtschaft.**

Wird das Modell des „einfachen Wirtschaftskreislaufs" um den Bereich **Banken erweitert** und der **Bereich Unternehmen** in die **Investitionsgüterindustrie** und in die **Konsumgüterindustrie** (einschließlich Handel) aufgeteilt, treten zu den bisher genannten gesamtwirtschaftlichen Strömen folgende hinzu:

- Die privaten Haushalte führen einen Teil ihres Einkommens den Banken als **Sparen (1)** zu.
- Die Banken stellen die Mittel den Unternehmen zur Verfügung, die ihre Produktionsanlagen erweitern und/oder ihre Vorräte aufstocken, also **investieren (2).**
- Die Investitionsgüterindustrie verkauft die von ihr hergestellten Investitionsgüter (Produktionsmittel) an die Konsumgüterindustrie. Die **Verkaufserlöse** aus diesen Lieferungen fließen der **Investitionsgüterindustrie** zu **(3).**

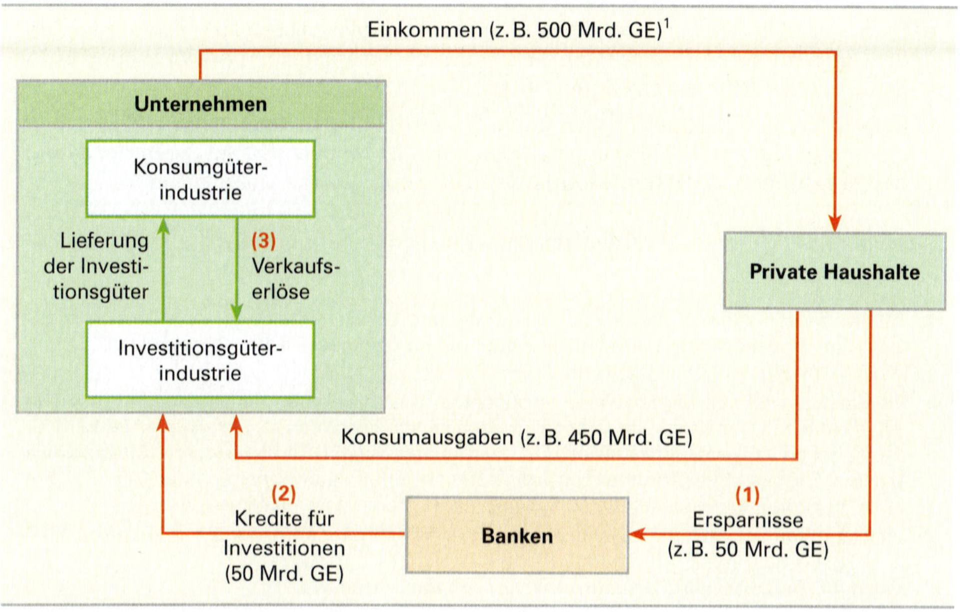

Erläuterungen:

- Der **Konsumverzicht** bedeutet, dass verfügbare Einkommensteile nicht für den Konsum verwendet, sondern **gespart** werden **(S)**.
- Durch den geringeren Konsum der privaten Haushalte können Produktionskapazitäten nunmehr statt für die Herstellung von Konsumgütern für die Produktion von **Produktionsgütern** genutzt werden. Das so **gebildete Sachkapital** steht den Unternehmen im Rahmen des Produktionsprozesses **langfristig** zur Verfügung **(Investition [I])**. Hierdurch erhöhen sich die volkswirtschaftlichen Produktionskapazitäten.
- Investitionen können nur in der Höhe getätigt werden, wie gespart wird.

$$I = S$$

- Bei dem erweiterten Wirtschaftskreislauf werden die wirtschaftlichen Aktivitäten des Staates und Auslandes nicht berücksichtigt. Dadurch, dass keine Außenhandelsbeziehungen einbezogen sind, spricht man von einer **„geschlossenen Wirtschaft“**.

Eine **wachsende (sich entwickelnde) Wirtschaft** ist durch **Sparen** und **Investitionen** gekennzeichnet.

1.3 Vollständiger Wirtschaftskreislauf

Eine Volkswirtschaft ohne Staat und ohne außenwirtschaftliche Beziehungen ist heute nicht denkbar. Um den vollständigen Wirtschaftskreislauf darzustellen, wird der erweiterte Wirtschaftskreislauf um die Sektoren **Staat** und **Ausland** ergänzt.

---

1 **GE: Geldeinheiten** (z. B. Euro, Schweizer Franken, amerikanische Dollar).
In der obigen Abbildung wurden die Güterströme nicht eingezeichnet, um die Übersichtlichkeit zu wahren. Im Übrigen stellen auch die Dienstleistungen der Banken „Güter“ im wirtschaftlichen Sinne dar (z. B. Verwaltung der eingelegten Gelder, Kreditgewährung).

- Dem Staat fällt unter anderem die Aufgabe zu, den **Wirtschaftsablauf** zu **steuern**. In der Bundesrepublik Deutschland fließen durch den staatlichen Sektor[1] **knapp 50 %** des Gesamtwerts aller erzeugten Güter.
- Unterschiedliche **Rohstoffvorkommen,** unterschiedliches **technisches Wissen** und die **Ansprüche** der Bevölkerung zwingen dazu, **Güter einzuführen (zu importieren)** und **auszuführen (zu exportieren).**

Zu den bereits bekannten Kreislaufströmen treten nunmehr noch folgende Geldströme hinzu:

- Ein Teil der Einkommen der privaten Haushalte und Unternehmen wird vom **Staat** (den **öffentlichen Haushalten**) in Form von **Steuern** und anderen gesetzlichen **Abgaben** (z. B. Sozialversicherungsbeiträge) einbehalten.
- Die Staatseinnahmen werden wieder ausgegeben. Sie fließen zum Teil den privaten Haushalten in Form von **Gehältern** und **Löhnen** für die Staatsbediensteten zu. Ein weiterer Teil wird für die Vergabe von **Staatsaufträgen** an die Unternehmen verwendet, die dadurch **Umsatzerlöse** erzielen. Für besonders förderungswürdige Zwecke erhalten die Unternehmen (oft auch Private) Geldbeträge, die nicht mehr zurückgezahlt werden müssen **(Subventionen).**
- Die Unternehmen verkaufen Dienstleistungen und Sachgüter an das **Ausland (Export).** Hierfür erhalten sie Geldeinnahmen oder Forderungen. Ihre Umsatzerlöse nehmen zu. Eine Wirtschaft mit **Außenhandelsbeziehungen** heißt **„offene Wirtschaft"**.
- Umgekehrt kaufen die Unternehmen Dienstleistungen und Sachgüter von ausländischen Unternehmen **(Import).** Ein entsprechender Geldstrom fließt ins Ausland.
- Teile der Einkommen der privaten Haushalte werden gespart und bei den Banken angelegt. Diese gewähren den privaten Haushalten Konsumkredite und den Unternehmen Investitionskredite.

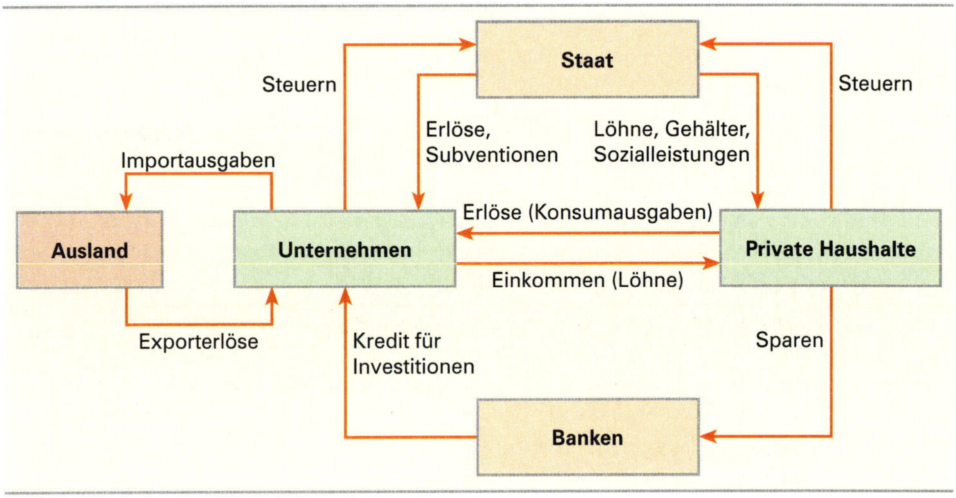

1 Zum Sektor „Staat" gehören vor allem der Bund, die Länder, die Kreise, die Gemeinden und die Sozialversicherungsträger.

Kompetenztraining

77 1. Der Anteil der Produktionsfaktoren an einem Gut kann unterschiedlich hoch sein.

Aufgabe:

Übertragen Sie nachstehende Tabelle in Ihre Unterlagen und füllen Sie diese aus, indem Sie die Bedeutung der volkswirtschaftlichen Produktionsfaktoren angeben! (1: große Bedeutung; 2: mittlere Bedeutung; 3: verhältnismäßig geringe Bedeutung)

DOWNLOAD

Gut	Bedeutung der Produktionsfaktoren		
	Arbeit	Natur	Kapital
Ölraffinerie			
Friseur			
Bank			
Spielwarengeschäft			
Bauernhof			

2. Erklären Sie mit eigenen Worten, was unter den Begriffen „Unternehmen" und „private Haushalte" zu verstehen ist!

3. Erklären Sie folgende Begriffe:
   3.1 Einkommen,
   3.2 Konsumgüter,
   3.3 Verkaufserlöse!

4. Erläutern Sie den Begriff „erweiterter Wirtschaftskreislauf"!

5. Übertragen Sie das Schaubild eines einfachen Wirtschaftskreislaufes in Ihre Unterlagen!

DOWNLOAD

Aufgaben:

5.1 Beschriften Sie die Pfeile im Schaubild!
5.2 Beschreiben Sie, wie sich der Güter- und Geldkreislauf zueinander verhalten!
5.3 Begründen Sie, ob die beiden Kreisläufe wertmäßig gleich groß sind!
5.4 Nennen Sie die Annahme, die über die Konsumausgaben der privaten Haushalte in diesem Modell gemacht wird!

6. Im Wirtschaftskreislauf gibt es einen Geld- und einen Güterstrom. Notieren Sie, welcher Geschäftsvorgang einen Geldstrom darstellt!
   6.1 Das Softwareunternehmen installiert im Büro eine neue Software.
   6.2 Der Großhändler liefert Waren an.
   6.3 Das Versandhaus sendet Waren zurück.
   6.4 Ein Kunde bezahlt eine Rechnung.
   6.5 Das Elektrofachgeschäft liefert einen gekauften Fernseher an den Kunden aus.

7. 7.1 Zeichnen Sie einen einfachen Geldkreislauf, wenn Sie annehmen, dass die privaten Haushalte nicht sparen und für Konsumgüter von Periode zu Periode 1000 Mrd. GE ausgeben!

   7.2 Erweitern Sie den einfachen Geldkreislauf aus Aufgabe 7.1, indem Sie unterstellen, dass die Haushalte 20 % ihres Einkommens sparen und bei den Banken anlegen! Weiterhin wird angenommen, dass die Unternehmen in Höhe der Ersparnis bei den Banken Kredite aufnehmen, um ihre Investitionen zu finanzieren.

8. Im Folgenden betrachten wir im Wirtschaftskreislauf den Geldstrom zwischen den privaten Haushalten, den Unternehmen, dem Staat und dem Ausland.

DOWNLOAD

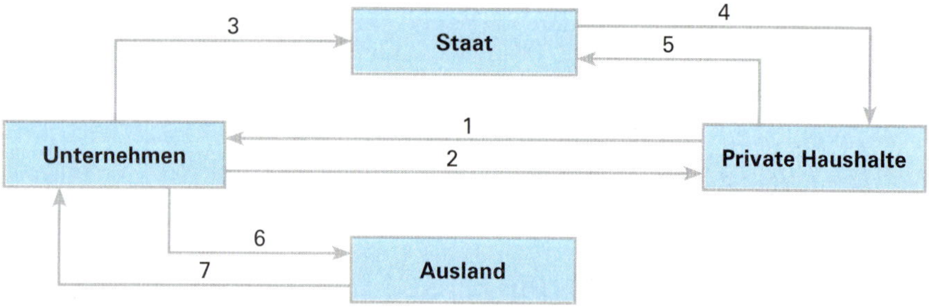

Aufgabe:

Ordnen Sie die folgenden Vorgänge den Geldströmen des Wirtschaftskreislaufes zu! Geben Sie dabei jeweils die Kennziffer an!

8.1 Franziska Erdt e.Kfr. überweist die Gewerbesteuer an das Finanzamt.

8.2 Franziska Erdt e.Kfr. überweist ihren Angestellten das Gehalt für den Monat Juni.

8.3 Kunde Wetzel kauft im Autohaus einen gebrauchten Pkw.

8.4 Die einbehaltene Lohnsteuer wird an das Finanzamt abgeführt.

8.5 Verkäuferin Weber erhält für ihr Kind das Kindergeld.

8.6 Die Früchtehandlung Jork GmbH kauft Erdbeeren in Italien.

8.7 Das Autohaus Waibel KG verkauft einen Pkw in die Schweiz.

9. Zeigen Sie die Wechselwirkungen zwischen den Sektoren der Volkswirtschaft am Beispiel folgender Impulse (Anstöße) auf:

   9.1 Der Export steigt beträchtlich, weil im Ausland die Preise schneller als im Inland steigen.

   9.2 Der Staat erhöht die Steuern, die die Unternehmen und die privaten Haushalte zu zahlen haben.

10. Erläutern Sie anhand eines Beispiels, wie ein Einzelhandelsbetrieb in einem wechselseitigen Bezug zu anderen Wirtschaftseinheiten (z.B. anderen Unternehmen, privaten Haushalten, dem Staat) steht!

2 Bruttoinlandsprodukt als Maß für die wirtschaftliche Leistung eines Landes berechnen und beurteilen

2.1 Begriff Bruttoinlandsprodukt

Die wirtschaftliche Leistung einer Volkswirtschaft und deren Veränderung (Wirtschaftswachstum) wird von Statistischen Ämtern gemessen und als **Bruttoinlandsprodukt (BIP)** ausgewiesen.

- Das **Bruttoinlandsprodukt (BIP)** ist der **Wert aller Waren und Dienstleistungen,** der in einem **bestimmten Zeitraum** (meist ein Jahr) im **Inland** produziert wird. Die **Vorleistungen** bleiben dabei **unberücksichtigt.**[1]
- **Vorleistungen** sind Güter, die innerhalb des betreffenden Zeitraums produziert und dann von **anderen Unternehmen verbraucht** werden.

Das **Bruttoinlandsprodukt** (BIP) spiegelt die wirtschaftliche Gesamtleistung eines Landes wider. Die Arbeit des kleinen Handwerksbetriebs ist darin ebenso enthalten wie die Produktion des großen Industrieunternehmens, die Leistungen des Transportgewerbes, der Dienstleistungsbetriebe, des Handels, der Banken und Versicherungen sowie der Landwirtschaft ebenso wie die des Staates, der Kirchen, der Gewerkschaften und der privaten Haushalte.

Das Bruttoinlandsprodukt wird in **jeweiligen Preisen** und **preisbereinigt** errechnet.[2] Auf Vorjahrespreisbasis wird die „reale" (tatsächliche) Wirtschaftsentwicklung im Zeitablauf **frei von Preiseinflüssen** dargestellt. Die **Veränderungsrate** des **preisbereinigten** Bruttoinlandsprodukts dient als **Messgröße** für das **Wirtschaftswachstum** einer Volkswirtschaft.

2.2 Entstehung und Verwendung des Bruttoinlandsprodukts und die Verteilung des Volkseinkommens

Das Bruttoinlandsprodukt kann Antworten auf folgende drei Fragen geben:

- **Entstehungsrechnung:** **Wo** ist das Bruttoinlandsprodukt **entstanden?**
- **Verwendungsrechnung:** **Wie** wird das Bruttoinlandsprodukt **verwendet?**
- **Verteilungsrechnung:** **Wie** werden die bei der Entstehung des Bruttoinlandsprodukts erzielten Einkommen **verteilt?**

---

1 Die **Vorleistungen** werden nicht berücksichtigt, weil sie in dem Produktionsergebnis des verbrauchenden Unternehmens enthalten sind.

2 Siehe auch S. 252.

2.2.1 Entstehungsrechnung

Die Entstehungsrechnung gibt darüber Auskunft, in welchem Umfang die einzelnen **Wirtschaftsbereiche** in einer Periode **zum Bruttoinlandsprodukt** beigetragen haben.

Beispiel: Berechnung des Anteils der Wirtschaftsbereiche am Bruttoinlandsprodukt

Die wirtschaftliche Leistung des Wirtschaftsbereichs „Handel, Verkehr und Gastgewerbe" betrug im Jahr 2025 673,4 Mrd. EUR bei einem Bruttoinlandsprodukt von 4470,5 Mrd. EUR.

Aufgabe:

Berechnen Sie den Anteil des Wirtschaftsbereichs „Handel, Gastgewerbe und Verkehr" am Bruttoinlandsprodukt!

Entstehung des Bruttoinlandsprodukts in der Bundesrepublik Deutschland 2025 (in Mrd. EUR)[1]

+	Produzierendes Gewerbe ohne Baugewerbe	922,9
+	Handel, Verkehr und Gastgewerbe	673,4
+	Grundstücks- und Wohnungswesen	392,5
+	Öffentl. Dienstleister, Erziehung, Gesundheit	826,5
+	Sonstige[2]	1225,3
=	Bruttowertschöpfung	4040,5*
+	Gütersteuern	Saldo[3] + 430,0
–	Gütersubventionen	
=	Bruttoinlandsprodukt	4470,5

* Rundungsdifferenz

Lösung:

4470,5 Mrd. EUR sind 100 %
673,4 Mrd. EUR sind x %

$$x = \frac{100 \cdot 673,4}{4470,5} = \underline{\underline{16,7\,\%}}$$

Ergebnis: Der Anteil des Wirtschaftsbereichs „Handel, Verkehr und Gastgewerbe" am Bruttoinlandsprodukt betrug im Jahr 2025 16,7 %.

Die **Entstehungsrechnung** macht den Anteil der einzelnen Wirtschaftsbereiche am Bruttoinlandsprodukt deutlich.

2.2.2 Verwendungsrechnung

Die Verwendungsrechnung gibt darüber Auskunft, **wofür die Güter verwendet** wurden. Es wird untersucht, ob die Waren und Dienstleistungen z. B. als Konsumausgaben, als Investitionen in Unternehmen oder im Export oder Import Verwendung gefunden haben.

Beispiel:

Ein Laptop kann in einem privaten Haushalt verwandt werden, er könnte in Form einer Investition in einem Unternehmen zum Einsatz kommen oder er kann in das Ausland exportiert werden.

1 Quelle: https://www.destatis.de/DE/Themen/Wirtschaft/Volkswirtschaftliche-Gesamtrechnungen-Inlandsprodukt/_Grafik/_Statisch/bip-entstehung-verwendung-verteilung.png?__blob=poster&v=36 [Zugriff am 15.01.2026], eigene Berechnungen.

2 Die Position Sonstiges umfasst Land- und Forstwirtschaft, Baugewerbe sowie Finanzierung, Vermietung und Unternehmensdienstleister.

3 Der Saldo zwischen den Gütersteuern und den -subventionen heißt **Nettoproduktionsabgabe**.

Beispiel: Berechnung des Anteils der produzierten Güter nach ihrer Verwendung

Die privaten Konsumausgaben betrugen im Jahr 2025 2374,0 Mrd. EUR bei einem Bruttoinlandsprodukt von 4470,5 Mrd. EUR.

Aufgabe:

Berechnen Sie den Anteil des Bruttoinlandsprodukts, der für private Konsumausgaben verwendet wurde!

Verwendung des Bruttoinlandsprodukts in der Bundesrepublik Deutschland 2025 (in Mrd. EUR) (Auszug)

	Private Konsumausgaben	2374,0
+	Konsumausgaben des Staates	1007,9
+	Bruttoinvestitionen	978,2
+	Außenbeitrag (Exporte minus Importe)	110,4
=	Bruttoinlandsprodukt	4470,5

Quelle: https://www.destatis.de [Zugriff vom 15.01.2026]; eigene Berechnungen.

Lösung:

4470,5 Mrd. EUR sind 100 %
2374,0 Mrd. EUR sind x %

$$x = 100 \cdot \frac{2374,0}{4470,5} = 53,1\,\%$$

Ergebnis:

Vom Bruttoinlandsprodukt wurden im Jahr 2025 für private Konsumausgaben 53,1 % verwendet.

Die **Verwendungsrechnung** zeigt, wofür die Güter des Bruttoinlandsprodukts verwendet werden.

2.2.3 Verteilungsrechnung

(1) Begriffe

Hier wird für eine Periode Auskunft darüber gegeben, wie sich die erzielten Einkommen auf das **Arbeitnehmerentgelt** (Lohn, Gehalt) und das **Unternehmer- und Vermögenseinkommen** (z. B. Zinsen, Gewinne, Dividende, Miet- und Pachterträge) aufteilen. Addiert man die beiden Einkommensgruppen, erhält man das **Volkseinkommen.**

Arbeitnehmerentgelt (Inland) + Unternehmens- und Vermögenseinkommen = Volkseinkommen

(2) Berechnung der Lohn- und Gewinnquote

Der **prozentuale Anteil** des **Arbeitnehmerentgelts** am Volkseinkommen wird als **Lohnquote** bezeichnet. Sie stellt jedoch die materielle Einkommenslage der Arbeitnehmer schlechter dar als sie ist, weil in Deutschland rund die Hälfte aller Vermögenseinkommen (z. B. Zinsen, Mieterträge) den Arbeitnehmern zufließen.

Die Berechnung der **Lohnquote** erfolgt nach folgender Formel:

$$\text{Lohnquote} = \frac{\text{Arbeitnehmerentgelt} \cdot 100}{\text{Volkseinkommen}}$$

Für das Jahr 2025 ergibt sich folgende Lohnquote:

$$\text{Lohnquote} = \frac{2479{,}8 \cdot 100}{3288{,}8} = \underline{\underline{75{,}4\,\%}}$$

Den prozentualen Anteil der **Unternehmens- und Vermögenseinkommen** am Volkseinkommen bezeichnet man als **Gewinnquote.**

Verteilung des Volkseinkommens in der Bundesrepublik Deutschland 2025 (in Mrd. EUR) (Auszug)

	Arbeitnehmerentgelt (Inländer)	2479,8
+	Unternehmens- und Vermögenseinkommen	809,0
=	Volkseinkommen	3288,8
…		
Das Bruttoinlandsprodukt 2025 beträgt		4470,5

Quelle: https://www.destatis.de [Zugriff vom 15.01.2026]; eigene Berechnungen.

$$\text{Gewinnquote} = \frac{\text{Unternehmens- und Vermögenseinkommen} \cdot 100}{\text{Volkseinkommen}}$$

Für das Jahr 2025 ergibt sich folgende Gewinnquote:

$$\text{Gewinnquote} = \frac{809{,}0 \cdot 100}{3288{,}8} = \underline{\underline{24{,}6\,\%}}$$

Die **Verteilungsrechnung** zeigt die **Aufteilung des Volkseinkommens** auf die beiden Einkommensarten **Arbeitnehmerentgelt** einerseits sowie **Unternehmens- und Vermögenseinkommen** andererseits.

2.3 Reales und nominales Bruttoinlandsprodukt

Ein steigendes Bruttoinlandsprodukt bedeutet noch nicht, dass die Volkswirtschaft tatsächlich mehr produziert hat. Das Wachstum kann vielmehr ganz oder teilweise auf **gestiegene Preise** zurückzuführen sein. Das zu den im Betrachtungsjahr aktuellen Preisen bewertete Bruttoinlandsprodukt bezeichnet man als **nominales Bruttoinlandsprodukt.** Zur Ermittlung des nominalen Bruttoinlandsproduktes werden die produzierten Güter und Dienstleistungen eines Jahres mit den tatsächlich gezahlten Preisen multipliziert und die Einzelergebnisse dann addiert.

Beispiel:

In einer Volkswirtschaft werden im Jahr 01 von einem Sportwagenhersteller 20 exklusive Nobel-Karosserien hergestellt und zu einem Preis von 1 Mio. EUR pro Stück verkauft. Im Jahr 02 werden vom gleichen Modell 15 Wagen hergestellt und zu einem Preis von 2 Mio. EUR pro Stück verkauft. Obwohl 5 Autos weniger hergestellt wurden, hat sich das nominelle Bruttoinlandsprodukt – einzig wegen der gestiegenen Preise – um 10 Mio. EUR erhöht.

Will man die **tatsächliche** Mehrleistung einer Volkswirtschaft im Vergleich zum Vorjahr ermitteln, muss man das **reale** (preisbereinigte) **Bruttoinlandsprodukt** berechnen. Dies geschieht dadurch, dass man aus dem nominalen Bruttoinlandsprodukt die **Preissteigerungen** herausrechnet.

2.4 Kritik am Modell des BIP als Wohlstandsindikator[1]

Kritikpunkte	Erläuterungen und Beispiele
Das Bruttoinlandsprodukt wird **teilweise zu hoch** angesetzt.	Teile der sozialen Kosten, die nicht berücksichtigt werden sollten, werden in das Bruttoinlandsprodukt eingerechnet, z. B. Behandlungskosten von Unfallopfern und Berufskrankheiten, Reparaturen an Maschinen, Neuanschaffungen von Maschinen und Fahrzeugen, die aufgrund von Unfällen erforderlich werden.
Das Bruttoinlandsprodukt wird **teilweise zu niedrig** angesetzt.	■ Vorgänge der Schattenwirtschaft werden nur als Schätzgröße berücksichtigt, z. B. Schwarzarbeit, Beschäftigung illegaler Einwanderer, Drogenhandel, Lieferung von Waren und Dienstleistungen ohne Rechnung. ■ Soziale Leistungen werden nicht hinzugerechnet, z. B. die Umwelt erhaltende Tätigkeit der Landwirtschaft, die Ausbildungsleistung der Unternehmen, die Nutzung der Infrastruktur.[2]
Das Bruttoinlandsprodukt erfasst nur **zahlenmäßig erfassbare (quantitative)** Größen.	Nicht erfasst werden qualitative Größen, z. B. Lebensqualität, Qualität der medizinischen Versorgung, Qualität des Arbeitslebens, Qualität der sauberen Umwelt.

- Das **Bruttoinlandsprodukt** ist ein Wohlstandsmaßstab, der nur die **zahlenmäßig erfassbaren Größen** berücksichtigt.
- Wichtige **Größen,** die **die menschliche Entwicklung abbilden,** wie Lebenserwartung, Ausbildungsstand der Bevölkerung (z. B. Einschulungsrate in Grund-, Sekundar- und Hochschulen), Lebensqualität (Gesamtheit aller Lebensumstände in einer Gesellschaft) **werden nicht berücksichtigt.**

2.5 Alternativer[3] Wohlstandsindikator

Beispielhaft für einen verbesserten Wohlstandsindikator wird der Wohlstandsmaßstab „Net Economic Welfare" (NEW)[4] vorgestellt.

Der Wohlstandsmaßstab **Net Economic Welfare**
- geht vom Bruttoinlandsprodukt aus,
- zieht die sozialen Kosten und die Ausgaben für staatliche Verwaltung und Verteidigung ab und
- zählt die privaten Dienste ohne Markt sowie die immateriellen Werte[5] hinzu.

Bei der Berechnung dieses Indikators werden die **Sozialkosten** wie verschmutzte Gewässer und verdreckte Luft, gleichgültig ob sie den Verursachern angelastet werden oder nicht, vom Bruttoinlandsprodukt **subtrahiert.** Staatsausgaben für Verteidigung oder Verwaltung gehen nicht als positiver Beitrag in das NEW ein, da mehr Soldaten oder Beamte noch keine bessere Gesellschaft bedeuten.

1 **Indikator**: Merkmal.
2 **Infrastruktur** sind alle der Allgemeinheit dienlichen öffentlichen und privaten Einrichtungen (z. B. private und öffentliche Straßen, Eisenbahnen, Krankenhäuser, Schulen, Kindergärten, Versorgungseinrichtungen).
3 **Alternativ**: wahlweise; im Gegensatz zum Herkömmlichen stehend.
4 **Net Economic Welfare** (engl.): Nettowirtschaftswohl.
5 **Immateriell**: hier geistig.

	Bruttoinlandsprodukt
–	soziale Kosten
–	Ausgabe für staatliche Verwaltung und Verteidigung
+	private Dienste ohne Marktpreis
+	immaterielle Werte
=	**Net Economic Welfare**

Andererseits werden **positive Beiträge** zum Volkswohlstand, die wegen fehlenden Marktpreises nicht in der Berechnung des Bruttoinlandsprodukts enthalten sind, zum Net Economic Welfare einer Volkswirtschaft hinzugerechnet. Hierzu zählt die Hausarbeit, die mit dem Durchschnittsgehalt berufstätiger Personen bewertet wird, oder der Wert zusätzlicher Freizeit, der Stunden- oder Wochenlohnsätzen gleichgesetzt werden kann.

Kompetenztraining

78

1. 1.1 Erklären Sie den Begriff Bruttoinlandsprodukt!
   1.2 Beschreiben Sie, worauf das Bruttoinlandsprodukt Antworten gibt!
   1.3 Berechnen Sie den Anteil des Wirtschaftsbereichs „Produzierendes Gewerbe ohne Baugewerbe" am Bruttoinlandsprodukt 2025 (siehe S. 250)! Erläutern Sie diese Messzahl!
   1.4 Berechnen Sie, welchen Verwendungsanteil die Konsumausgaben des Staates am Bruttoinlandsprodukt 2025 (siehe S. 251) haben! Erläutern Sie diese Messzahl!
2. Erklären Sie den Begriff Volkseinkommen!
3. Erläutern Sie den Begriff Gewinnquote!
4. Beurteilen Sie, ob eine sinkende Lohnquote zwangsläufig zu einer Verschlechterung des Lebensstandards der abhängig Beschäftigten führen muss!
5. Notieren Sie, welche Leistungen **nicht** in die Berechnung des Bruttoinlandsprodukts eingehen!
   5.1 Ein Gartenbaubetrieb schneidet vor einem Altenwohnheim gegen Entgelt den Rasen.
   5.2 Ein Schüler backt einen Kuchen.
   5.3 Ein Arzt untersucht bei einem Hausbesuch einen Kranken.
   5.4 Ein Nachbar hilft beim Bau eines neuen Zaunes.
   5.5 Der städtische Straßendienst reinigt die Bürgersteige.
   5.6 Die Bürger einer Gemeinde reinigen wöchentlich einmal den Bürgersteig selbst.
   5.7 Die ehrenamtlich tätige Verkehrswacht erteilt kostenlosen Verkehrsunterricht für Schulanfänger.

79

1. Nennen Sie neben dem Bruttoinlandsprodukt zwei nichtökonomische Größen für die Beurteilung des Wohlstandes eines Landes!
2. Beschreiben Sie, was der Begriff „Bruttoinlandsprodukt" über den Wohlstand der Bevölkerung eines Landes aussagen kann!
3. An der gängigen Berechnung der Messgrößen der gesamtwirtschaftlichen Leistung wird häufig Kritik geübt.

   Aufgaben:

   3.1 Nennen und erläutern Sie drei Kritikpunkte!

3.2 Erklären Sie in diesem Zusammenhang die Begriffe soziale Kosten und soziale Leistungen!

3.3 Bilden Sie je ein eigenes Beispiel für soziale Kosten und soziale Leistungen!

4. Erläutern Sie kurz, worüber die Entstehungsrechnung und die Verwendungsrechnung des Bruttoinlandsprodukts Auskunft geben!

3 Grundgedanken und Ordnungsmerkmale der Sozialen Marktwirtschaft in der Bundesrepublik Deutschland beschreiben und deren Einfluss untersuchen

3.1 Wirtschaftsordnungen

(1) Begriff Wirtschaftsordnung

Die **Wirtschaftsordnung** ist die Art und Weise, wie eine Volkswirtschaft die Produktion und die Verteilung der hergestellten Güter organisiert.

Die Ausgestaltung der Wirtschaftsordnung hängt weitgehend von den gesellschaftspolitischen Grundentscheidungen zwischen **Individualismus** und **Kollektivismus** ab. Individualismus und Kollektivismus stellen die beiden großen **gegensätzlichen Anschauungen über das Wesen des Menschen** dar.

(2) Individualismus und Kollektivismus

Individualismus[1]	■ Für den Individualismus ist der Mensch eine **eigenständige Persönlichkeit,** der für sich selbst verantwortlich ist. Oberster Grundsatz des Individualismus ist die **Freiheit des Einzelnen.** ■ Für die Wirtschaftsordnung bedeutet dies, dass sich der Staat nicht durch Gesetze und Verordnungen in die Wirtschaft einmischen soll. Der Individualismus ist davon überzeugt, dass die uneingeschränkte Verfolgung der Einzelinteressen zum höchsten Allgemeinwohl führt. Diese Form der Wirtschaftsordnung bezeichnet man als **freie Marktwirtschaft.** ■ In der **Wirklichkeit** gab es bisher **keine vollständig freie Marktwirtschaft.**
Kollektivismus[2]	■ Für den Kollektivismus ist der Mensch in erster Linie ein **Gemeinschaftswesen.** Deswegen stehen **Staat und Gesellschaft über dem Einzelnen.** Hieraus folgt, dass sich der Einzelne den Prinzipien des Staates unterzuordnen hat. ■ Für die Wirtschaftsordnung bedeutet dies, dass der Staat das gesamte wirtschaftliche Geschehen zu planen, zu lenken und zu kontrollieren hat. Diese Form der Wirtschaftsordnung bezeichnet man als **Zentralverwaltungswirtschaft.** ■ In der **Wirklichkeit** ist bisher **keine Zentralverwaltungswirtschaft**[3] **vollständig verwirklicht** worden.

1 **Individuum** (lat.): Einzelwesen.

2 **Kollektiv**: Gesamtheit, Zusammenschluss (Kollektivum: das Ganze).

3 Versuche zur Verwirklichung der Idee der Zentralverwaltungswirtschaft waren z. B. die sozialistischen Wirtschaftsordnungen der ehemaligen Ostblockstaaten (z. B. die der UdSSR, der DDR, der VR Polen) sowie der Volksrepublik China.

3.2 Begriff Soziale Marktwirtschaft

Wird in der öffentlichen Diskussion von „Sozialer Marktwirtschaft" gesprochen, ist immer die in der Wirklichkeit (Realität) der Bundesrepublik Deutschland bestehende Wirtschaftsordnung gemeint. „Vater" der Sozialen Marktwirtschaft ist Ludwig Erhard.[1]

Die Soziale Marktwirtschaft sieht den **Menschen sowohl als Individual- als auch als Kollektivwesen.** Hieraus folgt, dass die Soziale Marktwirtschaft zwischen den beiden extremen Modellen der freien Marktwirtschaft und der Zentralverwaltungswirtschaft steht. Grundziel der Sozialen Marktwirtschaft ist: „So viel **Freiheit wie möglich,** so viel **staatlichen Zwang wie nötig",** wobei man sich freilich immer darüber streiten kann, was möglich bzw. was nötig ist.

- Die **Soziale Marktwirtschaft** ist eine **Wirtschaftsordnung,** die grundsätzlich den freien Markt bejaht,.
- Sind die Folgen eines freien Marktes **sozial ungerecht** und **ökologisch nicht erwünscht**, greift der **Staat korrigierend** ein.[2]

3.3 Ordnungsmerkmale der Sozialen Marktwirtschaft

In einem Rechtsstaat muss die Wirtschaftsordnung in eine Rechtsordnung eingebunden sein, die sich wiederum an der Verfassung, in der Bundesrepublik Deutschland also am Grundgesetz [GG][3], auszurichten hat.

Das **Grundgesetz** schreibt ausdrücklich **keine bestimmte Wirtschaftsform** vor, sondern lässt einen weiten Spielraum für denkbare Wirtschaftsordnungen. Das Grundgesetz enthält deshalb neben garantierten Freiheitsrechten auch eine Vielzahl von Einschränkungen dieser Rechte, damit das Gemeinwohl nicht zu kurz kommt.

3.3.1 Garantierte Freiheitsrechte des Grundgesetzes

Art. 2 GG: (1) Jeder hat das Recht auf die freie Entfaltung seiner Persönlichkeit, soweit er nicht die Rechte anderer verletzt und nicht gegen die verfassungsmäßige Ordnung oder das Sittengesetz verstößt. (2) Jeder hat das Recht auf Leben und körperliche Unversehrtheit. Die Freiheit der Person ist unverletzlich. In diese Rechte darf nur aufgrund eines Gesetzes eingegriffen werden.

1 Ludwig Erhard, der erste Wirtschaftsminister der Bundesrepublik Deutschland, verwendete den Begriff der „Sozialen Marktwirtschaft", als er nach 1948 die Marktwirtschaft in der Bundesrepublik einführte und damit die Zwangswirtschaft der ersten Nachkriegsjahre ablöste. Der Begriff „Soziale Marktwirtschaft" selbst stammt von seinem Mitarbeiter, dem Staatssekretär Alfred Müller-Armack.

2 Siehe Kapitel 5.4, S. 280ff.

3 Grundgesetz für die Bundesrepublik Deutschland [GG] vom 23. Mai 1949. Das GG ist kein Paragrafengesetz, sondern ein Artikelgesetz.

Im wirtschaftlichen Bereich bedeutet der Freiheitsgrundsatz, dass im Kern folgende **Freiheitsrechte garantiert** sind:

Gewerbefreiheit	Jeder hat das Recht, ein Unternehmen zu gründen, zu führen oder auch aufzulösen.
Vertragsfreiheit	Jeder hat das Recht, Verträge abzuschließen, aufzulösen und deren Inhalt frei zu gestalten.
Konsumfreiheit	Jeder hat das Recht, jede Ware dort zu kaufen, wo es ihm am günstigsten erscheint.

In den Art. 9, 11, 12 und 14 GG wird der Freiheitsgrundsatz des Art. 2 GG fortgeführt, denn in einer vorwiegend auf **Privatinitiative** und **Wettbewerb** beruhenden Gesellschaftsordnung müssen auch folgende Rechte garantiert sein:

Vereinigungsfreiheit	Jeder hat das Recht zur Gründung von Handelsgesellschaften, Gewerkschaften (Arbeitnehmerverbände) und Arbeitgeberverbänden.
Recht auf Freizügigkeit	Jeder hat das Recht, dort seinen Arbeitsplatz (und seinen Wohnsitz) zu nehmen, wo es ihm beliebt.
Recht auf Berufsfreiheit	Jeder hat das Recht auf freie Wahl des Berufs, des Arbeitsplatzes und der Ausbildungsstätte.
Recht auf Privateigentum	Jeder hat das Recht auf Privateigentum sowohl an Konsumgütern (z.B. Kleidung, Privatauto, Eigenheim, Eigentumswohnung) als auch an Produktionsmitteln (Kapital im volkswirtschaftlichen Sinne) einschließlich Grund und Boden.

3.3.2 Einschränkung der Freiheitsrechte in der Sozialen Marktwirtschaft

Die Grenze der Freiheitsrechte nach Art. 2 GG ist dort erreicht, wo die Rechte anderer verletzt werden können. Im Folgenden werden die wichtigsten Einschränkungen von Freiheitsrechten genauer betrachtet:

1 Einschränkung der Gewerbefreiheit

Nach Art. 20 I GG ist die Bundesrepublik Deutschland ein demokratischer und sozialer Bundesstaat. Hieraus folgt, dass im Interesse der **sozialen Gerechtigkeit** die Handlungsfreiheit der Unternehmen eingeschränkt werden muss.

Beispiele:

Einschränkungen der Gewerbefreiheit z.B. durch Approbation[1] von Ärzten und Apothekern, durch die Anmeldepflicht der Gründung eines Gewerbebetriebs, durch den Meisterzwang für bestimmte Handwerksbetriebe oder die staatliche Überwachung gefährlicher Anlagen und Betriebe sowie bestimmter Gewerbezweige.

Schließlich ist auch das **Umweltrecht** ein Eingriff in die Gewerbefreiheit. Bei Nichteinhaltung gesetzlicher Umweltvorschriften drohen privatrechtliche Schadensersatzansprüche und verwaltungsrechtliche bzw. strafrechtliche Sanktionen.[2]

1 **Approbation**: staatliche Zulassung.

2 **Sanktionen** (lat.): wörtl. Vergeltung, mit positiven oder negativen Folgen antworten.

Wichtige **umweltschutzrechtliche Vorschriften:**

Schutzbereich	Umweltschutzgesetze	Sanktionen
Luftreinhaltung Lärmbekämpfung	Gesetz zum Schutz vor schädlichen Umwelteinwirkungen durch Luftverunreinigungen, Geräusche, Erschütterungen und ähnliche Vorgänge (Bundes-Immissionsschutgesetz – BImSchG)[1]	Betriebsverbot; Freiheits- oder Geldstrafen
Schutz vor gefährlichen Stoffen	Gesetz zum Schutz vor gefährlichen Stoffen (Chemikaliengesetz – ChemG)	Verbot der Inverkehrbringung; Freiheits- oder Geldstrafen
Gewässerschutz	Gesetz zur Ordnung des Wasserhaushalts (Wasserhaushaltsgesetz-WHG)	Gefährdungshaftung nach dem UmweltHG; Freiheits- oder Geldstrafen
Naturpflege, Artenschutz, Bodenschutz	Gesetz über Naturschutz und Landschaftspflege (Bundesnaturschutzgesetz – BNatSchG)	Geld- oder Freiheitsstrafen

2 Einschränkung der Eigentumsrechte

Das Eigentumsrecht umfasst sowohl das **Privateigentum an Konsumgütern** (z. B. Kleidung, Privatauto, Eigenheim) als auch an **Produktionsgütern** (z. B. Einzelhandelsgeschäft, Maschinen, Kraftfahrzeuge sowie Grund und Boden). Das Grundgesetz gewährt dem Gesetzgeber weitgehende Eingriffsrechte in das Privateigentum.

- Eigentum verpflichtet. Sein Gebrauch soll zugleich dem Wohl der Allgemeinheit dienen [Art. 14 II GG]. Man spricht auch von der **sozialen Bindung des Eigentums.** Eigentum berechtigt also nicht zur Willkür, sondern zum „rechten Gebrauch".

Beispiele:

- Der Eigentümer darf beispielsweise sein Haus oder gar seinen Einzelhandelsbetrieb nicht anzünden.
- Die Veräußerung landwirtschaftlicher Grundstücke ist genehmigungspflichtig; ein Grundstück kann mit einem Bauverbot belegt werden.
- Beim Bau einer Industrieanlage ist der Landschaftsschutz zu berücksichtigen.

- Nach Art. 14 III GG ist in der Bundesrepublik Deutschland eine **Enteignung** möglich.

Beispiele:

Eine Gemeinde möchte ein neues Krankenhaus bauen, weil die Bevölkerung derzeit noch medizinisch unterversorgt ist. Der gemeindeeigene Bauplatz reicht nicht aus, die Gemeinde muss noch Grundstücke hinzukaufen. Ein Teil der Grundstückseigentümer weigert sich jedoch, die erforderlichen Grundstücke an die Gemeinde zu verkaufen. Die Folge: Die bisherigen Eigentümer werden enteignet.

1 **Immission** (lat.): Einleitung von Schadstoffen; das Einwirken von Luftverunreinigungen, Schadstoffen, Lärm, Strahlen u. Ä. auf Menschen, Tiere und Pflanzen.

Eine Enteignung ist nur möglich, wenn sie dem „Wohle der Allgemeinheit" dient [Art. 14 III GG]. Die bisherigen **Eigentümer müssen entschädigt** werden [Art. 14 III GG]. Die Entschädigung darf nicht einseitig vom Staat festgesetzt werden. Vielmehr hat jeder durch ein Enteignungsverfahren betroffene Bürger das Recht, wegen der Höhe der Entschädigung vor einem ordentlichen Zivilgericht (Amtsgericht, Landgericht) zu klagen, um eine unabhängige richterliche Entscheidung zu erhalten.

3	**Wettbewerbsgesetzgebung**

Die Soziale Marktwirtschaft bejaht freie Märkte und eine freie Preisbildung. Dazu muss sichergestellt sein, dass **Wettbewerb herrscht.** Der Erhaltung des Wettbewerbs dient die **Wettbewerbspolitik,** die in der **Wettbewerbsgesetzgebung** ihren Niederschlag findet. Das wichtigste Gesetz, das der Erhaltung des Wettbewerbs dienen soll, ist das „Kartellgesetz".[1]

Der Wettbewerb wird ferner geregelt z.B. durch das **Gesetz gegen den unlauteren Wettbewerb [UWG]**, die **Gewerbeordnung [GewO]**, das **Markengesetz [MarkenG]**.

3.3.3 Tarifautonomie und Sozialgesetzgebung

1	**Tarifautonomie**

Ein wesentliches Ordnungsmerkmal der Sozialen Marktwirtschaft ist das im Grundgesetz Art. 9 III verbriefte Recht der Arbeitnehmer, **Gewerkschaften** zu bilden bzw. das Recht der Arbeitgeber, sich in **Arbeitgebervereinigungen** zusammenzuschließen. Die Sozialpartner schließen in freier Vereinbarung Tarifverträge ab.

2	**Sozialgesetzgebung**

Aufgabe der **Sozialgesetzgebung** ist, die **soziale Sicherung** zu erhalten und zu verbessern. Die Sozialgesetzgebung umfasst die Bereiche der **Aufklärung, Beratung** und **Versorgung** breiter Bevölkerungsschichten.

- **Aufklärung** liegt vor, wenn private oder öffentliche Stellen über Vorsorgemaßnahmen, Rechte und Pflichten informieren.

Beispiele:

- Die Gesundheitsämter klären über die Vermeidung ansteckender Krankheiten auf.
- Die gesetzlichen Krankenkassen informieren ihre Versicherten und andere Interessierte über ihre Leistungen.

1 Zu Einzelheiten siehe S. 263f.

- Unter **Beratung** versteht man im Rahmen der sozialen Sicherung die persönliche Hilfe oder Einflussnahme in Fragen der Gesundheit, Lebensgestaltung, Erziehung, Berufsfindung, Berufswechsel, Weiterbildung usw. durch private oder staatliche Einrichtungen.

Beispiele:

- Die Soziale Marktwirtschaft hat sehr viele Beratungseinrichtungen geschaffen. Es entstanden Erziehungs-, Mütter-, Eheberatungsstellen.
- Die Berufsberatung macht aufgrund von Eignungsuntersuchungen Berufsvorschläge, die sich nach den für einen Beruf ermittelten Anforderungen richten.

- Die **Versorgung** will dem Einzelnen (oder bestimmten Gruppen) auch dann einen angemessenen Lebensstandard sichern, wenn dieser (bzw. die betreffende soziale Gruppe) keine entsprechende Leistung (z. B. eine Gegenleistung in Form von Versicherungsbeiträgen) erbracht hat.

Das Bündel aller Maßnahmen zur Verwirklichung der Ziele der sozialen Sicherung bezeichnet man als das **soziale Netz.**

Kompetenztraining

80

1. Begründen Sie, warum die Ausgestaltung der Wirtschaftsordnungen von den gesellschaftspolitischen Grundentscheidungen zwischen Individualismus einerseits und Kollektivismus andererseits abhängt!

2. Prüfen Sie, ob Sie Ihre zu Aufgabe 1 gemachte Aussage tatsächlich verstanden haben! Erklären Sie, welche Konsequenzen ein Anhänger des Individualismus ziehen müsste, wenn es in der Bundesrepublik Deutschland um die Zukunft folgender Institutionen bzw. Unternehmen ginge:
   2.1 staatliches Schulwesen,
   2.2 staatliches Gesundheitswesen,
   2.3 öffentliches Straßennetz und
   2.4 Unternehmen, die Atomkraftwerke bauen wollen!

3. Grenzen Sie die Begriffe Individualismus und Kollektivismus voneinander ab!

4. Zeigen Sie auf, wie unser Staat versucht, Auswüchse in der Wirtschaft zu vermeiden und seiner sozialen Verpflichtung gerecht zu werden! (4 Beispiele!)

5. Nennen Sie fünf wesentliche Ordnungsmerkmale der Sozialen Marktwirtschaft!

6. 6.1 Erklären Sie anhand von Beispielen, wie in der Sozialen Marktwirtschaft
      6.1.1 die Vertragsfreiheit,
      6.1.2 die Gewerbefreiheit und
      6.1.3 die Eigentumsrechte
      eingeschränkt werden!
   6.2 Erklären Sie, warum die Tarifautonomie ein wesentlicher Bestandteil der Sozialen Marktwirtschaft ist!

7. Entscheiden Sie, ob die folgenden Regelungen des Staates mit den Prinzipien der Sozialen Marktwirtschaft vereinbar sind!
   7.1 Das Steuersystem wird so geordnet, dass jeder Steuerpflichtige über das gleiche Nettoeinkommen verfügen kann.
   7.2 Jeder Einwohner erhält das Recht, in Notfällen seinen Anspruch auf Unterstützung durch den Staat gerichtlich einklagen zu können.
   7.3 Der Staat erhält das Recht, zum Wohle der Allgemeinheit Enteignungen gegen Entschädigung vornehmen zu dürfen.
   7.4 Zur Erhaltung von 40 000 Arbeitsplätzen räumt der Staat dem Unternehmen X auf Dauer eine Ermäßigung der Umsatz- und Gewerbesteuer ein.
   7.5 Zur Ankurbelung der Konjunktur gewährt der Staat Sonderabschreibungen für Anlageinvestitionen, die innerhalb eines bestimmten Zeitraums durchgeführt werden.
   7.6 Der Staat verbietet durch Gesetz den Zusammenschluss von Unternehmen, wenn diese dadurch eine Marktbeherrschung erreichen wollen.
   7.7 Der Staat zahlt Unternehmen einer Branche Zinszuschüsse für Anpassungsinvestitionen, die durch den technischen Fortschritt notwendig wurden, obwohl die Unternehmensleitungen diese Anpassungen in der Vergangenheit fahrlässig unterlassen haben.
   7.8 Der Staat gewährt nach sozialen Gesichtspunkten gestaffelte Prämien für Arbeitnehmer, die einen Teil ihres Einkommens vermögenswirksam anlegen.
   7.9 Der Staat schreibt Preise für Grundnahrungsmittel und Mietwohnungen vor.
   7.10 Der Staat zahlt Umschulungsbeihilfen für Arbeitnehmer, die ihre Arbeitsplätze infolge technologischer Entwicklungen verloren haben.

4 Formen und Ziele der Kooperation und Konzentration unterscheiden und bearbeiten

4.1 Begriffe Kooperation und Konzentration

In einer Marktwirtschaft stehen die Unternehmen in einem mehr oder weniger harten Wettbewerb um die Käufer ihrer Leistungen (Sachgüter wie z. B. Waren und Dienstleistungen). Um den Konkurrenzdruck zu mildern, arbeiten sie häufig mit anderen Unternehmen zusammen (sie kooperieren mit anderen Unternehmen), wobei sich die Zusammenarbeit (die Kooperation) auf den verschiedensten Gebieten vollziehen kann, beispielsweise im Einkauf (z. B. gemeinsame Beschaffung), in der Produktion (z. B. Schaffung gemeinsamer Normen) oder im Absatz (z. B. Gemeinschaftswerbung).

Im **Einzelhandel** ist eine zunehmende Konzentration[1] festzustellen, was in der **Tendenz zu immer größeren Wirtschaftseinheiten** führt. Dauer-Niedrigpreise, Sonderverkäufe, Aktionstage – das sind nur einige Rezepte –, mit denen die Handelsriesen die Gunst der Konsumenten erwerben möchten. Und sie haben damit Erfolg. Verbrauchermärkte und SB-Warenhäuser bauen ihre Marktanteile kräftig aus. Einen Sprung nach vorn machen auch Fachmärkte (Baumärkte, Märkte für Computer, Haushalts- und Unterhaltungselektronik). Verlierer sind die kleinen und mittleren Fachgeschäfte (unter ihnen die sogenannten Tante-Emma-Läden). Auch die traditionellen Warenhäuser befinden sich auf der Verliererspur, während gleichzeitig der Onlinehandel wächst.

1 **Konzentration:** Zusammenfassung; hier: Zusammenballung wirtschaftlicher Macht bei einem oder wenigen Unternehmen bzw. staatlichen Betrieben.

Mit der **zunehmenden Konzentration** speziell im Lebensmitteleinzelhandel und deren Auswirkungen beschäftigte sich in der Vergangenheit auch schon der **Deutsche Bundestag**, wie nachfolgender Auszug des Wissenschaftlichen Dienstes des Deutschen Bundestages belegt:

Konzentration im Lebensmitteleinzelhandel (LEH)

... Die folgende Arbeit beschäftigt sich mit der Konzentration im Lebensmitteleinzelhandel und daraus resultierenden möglichen monopol- bzw. oligopolartigen Strukturen. In Deutschland werden entsprechende Beurteilungen der marktwirtschaftlichen Strukturen von der Monopolkommission und insbesondere dem Bundeskartellamt (BKartA) durchgeführt. Die weiteren Erläuterungen stützen sich dementsprechend auf deren Ausführungen.

... „Der Lebensmitteleinzelhandel in Deutschland ist ein hochkonzentrierter Markt. Gemessen am bundesweiten Absatz von Lebensmitteln teilen sich die vier großen Handelsunternehmen EDEKA, REWE, Aldi und die Schwarz-Gruppe (u.a. Lidl) über 85 % des Marktes.

Fusionskontrolle

Seit vielen Jahren ist das Bundeskartellamt bemüht, durch eine konsequente Fusionskontrolle ein „Kippen" dieses Marktes zu verhindern. In der konkreten Fallpraxis achtet das Bundeskartellamt darauf, dass den Verbrauchern vor Ort genügend Auswahl zur Verfügung steht. Bei der Kontrolle einer angestrebten Fusion wird sichergestellt, dass in den verschiedenen betroffenen Regionen auch nach einem Zusammenschluss noch eine hinreichende Zahl von Einkaufsalternativen bei verschiedenen Handelsgruppen zur Verfügung steht. Zusätzlich überprüft das Bundeskartellamt in diesen Verfahren, ob die Handelsunternehmen durch die geplante Fusion beim Einkauf ihrer Waren eine marktbeherrschende Stellung erlangen.

Quelle: https://www.bundestag.de/resource/blob/808692/75384b347945f452b55168a08cd292cd/WD-5-111-20-pdf-data.pdf [Zugriff am 18.01.2024]

- **Kooperation** ist **jede** Zusammenarbeit zwischen Unternehmen.
- Unternehmenszusammenschlüsse können zur Machtzusammenballung („Monopolisierung") führen. Man spricht in diesem Fall von **Konzentration.**

4.2 Ziele der Kooperationen

Ziele der Kooperationen im Einzelhandel können z. B. sein:

Kostensenkungen	Z. B. durch zwischenbetrieblichen Erfahrungsaustausch, gemeinsame Rationalisierungsmaßnahmen und Abstimmung des Sortimentprogramms, gemeinsamer Einkauf.
Absatzsicherung bzw. Absatzsteigerung	Z. B. durch Gemeinschaftswerbung, gemeinsame Markenartikel und Gütezeichen, gemeinsame Preispolitik zur Abwehr der Konkurrenz, gemeinsame Verkaufsgeschäfte.
Ausschaltung oder Beschränkung des Wettbewerbs	Z. B. durch Mengen- und Preisabsprachen.
Finanzierung	Z. B. gemeinsame Finanzierung großer Aufträge, zu denen ein einzelnes Unternehmen nicht in der Lage ist.

Da die kleineren Industrie-, Einzelhandelsunternehmen und Handwerksbetriebe stark unter dem **Konkurrenzdruck** der Großunternehmen zu leiden haben, hat das Interesse der „Mittelstandsunternehmen" an einer Zusammenarbeit in der letzten Zeit stark zugenommen.

4.3 Formen der Kooperation durch Unternehmenszusammenschlüsse

Unternehmenszusammenschlüsse können danach gegliedert werden, inwieweit die kooperierenden Unternehmen auf ihre **rechtliche und wirtschaftliche Selbstständigkeit** verzichten. Zu unterscheiden sind:

- Kooperierende Unternehmen, die ihre **rechtliche und ihre wirtschaftliche Selbstständigkeit außerhalb der Vertragsabsprachen behalten.** Hierzu gehören z. B. die **Kartelle.**
- Kooperierende Unternehmen, bei denen ein oder mehrere Partner ihre **wirtschaftliche Selbstständigkeit völlig verlieren.** Zu ihnen gehören z. B. die **Konzerne.**
- Kooperierende Unternehmen, die ihre **rechtliche und ihre wirtschaftliche Selbstständigkeit aufgeben.** Zu ihnen gehören die **Trusts.**

4.3.1 Kartell

(1) Begriff Kartell

Das **Kartell** ist ein **vertraglicher Zusammenschluss** von Unternehmen eines Wirtschaftszweigs, die **rechtlich selbstständig** bleiben, aber einen Teil ihrer **wirtschaftlichen Selbstständigkeit** aufgeben.

Die Unternehmen eines Kartells sind durch **Verträge** miteinander verknüpft, wobei sie ihre rechtliche und ihre wirtschaftliche Selbstständigkeit **außerhalb der Vertragsabsprachen** nicht aufgeben.

Bindung ohne Kapitalbeteiligung

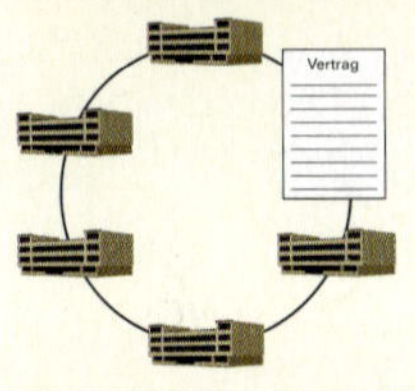

(2) Kartellarten

Kartellabsprachen können sich auf zahlreiche betriebliche Aufgabenbereiche (Funktionen) beziehen. Die nachfolgende Tabelle gibt einen Überblick über wichtige Kartellvereinbarungen im Handel.

Bezeichnung	Inhalt der Kartellvereinbarung
Preiskartell	■ Hier vereinbaren mehrere oder alle Unternehmen einer Branche, ihre Absatzpreise auf einen **bestimmten Preis** festzulegen (Kartellpreis) oder zumindest die vereinbarten Preisober- und/oder -untergrenzen einzuhalten. Der **Preiswettbewerb** (die Preiskonkurrenz) zwischen den Kartellmitgliedern **wird aufgehoben.** ■ Das Kartell ist damit in der Lage, auf dem Markt einen höheren Preis durchzusetzen, als dies bei freier Konkurrenz möglich wäre. Man kann daher davon ausgehen, dass **Kartellpreise** in der Regel **höher als die Preise bei freier Konkurrenz** sind.

Bezeichnung	Inhalt der Kartellvereinbarung
Mengenkartelle	Bei dieser Kartellart wird die Gesamtnachfragemenge auf die Mitglieder aufgeteilt. Zu unterscheiden sind zwei Arten:
■ **Quotenkartell**	■ Jedem Unternehmer wird eine **bestimmte Warenmenge** zugeteilt. Über die Angebotsmenge soll damit Einfluss auf den Preis genommen werden.
■ **Gebietskartell**	■ Jedem Kartellunternehmen wird ein **abgegrenztes Absatzgebiet** zugeteilt. Ihm wird untersagt, Kunden außerhalb seines ihm zugeteilten Marktes zu beliefern. Dadurch wird der Wettbewerb erheblich beschränkt.
Rationalisierungskartelle[1]	Sie sollen zu einer **Kostensenkung** und damit zur **Steigerung der Leistungsfähigkeit** der Kartellmitglieder beitragen.
Konditionenkartelle	■ Inhalt der Kartellvereinbarungen ist die Festlegung **einheitlicher Lieferungs- und Zahlungsbedingungen** (z.B. einheitliche Skonti und Zahlungsfristen, gemeinsame Gewährleistungsbedingungen, einheitliche Verpackungskosten, einheitlicher Erfüllungsort). ■ Durch die Konditionenkartelle wird ein **indirekter Einfluss auf die Preisbildung** ausgeübt, da die Lieferungs- und Zahlungsbedingungen zu den Preisbestandteilen gerechnet werden müssen.
Syndikate	■ Sie stellen eine **Spezialart des Rationalisierungskartells** dar. So wird z.B. der Vertrieb dadurch rationalisiert, dass die Kartellmitglieder eine **gemeinsame Vertriebsgesellschaft** gründen, mit der sie Ablieferungsverträge schließen. Die Vertriebsgesellschaft verkauft die Produkte der Syndikatsmitglieder. ■ Beim Verkaufssyndikat z.B. bestellen die Käufer direkt beim Syndikat, das die Aufträge nach einem Verteilungsschlüssel auf die Kartellmitglieder aufteilt. Die Auslieferung erfolgt in der Regel direkt von den Produzenten an die Kunden. Die Kaufpreiszahlungen erfolgen an das Syndikat, welches die Erlöse an die Kartellmitglieder weiterleitet. 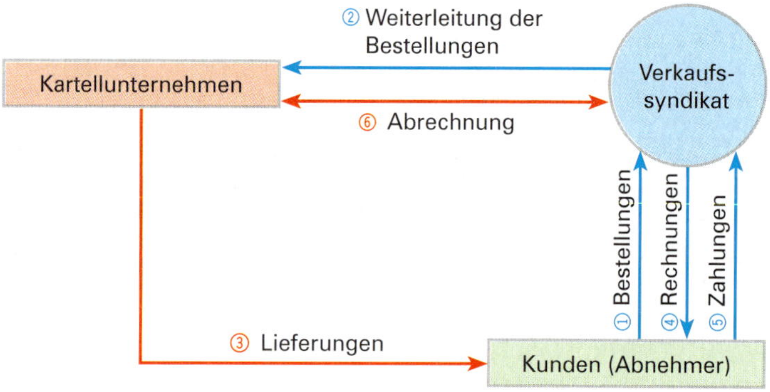

1 **Rationalisierung** bedeutet so viel wie vernünftige Gestaltung. Die Rationalisierung hat stets zum Ziel, das Verhältnis von Leistung zu Kosten zu verbessern.

4.3.2 Konzern

Konzerne sind Zusammenschlüsse von Unternehmen, die **rechtlich selbstständig** sind, ihre **wirtschaftliche Selbstständigkeit** aber **aufgeben,** indem sie sich einer **einheitlichen Leitung** unterstellen.

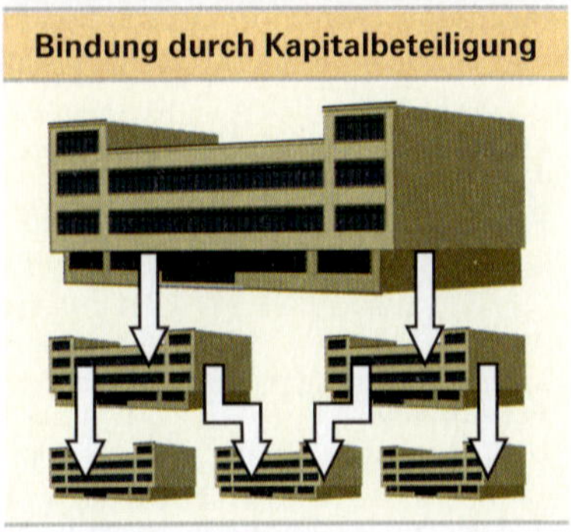

Der Konzern ist dadurch geprägt, dass die beteiligten Unternehmen mit dem herrschenden Unternehmen (der Muttergesellschaft) **kapitalmäßig verbunden** sind. Die abhängigen Unternehmen sind unter der **einheitlichen Leitung des herrschenden** Unternehmens zusammengefasst.

4.3.3 Trust

Der Trust ist ein Zusammenschluss mehrerer Unternehmen, die ihre **rechtliche und wirtschaftliche Selbstständigkeit aufgeben.** Dadurch entsteht **ein** Unternehmen.

Der **Trust** ist ein Unternehmenszusammenschluss, bei dem sich mehrere Unternehmen zu einem **Großunternehmen** vereinigen.

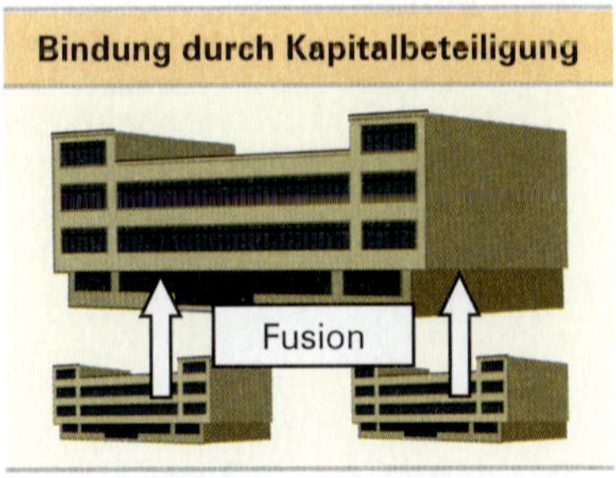

Trusts entstehen durch **Fusion (Verschmelzung).** Dabei gibt es zwei Möglichkeiten:

Fusion durch Aufnahme	Sie liegt vor, wenn das Vermögen des übertragenden Unternehmens auf das übernehmende Unternehmen übergeht. Praktisch bedeutet das, dass ein schwächeres Unternehmen durch ein stärkeres Unternehmen aufgekauft wird. Die Firma des **übertragenden** Unternehmens wird **gelöscht.**
Fusion durch Neubildung	Bei dieser Art der Trustentstehung wird eine **neue** Gesellschaft gegründet, auf die die Vermögen der sich vereinigenden Unternehmen übertragen werden. Die Firmen **aller** übertragenden Unternehmen **erlöschen.**

4.4 Folgen der Unternehmenskonzentration

Marktbeherrschende Unternehmen sind aus folgenden Gründen **nicht** mit den Prinzipien einer Sozialen Marktwirtschaft vereinbar:

Gründe	Erläuterungen
Preisbildung	■ Die **freie Preisbildung** auf dem Markt ist **nicht** mehr **gewährleistet.** Die marktbeherrschenden Unternehmen „diktieren" den Preis. ■ Die marktbeherrschenden Unternehmen halten die **Waren künstlich knapp,** was zu **höheren Preisen** führt.
Produktionsbedingungen	■ Der Druck auf die Unternehmen, qualitativ bessere und billigere Erzeugnisse zu produzieren, entfällt. ■ Zu teuer produzierende Betriebe werden nicht vom Markt gedrängt, da die Preise an deren **zu hohen Kosten** ausgerichtet werden. ■ Produktionsfaktoren werden verschwendet und es kommt zu zusätzlichen (vermeidbaren) Umweltbelastungen.
gesellschaftliche Entwicklung	■ Die Produktionseinschränkungen führen zu einer **schlechteren Versorgung** der Konsumenten und zu einer Einschränkung der Konsumfreiheit. ■ Durch die teureren Waren kommt es zu einer Umverteilung der Einkommen vom Verbraucher zu den Unternehmen. Die Unternehmen erzielen **höhere Gewinne** auf Kosten der Konsumenten. ■ Es besteht die Gefahr, dass die marktbeherrschenden Unternehmen ihre **wirtschaftliche Macht,** vor allem zum Nachteil der sozial- und wirtschaftlich schwächeren Verbraucher, missbrauchen.

4.5 Sicherung des Wettbewerbs durch staatliche Wettbewerbspolitik

4.5.1 Grundlagen der Wettbewerbspolitik

Die Unternehmen haben das Ziel, vor allem bei wirtschaftlichen Schwierigkeiten einem freien Wettbewerb durch Zusammenschlüsse auszuweichen. Deshalb muss der Staat den Wettbewerb durch eine **aktive Wettbewerbspolitik (Ordnungspolitik)** fördern und alle Unternehmenszusammenschlüsse, die erkennbar gegen die Prinzipien eines freien Wettbewerbs verstoßen, verbieten und unter Strafe stellen.

- Das **Kartellrecht** schafft die Voraussetzungen für einen **funktionierenden Wettbewerb** zwischen den Unternehmen. Es will der **Entstehung** von **zu viel Marktmacht** eines Unternehmens **vorbeugen.**
- In Deutschland finden sich die kartellrechtlichen Regelungen vor allem im **Gesetz gegen Wettbewerbsbeschränkungen [GWB].**

4.5.2 Kartellkontrolle

(1) Grundsätzliches Kartellverbot

Alle Vereinbarungen und Maßnahmen, die den Wettbewerb einschränken, sind verboten [§ 1 GWB]. Hierzu zählen insbesondere

- **alle Kartellverträge.** Verboten sind insbesondere die **Preisabsprachen der Preiskartelle,** die **Mengenabsprachen** der **Quotenkartelle** und die **räumlichen Aufteilungen** der **Absatzgebiete** durch die **Gebietskartelle.**
- die **Preisbindung.** Hier wird durch eine Vereinbarung zwischen Verkäufer (z. B. Hersteller) und Käufer (z. B. Einzelhändler) verhindert, dass letzterer seine Verkaufspreise selbst festsetzen kann.

Beispiel:

Die Stuttgarter Möbelwerke GmbH verpflichten die Wiederverkäufer ihrer Möbel (Einzelhändler), diese Möbel an die Letztverbraucher (Konsumenten) nur zu bestimmten (festen) Preisen zu verkaufen. Diese Preisbindung ist verboten.

Das **Preisbindungsverbot gilt nicht** für die Preisbindung bei Büchern, Zeitschriften und Zeitungen. Außerdem gibt es Ausnahmen von der Preisbindung für die Landwirtschaft sowie für die Kredit- und Versicherungswirtschaft.

(2) Ausnahmen

- Wettbewerbsbeschränkende Vereinbarungen zwischen den Unternehmen sind erlaubt, wenn
  - sie zu einer **angemessenen Beteiligung der Verbraucher an dem entstehenden Gewinn**[1] (z. B. durch eine bessere Warenerzeugung oder Warenverteilung) beitragen oder
  - zu einer **Förderung des technischen oder wirtschaftlichen Fortschritts**

  führen.

- Erlaubt sind auch Vereinbarungen zwischen den miteinander im Wettbewerb stehenden Unternehmen, durch die wirtschaftliche Vorgänge (z. B. der Beschaffung, Produktion, des Absatzes) in Form zwischenbetrieblicher Zusammenarbeit **rationalisiert**[2] werden (z. B. zur Einsparung von Kosten).

  Diese Regelung ist für die deutsche Wirtschaft von großer Bedeutung, denn sie lässt den mittelständischen Unternehmen bei ihren Vereinbarungen und Beschlüssen einen breiten Gestaltungsspielraum. Man spricht daher auch von einem erlaubten **„Mittelstandskartell"**. Der „Mittelstand" umfasst über 99 % der Unternehmen in Deutschland.

Beispiele:

- Mehrere kleinere Hersteller von Wärmepumpen vereinbaren eine gemeinsame Forschung und Werbung für ihre Erzeugnisse.
- Zur Einsparung von Beschaffungskosten vereinbaren mehrere kleinere und mittelgroße Baumärkte, Stahl und Eisen gemeinsam über einen zentralen Gemeinschaftseinkauf zu beschaffen.

1 Unter **„Gewinn"** ist hier nicht der in der Gewinn- und Verlustrechnung ausgewiesene Reingewinn zu verstehen, sondern der Vorteil der Unternehmen (z. B. Verbesserung der Produktqualität, Exportvorteile), den sie durch die Vereinbarungen, Beschlüsse und/oder abgestimmte Verhaltensweisen erlangen.

2 **Ratio** (lat.): Vernunft. Rationalisierung bedeutet im wirtschaftlichen (ökonomischen) Sprachgebrauch: vereinheitlichen, straffen, das Zusammenwirken der Produktionsfaktoren zweckmäßiger als bisher gestalten. Unter Rationalisierung ist demnach der Ersatz überkommener Verfahren durch zweckmäßigere und besser durchdachte zu verstehen.

4.5.3 Missbrauchsaufsicht

- Eine **missbräuchliche** Ausnutzung einer **marktbeherrschenden** Stellung durch ein oder mehrere Unternehmen ist **verboten.**
- **Marktbeherrschend** ist **ein** Unternehmen, wenn es auf dem relevanten (betreffenden) Markt ohne Wettbewerber ist **oder** keinem wesentlichen Wettbewerb ausgesetzt ist **oder** im Verhältnis zu seinen Wettbewerbern eine überragende Marktstellung hat.

Ein Missbrauch ist z.B. gegeben, wenn ein Unternehmen sich weigert, einem anderen Unternehmen gegen ein angemessenes Entgelt Zugang zu den eigenen Netzen oder anderen Infrastruktureinrichtungen zu gewähren. Zweck dieser gesetzlichen Regelung ist, den Wettbewerb auf diesen Märkten zu fördern.

Über bestehende marktbeherrschende Unternehmen besteht eine Missbrauchsaufsicht durch das **Bundeskartellamt** in Bonn.

Beispiele:

Leitungsnetze für Telekommunikation, Gasleitungen, Leitungsnetze für Strom und Nachrichten, Flughäfen sollen von allen Wettbewerbern genutzt werden können.

4.5.4 Fusionskontrolle (Zusammenschlusskontrolle)

Alle Unternehmenszusammenschlüsse sind **vor ihrem Vollzug** beim Bundeskartellamt **anzumelden**. Sie unterliegen bis zur Freigabe durch das Bundeskartellamt dem **Vollzugsverbot**. Die zur Anmeldung verpflichteten einzelnen Unternehmen müssen in ihrer Anmeldung dem Bundeskartellamt die **Form des Zusammenschlusses mitteilen.**

Unternehmenszusammenschlüsse, von denen zu erwarten ist, dass diese eine **marktbeherrschende Stellung begründen oder verstärken,** sind vom **Bundeskartellamt zu untersagen,** es sei denn, die beteiligten Unternehmen können nachweisen, dass durch ihren Zusammenschluss auch Verbesserungen der Wettbewerbsbedingungen eintreten und dass diese Verbesserungen die Nachteile der Marktbeherrschung überwiegen [§ 36 I GWB].

Auf Antrag kann der **Bundesminister für Wirtschaft und Technologie** die Erlaubnis zu einem vom Bundeskartellamt untersagten Zusammenschluss erteilen, wenn dieser von gesamtwirtschaftlichem Vorteil ist oder durch ein **überragendes Interesse der Allgemeinheit** gerechtfertigt ist. Die Erlaubnis darf nur erteilt werden, wenn der Zusammenschluss die marktwirtschaftliche Ordnung nicht gefährdet.

Kompetenztraining

81

1. Erklären Sie die Begriffe Kooperation und Konzentration!
2. Nennen Sie Ziele, die die Unternehmen durch Kooperation und Konzentration verfolgen!
3. Erklären Sie an einem Beispiel den Unterschied zwischen rechtlicher und wirtschaftlicher Selbstständigkeit eines Einzelhandelsunternehmens!
4. Erklären Sie den Unterschied zwischen Konzern und Kartell!
5. Erklären Sie folgende Kartellarten:
   5.1 Preiskartell,
   5.2 Rationalisierungskartell und
   5.3 Syndikat!

6. Erklären Sie, über welche Arten der Konzentration nachstehende Auszüge aus Zeitungsmeldungen berichten:
   6.1 „Nach den Zusammenschlüssen der Öl exportierenden Länder (OPEC), der Kupferproduzenten (CIPEC), der Bauxitproduzenten und der Uranproduzenten wollen nun neun Eisen exportierende Länder ihre Preispolitik miteinander abstimmen …"
   6.2 „… hat die Baumarktgruppe Sauerland AG ein Aktienpaket der Münsterländer Motorenwerke AG in Höhe von 5 Millionen EUR Nennwert erworben. Zugleich wurde die einheitliche Leitung der Baumarktgruppe Sauerland AG übertragen."
7. Nennen Sie wichtige Ursachen der Unternehmenskonzentration!
8. Mehrere Hersteller der EDV-Branche vereinbaren, nur noch fünf PC-Typen herzustellen. Jedes Unternehmen kann drei Typen produzieren, damit weiterhin Wettbewerb besteht.

   Aufgaben:
   8.1 Nennen Sie die Motive, welche die Hersteller mit dieser Vereinbarung verfolgen und geben Sie an, welcher Unternehmenszusammenschluss vorliegt!
   8.2 Aufgrund der guten Erfahrungen mit der Vereinbarung (siehe 8.1) vereinheitlichen die Hersteller außerdem noch ihre Lieferungs- und Zahlungsbedingungen. Nennen Sie den vorliegenden Unternehmenszusammenschluss!
   8.3 Die Hersteller hatten sich auch überlegt, den einzelnen Unternehmen Verkaufsgebiete zuzuweisen, in denen ausschließlich sie tätig sein dürfen.

   Begründen Sie, warum die Hersteller wohl von diesem Beschluss wieder Abstand genommen haben!
9. Erklären Sie, warum der Staat in der Sozialen Marktwirtschaft dazu aufgerufen ist, Wettbewerbspolitik zu betreiben!

82

1. Gegenwärtig ist eine weiter fortschreitende zwischenbetriebliche Kooperation und vor allem Unternehmenskonzentration durch Zusammenschlüsse von Unternehmen in Kartellen und Konzernen festzustellen.

   Aufgaben:
   1.1 Erklären Sie, wie Kartelle und Konzerne entstehen!
   1.2 Begründen Sie, warum die Kartelle in Deutschland nach dem GWB grundsätzlich verboten sind!
   1.3 Erläutern Sie die Aussage „Kartelle sind Kinder der Not"!
2. Dem Bundeskartellamt obliegt auch die Aufgabe der Fusionskontrolle.

   Aufgaben:
   2.1 Erklären Sie den Begriff Fusion!
   2.2 Begründen Sie die Bedeutung der Fusionskontrolle in einer Sozialen Marktwirtschaft!
3. Die Lebensmittelwerke AG schließt sich mit der Handelskette Gut & Fein GmbH zusammen.

   Aufgaben:
   3.1 Nennen Sie zwei Gründe, die für diesen Entschluss maßgebend gewesen sein könnten!
   3.2 Nennen Sie den Begriff für diese Art von Zusammenschluss!
   3.3 Nennen Sie zwei Vorteile und zwei Nachteile, die dieser Zusammenschluss für den Verbraucher mit sich bringen kann!
   3.4 Das Bundeskartellamt in Bonn verweigert den Zusammenschluss. Führen Sie an, auf welches Gesetz sich die Ablehnung gründet!
4. Erklären Sie jeweils zwei (mögliche) gesamtwirtschaftliche Vorteile und Nachteile (negative Auswirkungen) von Unternehmenszusammenschlüssen! Überwiegen Ihrer Ansicht nach die Vor- oder Nachteile? Begründen Sie Ihre Meinung!

5 Markt als Ort des Zusammentreffens von Angebot und Nachfrage systematisieren und analysieren

5.1 Systematisierung von Märkten

5.1.1 Begriff Markt

Wirtschaftlich betrachtet ist der **Markt** der Ort, an dem Angebot und Nachfrage aufeinandertreffen.

Der Markt hat die Aufgabe, über die **Preisbildung** einen Ausgleich zwischen den angebotenen und den nachgefragten Waren zu schaffen. Bestimmt wird der Preis durch den **Wettbewerb der Anbieter** und dem **Verhalten der Nachfrager**.

Der **Preis** ist der in Geld ausgedrückte Tauschwert einer Ware.

5.1.2 Marktarten

(1) Gliederung des Marktes nach der Art der Marktpreisbildung

Vollkommene Märkte[1]	Unvollkommene Märkte
Märkte, auf denen es nur einen **einheitlichen Preis** für ein **bestimmtes Gut** geben kann.	Märkte, auf denen es **unterschiedliche Preise** für ein **bestimmtes Gut** gibt.

(2) Gliederung des Marktes nach der Anzahl der Anbieter und Nachfrager

Polypol	**Unzählige Anbieter und Nachfrager** treten auf dem Markt auf.
Angebotsoligopol	**Wenigen Anbietern** (mindestens zwei) steht eine **Vielzahl von Nachfragern** gegenüber.
Angebotsmonopol	Einem **einzigen Anbieter** steht eine **Vielzahl von Nachfragern** gegenüber.

1 Vgl. hierzu S. 275.

5.2 Preisbildung, wenn unzählige Anbieter und Nachfrager auf einem vollkommenen Markt (vollkommenes Polypol) auftreten

5.2.1 Begriff vollkommenes Polypol

Unzählige Anbieter und Nachfrager treten auf dem Markt auf. Das einzelne Unternehmen hat nur einen geringen Anteil am Gesamtangebot. Der einzelne Nachfrager hat nur einen geringen Anteil an der Gesamtnachfrage.

Aufgrund des geringen Anteils am Markt kann **kein Anbieter direkt Einfluss auf den Marktpreis** nehmen. Auch der Nachfrager vermag den Marktpreis nicht zu beeinflussen.

Auf dem Markt besteht ein **außerordentlich starker Wettbewerb.**

Beispiele:

- Arbeitsmarkt
- Wohnungsmarkt
- Markt für Gebrauchtwagen

5.2.2 Angebot

(1) Begriff Angebot

Angebote sind die auf dem Markt auftretenden **Verkaufswünsche.**

Dabei gilt:

- Mit **steigendem Preis** eines Gutes **steigt** das **Angebot** für dieses Gut.
- Mit **sinkendem Preis** eines Gutes **sinkt** das **Angebot** für dieses Gut.

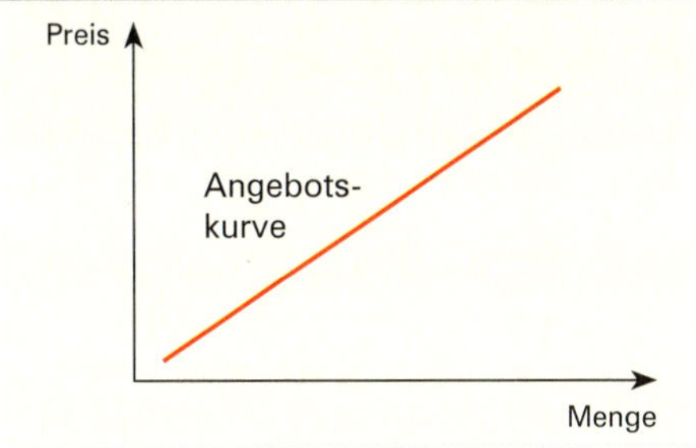

(2) Angebotsverschiebungen

Angebote können sich verschieben. **Angebotsverschiebungen** treten z. B. ein, wenn

- die Anzahl der Anbieter steigt oder fällt,
- die Zukunftserwartungen der Anbieter positiv oder negativ sind,
- die Technologie sich grundlegend ändert.

Beispiel:

Das Angebot an Smartphones nimmt aufgrund einer steigenden Anbieterzahl zu.

Die Folge: Bei gegebenen Preisen wird mehr angeboten. Die Angebotskurve verschiebt sich nach **„rechts"**.

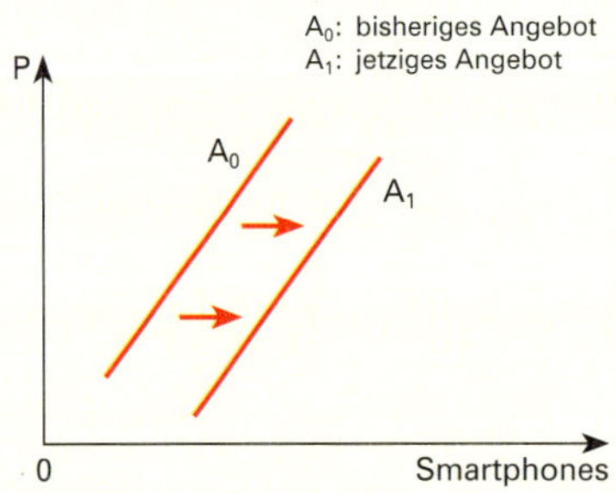

Beispiel:

Das Angebot für Thunfisch nimmt aufgrund der Überfischung der Meere ab.

Die Folge: Bei gegebenen Preisen wird weniger angeboten. Die Angebotskurve verschiebt sich nach **„links"**.

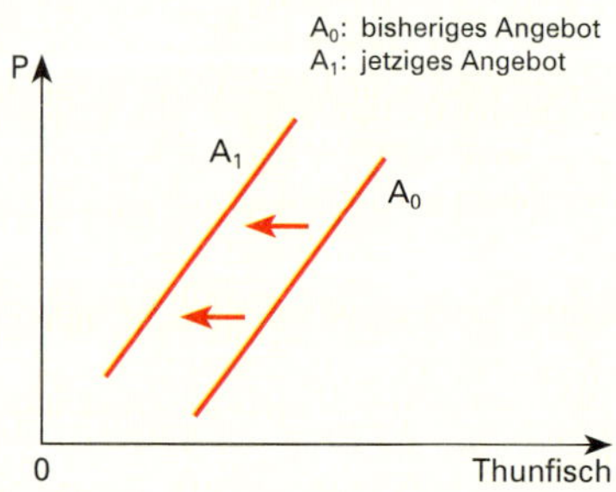

5.2.3 Nachfrage

(1) Begriff Nachfrage

- **Nachfrage** ist der auf dem Markt **auftretende Bedarf.**
- Als **Bedarf** bezeichnet man die mit Kaufkraft versehenen Bedürfnisse.[1]

Dabei gilt:

- Mit **steigendem Preis** eines Gutes **sinkt** die **Nachfrage** nach diesem Gut.
- Mit **sinkendem** Preis eines Gutes **steigt** die **Nachfrage** nach diesem Gut.

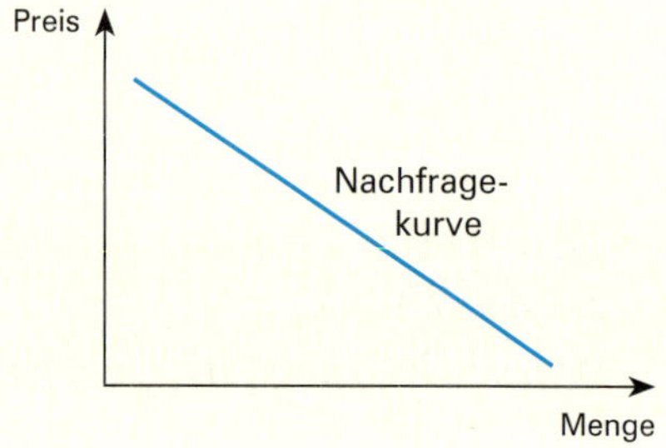

(2) Nachfrageverschiebungen

Nachfrage kann sich verschieben. **Nachfrageverschiebungen** treten z. B. ein, wenn

- sich die Bedürfnisse ändern,
- die Preise anderer Güter steigen oder fallen,
- die Zahl der Nachfrager wächst oder schrumpft,
- die Einkommen steigen oder fallen.

1 Unter **Bedürfnisse** versteht man ein Mangelempfinden der Menschen, das diese beheben möchten.
Beispiel: Möchte der 17-jährige Phillipp eine Kinokarte kaufen, hat aber kein Geld zur Verfügung, ist der Wunsch ein Bedürfnis. Hat Phillipp das nötige Geld, um die Kinokarte zu kaufen, wird das Bedürfnis zum konkreten Bedarf.

Beispiel: Zunehmende Nachfrage nach Joggingschuhen

Durch neue Studien wird belegt, dass regelmäßiges Joggen schon bei zwei Stunden pro Woche die durchschnittliche Lebenserwartung um mehrere Jahre ansteigen lässt. Daraufhin nimmt die Nachfrage nach Joggingschuhen stark zu.

Die Folge: Bei gegebenen Preisen wird mehr nachgefragt. Die Nachfragekurve verschiebt sich nach **„rechts"**.

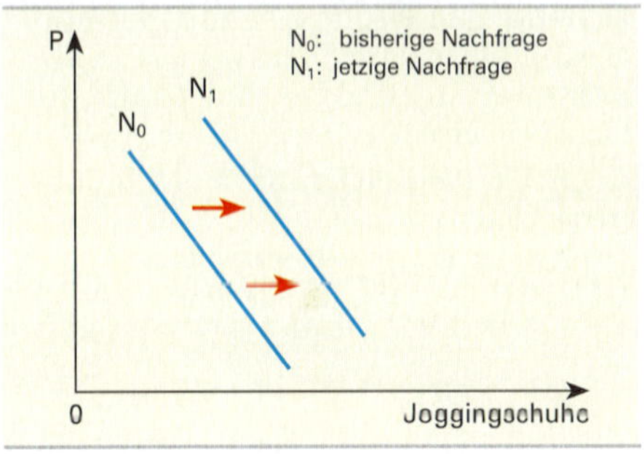

Beispiel: Abnehmende Nachfrage nach Zigaretten

Aufgrund der Antiraucherkampagne mag es sein, dass einige Haushalte das Rauchen ganz aufgeben bzw. einige Haushalte den Konsum senken. Die Nachfrage nach Zigaretten wird also bei gleichen Preisen und gleichbleibenden Einkommen insgesamt zurückgehen.

Die Folge: Bei gegebenen Preisen wird weniger nachgefragt. Die Nachfragekurve verschiebt sich nach **„links"**.

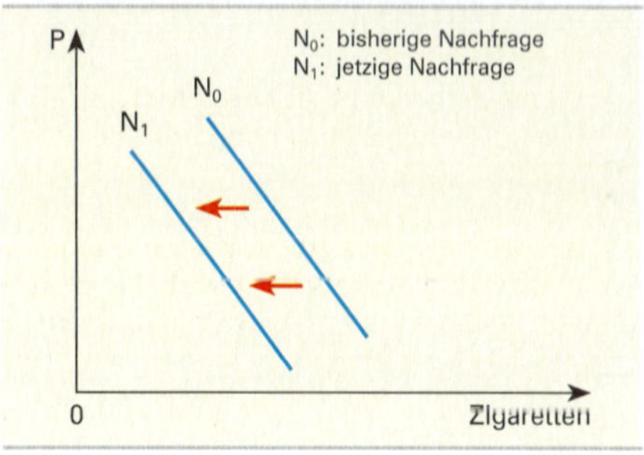

5.2.4 Berechnung und die Auswirkungen des Gleichgewichtspreises für Anbieter und Nachfrager

Treffen Angebot und Nachfrage auf einen Markt, auf dem **viele Anbieter** und **viele Nachfrager** aufeinandertreffen, werden die Waren zu dem Preis gehandelt, bei dem die **meisten Waren** gekauft bzw. verkauft werden können. Diesen Preis bezeichnet man als **Gleichgewichtspreis.**

Beispiel:

Auf der Warenbörse[1] Hamburg wird die Getreidesorte „Weizen B-230" gehandelt.

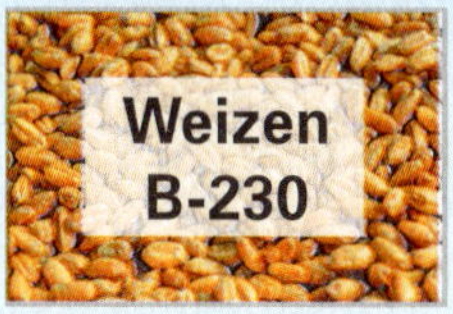

Aufgabe:

Ermitteln Sie unter Berücksichtigung der nachfolgenden Tabellenwerte grafisch den Gleichgewichtspreis bei der nachfolgenden Nachfrage- und Angebotssituation!

1 **Warenbörse** ist der Markt, auf dem vertretbare Waren nach Standardtypen (z. B. Markenbutter, Emmentaler 45 %, Rohöl) gehandelt werden.

Preis je Tonne (t) in EUR	Nachfrage in t	Angebot in t	umsetzbare Menge in t
210	25	5	5
211	20	10	10
212	15	15	15
213	10	20	10
214	5	25	5

Lesebeispiel 1:

Wenn der Preis je Tonne **210,00 EUR** beträgt, werden 25 t nachgefragt. Es werden jedoch nur 5 t angeboten. **Begründung:** Nur wenige Anbieter möchten zu diesem **niedrigen** Preis ihre Ware verkaufen. **Folge:** Es entsteht ein **Nachfrageüberschuss** in Höhe von 20 t.

Lesebeispiel 2:

Wenn der Preis je Tonne **214,00 EUR** beträgt, werden 25 t angeboten. Es werden jedoch nur 5 t nachgefragt. **Begründung:** Nur wenige Nachfrager möchten zu diesem **hohen** Preis diese Ware kaufen. **Folge:** Es entsteht ein **Angebotsüberschuss** in Höhe von 20 t.

Lesebeispiel 3:

Bei einem Preis von **212,00 EUR** je Tonne entspricht die Menge des nachgefragten Getreides der Menge des angebotenen Getreides, und zwar jeweils **15 t.** Aus den Tabellenwerten lässt sich ein **Gleichgewichtspreis** in Höhe von 212,00 EUR je Tonne ermitteln.

Zu diesem Preis findet zudem der **größtmögliche Umsatz** statt.

Lösung:

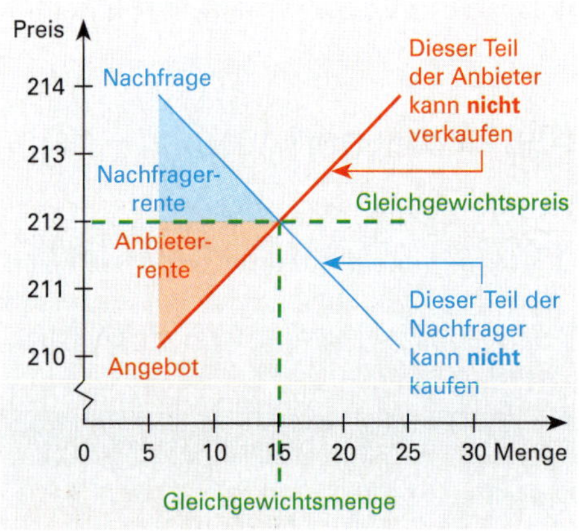

Erläuterungen:

- Beim **Gleichgewichtspreis in Höhe von 212,00 EUR** entsprechen sich Angebot und Nachfrage.

- Alle **Nachfrager,** die nur einen **geringeren Preis** als den Gleichgewichtspreis in Höhe von 212,00 EUR zu zahlen bereit waren, können **nicht kaufen.** Sie gehen leer aus.
- Alle **Nachfrager,** die einen **höheren Preis** als 212,00 EUR zu zahlen bereit waren, erzielen eine **Nachfragerrente.** Sie müssen **weniger** Geld ausgeben als geplant.
- Alle **Anbieter,** die einen **höheren Preis** als den Gleichgewichtspreis in Höhe von 212,00 EUR fordern, können **nicht verkaufen.** Sie bleiben auf ihrem Angebot sitzen.
- Alle **Anbieter,** die einen **niedrigeren** Preis als 212,00 EUR gefordert haben, erzielen eine **Anbieterrente.** Sie erlösen **mehr** Geld als geplant.

Der **Gleichgewichtspreis** bringt Angebot und Nachfrage zum Ausgleich, er „räumt den Markt"!

5.2.5 Voraussetzungen für das Entstehen eines Gleichgewichtspreises

Damit es auf einem Markt, auf dem sich unzählige Anbieter und Nachfrager gegenüberstehen, einen Gleichgewichtspreis für ein bestimmtes Gut geben kann, sind die Voraussetzungen für einen **vollkommenen Markt** erforderlich:[1]

Voraussetzungen	Beispiele
Die auf dem Markt gehandelten **Güter** müssen **vollkommen gleichartig** (homogen) sein.	Banknoten, Aktien einer bestimmten Aktiengesellschaft, Edelmetalle, Baumwolle eines bestimmten Standards, Benzin einer bestimmten Oktanzahl.
Angebot und Nachfrage müssen gleichzeitig an einem bestimmten Ort aufeinandertreffen **(Punktmarkt).**	Nur die an einem bestimmten Tag bei einem Börsenmakler zusammenlaufenden Kauf- und Verkaufsaufträge bestimmen den Kurs (den Preis) des Tages.
Anbieter und Nachfrager müssen eine **vollständige Marktübersicht** (Markttransparenz) besitzen.	■ Ein Verbraucher hat dann eine vollständige Marktübersicht, wenn er die Preise und Qualitäten aller angebotenen Waren kennt. ■ Ein Anbieter besitzt dann eine vollkommene Markttransparenz, wenn ihm die Kaufabsichten aller Kunden bekannt sind.
Anbieter und Nachfrager müssen **sofort** auf Änderungen der Marktsituation **reagieren können.**	■ Der Käufer einer Aktie hat jederzeit die Möglichkeit, sich online über den Stand der Nachfrage, des Angebots und der Kurse zu informieren (Markttransparenz). ■ Zugleich hat er die Möglichkeit, z. B. bei steigenden Kursen mehr anzubieten oder weniger nachzufragen (schnelle Reaktionsfähigkeit).
Käufer und Verkäufer dürfen sich nicht gegenseitig bevorzugen (**Abwesenheit von Präferenzen**: Bevorzugungen).	■ Eine **zeitliche Präferenz** ist gegeben, wenn z. B. ein Käufer den Lieferer A bevorzugt, weil dieser schneller liefern kann. ■ Von **räumlicher Präferenz** spricht man z. B., wenn die räumliche Nähe des Marktpartners zu Bevorzugungen führt. ■ **Persönliche Präferenzen** bestehen z. B. dann, wenn ein Kunde ein Gespräch aufgrund einer besonders freundlichen Bedienung bevorzugt.

Ist eine Voraussetzung nicht erfüllt, handelt es sich um einen **unvollkommenen Markt.**

5.2.6 Änderung des Gleichgewichtspreises

Die Verschiebung der Angebots- und/oder der Nachfragekurven (siehe S. 272 f.) kann dazu führen, dass sich der bisherige Gleichgewichtszustand verändert.

(1) Nachfrage nimmt bei gleicher Angebotsmenge zu

Nimmt die **Nachfrage bei gleicher Angebotsmenge** zu, wollen mehr Nachfrager das Gut erwerben. Die Folge ist, dass der **Preis steigt**.

1 In der Volkswirtschaftslehre spricht man von einem **vollkommenen polypolistischen Markt.**

Beispiel:

Steigt die Nachfrage beim bisherigen Gleichgewichtspreis von 212,00 EUR (siehe S. 274) und einer Gleichgewichtsmenge von 15 t, verschiebt sich die Nachfragekurve nach rechts. Der Preis erhöht sich auf den neuen Gleichgewichtspreis.

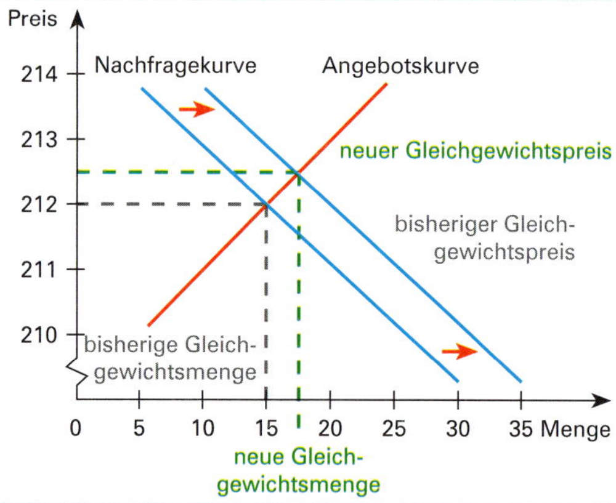

Die **gleichen Auswirkungen** treten ein, wenn bei **gleicher Nachfrage** das **Angebot abnimmt** (Angebotskurve verschiebt sich nach links).

- Ist die Nachfragemenge größer als die Angebotsmenge (**Nachfrageüberschuss** bzw. **Angebotsdefizit**), liegt ein **Verkäufermarkt** vor.
- Die **Anbieter (Verkäufer)** haben eine **starke Stellung,** weil zu wenig Güter angeboten werden.

(2) Angebot nimmt bei gleicher Nachfragemenge zu

Nimmt das **Angebot bei gleicher Nachfragemenge** zu, wollen mehr Anbieter das Gut verkaufen. Die Folge ist, dass der **Preis sinkt.**

Beispiel:

Steigt das Angebot beim bisherigen Gleichgewichtspreis von 212,00 EUR (siehe S. 274) und einer Gleichgewichtsmenge von 15 t, verschiebt sich die Angebotskurve nach rechts. Der Preis sinkt auf den neuen Gleichgewichtspreis.

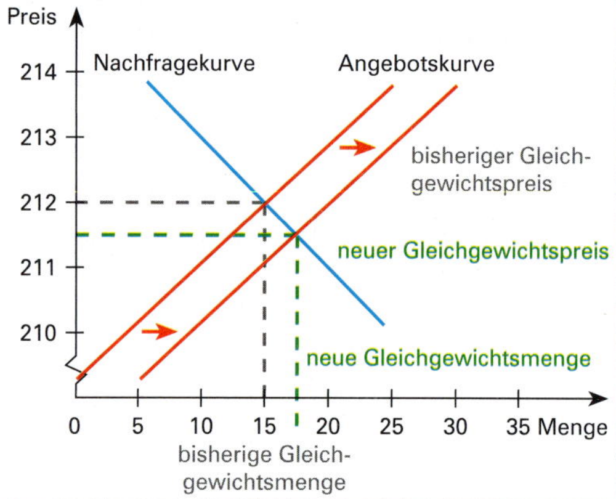

Die **gleichen Auswirkungen** treten ein, wenn bei **gleichem Angebot** die **Nachfrage abnimmt** (Nachfragekurve verschiebt sich nach links).

- Ist die Angebotsmenge größer als die Nachfragemenge (**Angebotsüberschuss** bzw. **Nachfragedefizit**), liegt ein **Käufermarkt** vor.
- Die **Nachfrager (Käufer)** haben eine **starke Marktstellung,** weil zu viel Güter angeboten werden.

5.3 Zusammenhang von Angebot, Nachfrage und Preis, wenn unzählige Anbieter und Nachfrager auf einem unvollkommenen Markt (unvollkommenes Polypol) auftreten[1]

(1) Merkmal und Gründe für einen unvollkommenen Markt

Das äußere Merkmal des unvollkommenen Marktes ist, dass es für eine Güterart **unterschiedliche Preise** gibt.

Beispiel:

Eine bestimmte Brotsorte kostet in verschiedenen Bäckereien nicht dasselbe; für eine bestimmte Weinsorte muss man in Geschäften und Lokalen unterschiedliche Preise bezahlen.

Die **Gründe für die Unvollkommenheit der Märkte** sind im Einzelnen:

- Eine bestimmte Güterart wird in verschiedenen Qualitäten, Abmessungen, Aufmachungen, Farben usw. hergestellt.
- Angebot und Nachfrage treffen weder am gleichen Ort noch zur gleichen Zeit zusammen (dezentralisierte, nicht organisierte Märkte).
- Anbietern und Nachfragern fehlt die Marktübersicht. (Der Verbraucher weiß beispielsweise nicht, was die Milch im übernächsten Geschäft kostet.)
- Anbieter und Nachfrager haben Präferenzen. (Eine Frau kauft morgens die Brötchen immer beim Bäcker um die Ecke.)

(2) Auswirkungen des unvollkommenen Marktes auf die Preisbildung

Dadurch, dass der Markt nicht vollkommen übersichtlich ist, haben die Anbieter die Möglichkeit, ihre **Preise innerhalb einer bestimmten Spanne** festzusetzen, ohne bei Preiserhöhungen sofort alle Kunden an die Konkurrenz zu verlieren oder bei Preissenkungen alle Kunden gewinnen zu können. Deswegen ergibt sich bei zeichnerischer Darstellung des Angebots keine „Angebotskurve", sondern ein **„Angebotsband"**. Dieses drückt aus, dass unter den Bedingungen des unvollkommenen Marktes ein Anbieter in der Lage ist, eine bestimmte Gütermenge innerhalb bestimmter Grenzen zu unterschiedlichen Preisen anzubieten.

Umgekehrt besitzen auch die **Nachfrager keine eindeutige Preisvorstellung.** Will beispielsweise eine Mutter ihrem Kind einen Pullover kaufen, hat sie die Vorstellung, dass sie „etwa" 20,00 EUR bis 25,00 EUR ausgeben möchte. Die **Nachfrage** stellt sich also ebenfalls als ein **„Band"** dar.

Die Abbildung zeigt, dass es auf einem **unvollkommenen Markt keinen einheitlichen Preis** geben kann. Es gibt lediglich eine **Preisunter-** und eine **Preisobergrenze.** Je undurchschaubarer ein Markt ist, desto größer ist der mögliche Preisspielraum. Es lassen sich lediglich Durchschnittspreise für ein bestimmtes Gut errechnen.

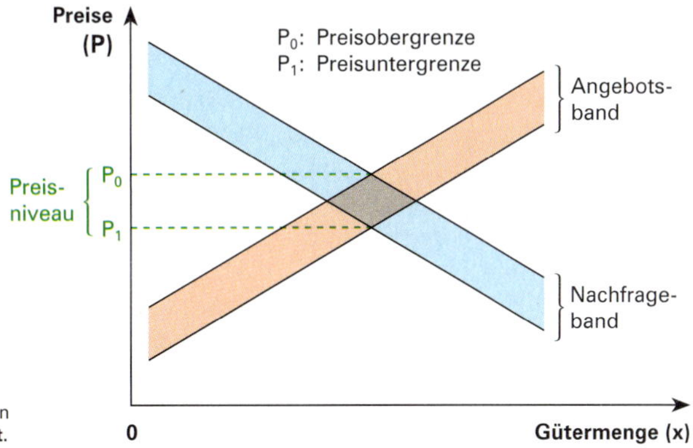

1 In der Volkswirtschaftslehre spricht man von einem **unvollkommenen polypolistischen Markt.**

Auf einem **unvollkommenen Markt** gibt es **keinen Einheitspreis.**

Kompetenztraining

83

1. Unterscheiden Sie die Begriffe vollkommener Markt und unvollkommener Markt!

2. Ordnen Sie die Marktart bzw. die Marktarten folgenden Märkten zu!
   - 2.1 In der Europäischen Union (EU) gibt es unzählige Landwirte, die Getreide verschiedener Sorten und Qualitäten anbauen und zahlreichen Käufern anbieten.
   - 2.2 Auf dem Schuhmarkt konkurrieren sehr viele Einzelhandelsunternehmen. Sie bieten ihre Waren einer unübersehbar großen Zahl von möglichen Kunden an.
   - 2.3 An der Süddeutschen Butter- und Käse-Börse in Kempten hat der Warenmakler den Preis für „Allgäuer Emmentaler" aus Rohmilch auf 4,50 EUR je kg festgelegt.
   - 2.4 In der Zeitung finden Sie die Rubriken „Zu vermieten" bzw. „Mietgesuche".
   - 2.5 Auf diesem Markt treten zahlreiche Leute, die einen Pkw auf Raten kaufen wollen, als Nachfrager auf, um ihren Autokauf finanzieren zu können.
   - 2.6 Überall im Land bieten die Bäckereien ihre frischen Backwaren an.
   - 2.7 Außer dem Bund darf kein Unternehmen gewerbsmäßig Euromünzen prägen lassen.

3. Auf einem Markt für Vitamine herrscht bezüglich einer bestimmten Vitaminart folgende Nachfrage- und Angebotssituation:

Preis der Vitaminart in EUR:	40,00	35,00	30,00	25,00	20,00	5,00
nachgefragte Stücke in 100:	0	1	3	5	7	9
angebotene Stücke in 100:	10,5	9,5	7,5	6	4,5	0

Hinweis: Zeichnen Sie die Angebots- und Nachfragekurve je 5,00 EUR bzw. je 100 Stück ≙ 1 cm

DOWNLOAD

Aufgaben:

   - 3.1 Ermitteln Sie zeichnerisch den Gleichgewichtspreis und die zu diesem Preis umsetzbaren Stückzahlen!
   - 3.2 Begründen Sie das Zustandekommen des Gleichgewichtspreises!
   - 3.3 Ein Gleichgewichtspreis kann auch bei polypolistischer Konkurrenz nur unter bestimmten Bedingungen (Prämissen) zustande kommen. Nennen Sie diese Bedingungen!

4. Angenommen, auf einem Wochenmarkt treten folgende Anbieter frischer und absolut gleichwertiger Pfifferlinge auf, wobei jeder Anbieter 10 kg auf den Markt bringt. Die Mindestpreisvorstellungen der Anbieter sind:

Anbieter:	A	B	C	D	E	F
Preis je kg in EUR:	10,00	11,00	12,00	13,00	14,00	15,00

Als Nachfrager treten 50 Einkäufer auf, die höchstens Folgendes ausgeben und je 1 kg kaufen wollen:

Einkäufer:	1–10	11–20	21–30	31–40	41–50
Preisvorstellung je kg in EUR:	13,00	12,50	12,00	11,50	11,00

Aufgaben:

DOWNLOAD

4.1 Bestimmen Sie den Gleichgewichtspreis, indem Sie eine Tabelle mit nachfolgend dargestelltem Aufbau zu Angebot und Nachfrage anfertigen! Ermitteln Sie bei den jeweiligen Preisen auch den jeweiligen Angebots- und Nachfrageüberhang!

Preis (EUR je kg)	Angebotsmenge (in kg)	Nachfragemenge (in kg)	Angebotsüberhang (in kg)	Nachfrageüberhang (in kg)

4.2 In diesem Beispiel haben wir zwar so getan, als ob es sich um einen vollkommenen polypolistischen Markt handle. In Wirklichkeit ist dies jedoch nicht der Fall. Nennen Sie dafür Gründe!

5. Die Polypolpreisbildung stellt einen Ausgleichsmechanismus zwischen den gegensätzlichen Interessen der Anbieter und Nachfrager dar.

Aufgabe:
Nennen Sie die gegensätzlichen Interessen der Anbieter und Nachfrager!

6. Ordnen Sie den nachfolgenden Begriffen die im Schaubild aufgeführten Ziffern zu!

DOWNLOAD

a) Preis	
b) Menge	
c) Nachfragekurve	
d) Angebotskurve	
e) Angebotsdefizit	
f) Nachfragedefizit	
g) Gleichgewichtspreis	
h) Gleichgewichtsmenge	
i) Nachfragerrente	

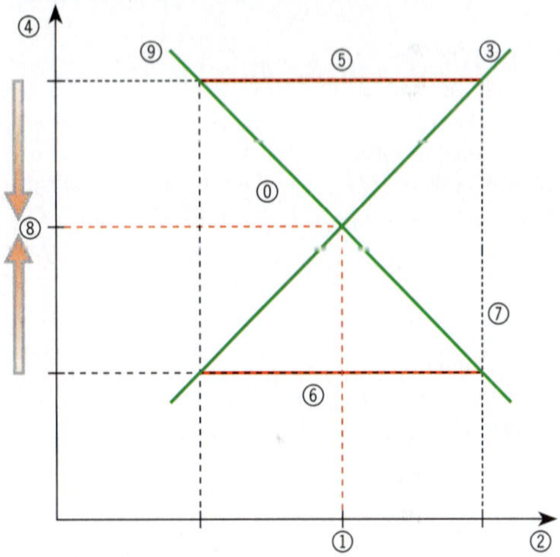

7. Die nachfolgende Tabelle zeigt die Veränderung von Angebot und Nachfrage bei einem vollkommenen Polypol.

DOWNLOAD

Änderungen	**Veränderung der Gleichgewichtsmenge**	**Veränderung des Gleichgewichtspreises**
Zunahme der Nachfrage bei gleicher Angebotsmenge		
Abnahme der Nachfrage bei gleicher Angebotsmenge		
Zunahme des Angebots bei gleicher Nachfragemenge		
Abnahme des Angebots bei gleicher Nachfragemenge		

Aufgabe:

Übertragen Sie die Tabelle in Ihre Unterlagen! Tragen Sie die jeweilige Veränderung der Gleichgewichtsmenge sowie die damit jeweils verbundene Veränderung des Gleichgewichtspreises in die Tabelle ein!

5.4 Wirtschaftspolitische Eingriffe des Staates in die Marktpreisbildung

Der Staat greift in der Sozialen Marktwirtschaft indirekt oder direkt in das Marktgeschehen ein, um Nachfrager und/oder Anbieter zu schützen.

5.4.1 Marktkonforme Staatseingriffe

Staatseingriffe, die den **Preismechanismus nicht außer Kraft** setzen, bezeichnet man als **marktkonform.**[1]

Staatseingriffe	Auswirkungen auf die Wirtschaft	Beispiele
Erhöhung der Nachfrage	▪ Erhöhte Staatsnachfrage kann eine unterbeschäftigte Wirtschaft beleben. ▪ Beschäftigung nimmt zu. ▪ Gefahr von Preissteigerungen.	▪ Erteilung von Aufträgen an Forschung, Bauwirtschaft … ▪ Erhöhung von Transferzahlungen[2] an Verbraucher (Wohngeld, Kindergeld). ▪ Steuersenkungen (Konsumenten können mehr Geld ausgeben).
Verringerung der Nachfrage	▪ Geringere Staatsnachfrage kann eine überbeschäftigte Wirtschaft dämpfen. ▪ Es kommt zu Preissenkungen. ▪ Gefahr der Arbeitslosigkeit.	▪ Zurücknahme von Staatsaufträgen. ▪ Steuererhöhungen (Konsumenten können weniger Geld ausgeben). ▪ Streichung/Kürzung von Transferzahlungen an Verbraucher.
Erhöhung des Angebots	▪ Staatsbetriebe erhöhen ihr Angebot. ▪ Dämpft die Preissteigerungen. ▪ Gefahr der Überproduktion, d. h., es wird zu viel produziert. ▪ Sinkende Arbeitslosigkeit	▪ Erhöhte Leistungen z. B. von Forschungsanstalten, Wohnbaugesellschaft. ▪ Zollsenkungen, um das Angebot an Waren im Inlandsmarkt zu erhöhen. ▪ Erhöhung der Subventionen[3] an Produktionsbetriebe.
Verringerung des Angebots	▪ Geringeres Staatsangebot kann eine überbeschäftigte Wirtschaft dämpfen. ▪ Gefahr von Preissteigerungen. ▪ Verhinderung einer Überproduktion. ▪ Gefahr der Arbeitslosigkeit.	▪ Verringerung des staatlichen Angebots an Sachgütern und Dienstleistungen. ▪ Zollerhöhungen, um das Güterangebot im Inland zu verringern. ▪ Erhöhung von Steuern, die die Unternehmen zahlen müssen (z. B. Gewerbe-, Umsatzsteuer). ▪ Streichung von Subventionen an Unternehmen.

1 **Konform** sein: In Einklang stehen mit etwas; marktkonforme Maßnahmen sind also solche, die mit der Idee der Marktwirtschaft in Einklang stehen.

2 Transferzahlungen sind Geldleistungen öffentlicher Haushalte an private Haushalte ohne Gegenleistung (z. B. Grundsicherung, Wohngeld, BAföG).

3 **Subventionen** sind Geldleistungen öffentlicher Haushalte an Unternehmen ohne ökonomische Gegenleistung.

Gemeinsam ist allen marktkonformen Maßnahmen, dass sie lediglich **Anreize geben,** aber **nicht** zu einem **bestimmten Verhalten zwingen.**

5.4.2 Marktkonträre Staatseingriffe

Staatseingriffe, die den **Preismechanismus außer Kraft** setzen, bezeichnet man als **marktkonträr.**[1]

Wichtige Instrumente für marktkonträre Maßnahmen sind:

- **Höchstpreise,** die nicht überschritten werden dürfen.
- **Mindestpreise,** die nicht unterschritten werden dürfen.
- **Festpreise,** die weder unter- noch überschritten werden dürfen.

(1) Höchstpreise

Höchstpreise liegen in der Regel **unter** dem Preis, der sich bei freier Preisentwicklung ergeben würde. Sie dienen dem **Schutz der Verbraucher.** Ist der Höchstpreis so niedrig, dass ein Teil der Unternehmen nicht mehr kostendeckend produzieren kann, ist die **Wirtschaft unterversorgt.** Ein **Teil der Nachfrage** kann **nicht befriedigt** werden.

Beispiel:

Höchstmieten im sozialen Wohnungsbau.

Dies zwingt den Staat zu einer Reihe weiterer Maßnahmen zur Beeinflussung der Güterverteilung, wie beispielsweise die Einführung eines **Zuteilungssystems** (z.B. durch Bezugsscheine, Wartelisten). Des Weiteren muss der Staat versuchen, die aus der Unterversorgung der Nachfrager typischerweise resultierende Gefahr des **Schwarzmarkthandels** einzudämmen.

Bei dem **Schwarzmarkt** handelt es sich um einen **ungesetzlichen** Markt, der dann entstehen kann, wenn vorhandene Nachfrage nach Gütern auf legalen[2] Märkten durch **staatlich festgelegte Höchstpreise** nicht befriedigt wird. Bei Höchstpreisen sind viele Käufer aufgrund des entstandenen Nachfrageüberhangs bereit, solche Waren und Erzeugnisse zu einem **höheren** Preis als dem staatlich festgesetzten Preis zu kaufen.

(2) Mindestpreise

Mindestpreise liegen **über** dem Preis, der sich bei freier Preisentwicklung ergeben würde. Sie dienen dem **Schutz des Produzenten.** Durch den Mindestpreis werden die Produzenten zur Mehrproduktion angeregt. Dies führt regelmäßig zu einem **Angebotsüberschuss.**

Beispiel:

Zum Schutz der Landwirtschaft werden in der Europäischen Union (EU) für Getreide Mindestpreise festgelegt. Liegt der Mindestpreis über dem Marktpreis, muss die EU die Überproduktion aufkaufen, um die Preise zu stützen.

---

1 **Konträr:** entgegengesetzt.

2 **Legal:** gesetzlich (erlaubt).

Auch bei den Mindestpreisen ist der Staat zu einer Reihe weiterer Maßnahmen zur Verringerung der überschüssigen Güterproduktion gezwungen. So kann er beispielsweise

- bei lagerfähigen Gütern den **Angebotsüberschuss aufkaufen und einlagern.** Hierdurch entstehen allerdings **Güterberge** (z.B. Milchberg, Butterberg, Kohleberg), die zudem wegen der Lagerung weitere Kosten verursachen.
- Des Weiteren könnte der Staat aufgekaufte **Angebotsüberschüsse** – insbesondere von verderblicher Ware – **vernichten** oder
- die **Überproduktion durch Prämien** (z.B. Stilllegungs- oder Abschlachtprämien) bzw. die Einführung von **Mengenkontingenten** im Sinne einer maximalen Abgabemenge pro Anbieter **drosseln.**

(3) Festpreise

Festpreise können **über** oder **unter** dem Preis liegen, der sich bei freier Preisentwicklung ergeben würde. Liegt der Festpreis über dem Gleichgewichtspreis, wirkt er wie ein **Mindestpreis;** liegt er darunter, wirkt er wie ein **Höchstpreis.**

Überblick über marktkonträre Maßnahmen des Staates

Höchstpreispolitik

- dient zum Schutz des Verbrauchers
- Höchstpreis in der Regel niedriger als Marktpreis

Folgen:

- Angebotslücke (Nachfrageüberhang)
- schwarzer Markt
- Staat muss rationieren (Gutscheine ausgeben)

Festpreispolitik

- Preis darf weder unter- noch überschritten werden

liegt der Festpreis **unter** dem Marktpreis

liegt der Festpreis **über** dem Marktpreis

Mindestpreispolitik

- dient zum Schutz des Herstellers
- Mindestpreis in der Regel höher als Marktpreis

Folgen:

- Nachfragelücke (Angebotsüberschuss)
- Staat muss Überschuss aufkaufen, lagern, zweckentfremden, vernichten oder Kapazitäten stilllegen lassen

Kompetenztraining

84

1. Beschreiben Sie den Begriff marktkonformer Staatseingriffe auf einem Gütermarkt!
2. Nennen Sie mindestens drei Möglichkeiten, wie der Staat auf einem Gütermarkt systemkonform eingreifen kann! Beschreiben Sie die Wirkungsrichtung dieser Eingriffe!
3. In nebenstehender Abbildung wird der Markt für Getreide dargestellt. Der Preis P_0 darf nicht unterschritten, wohl aber überschritten werden.

   Aufgaben:

   3.1 Begründen Sie, ob es sich um eine marktkonforme oder marktkonträre Maßnahme des Staates handelt!

   3.2 Erläutern Sie, welcher Art der Preis P_0 ist!

   3.3 Erklären Sie, welche Marktsituation vorliegt und welche Konsequenzen sich langfristig ergeben!

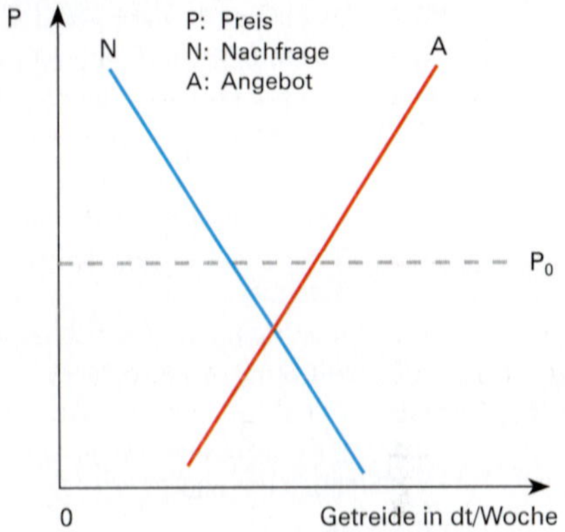

4. In nebenstehender Abbildung wird der Markt für Sozialwohnungen dargestellt. Der Mietsatz P_0 darf nicht überschritten, wohl aber unterschritten werden.

   Aufgaben:

   4.1 Begründen Sie, ob es sich um eine marktkonforme oder marktkonträre Maßnahme des Staates handelt!

   4.2 Erklären Sie, welcher Art der Preis P_0 ist!

   4.3 Begründen Sie, welche Marktsituation vorliegt und welche Konsequenzen sich langfristig ergeben!

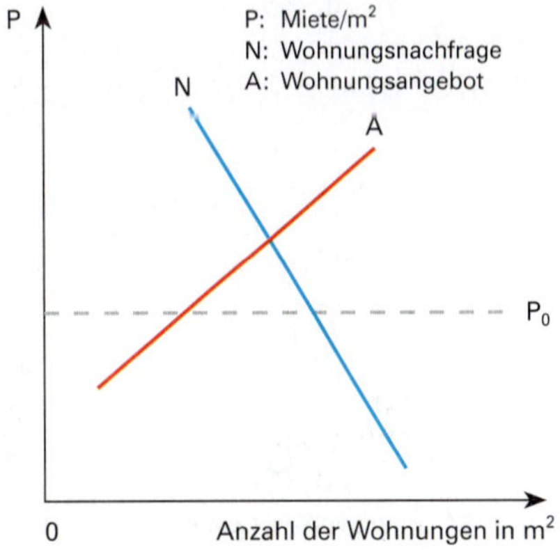

5. Der Staat hat die Subventionen an die Landwirtschaft erhöht bzw. verringert.

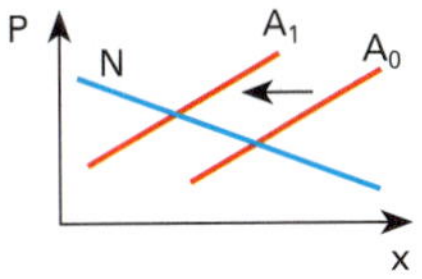

Abb. 1

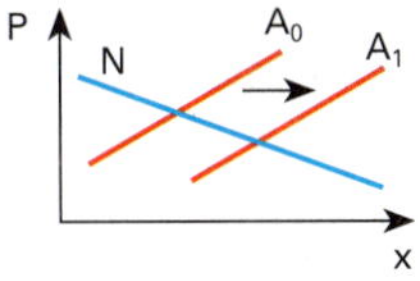

Abb. 2

   Aufgaben:

   5.1 Begründen Sie, welche Abbildung die Erhöhung bzw. Verringerung der Subventionszahlung darstellt!

   5.2 Erläutern Sie, welches Ziel der Staat mit der Erhöhung bzw. Verringerung der Subventionszahlung verfolgt!

6. In der Sozialen Marktwirtschaft sollen die Eingriffe des Staates „marktkonform" erfolgen. Entscheiden Sie bei nachfolgenden Maßnahmen, inwieweit diese Forderung erfüllt wird!

Notieren Sie als Lösung eine
(1), wenn die Maßnahme marktkonform wirkt,
(2), wenn die Maßnahme marktkonträr wirkt,
(9), wenn eine genaue Zuordnung nicht möglich ist!

6.1 Der Staat fördert den Bau von privaten Eigenheimen durch die Zahlung einer zeitlich begrenzten Bauzulage.

6.2 Staatliche Betriebe werden privatisiert.

6.3 Das Privateigentum an Produktionsmitteln wird abgeschafft.

6.4 Bei der Zahlung von Grundsicherungsgeld für Arbeitsuchende werden die familiären Unterstützungsmöglichkeiten mit berücksichtigt.

6.5 Das Niveau der Grundsicherung für Arbeitsuchende wird erhöht und übersteigt in starkem Maße die tariflichen Mindestlöhne.

6.6 Zur Unterstützung landwirtschaftlicher Betriebe werden staatliche Mindestpreise garantiert.

6.7 Aus konjunkturpolitischen Überlegungen heraus werden zeitlich begrenzte Investitionszuschüsse gezahlt.

6.8 Der Staat führt eine Einheitsrente für alle Bürger ein.

6.9 Zum Aufbau einer privaten Altersvorsorge werden bestimmte Vermögensanlagen staatlich gefördert.

6.10 Die Löhne und Gehälter werden nach Aufhebung der Koalitionsfreiheit staatlich festgelegt.

6 Preisbildung des vollkommenen Angebotsmonopols

6.1 Begriff Angebotsmonopol

Ein **vollkommenes Angebotsmonopol** ist gegeben, wenn der Monopolist nur ein bestimmtes Gut anbietet und darüber hinaus alle sonstigen Bedingungen des vollkommenen Marktes gegeben sind.

Beispiele:

- Bestimmte Teile der Rüstungsindustrie
- Pharmakonzern in Bezug auf ein durch Patent geschütztes Medikament
- Trinkwasserversorgung

Unter den **Bedingungen des vollkommenen Marktes** kann es nur einen **einheitlichen Monopolpreis** geben.

Obwohl das vollkommene Angebotsmonopol in der Wirklichkeit kaum in reiner Form vorkommt, ist dieses Modell geeignet, die mögliche **Absatzpolitik** eines marktstarken Anbieters zu veranschaulichen.

6.2 Preis-Absatz-Kurve des Monopolisten

Da der Angebotsmonopolist der alleinige Anbieter eines Gutes ist, vereinigt er die **Gesamtnachfrage** für ein Gut auf sich. Dies bedeutet, dass er sich der Gesamtnachfrage gegenübersieht. Diese Gesamtnachfragekurve wird auch als **Preis-Absatz-Kurve** bezeichnet, weil aus ihr ablesbar ist, welche **Gütermengen** die Käufer bei Monopolpreisen zu kaufen beabsichtigen.

Beziehungen zwischen Absatzpreis und Absatzmenge

Preis in EUR	Absetzbare Menge in Stück
0,00	800
25,00	700
50,00	600
75,00	500
100,00	400
125,00	300
150,00	200
175,00	100
200,00	–

Bei einem Preis von z. B. 150,00 EUR kann der Monopolist 200 Stück absetzen; bei einem Preis von z. B. 100,00 EUR kann er 400 Stück absetzen (lineare Nachfrage).

6.3 Monopolistische Preispolitik

Um feststellen zu können, welchen Preis ein Monopolist festlegen muss, um seinen Gewinn zu maximieren bzw. seinen Verlust zu minimieren, greifen wir zu einem vereinfachenden Beispiel.[1]

Beispiel:

Angenommen, ein Industriebetrieb mit Alleinvertriebsrecht stellt Spezialwerkzeuge her. Die fixen Kosten je Tag belaufen sich auf 20 000,00 EUR, die proportional-variablen Kosten je Stück auf 40,00 EUR. Die Beziehungen zwischen Absatzpreis und Absatzmenge sind die gleichen, wie sie in der obigen Tabelle dargestellt wurden.

Aus der Tabelle ist ersichtlich, dass der Monopolist sein **Gewinnmaximum** bei einer Absatzmenge von 300 Stück bzw. bei einem Absatzpreis von 125,00 EUR je Stück erzielt. Hier ist der Unterschied zwischen Umsatz einerseits und Kosten andererseits am größten. Ist die Gewinnmaximierung oberstes Unternehmensziel, wird der Monopolist einen Preis von 125,00 EUR je Stück festlegen **oder** 300 Stück je Periode anbieten.

Preis je Stück (P)	Absetzbare Menge (x)	Umsatz (Menge · Kosten) (U = x · P)	Gesamtkosten (fixe[2] + variable[3] Kosten) (K)	Verlust bzw. Gewinn (U – K)	Stückkosten $\left(\frac{K}{x}\right)$
200,00	–	–	20 000,00	–20 000,00	–
175,00	100	17 500,00	24 000,00	– 6 500,00	240,00
150,00	200	30 000,00	28 000,00	2 000,00	140,00
125,00	300	37 500,00	32 000,00	5 500,00	107,00
100,00	400	40 000,00	36 000,00	4 000,00	90,00
75,00	500	37 500,00	40 000,00	– 2 500,00	80,00
50,00	600	30 000,00	44 000,00	–14 000,00	73,00
25,00	700	17 500,00	48 000,00	–30 500,00	69,00
–	800	–	52 000,00	–52 000,00	65,00

1 Auf die Voraussetzungen, die dem Beispiel zugrunde liegen, wird aus Vereinfachungsgründen nicht eingegangen.

2 **Fixe Kosten** sind Kosten, die sich bei Änderung der Produktionsmenge in ihrer **absoluten Höhe nicht verändern** (z. B. Miete, Grundsteuer, Arbeitsentgelt für die Stammbelegschaft).

3 **Variable Kosten** sind Kosten, die sich bei Änderung der Produktionsmenge in ihrer **absoluten Höhe verändern** (z. B. Materialkosten, Energieverbrauch, Frachtkosten).

Überträgt man die gewonnenen Tabellenwerte in eine Grafik, so erhält man die nebenstehende Darstellung.

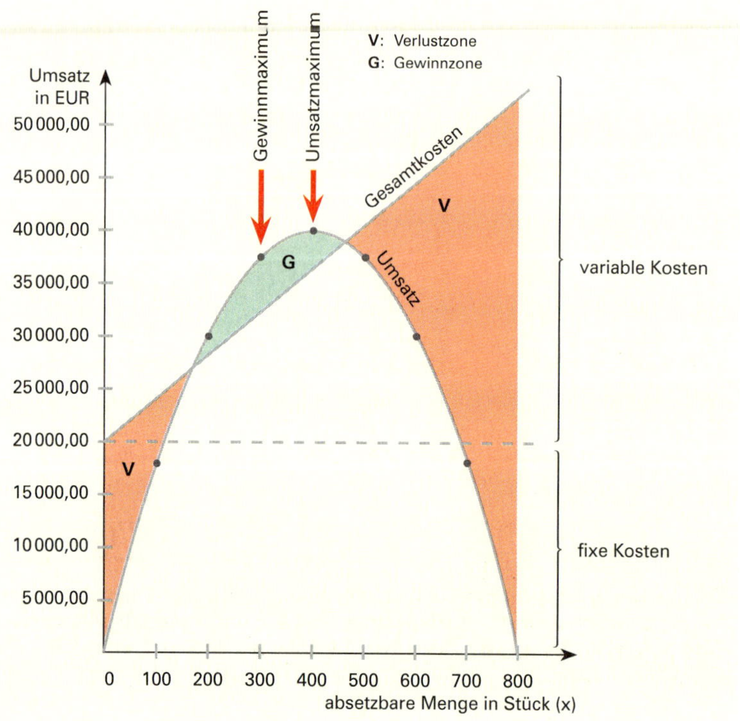

7 Preisbildung des vollkommenen Angebotsoligopols

7.1 Begriff vollkommenes Angebotsoligopol

Das **vollkommene Angebotsoligopol** ist gegeben, wenn auf dem Markt nur ein **homogenes Gut** angeboten wird.[1]

Beispiel:

Drei Braunkohle-Bergwerke befinden sich an einem Ort. Die Qualität der Kohle ist vollkommen gleich. Alle drei Bergwerke haben die gleiche Kapazität. Für die Kunden bestehen daher weder sachliche noch räumliche oder andersartige Präferenzen.

1 Ein vollkommenes Angebotsoligopol ist in der Wirklichkeit kaum anzutreffen.

In einem Angebotsoligopol lassen sich in der Realität (Wirklichkeit) **zwei verschiedene Verhaltensweisen** der Anbieter bei der Preisbildung beobachten:

- **Preisbildung bei kooperativem[1] Verhalten („Schlafmützenwettbewerb").** Statt sich in einem Preiskampf gegenseitig die Kunden streitig zu machen, belassen die Anbieter die Preise auf einem hohen Niveau.
- **Preisbildung bei nicht kooperativem Verhalten (Preiskampf).** Ein Anbieter senkt die Preise. Sein Absatz steigt. Die übrigen Anbieter möchten dies verhindern. Sie senken daher ebenfalls die Preise.

7.2 Preisbildung bei kooperativem Verhalten

Homogene Märkte können nur einen **einheitlichen Preis** aufweisen.

- **Senkt** ein Oligopolist den **Preis, gewinnt** er **alle** Kunden, falls seine Konkurrenten nicht nachziehen.
- **Erhöht** ein Oligopolist den **Preis, verliert** er **alle** Kunden, falls die Konkurrenten nicht reagieren.

Diese Tatsache erklärt, dass auf oligopolistischen Märkten relative **Preisstarrheit** herrscht, weil **friedliches** und **kooperatives** Verhalten für alle Anbieter i. d. R. von Vorteil ist. Bei Kostensteigerungen werden die Oligopolisten **gemeinsam** ihre Preise erhöhen (Preisabsprachen). Möglicherweise wird es auch einem **Preisführer** überlassen, an dessen preispolitischem Verhalten sich die Mitbewerber orientieren.

7.3 Preisbildung bei nicht kooperativem Verhalten

Es kann jedoch durchaus die Situation eintreten, dass die Kapitalgeber und/oder die Geschäftsleitungen der Oligopolunternehmen mit ihrer Gewinnsituation nicht zufrieden sind. Unterstellt, die Oligopole haben den Markt aufgeteilt, d. h. ein **Quotenkartell**[2] gebildet. Für jeden einzelnen Oligopolisten wäre es günstiger, seine Produktion zu erhöhen, d. h. die Absprache zu unterlaufen. Der oder die Konkurrenten werden jedoch reagieren, indem sie ihre Produktion ebenfalls erhöhen, sodass sich letztlich jeder der Beteiligten schadet. **Nichtkooperatives Verhalten** hat in diesem Fall **Nachteile für alle Beteiligte.**

Nichtkooperatives Verhalten kann für einen einzelnen Oligopolisten auch von **Vorteil** sein, wenn er kostengünstiger als seine Konkurrenten produziert und/oder die größeren finanziellen Reserven besitzt. Für ihn kann es langfristig von Nutzen sein, mit Niedrigpreisen **(Verdrängungspreisen, Kampfpreisen)** auf dem Markt aufzutreten, sich also gewissermaßen kriegerisch zu verhalten **(Verdrängungswettbewerb).**

Gelingt es dem **stärkeren** Anbieter, seine Konkurrenten aus dem Markt zu drängen, weil diese aufgrund der niedrigen Preise nicht mehr in der Lage sind, ihre Kosten zu decken, vereinigt er die **gesamte** Nachfrage auf sein Produkt, wird also zum **Monopolisten.** Er kann nunmehr den Absatzpreis wieder erhöhen und seinen Gewinn maximieren.

1 **Kooperativ** (lat.): zusammenarbeitend, gemeinsam (vor allem auf wirtschaftlichem Gebiet).

2 Zum Begriff siehe S. 264.

Kompetenztraining

85

1. Definieren Sie den Begriff Angebotsmonopol!
2. Erklären Sie, warum das vollkommene Angebotsmonopol ein theoretischer Grenzfall ist!
3.

DOWNLOAD

Ausbringungs-menge (x)	Preis (P)	Umsatz (U = P · x)	Gesamtkosten (K)	Gewinn bzw. Verlust (U – K)
0	60 000		450 000	
15	52 500			
30	45 000			
45	37 500			
60	30 000			
75	22 500			
90	15 000			
105	7 500			
120	–			

Aufgabe:

Ermitteln Sie, bei welcher Ausbringungsmenge der Monopolist den maximalen Gewinn erzielt! Die proportional-variablen Kosten betragen 15 000,00 EUR.

86

1. Erklären Sie, warum auf oligopolistischen Märkten i. d. R. Ruhe an der „Preisfront" herrscht!
2. Erläutern Sie zwei Verhaltensweisen von Anbietern beim Angebotsoligopol!
3. Angenommen, auf dem Markt für Bücher zur Prüfungsvorbereitung für Ausbildungsberufe im Einzelhandel befinden sich nur zwei Anbieter (Verlage), und zwar der Arnold-Verlag und der Brecht-Verlag. Die Nachfrage ist polypolistisch.

   Der Arnold-Verlag kann zurzeit in einer Periode 3 000 Bücher zu einem Preis von je 25,00 GE verkaufen. Seine Kosten betragen 10,00 GE je Buch.

   Der Arnold-Verlag sieht sich zwei möglichen linearen Nachfragekurven gegenüber:

■ Preis-Absatz-Kurve, wenn der Brecht-Verlag auf Preisänderungen des Arnold-Verlags entsprechend reagiert		
Preis	37,50 GE	12,50 GE
Bücher	1 500 Stück	4 500 Stück

■ Preis-Absatz-Kurve, wenn der Brecht-Verlag auf Preisänderungen des Arnold-Verlags nicht reagiert		
Preis	30,00 GE	15,00 GE
Bücher	2 000 Stück	5 000 Stück

Aufgaben:

3.1 Der Arnold-Verlag muss damit rechnen, dass der Brecht-Verlag seinen Absatzpreis stabil hält, wenn er seinen Absatzpreis anhebt. Andererseits muss der Arnold-Verlag davon ausgehen, dass bei einer eigenen Preissenkung der Brecht-Verlag in gleicher Weise reagiert.

Begründen Sie die vermuteten Entscheidungen des Brecht-Verlags!

3.2 Beim Arnold-Verlag sind die Kosten um 50 % gestiegen.

Begründen Sie, wie sich der Arnold-Verlag entscheiden wird, wenn sein oberstes Unternehmensziel die Gewinnmaximierung ist und der Brecht-Verlag nicht reagiert!

3.3 Angenommen, der Arnold-Verlag hat die Absicht, seinen Konkurrenten (den Brecht-Verlag) vom Markt zu verdrängen. Er will notfalls auf die Deckung seiner fixen Kosten verzichten, unter keinen Umständen jedoch auf die Deckung seiner variablen Kosten, die sich zurzeit auf 12,50 GE belaufen.

3.3.1 Begründen Sie, für welchen Absatzpreis sich der Arnold-Verlag entscheiden wird, wenn er unter den oben genannten Bedingungen einen möglichst hohen Marktanteil „erobern" möchte und der Brecht-Verlag auf seine Maßnahme entsprechend reagiert!

3.3.2 Ermitteln Sie, wie viel Downloads der Arnold-Verlag unter den oben genannten Bedingungen absetzen könnte, wenn der Brecht-Verlag nicht reagieren würde!

4. Nur die Stadtwerke Musterhausen bieten im Bereich der Stadt Musterhausen Wasserstoff zu Heizzwecken an.

Aufgaben:

4.1 Entscheiden Sie, in welcher Marktposition sich in Musterhausen der Anbieter mit seinem Gut Wasserstoff befindet!

4.2 Hans Niemeyer will in sein Einfamilienhaus eine Wasserstoffheizung einbauen lassen. Er muss deshalb bei den Stadtwerken einen Antrag auf Genehmigung einer derartigen Heizungsanlage stellen.

Erläutern Sie, welche Größe ihres Absatzes die Stadtwerke durch den Genehmigungszwang steuern können!

4.3 Die Stadtwerke erhöhen zum 01.01. ihre Abgabepreise für Wasserstoff um 8 %.

Erläutern Sie, welche Auswirkungen diese Preiserhöhung voraussichtlich auf die Nachfrage nach Wasserstoff haben wird!

4.4 Erläutern Sie, an welchen Gesichtspunkten die Stadtwerke ihre Abgabepreise für Wasserstoff orientieren werden!

4.5 Die Stadtwerke entschließen sich, ihre Abgabepreise für Wasserstoff nach drei Tarifgruppen zu differenzieren:

Tarif I:	Gewerbliche Großabnehmer,
Tarif II:	Private Großabnehmer (Heizungen),
Tarif III:	Private Kleinabnehmer.

4.5.1 Erläutern Sie, warum eine derartige Preisdifferenzierung möglich ist!

4.5.2 Entscheiden Sie, welchen Abgabepreis für einen m^3 Wasserstoff Sie bei den drei Tarifen am niedrigsten ansetzen würden!

19 Merkur-Nr. 0643

Stichwortverzeichnis

K

L

M

Bilderverzeichnis

S. 17: Industrieblick – Fotolia.com • **S. 36:** Motortion - www.colourbox.de • **S. 37:** #221861 - www.Colourbox.de • **S. 37:** dpa-Globus 017702 • **S. 38:** dpa-Globus 017982 • **S. 39:** #821 - www.colourbox.de • **S. 40:** dpa-Globus 018351 • **S. 41:** #931 - www.colourbox.de • **S. 41:** #221861 - www.colourbox.de • **S. 42:** #266241 - www.colourbox.de • **S. 44:** #259537 - www.colourbox.de • **S. 44:** Gelpi - www.colourbox.de • **S. 45:** Freepik Company S.L. - www.freepik.com • **S. 46:** #228500 – www.colourbox.de • **S. 48:** dpa-Globus 016065 • **S. 53:** #246329 - www.colourbox.de • **S. 63:** Karsten Lucas • **S. 75:** PetraD – www.colourbox.de • **S. 94:** Picture-Factory – Fotolia.com • **S. 96:** www.colourbox.de - Anek • **S. 106:** #246329 - www.colourbox.de • **S. 108:** Phovoir - www.colourbox.de • **S. 129:** Phovoir - www.colourbox.de • **S. 129:** #228500 – www.colourbox.de • **S. 137:** #232319 - www.colourbox.de • **S. 223:** Syda Produktion – www.colourbox.de • **S. 243:** Kzenon - www.colourbox.de • **S. 243:** Takoburito – www.colourbox.de • **S. 270:** Dmytro Vietrov – www.colourbox.de •